高等学校创新性数智化应用型经济管理规划教材（会计系列）

省级一流本科专业（会计学）建设点配套教材

总主编 / 李雪　主审 / 徐国君



# 金融企业会计（第二版）

高金清◎主编

隋雪　张文娟◎副主编

立信会计出版社
LIXIN ACCOUNTING PUBLISHING HOUSE

图书在版编目(CIP)数据

金融企业会计 / 高金清主编. —2 版. —上海：立信会计出版社，2023.2
ISBN 978-7-5429-7144-9

Ⅰ. ①金… Ⅱ. ①高… Ⅲ. ①金融企业—企业会计 Ⅳ. ①F830.42

中国国家版本馆 CIP 数据核字(2023)第 021690 号

策划编辑　方士华
责任编辑　方士华
美术编辑　吴博闻

金融企业会计(第二版)
JINRONG QIYE KUAIJI

出版发行　立信会计出版社
地　　址　上海市中山西路 2230 号　　邮政编码　200235
电　　话　(021)64411389　　传　　真　(021)64411325
网　　址　www.lixinaph.com　　电子邮箱　lixinaph2019@126.com
网上书店　http://lixin.jd.com　　http://lxkjcbs.tmall.com
经　　销　各地新华书店

印　　刷　上海华业装璜印刷有限公司
开　　本　787 毫米×1092 毫米　1/16
印　　张　22.25
字　　数　540 千字
版　　次　2023 年 2 月第 2 版
印　　次　2023 年 2 月第 1 次
书　　号　ISBN 978-7-5429-7144-9/F
定　　价　49.00 元

# 总　序

教材是高校实现人才培养目标的重要载体，教材及教材建设对高校发展具有举足轻重的作用。与培养模式相对应的教材是培养合格人才的基本保证，是实现培养目标的重要工具。由于历史的原因，在财经类教材的出版方面，相关出版社出版研究型本科或者高职高专、中等职业等层次的教材较多，应用型本科教材较少。虽然近年来一些应用型本科教材也陆续出版，但总体而言，这些教材还是缺乏权威性、普适性、实用性、创新性。造成这种状况的原因主要在于：出版社对财经类应用型本科教材的出版还不够重视，没有进行有效的组织；财经类应用型本科院校多为新建院校，教材建设相对滞后，主观上也较愿意使用研究型本科教材；在教材使用中存在比较严重的混用现象，教材目标读者群不明确，如不少教材既适用于研究型本科院校又适用于应用型本科院校，或者既适用于本科院校又适用于高职高专院校。

由于目前财经类应用型本科教材种类和数量匮乏或质量欠佳，财经类应用型本科院校不得不沿用传统研究型教材。这些教材本身的质量很好、级别很高，但是并不适用于应用型本科院校的教学，教师和学生普遍反映不好用。即使在全国范围看，也还没有相对成套、成熟的适合财经类应用型本科院校的教材。现有教材存在的主要问题包括：①教材的定位和要求过高；②教材的内容偏多、难度偏大；③教材着重于理论解释，相关案例、实训等内容较少，缺乏普适性、实用性。

与此同时，信息技术的快速发展使学生的学习习惯和阅读习惯发生了改变，不断朝个性化、自主学习的方向发展，传统的单一纸质教材已经无法适应这种变化。翻转课堂、慕课、微课等网络课程的兴起，混合式教学的不断推进，也对立体化教材建设提出了新的要求。教材作为一种课堂上的教学工具、一种传播媒介，理应顺势而为，随课堂形式、学生学习方式的改变而改变，朝着数字化、立体化、可视化的方向发展。因此，需要编写适应学生水平、便于学生接受的立体化财经类应用型本科教材。

我们组织具有多年应用型人才培养经验的优秀教师和实务界专家编写了这套教材。本系列教材有《会计基本技能》《出纳实务》《基础会计》《中级财务会计》《成本会计》《管理会计》《会计信息系统》《财务管理》《审计学》《高级财务会计》《商业分析》《税法》《经济法》《金融学》等品种。为了保证教材的质量，本系列教材聘请了知名高校的专家教授进行专门指导和审核。每本教材至少有一名本学科的知名专家或学科带头人提出审核指导意见，至少有一名高等院校教学一线的高级职称教师组织编写，至少有一名行业协会、实务界专家或教学研究机构人员提出编写建议。

本系列教材的特色如下。

1. 应用性

应用型本科的教材建设应坚持培养应用型本科人才的定位，充分吸收和借鉴传统的普通本科教材与高职高专类教材建设的优点和经验，以就业为导向，做到理论上高于高职高专类教材、动手能力的培养上高于传统的本科院校教材。本系列教材体现了应用型本科的定位，体现了素质教育和“以学生发展为本”的教育理念，遵循了高等教育教学基本规律，重视知识、能力和素质的协调发展，根据应用型人才培养模式对学生的创新精神、实践能力和适应能力的要求，在内容选材、教学方法、学习方法、实验和实训配套等方面突出了应用性特征。

2. 针对性

本系列教材的编写符合会计学、财务管理和审计学等专业的培养目标、培养需求、业务规格和教学大纲的基本要求，与各专业的课程结构和课程设置相对应，与课程平台和课程模块相对应。教材在结构纵横的布局、内容重点的选取、示例习题的设计等方面符合教改目标和教学大纲的要求，把教师的备课、试讲、授课、辅导答疑等教学环节有机地结合起来。

3. 立体化

本系列教材为立体化教材，实现了由传统纸质教材向“纸质教材＋数字资源”的转变，通过技术手段将晦涩难懂的理论知识转变为直观的具体知识，以立体化、数字化的方式呈现，包括图文、动画、音频、视频等多种形式，生动、有趣且易懂，不仅可以激发学生的学习兴趣，还有利于教学效果的提升。

4. 趣味性

本系列教材注重趣味性，使用了大量的例题和案例，每章都加入了“思政育人”“相关思考”“延伸阅读”等内容，使读者能够加深理解，便于掌握相关内容。在案例、例题等的设计选用上重点突出趣味性，易于引发读者的共鸣。

5. 先进性

本系列教材反映了应用型会计人才教育教学改革的内容，能够反映学科领域的新发展。教材的整体规划、每一种教材的内容构建等均体现了创新性。教材还强调了系列配套，包括了教材、学习参考书、教学课件等。立体化教材在内容修订上更具有明显优势，线上资源可以随时根据政策法规、理论知识或工作实务等的变化进行调整，更有利于保持教材内容的先进性。

6. 基础性

本系列教材将打破传统教材自身知识框架的封闭性，尝试多方面知识的融会贯通，注重知识层次的递进，体现每一门科目的基本内容，同时在具体内容上突出实际运用能力，做到“教师易教，学生乐学，技能实用”。

7. 易于自学

自学能力是大学生的一项基本能力。学生只有具备了自主学习的能力，才能最终建立起终身学习的保障体系，这也是应用型本科人才培养的客观要求。应用技术型高校的生源素质与普通高校相比存在一定的差距，除了一部分是高考发挥失误的学生，还有一部分学生在学习习惯、基础知识等方面存在一定的欠缺，这就要求教材能够调动这部分学生的学习积极性，在理论方面尽量通俗易懂，在实践方面尽量采用案例式教学。为了有利于学生课后自主学习，本系列教材配套了学习指导书和教学课件。

因此，本系列教材的定位准确，特色明显，适用于应用型本科院校教学，容易得到学生和市场的认可，便于学生的自学和教师的教学。

“十四五”高等学校创新性数智化应用型经济管理规划教材凝聚了众多领导、教授和专家多年来的经验和心血。当然，由于我们的经验和人力有限，教材中难免存在不足，我们期待着各位同行、专家和读者的批评指正。我们将伴随着经济发展和会计环境的变迁不断修订教材，以便及时反映学科的最新发展和人才培养的最新变化。

本系列教材自 2014 年出版后，得到市场的认可，深受广大高校师生的欢迎。为了更好地回馈读者，本系列教材从 2017 年起启动第二版的修订工作，2019 年启动第三版的修订工作，2021 年启动第四版的修订工作。各种教材的修订版将陆续出版。我们会一如既往地做好教材修订和相关服务工作，希望广大读者对本套系列教材继续给予支持。

李　雪

2022 年 12 月

# 第二版前言

金融企业在国民经济发展运行中扮演着重要角色，发挥着重要作用。“金融企业会计”是我国高等院校金融学、会计学等财经类专业的重要专业课程。因此，依据金融企业的相关会计准则及有关规定，在充分借鉴和吸收了相关金融业务实践创新成果的基础上，结合我国金融行业发展的最新动向，以及编者的教学经验和实践经验和现代信息技术特色，组织修订了《金融企业会计》(第二版)一书。

本书定位明确，紧扣应用型人才培养的目标，突出理论与练习结合。在编写风格上深入浅出，循序渐进，注重金融企业会计理论的阐述和应用。本书共分13章，其中第一章为总论；第二～八章为商业银行的业务知识，包括存款业务、贷款业务、商业银行系统内往来业务、金融机构往来业务、支付结算业务、中间业务以及外汇业务；第九～十一章为非银行金融企业的相关知识，包括保险公司、证券公司及其他非银行金融机构业务；第十二、十三章为金融企业的损益及财务会计报告的相关知识。本书除基本知识讲解，还注重通过例题帮助读者明确理论的运用方法；同时，每章的重难点提示和复习思考有助于读者对本书基本内容和方法的理解与把握。本书主要作为普通高等教育经济管理类专业教材，也可供相关专业人士参考。

本书的编写特点如下。

(1) 结构合理，便于应用技术型会计人才的教育教学。本书主要介绍金融企业的基本知识以及现实生活中针对商业银行及其他金融性公司的实际操作方法，为将来从事相关行业的学生提供一定的技术基础。

(2) 内容新颖，形式灵活，注重可读性和实用性。本书编写中除结合最新的金融有关规定，体现我国金融行业发展的最新动向，还充分结合编者的教学经验和实践。本书每章都设有内容提要、重点难点、学习目标，讲解时加入了“思政育人”“知识框架”“相关思考”“特别提示”“重要概念”等内容，提升内容的生动性，增强与读者的互动性，注重培养学生的分析能力和探索能力。

(3) 图文并茂，穿插鲜活案例和真实票据，注重层次性和实用性。书中穿插了很多真实票据和相关案例，一方面丰富了教材的内容，扩展了学生的视野，提高学生的知识层次，另一方面强化学生分析实际问题的能力。

(4) 体现立体化特征。除了教材主体内容，本书针对教材相关内容配套了丰富的立体化资料，以帮助读者更好的理解相关知识点，读者可通过扫描二维码方式查看。

本书由高金清主编，张文娟、隋雪副主编，张念念、冉欣怡、唐琳、周静波、万慧、李希清为编者。具体分工如下：第一章、第六章、第七章(高金清)，第二章、第九章(张文娟，冉欣怡)，

第三章、第十章（隋雪，高金清），第十三章（唐琳，高金清），第十一章（周静波，高金清），第八章（张念念，高金清），第四章、第十二章第一二节（万慧，高金清），第五章、第十二章第三节（李希清，高金清）。

本书在编写过程中参考了大量相关教材和论著，在此向有关作者致以深深的谢意！

本书的编写先后经过多次讨论研究，力求内容编排合理、避免错误，但难免存在考虑不周、表达不妥当的地方，书中若有疏漏不足之处，敬请读者批评指正。

编者

2023 年 2 月

# 目　录

# 第一章 总 论

➢内容提要
➢重点难点
➢学习目标
➢知识框架
➢第一节 金融企业概述
➢第二节 金融企业会计的基本理论
➢第三节 金融企业会计的基本核算方法
➢第四节 金融企业会计的工作组织
➢本章重要概念
➢本章练习

## 内容提要

本章主要讲解了金融企业和金融企业会计的基本知识。金融企业主要包括商业银行和其他非银行金融机构;金融企业会计的基本知识涉及金融企业会计的基本理论、基本核算方法和金融企业会计的工作组织。

## 重点难点

本章重点为金融企业的概念和种类、金融企业会计的定义和特点;难点为金融企业的概念和金融企业会计的特点。

## 学习目标

通过本章学习,学生应熟悉金融企业的概念、种类及业务特点;理解并掌握金融企业会计的概念、基本假设及核算原则;掌握金融企业的基本核算方法。

## 知识框架

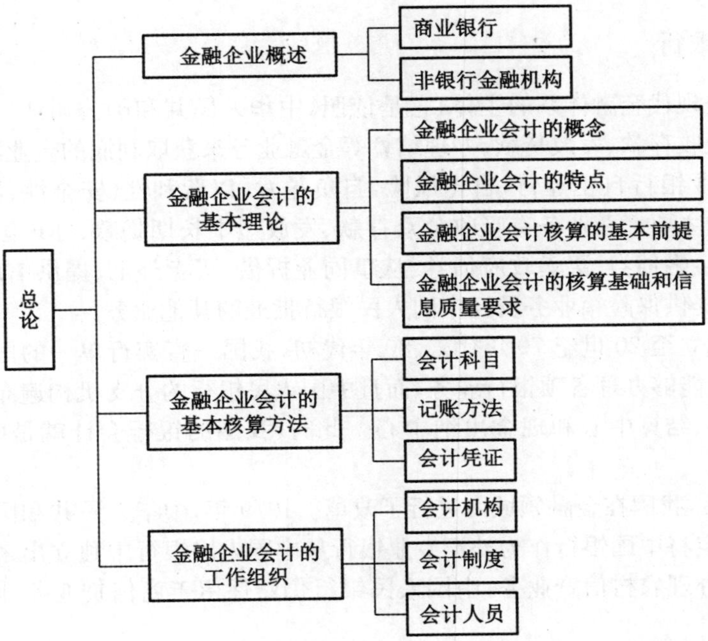

## 思政育人　深圳多措并举激发金融对实体经济的支持作用

2022 年 3 月 18 日，中国人民银行、国家外汇管理局出台 23 条政策举措，从支持受困主体纾困、畅通国民经济循环、促进外贸出口发展三个方面加强金融服务、加大支持实体经济力度。为响应国家号召，深圳市政府日前审议通过深圳市地方金融监督管理局制定的《深圳市支持金融企业发展的若干措施》《深圳市扶持金融科技发展若干措施》《关于促进深圳风投创投持续高质量发展的若干措施》，于 2022 年 4 月 7 日正式印发执行。按照市场主导、政府引导的原则，坚持创新驱动发展，抢抓金融科技发展机遇，加快金融科技产业升级，助力深圳打造全球金融科技中心，在银行、保险、证券、基金等传统金融领域，培育一批具备互联网特性的新型持牌金融机构，带动金融业数字化转型升级，全面提升金融业服务能效，为深圳建设中国特色社会主义先行示范区提供金融支撑，制定本措施。

上述资料中所提的金融企业既有银行又有证券公司、保险公司，那么到底什么是金融企业？金融企业应该如何核算？下面我们通过本章知识的学习来解决上述问题。

资料来源：深圳市地方金融监督管理局. 深圳市地方金融监督管理局关于印发《深圳市扶持金融科技发展若干措施》的通知[EB/OL]. (2022-04-07)[2022-12-07]. http://jr.sz.gov.cn/sjrb/xxgk/tzgg/content/post_9683140.html.

## 第一节　金融企业概述

金融企业是指执行业务需要取得金融监管部门授予的金融业务许可证的企业。金融企业分为狭义金融企业和广义金融企业。狭义金融企业是指经中国人民银行批准，直接经营货币（本、外币）的存放并收取利息业务的企业。广义金融企业是指经央行批准，除了经营前述业务，还经营信托、保险、典当、担保、证券、期货、资产管理等金融衍生业务的企业。

目前，我国的金融企业以商业银行为主体，还包括信用社、保险公司、证券公司、信托投资公司、期货公司、基金管理公司、租赁公司、财务公司等，通常称为商业银行和非银行金融机构。

### 一、商业银行

商业银行是现代金融体系的主体，它是依照《中华人民共和国公司法》（以下简称《公司法》）设立的以吸收存款、发放贷款、办理结算等金融业务来获取利润的企业法人。

1-1 知识拓展：商业银行发展史

在我国，商业银行自主经营，自担风险，自负盈亏，以营利性、安全性、流动性为经营原则。商业银行的主要经营业务有吸收公众存款、发放短中长期贷款、办理国内外结算、办理票据贴现、发行金融债券、买卖政府债券、从事同业拆借、买卖外汇、提供信用证服务及担保代理保险业务、提供保险箱业务及经中国人民银行批准的其他业务。

自新中国成立至 20 世纪 70 年代末、80 年代初，我国一直实行单一的国家银行体系，只有中国人民银行能够办理各项银行业务，而且中国人民银行的分支机构遍布全国各地，成为全国的信贷中心、结算中心和现金出纳中心。此时，我国的银行会计就是中国人民银行会计，比较单一。

1979 年以后，我国在金融领域内进行了改革。1979 年，中华人民共和国国务院（以下简称“国务院”）决定将中国银行作为外汇专业银行从中国人民银行中独立出来；恢复中国农业银行，专门负责办理农村信贷业务；中国人民银行仍然保留工商信贷业务，同时还行使中央银行发行货币和金融管理的职能；中国人民建设银行开始经营信贷业务，成为名副其实的银行。1983 年 9 月，根据国务院的规定，中国人民银行专门行使中央银行职能，主要从事货币发行，制定和贯彻国家政策、管理国家金融活动的宏观控制和管理工作，不再兼办工商企业的贷款业务。1984 年 1 月 1 日，中国工商银行成立，专门办理城镇工商信贷和储蓄业务。另外，为适应我国经济体制改革和发展特区经济的需要，我国又陆续成立了一些股份制银行，如广东发展银行、招商银行、福建兴业银行、上海浦东发展银行、华夏银行等。国有商业银行和股份制银行共同构成我国银行体系的主体。

1-2 视频：商业银行的性质

延伸阅读 1-1

**中国人民银行**

中国人民银行(The People's Bank Of China，英文简称 PBOC)，简称央行，是我国的中央银行和国务院组成部门。在国务院领导下，央行制定和执行货币政策，防范和化解金融风险，维护金融稳定。

1948 年 12 月 1 日，在河北省石家庄市，华北银行、北海银行、西北农民银行合并组成中国人民银行。1983 年 9 月，国务院决定中国人民银行专门行使中国国家中央银行职能。1995 年 3 月 18 日，第八届全国人民代表大会第三次会议通过了《中华人民共和国中国人民银行法》(以下简称《中国人民银行法》)，至此，中国人民银行作为中央银行以法律形式被确定下来。

中国人民银行根据《中国人民银行法》的规定，在国务院的领导下，依法独立执行货币政策，履行职责，开展业务，不受地方政府、社会团体和个人的干涉。

## 二、非银行金融机构

非银行金融机构是指银行以外，依法定程序设立的各种经营金融业务的金融机构。非银行金融机构与商业银行的主要区别表现在：第一，资金来源不同。商业银行以吸收存款为主要资金来源，非银行金融机构主要依靠发行股票、债券等筹集资金。第二，资金运用方向不同。商业银行的资金以发放贷款为主，非银行金融机构主要从事非贷款的其他金融业务，如保险、信托、租赁等。非银行金融机构是我国金融机构体系的重要组成部分，目前我国的非银行金融机构主要包括证券公司、保险公司、信托投资公司、基金管理公司、财务公司、租赁公司等。

**1. 证券公司**

证券公司是指依法成立的经营证券业务的非银行金融机构。我国的证券公司分为两类，即综合类证券公司和经纪类证券公司。综合类证券公司的业务包括证券经纪业务、证券自营业务、证券承销业务和经国务院证券监督管理机构核定的其他证券业务。经纪类证券公司专门从事证券经纪业务，即只能专门从事代理客户买卖股票、债券、基金、可转换债券、认股权证等业务。

**2. 保险公司**

保险公司是指经营保险业务和投资业务的非银行金融机构，其主营业务是保险业务，具体包括财产保险业务、人身保险业务和再保险业务。财产保险是以财产及其有关利益为保险标的，投保人根据合同约定向保险人交付保险费，保险人按保险合同的约定，针对所承保的财产及有关利益因自然灾害或意外事故造成的损失而承担赔偿责任的保险。从广义上说，财产保险包括财产损失保险(有形损失)、责任保险、信用保险等。以财产或与其有关的利益为标的的保险种类又称损害保险或非寿险。人身保险业务中的人寿保险是众多保险品种中最重要的一种，它是以人的寿命为保险标的，以生死为保险事故的保险，也称生命保险。再保险公司是指专门从事再保险业务、不直接向投保人签发保单的保险公司，也就是保险公司的保险公司。

**3. 信托投资公司**

信托投资公司是指依法成立的主要经营信托业务的非银行金融机构。它以信用接受委托，按照委托人的意愿以自己的名义，为受益人的利益或特定目的，对委托人的资产进行管理和处分，发挥其“受人之托，代人理财”的功能。其主要经营资金信托、动产信托、不动产信托、有价证券信托、其他财产或财产信托等业务。

**4. 基金管理公司**

基金管理公司是指依法成立的从事证券投资基金业务的非银行金融机构。其主要经营证券投资基金的发行与赎回、以投资组合方式管理和运用证券投资基金进行股票和债券等金融工具的投资等。

**5. 财务公司**

财务公司是指依法成立的，以加强企业集团资金集中管理和提高企业集团资金使用效率为目的，为企业集团成员单位提供财务管理服务的非银行金融机构。它是由企业集团内部集资组建的，经营的业务种类比较综合，提供服务的范围主要局限于某一企业集团内部。例如，协助成员单位实现交易款项的收付；对成员单位提供担保；办理成员单位之间的委托贷款及委托投资；对成员单位办理票据承兑与贴现；办理成员单位之间的内部转账结算；吸收成员单位的存款；对成员单位办理贷款及融资租赁等。

**6. 租赁公司**

租赁公司是指依法成立的以经营融资租赁业务为主的非银行金融机构。所谓融资租赁业务，是指出租人根据承租人对卖出人或租赁物的选择，向出卖人购买租赁物件，提供给承租人使用，向承租人收取租金的交易。租赁公司的主要业务有动产和不动产的租赁、转租赁和回租租赁业务，各种租赁业务所涉及的标的物的购买业务，出租物和抵偿资金产品的处理业务，向金融机构借款及其他融资租赁业务，吸收特定目标下的信托存款，租赁项目下的流动资金贷款业务，外汇业务等。

我国现行的金融机构体系如图 1-1 所示。

- 金融机构
  - 银行金融机构
    - 中央银行——中国人民银行
    - 政策性银行
      - 国家开发银行
      - 中国进出口银行
      - 中国农业发展银行
    - 商业银行
      - 四大国有商业银行
        - 中国工商银行
        - 中国农业银行
        - 中国银行
        - 中国建设银行
      - 股份制银行
        - 全国性：交通银行、中信银行、华夏银行、招商银行、光大银行、民生银行等
        - 地方性：浦发银行、兴业银行、广发银行、平安银行等
      - 合作性银行
        - 城市合作商业银行
        - 农村合作商业银行
  - 非银行金融机构：证券公司、保险公司、信托投资公司、基金管理公司、财务公司、租赁公司、其他

**图 1-1 金融机构构成**

## 第二节　金融企业会计的基本理论

### 一、金融企业会计的概念

金融企业由在我国依法成立的商业银行和非银行金融机构组成。金融企业会计包括商业银行会计和非银行金融机构会计。本书主要阐述商业银行会计、证券公司会计和保险公司会计。

金融企业会计是财务会计体系的组成部分，是将会计的基本原理和基本方法应用于金融企业这一特殊行业的专业会计。它是以货币为主要计量单位，采用专门方法，对金融企业的经营活动过程进行连续、全面、系统的核算和监督，为金融企业经营者及有关方面提供财务状况、经营成果以及现金流量等一系列会计信息的一种管理活动。

### 二、金融企业会计的特点

金融企业会计是财务会计体系中的一种专业会计，是为经营金融业务服务的，也是金融的基础工作。由于金融是一个特殊的行业，其社会地位与作用与其他行业不同，金融企业会计与国民经济其他部门的行业会计相比，具有不同的特点，主要表现在以下方面。

**1. 会计核算对象的社会性**

会计核算对象是指会计反映和监督的内容，具体表现为资金运动，金融企业会计的核算对象为金融企业经营活动所引起的资金运动。由于金融企业的资金运动主要是金融企业在处理与国民经济各部门、各企业、各单位以及广大的储户、股民、保户、基金持有者、期货投资者等发生的经济业务时引起的，因而具有广泛的社会性。由此决定了金融企业会计核算对象的社会性特征。

**2. 会计核算方法的独特性**

会计核算方法是指对会计对象进行连续、系统、全面、综合的反映和日常监督所运用的方法。金融企业经济业务的特殊性，决定了金融企业会计核算方法在凭证的填制、账户的设置与登记、表单的设置与编制、账务处理程序与账务核对程序等方面都与其他部门会计存在明显的差异。

**3. 会计反映的同步性**

会计反映的同步性是指金融企业的会计核算与业务处理同步进行。由于金融企业的业务活动主要表现为货币流，很少涉及物质流，而一切货币资金的收付都需要通过会计具体办理核算，这就使其经济业务处理与会计核算具有不可分离的特点，即引起金融企业货币资金收付行为的交易或事项发生后，其进行业务处理的过程也就是金融企业会计进行反映与监督的过程。

**4. 内部控制的严密性**

金融企业是连接国民经济的枢纽，为确保其会计核算的质量及资金运行的安全与效率，金融企业必须建立健全科学、有效、严密的内部控制制度，如统一授信制度、审查审批制度、不相容职务分离制度、交易动态实时监控制度、“印、押、证”三分管制度、计算机信息系统风险防范制度，以及账务处理方面的复核与盘点制度、定期对账制度、双线核算与双线核对制度、当日记账与当日结账制度等。

1-3视频：金融企业会计的概念和特征

## 三、金融企业会计核算的基本前提

会计核算的基本前提是指会计人员为了实现会计目标而对错综复杂、变化不定的会计环境所做的合乎情理的假定，也是收集会计数据、选择会计方法的重要依据。金融企业会计核算的四个基本前提分别是会计主体、持续经营、会计分期、货币计量。

**1. 会计主体**

会计主体是指需要会计工作的特定单位或组织，是会计工作特定的空间范围。凡是有能力拥有资源、承担义务、独立或相对独立的特定单位或组织，都需要进行独立核算，成为一个会计主体。在实际工作中，会计主体又称会计单位、会计实体、记账主体等。

会计主体的确定通常视管理需要而定，它可以是一个企业，也可以是若干家企业通过控股关系组织起来的集团公司。一个会计主体可能包括几个会计主体，如总公司和分公司；几个会计主体也可以合并为一个会计主体，如联营公司。组织形式多样的特定单位要成为会计主体应具备的特点为：①它应是独立的实体；②它应是统一的整体。

需要注意的是，会计主体不同于法律主体。一般来说，法律主体必然是会计主体，但会计主体不一定是法律主体。会计主体既可以是独立法人，也可以是非法人；既可以是整个企业，也可以是企业内部某个特定的部分或单位；既可以是单一企业，也可以是由几个企业组成的企业集团。

**2. 持续经营**

持续经营是指在可预见的将来，会计主体的业务经营活动能够按照既定目标持续不断地经营下去，不会停业，也不会大规模削减业务。只有在持续经营的前提下，资金才能实现周而复始的循环与周转，会计人员才能分期记账，定期进行财务报告；会计处理方法才能保持一致性和稳定性，并以权责发生制为基础确定本期的收益和费用，解决资产计价和负债偿还等问题。

一般情况下，金融企业都应按持续经营假设进行核算，如有迹象表明金融企业已无法持续经营时，持续经营假设就不再适用，会计人员应改用清算价格或重置成本来确定财产价值，并进行相应的会计处理。

**3. 会计分期**

会计分期是指将会计主体的持续经营活动人为地分割为一定的期间，分期结算账目，报告财务状况，以满足有关各方对财务信息的需求。我国《金融企业会计制度》规定，会计分期按公历起讫日期分为年度、半年度、季度和月度。会计分期解决了会计核算和监督的时间范围问题。

会计分期是一种人为的分割，它与经济业务的自然周期不一致，因此会计核算必须确定各项经济业务与某一会计期间的关系，由此产生了权责发生制、收付实现制两种会计处理方法以及折旧、摊销、计提坏账准备金等账务处理方法。

**4. 货币计量**

货币计量是指会计信息应以货币为计量尺度。货币计量假定包括如下几层含义：一是假设货币币值保持不变。按照国际惯例，当货币本身价值波动不大或前后波动可以互相抵消时，这些波动在会计核算中可不予考虑，但在发生持续的恶性通货膨胀、货币购买力严重下跌时，就需要用特殊的会计准则进行处理。二是会计的核算对象只包括能用货币计量的经济活动。三是借贷记账法只有通过货币计量，才能全面、连续、系统、完整地揭示企业的经营状况和财务成果。四是我国金融企业的会计核算以人民币为记账本位币。业务收支以外币为主的企业，可以选定某种外币作为记账本位币，但编制的会计报表应折算为人民币反映，境外企业向国内有关部门报送的会计报表也应折算为人民币反映。

## 四、金融企业会计的核算基础和信息质量要求

**1. 核算基础**

金融企业应以权责发生制为基础进行会计确认、计量和报告。权责发生制又称应收应付制，是指凡是当期已经实现的收入和已经发生或应当负担的费用，不论款项是否收付，都应作为当期的收入和费用，计入利润表；凡是不属于当期的收入和费用，即使款项已在当期收付，也不应作为当期的收入和费用。权责发生制原则主要是解决收入和费用何时予以确认及确认多少的问题。根据权责发生制进行收入和费用的核算，能够更准确地反映特定会计期间真实的财务状况和经营成果。

**2. 信息质量要求**

(1) 可靠性。可靠性要求金融企业应当以实际发生的交易或者事项为依据进行会计确认、计量和报告，如实反映、复核、确认和计量要求的各项会计要素及其相关信息，保证会计信息真实可靠、内容完整。

可靠性是会计信息的基本质量要求。

(2) 相关性。相关性要求金融企业提供的会计信息应当与财务报告使用者的经济决策需要相关，有助于财务报告使用者对金融企业过去、现在或者未来的情况作出评价或预测。

相关性以可靠性为基础，会计信息应当在可靠性前提下，尽可能符合相关性要求，以满足财务报告使用者的决策需要。

(3) 可理解性。可理解性要求金融企业提供的会计信息应当清晰明了，便于财务报告使用者理解和使用。要求会计记录和文字说明应当清晰、准确；填制会计凭证做到依据合法；登记账簿必须对应关系清楚；摘要完整准确；编制会计报表项目完整、数字准确、勾稽关系清楚。

(4) 可比性。可比性要求金融企业提供的会计信息应当相互可比。可比性包括纵向可比和横向可比两层含义。纵向可比要求同一企业不同时期发生的相同或者相似的交易或者事项，应当采用一致的会计政策，不得随意变更；确需变更的，应当在附注中说明。横向可比要求不同企业发生的相同或者相似的交易或者事项，应当采用规定的会计政策确保会计信息口径一致、相互可比。

可比性要求同一企业在不同时期采用一致的会计政策并不是绝对的，只是不允许随意变更。如果影响当初会计政策选择的环境和条件发生了变化，采用新的会计政策能更加真实地反映金融企业的实际情况，则金融企业也可以变更会计政策，但应当在附注中作相应的披露。

(5) 实质重于形式。实质重于形式要求金融企业应当按照交易或者事项的经济实质进行会计确认、计量和报告，不应仅以交易或者事项的法律形式为依据。

金融企业发生的交易或者事项的经济实质并不总是与其法律形式一致，在这种情况下，

为了使提供的会计信息更加真实可靠并具有决策相关性，金融企业应当按照交易或事项的经济实质进行会计确认、计量和报告，而不应仅以其法律形式为依据。例如，采用买断式回购交易卖出债券，虽然在法律形式上债券已经过户给买方，但在经济实质上卖方需要在回购日以固定的价格购回债券。这表明卖方保留了所转移债券所有权上几乎所有的风险和报酬，不应当终止确认该项债券，不能按照债券卖出进行会计核算。在这种情况下，卖方应当继续确认所转移的债券，并将因债券转移而收到的对价视同企业的融资借款（此类债券实质上具有融资性质），于收到时确认为一项金融负债（记入“卖出回购金融资产”账户）。

（6）重要性。重要性是指金融企业在会计核算中对不同的交易或事项应当区别对待，根据其重要程度采用不同的处理方法。金融企业在会计核算中贯彻重要性要求，就必须对资产、负债、利润等有较大影响、进而影响财务会计报告使用者作出合理判断的重要会计事项，按规定的会计方法和程序进行处理，并在财务会计报告中予以充分准确地披露；对于次要的会计事项，在不影响会计信息真实性和不致误导财务会计报告使用者作出正确判断的前提下，可以适当简化处理，在财务会计报告中合并列报。

重要性是相对的，对某项交易或事项重要性的评价，在很大程度上取决于会计人员的职业判断。一般而言，若某项交易或事项一经省略或错报会影响财务报告使用者据此作出经济决策，则该项交易或事项就具有重要性。重要性应当根据金融企业所处的环境，从交易或事项的性质和金额数量大小两个方面予以判断。判断交易或事项性质的重要性时，应考虑交易或事项是否属于金融企业日常活动等因素；判断交易或事项金额大小的重要性，应通过单项金额占资产总额、负债总额、所有者权益总额、营业收入总额、营业成本总额、净利润等直接相关项目金额的比重加以确定。

（7）谨慎性。谨慎性要求金融企业对交易或者事项进行会计确认、计量和报告应当保持应有的谨慎，不应高估资产或者收益、低估负债或者费用。

金融企业在会计核算中贯彻谨慎性要求，就应该采用那些少计或推迟确认资产或收益，或者多计或提前确认负债或费用的会计程序和方法。例如，金融企业应当按照规定提取资产减值准备、贷款损失准备和坏账准备就是谨慎性要求的具体体现。

（8）及时性。及时性要求金融企业对于已经发生的交易或者事项，应当及时进行会计确认、计量和报告，不得提前或延后。

会计信息具有时效性，不及时的会计信息会使其相关性完全消失，从而对会计信息使用者的决策毫无价值。金融企业在会计核算中贯彻及时性要求，就应当及时收集、处理和传递会计信息，即在交易或事项发生后，及时取得原始凭证，进行账务处理和编制财务报告，并按照规定的时限将财务报告传递给财务报告使用者。

## 第三节　金融企业会计的基本核算方法

### 一、会计科目

会计科目是对会计对象的具体内容进行分类反映的标志或名称，它是设置账户、分类记载会计事项的工具，也是确定报表项目的基础。根据会计科目的名称，可以在总分类账上设置账户，并记载发生的所有交易事项，因此会计科目实际上也就是账户名称，起统御、控制和总括各类明细账户的作用。

**1. 会计科目的设置原则**

1）遵循统一的会计核算规范

金融企业应按照《企业会计准则——应用指南》中科目表规定的科目名称和核算内容设置和使用会计科目，处理经济业务。

2）满足统一经营管理的需要

金融企业会计科目的设置，在遵循统一会计核算规范原则下，由总行（总公司）统一制定，以保证跨级核算口径的统一，便于综合汇总会计报表和分析运用会计资料。各管辖分行（分公司）如有需要，可增设辖内专用科目，但增设后应送总行（总公司）财会部门备案。

3）符合金融企业的业务特点

金融企业多种职能并存，其资金筹集与运用有自身的特点，必须根据这些特点来设置会计科目，才能全面反映金融企业会计的全部核算对象。

4）适当简化会计科目的设置

过少的会计科目不利于全面反映各项业务状况，而过多的会计科目又会影响会计核算效率。在保证核算质量的前提下，适当简化会计科目设置，可以提高会计核算工作效率，降低核算成本。

**2. 会计科目的分类**

金融企业会计科目的分类方法主要有两种：一是按会计科目所反映的资金性质进行分类；二是按会计科目与资产负债表的关系进行分类。

1）按会计科目所反映的资金性质分类

（1）资产类科目。它是反映金融企业的资产和债权的科目，包括各种资产、债权和其他权利。资产类科目按资产流动性可分为流动资产和非流动资产。对于这类科目，发生额记在借方表示资产增加，记在贷方表示资产减少，余额一般在借方。

（2）负债类科目。它是反映金融企业的各种债务性资金来源状况的科目，包括各种债务、应付款项和其他应付债务。负债类科目按流动性可分为流动负债和非流动负债。对于这类科目，发生额记在贷方表示负债增加，记在借方表示负债减少，余额一般在贷方。

（3）资产负债共同类科目。它是既能反映金融企业的资产业务，又能反映金融企业的负债业务的科目，如货币兑换和清算资金往来。这类科目的特点是在日常的核算中资产负债性质不确定，其性质视其科目的余额而定，当期科目余额在借方时表示为资产，在贷方时表示为负债。在编制会计报表时，应根据其余额方向分别纳入资产类和负债类科目进行表内反应。

（4）所有者权益类科目。它是反映金融企业的投资者对金融企业净资产的索取权，包括实收资本（股本）、资本公积、盈余公积、一般风险准备、本年利润、利润分配等科目。

（5）损益类科目。它是反映金融企业财务收支及经营成果的科目，包括各类收入类、费用类的科目。期末时，该类科目余额结转入本年利润。

2）按会计科目与资产负债表的关系分类

（1）表内科目。表内科目是反映金融企业资金实际增减变动的会计科目，期末余额反映在资产负债表等会计报表上。表内科目包括资产类、负债类、共同类、所有者权益类、成本类、损益类。具体如表 1-1 所示。

表 1-1 **表内会计科目**

| 序号 | 编号 | 科目名称 | 适用范围 | 序号 | 编号 | 科目名称 | 适用范围 |
|---|---|---|---|---|---|---|---|
| | | 一、资产类 | | 36 | 1431 | 贵金属 | |
| 1 | 1001 | 库存现金 | | 37 | 1441 | 抵债资产 | 金融共用 |
| 2 | 1002 | 银行存款 | | 38 | 1451 | 损余物资 | 保险专用 |
| 3 | 1003 | 存放中央银行款项 | 银行专用 | 39 | 1461 | 融资租赁资产 | |
| 4 | 1011 | 存放同业 | 银行专用 | 40 | 1471 | 存货跌价准备 | |
| 5 | 1012 | 其他货币资金 | | 41 | 1501 | 持有至到期投资 | |
| 6 | 1021 | 结算备付金 | 证券专用 | 42 | 1502 | 持有至到期投资减值准备 | |
| 7 | 1031 | 存出保证金 | 金融共用 | | | | |
| 8 | 1101 | 交易性金融资产 | | 43 | 1503 | 可供出售金融资产 | |
| 9 | 1111 | 买入返售金融资产 | | 44 | 1511 | 长期股权投资 | |
| 10 | 1121 | 应收票据 | | 45 | 1512 | 长期股权投资减值准备 | |
| 11 | 1122 | 应收账款 | | 46 | 1521 | 投资性房地产 | |
| 12 | 1123 | 预付账款 | | 47 | 1531 | 长期应收款 | |
| 13 | 1131 | 应收股利 | | 48 | 1532 | 未实现融资收益 | |
| 14 | 1132 | 应收利息 | | 49 | 1541 | 存出资本保证金 | |
| 15 | 1201 | 应收代位追偿款 | 保险专用 | 50 | 1601 | 固定资产 | |
| 16 | 1211 | 应收分保账款 | 保险专用 | 51 | 1602 | 累计折旧 | |
| 17 | 1212 | 应收分保合同准备金 | 保险专用 | 52 | 1603 | 固定资产减值准备 | |
| 18 | 1221 | 其他应收款 | | 53 | 1604 | 在建工程 | |
| 19 | 1231 | 坏账准备 | | 54 | 1605 | 工程物资 | |
| 20 | 1301 | 贴现资产 | 银行专用 | 55 | 1606 | 固定资产清理 | |
| 21 | 1301 | 拆出资金 | 金融共用 | 56 | 1611 | 未担保余值 | |
| 22 | 1303 | 贷款 | 银行、保险共用 | 57 | 1621 | 生产性生物资产 | |
| 23 | 1304 | 贷款损失准备 | 银行、保险共用 | 58 | 1622 | 生产性生物资产累计折旧 | |
| 24 | 1311 | 代理兑付证券 | 银行、证券共用 | | | | |
| 25 | 1321 | 代理业务资产 | | 59 | 1623 | 公益性生物资产 | |
| 26 | 1401 | 材料采购 | | 60 | 1631 | 油气资产 | |
| 27 | 1402 | 在途物资 | | 61 | 1632 | 累计折耗 | |
| 28 | 1403 | 原材料 | | 62 | 1701 | 无形资产 | |
| 29 | 1404 | 材料成本差异 | | 63 | 1702 | 累计摊销 | |
| 30 | 1405 | 库存商品 | | 64 | 1703 | 无形资产减值准备 | |
| 31 | 1406 | 发出商品 | | 65 | 1711 | 商誉 | |
| 32 | 1407 | 商品进销差价 | | 66 | 1801 | 长期待摊费用 | |
| 33 | 1408 | 委托加工物资 | | 67 | 1811 | 递延所得税资产 | |
| 34 | 1411 | 周转材料 | | 68 | 1821 | 独立账户资产 | 保险专用 |
| 35 | 1421 | 消耗性生物资产 | | 69 | 1901 | 待处理财产损溢 | |

（续表）

| 序号 | 编号 | 科目名称 | 适用范围 | 序号 | 编号 | 科目名称 | 适用范围 |
|---|---|---|---|---|---|---|---|
| | | 二、负债类 | | | | 三、共同类 | |
| 70 | 2001 | 短期借款 | | 105 | 3001 | 清算资金往来 | 银行专用 |
| 71 | 2002 | 存入保证金 | 金融共用 | 106 | 3002 | 货币兑换 | 金融共用 |
| 72 | 2003 | 拆入资金 | 金融共用 | 107 | 3101 | 衍生工具 | |
| 73 | 2004 | 向中央银行借款 | 银行专用 | 108 | 3201 | 套期工具 | |
| 74 | 2011 | 吸收存款 | 银行专用 | 109 | 3202 | 被套期工具 | |
| 75 | 2012 | 同业存放 | 银行专用 | | | 四、所有者权益类 | |
| 76 | 2021 | 贴现负债 | 银行专用 | 110 | 4004 | 实收资本 | |
| 77 | 2101 | 交易性金融负债 | | 111 | 4002 | 资本公积 | |
| 78 | 2111 | 卖出回购金融资产款 | 金融共用 | 112 | 4101 | 盈余公积 | |
| 79 | 2201 | 应付票据 | 保险专用 | 113 | 4102 | 一般风险准备 | 金融共用 |
| 80 | 2202 | 应付账款 | 金融共用 | 114 | 4103 | 本年利润 | |
| 81 | 2203 | 预收账款 | | 115 | 4104 | 利润分配 | |
| 82 | 2211 | 应付职工薪酬 | | 116 | 4201 | 库存股 | |
| 83 | 2221 | 应交税费 | | | | 五、成本类 | |
| 84 | 2231 | 应付利息 | | 117 | 5001 | 生产成本 | |
| 85 | 2232 | 应付股利 | | 118 | 5101 | 制造费用 | |
| 86 | 2241 | 其他应付款 | | 119 | 5201 | 劳务成本 | |
| 87 | 2251 | 应付保单红利 | 保险专用 | 120 | 5301 | 研发支出 | |
| 88 | 2261 | 应付分保账款 | 保险专用 | 121 | 5401 | 工程施工 | |
| 89 | 2311 | 代理买卖证券款 | 证券专用 | 122 | 5402 | 工程结算 | |
| 90 | 2312 | 代理承销证券款 | 证券、银行共用 | 123 | 5403 | 机械作业 | |
| 91 | 2313 | 代理兑付证券款 | 证券、银行共用 | | | 六、损益类 | |
| 92 | 2314 | 代理业务负债 | | 124 | 6001 | 主营业务收入 | |
| 93 | 2401 | 递延收益 | | 125 | 6011 | 利息收入 | 金融共用 |
| 94 | 2501 | 长期借款 | | 126 | 6021 | 手续费及佣金收入 | 金融共用 |
| 95 | 2502 | 应付债券 | | 127 | 6031 | 保费收入 | 保险专用 |
| 96 | 2601 | 未到期责任准备金 | 保险专用 | 128 | 6041 | 租赁收入 | |
| 97 | 2602 | 保险责任准备金 | 保险专用 | 129 | 6051 | 其他业务收入 | |
| 98 | 2611 | 保户储金 | 保险专用 | 130 | 6061 | 汇兑损益 | 金融专用 |
| 99 | 2621 | 独立账户负债 | 保险专用 | 131 | 6101 | 公允价值变动损益 | |
| 100 | 2701 | 长期应付款 | | 132 | 6111 | 投资收益 | |
| 101 | 2702 | 未确认融资费用 | | 133 | 6201 | 摊回保险责任准备金 | 保险专用 |
| 102 | 2711 | 专项应付款 | | 134 | 6202 | 摊回赔付支出 | 保险专用 |
| 103 | 2801 | 预计负债 | | 135 | 6203 | 摊回分保费用 | 保险专用 |
| 104 | 2901 | 递延所得税负债 | | 136 | 6301 | 营业外收入 | |

（续表）

| 序号 | 编号 | 科目名称 | 适用范围 | 序号 | 编号 | 科目名称 | 适用范围 |
|---|---|---|---|---|---|---|---|
| 137 | 6401 | 主营业务成本 |  | 147 | 6541 | 分出保费 | 保险专用 |
| 138 | 6402 | 其他业务成本 |  | 148 | 6542 | 分保费用 | 保险专用 |
| 139 | 6403 | 税金及附加 |  | 149 | 6601 | 销售费用 |  |
| 140 | 6411 | 利息支出 | 金融共用 | 150 | 6602 | 管理费用 |  |
| 141 | 6421 | 手续费及佣金支出 | 金融共用 | 151 | 6603 | 财务费用 |  |
| 142 | 6501 | 提取未到期责任准备金 | 保险专用 | 152 | 6604 | 勘探费用 |  |
| 143 | 6502 | 提取保险责任准备金 | 保险专用 | 153 | 6701 | 资产减值损失 |  |
| 144 | 6511 | 赔付支出 | 保险专用 | 154 | 6711 | 营业外支出 |  |
| 145 | 6521 | 保单红利支出 | 保险专用 | 155 | 6801 | 所得税费用 |  |
| 146 | 6531 | 退保金 | 保险专用 | 156 | 6901 | 以前年度损益调整 |  |

（2）表外科目。表外科目是核算业务确已发生但未涉及资金增减变动，需要记载实物库存数量变化和备查登记的事项，其余额不反映在资产负债表上的科目，如代保管有价值品、重要空白凭证等。具体如表 1-2 所示。

表 1-2　**表外会计科目**

| 序号 | 科目名称 | 序号 | 科目名称 |
|---|---|---|---|
| 1 | 开出信用证 | 8 | 开出凭证式债券 |
| 2 | 开出保函 | 9 | 未发行债券 |
| 3 | 衍生金融工具 | 10 | 冻结及诉讼中财产 |
| 4 | 未收贷款利息 | 11 | 重要空白凭证 |
| 5 | 待收委托贷款利息 | 12 | 代保管有价值品 |
| 6 | 贷款承诺 | 13 | 有价单证 |
| 7 | 银行承兑汇票 |  |  |

## 二、记账方法

记账方法是指运用一定的记账原理和规则，将财务活动记入账簿，并通过试算平衡来检查账簿记录是否正确的一种技术方法。金融企业会计的记账方法包括单式记账法和复式记账法。经济业务发生后，未引起表内科目增减变化而只涉及表外科目增减变化的采用单式记账法，涉及表内科目增减变化的采用复式记账法。

**1. 单式记账法**

单式记账法是指每一项经济业务的发生只在一个科目中进行登记的记账方法。由于单式记账只记载经济业务的一方，不反映其来龙去脉，也就不能反映出经济业务的全貌，导致会计资料和会计信息不完整。

在金融企业会计中，单式记账方法主要应用于表外科目的核算，发生或增加时记“收入”，转销或减少时记“付出”，余额表示尚未结清的事项，不存在各科目对转和平衡关系。

**【例 1-1】** 中国银行为其客户琴岛公司承兑一张面额为 20 000 元的银行承兑汇票，并按票面金额的5‰收取手续费，其会计分录如下：

借：吸收存款——单位活期存款——琴岛公司　　100
　贷：手续费及佣金收入　　100

同时，根据承兑协议，登记表外科目如下：

收入：银行承兑汇票——琴岛公司　　20 000

**2. 复式记账法**

复式记账法是指对于发生的每一笔交易或事项，同时在两个或两个以上相互联系的账户中，以对应相等的金额进行登记的记账方法。复式记账法可以全面反映交易或事项来龙去脉，便于进行试算平衡。目前，我国企业、行政事业单位的会计核算基本都采用复式记账法。

复式记账法分为借贷记账法、增减记账法和收付记账法。目前世界上普遍采用的复式记账法是借贷记账法。根据我国企业会计准则的规定，金融企业对表内科目的核算采用借贷记账法。

借贷记账法是以“借”和“贷”作为记账符号，根据复式记账原理，以“资产＝负债＋所有者权益”这一平衡式以及“有借必有贷，借贷必相等”的记账规则为基本内容的一种记账方法。

(1) 以“借”和“贷”作为记账符号。“借”和“贷”并无实际意义，只是表明记账方向。“借”表示资产和费用的增加，负债、所有者权益、收入和利润的减少；“贷”表示资产和费用的减少，负债、所有者权益、收入和利润的增加。

(2) “资产＝负债＋所有者权益”，这是金融企业账务处理的平衡规则。

(3) 遵循“有借必有贷，借贷必相等”的记账规则。金融企业在处理每笔业务和会计事项时，必须同时登记借方账户和贷方账户，可以一借多贷也可以多借一贷，且借贷双方的金额必须相等。

(4) 试算平衡。每日营业终了或定期(月、季、年)将全部账务进行试算，必须做到：

$$\text{本期各科目借方发生额合计} = \text{本期各科目贷方发生额合计}$$
$$\text{本期各科目借方余额合计} = \text{本期各科目贷方余额合计}$$

## 三、会计凭证

会计凭证是记录交易或事项，明确经济责任，具有法律效力的书面证明，也是金融企业办理资金收付、登记账簿、核对账务和事后查考的依据。

**1. 会计凭证的种类**

会计凭证按照编制程序和用途的不同，分为原始凭证和记账凭证。

1) 原始凭证

原始凭证是在交易或事项发生时，直接取得或编制的会计凭证。原始凭证作为交易或事项发生或完成情况的证明，是编制记账凭证、登记账簿的原始依据。

原始凭证按取得的来源不同，分为自制原始凭证和外来原始凭证。自制原始凭证是金融企业自行制作，并由企业在执行或完成某项交易或事项时自行编制的会计凭证，如存款利息通知单、工资表等；外来原始凭证是金融企业在交易或事项发生或完成时，直接从企业外部取得的会计凭证,如各种发票、车船票等。

2) 记账凭证

记账凭证是根据审核无误的原始凭证和业务事项编制的,可以直接作为记账依据的会计凭证。对商业银行而言,具备记账凭证基本要素的原始凭证也可以作为记账凭证使用;若根据原始凭证另外生成记账凭证,则将原始凭证附在记账凭证的后面,作为记账凭证的附件。商业银行的记账凭证,可以按照不同的标准进行分类。

(1) 按表外形式分为单式凭证和复式凭证。

单式凭证将一笔交易或事项所涉及的会计科目分别填制在几张凭证上,每张凭证上只列一个会计科目,填列的对方科目仅供参考,不作为登记账簿的依据。其中记录借方科目的凭证称为借方凭证;记录贷方科目的凭证称为贷方凭证。在传统手工操作下,商业银行由于业务量大,单式凭证便于在各柜组之间传递、分工记账和按会计科目汇总发生额,因此,实务中一般采用单式凭证。

复式凭证将一笔交易或事项所涉及的所有会计科目集中填制在一张凭证上,既作为借方科目的记账依据,又作为贷方科目的记账依据。复式凭证在金融企业会计核算中广泛采用。目前,采取计算机联网操作和综合柜员制的商业银行,表内业务的核算采用复式凭证,单讫记账时可采用单式凭证;表外业务的核算采用单式凭证,一记双讫时可采用复式凭证。其中,一记双讫是指一笔交易同时处理借、贷方业务;单讫是指一笔交易,只处理借方或贷方账务,必须同时使用另一单边交易和计算机批量补充方式,以确保账务的借贷平衡。

(2) 按格式和用途分为基本凭证和特定凭证。

基本凭证是根据有关原始凭证或业务事项编制产生的凭证,分为通用记账凭证、特种转账凭证等。其中,通用记账凭证是指印有固定要素的凭证,主要用于商业银行发生的未设特定凭证的内部现金收付业务、内部转账业务及表外科目核算的业务事项,这类凭证只在银行内部使用,不对外销售和传递;特种转账凭证主要用于没有特定凭证,但有涉及客户资金收付的转账业务,一般是银行在主动为客户收款进账或扣款出账时填制打印,作为付款或收款通知,这类凭证在银行内部使用,也可对外填发,但不对外销售。

特定凭证是根据某项业务的特殊需要定制的,具有专门格式和用途的凭证。这类凭证的专用性较强,凭证上印有固定的格式和主要要素,有系统按照要求将核算内容打印在相应的位置,如个人业务存款凭证、个人业务转账凭证、存单、行内汇划贷方补充报单、支付系统专用凭证等。

(3) 按生成方式分为手工凭证和机制凭证。

手工凭证是指根据原始凭证或业务事项采用手工录入方式在系统中编制的记账凭证。机制凭证是指系统在对交易或事项进行处理后自动生成的记账凭证,以及根据程序和设置固定自动生成的记账凭证。机制凭证根据生成时间的不同,又分为实时打印凭证和批量打印凭证。其中,实时打印凭证是指柜员在办理业务时,使用相关交易成功后系统实时生成输出打印的记账凭证,如个人业务存款凭证、存单等;批量打印凭证是指系统日终批量后,按照业务种类逐笔生成的记账凭证,如存款利息通知单、贷款利息通知单、资金清算汇总记账凭证、表外科目汇总记账凭证等。

**2. 会计凭证的处理**

会计凭证的处理是指从受理或编制凭证开始,经过审核、传递、记账,直至整理、装订、保管为止的整个过程。编制会计凭证，是会计核算工作的起点。只有经审核无误的会计凭证，才能作为办理资金收付、款项划转和登记账簿的依据。会计凭证登账后应按规定整理、装订和归档保管，以备核对账务和事后查考。

1-4 知识拓展：商业银行通用基本凭证样式

（1）会计凭证的编制。正确编制会计凭证对于如实反映金融企业交易或事项的内容，确保会计核算的质量至关重要。金融企业编制会计凭证必须做到标准化、规范化，要素齐全、数字正确、字迹清晰、不错漏、不潦草，防止涂改。

（2）会计凭证的审核。金融企业对自制或受理的会计凭证，必须根据会计规范和有关业务的具体要求，进行认真审核，以保证会计凭证的真实性、完整性、正确性和合法性。只有经审核无误的会计凭证，才能作为金融企业处理业务、制证或登账的依据。

经过审核，对内容记载不准确、不完整或填写有差错的凭证，应退回补填或重新填制；对伪造、变造会计凭证的违法行为，应认真追究有关单位、部门和人员的责任，严肃处理。会计凭证经审核无误后，应及时处理和科学传递。

（3）会计凭证的传递。会计凭证的传递是指金融企业为了办理业务和处理账务的需要，而将编制或受理的会计凭证，在金融企业内部以及金融企业之间按照规定的时间、程序进行传送流转。金融企业记录不同交易或事项的凭证在具体传递时间和程序上存在差别，但总的来说，必须做到准确及时、手续严密、办妥交接、先外后内、先急后缓。

金融企业会计凭证除另有规定，一律通过邮局、专业快递公司或金融企业内部指定专人传递，并建立严格的登记签收制度。

（4）会计凭证的整理、装订和保管。会计凭证是重要的经济档案和历史资料，为了保证会计资料的安全、完整和便于事后查考，金融企业对已办完会计核算手续的凭证，应按规定整理、装订成册，并归档保管。

## 第四节　金融企业会计的工作组织

金融企业会计的工作组织，就是根据我国《中华人民共和国会计法》（以下简称《会计法》）、《银行会计基本规范指导意见》《企业会计准则》《金融企业财务规则》的要求，在金融系统内部设置负责会计工作的职能机构，建立和健全会计的规章制度，配备必要的会计人员，按照会计管理的客观规律，将会计工作科学地组织起来，使会计工作有条不紊地运转，从而保证会计工作任务的顺利完成，发挥会计的职能作用。

### 一、会计机构

会计机构是金融企业内部组织领导和直接从事会计工作的职能部门，是金融企业职能机构体系中的重要组成部分。

金融企业会计机构的设置应与其管理体制、任务要求和业务量繁简相适应。随着金融体制改革的不断深化，会计改革不断进行，相应会计机构的设置也不尽统一，必须根据各金融机构的具体情况来设置。就目前情况来说，金融企业会计机构大体上划分为两种类型：一是不直接对外办理业务的内部会计工作的领导和管理机构，如银行、证券、保险、信托部门的会计部、处、科等会计部门；另一种是直接对外办理业务的会计机构，如各金融企业基层单位的营业部、处等会计机构。此外，对于一些业务不多、不进行独立核算的下属部门，一般不设置独立的会计机构,但必须配备专职会计人员和会计主管,负责处理会计工作。各级金融企业的会计部门必须在行长(经理)的领导下,由会计部门具体负责,同时也要接受上一级会计部门的指导、检查和监督。会计部门办理的财务收支和会计事务,应当依法接受审计机关的审计监督。

## 二、会计制度

会计制度是组织和开展会计工作必须遵循的规范和准则,它对于保证会计工作有组织、有秩序地进行具有重要意义。因此,科学地制定并认真地贯彻执行会计制度是组织和管理会计工作的重要内容之一,也是金融企业内部控制制度这一系统工程的一项重要环节。

会计制度包括由财政部颁布的《企业会计准则》《企业财务通则》《金融企业财务规则》,以及由财政部和中国人民银行联合制定的金融企业会计制度等。这些综合性的财务会计方面的规章制度不仅包含了对会计事务处理的具体方法规定,还体现了国家的财政方针政策。它们中的许多会计处理方法与国际会计惯例相接近,但也有根据我国具体情况作出的独特规定。因此对这些会计制度,金融企业必须严格地贯彻执行。

随着我国市场经济管理制度的不断完善和金融管理制度的逐步健全,会计制度也会随着经济体制和管理制度的改变而变化,不可能是一成不变的。同时,会计制度是会计工作实际经验的总结,新的会计方法会不断出现,因此必须在总结经验的基础上,对会计制度进行修改、补充,使之不断提高、不断完善,以适应经济发展的需要。

## 三、会计人员

各级会计机构都是由一定的会计人员组成的,各级机构的会计工作也都必须通过会计人员来实现和完成,因此配备具有一定政策业务水平和足够数量的会计人员是做好会计工作、充分发挥会计职能作用的决定性因素。

金融企业会计的会计人员包括会计主管人员、复核人员、记账员、出纳员、稽核、检查、辅导人员和其他从事账务工作的人员。会计人员必须取得会计从业资格证书,持证上岗,对不适宜从事会计工作的人员应及时作出调整。会计人员是决定会计工作质量的关键,因此,应加强对会计人员思想品德、职业道德教育和专业知识的培训,不断提高政治素质和业务水平,以适应金融形势发展的需要。

1-5 扫一扫看课件

## 本章重要概念

金融企业　金融企业会计　会计信息质量要求　会计科目　会计工作组织

## 本章练习

**一、单项选择题**

1. 货币计量是指在会计核算中以货币作为计量单位,计算反映经济活动情况,其假定是(　　)。

A. 币值变动会计账务随之调整　　B. 币值不变

C. 币种不变　　D. 按现值记账

2. 记录经济业务明确经济责任的书面证明是(　　)。

A. 会计科目　　B. 会计凭证　　C. 会计账簿　　D. 会计报表

3. 对于每一笔经济业务只在一个会计科目中进行登记的是(　　)。

A. 借贷记账法　　B. 收付记账法　　C. 复式记账法　　D. 单式记账法

4. 银行表外科目采用的记账方法是(　　)。

A. 单式记账法　　B. 复式记账法　　C. 借贷记账法　　D. 增减记账法

5. 需要根据期末科目总账的余额方向确定其资金性质的会计科目是(　　)科目。

A. "库存现金"　　B. "吸收存款"

C. "贷款"　　D. "清算资金往来"

## 二、多项选择题

1. 商业银行会计核算的基本前提包括(　　)。

A. 货币计量　　B. 会计主体　　C. 持续经营　　D. 会计期间

2. 下列科目属于表外科目的有(　　)科目。

A. "吸收存款"　　B. "贷款"

C. "代保管有价值品"　　D. "银行承兑汇票"

3. 金融企业的会计科目按与资产负债表的关系可分为(　　)。

A. 表外科目　　B. 表内科目　　C. 资产类　　D. 负债类

E. 资产负债共同类

4. 下列属于非银行金融企业会计的有(　　)。

A. 中央银行会计　　B. 保险公司会计

C. 证券公司会计　　D. 信用合作组织会计

5. 首要信息质量要求包括(　　)。

A. 相关性　　B. 及时性　　C. 可靠性　　D. 重要性

## 三、判断题

1. 谨慎性原则又称稳健性原则,是指企业在选择会计处理方法时应当尽可能不低估资产或收益,对企业可能发生的负债和费用作出合理的预计。(　　)

2. 商业银行的会计核算应当以权责发生制为基础。(　　)

3. 根据我国企业会计准则的规定,金融企业对表内科目的核算采用借贷记账法。(　　)

4. 重要性应当根据金融企业所处的环境,只需从交易或事项的金额量大小予以判断。(　　)

5. 商业银行的实务处理中一般采用单式凭证。(　　)

## 四、简答题

1. 金融企业包括哪些机构?

2. 简述金融企业会计的特点。

3. 非银行金融机构与银行有什么区别?

# 第二章　商业银行存款业务的核算



## 内容提要

本章主要讲解了银行结算账户管理办法及银行存款账户种类；单位人民币存款业务和个人储蓄存款业务的会计核算程序、方法及处理手续。

## 重点难点

本章重点为单位人民币存款业务和个人储蓄存款业务的会计核算；难点为单位活期存款、单位定期存款、个人活期储蓄存款、个人定期储蓄存款的核算。

## 学习目标

通过本章学习，学生应熟悉商业银行存款业务的种类和管理规定；掌握单位存款业务的核算；掌握储蓄存款的种类与核算程序；掌握活期存款利息的核算方法，熟悉定期存款利息的核算方法。能够结合案例着重应用活期存款利息的核算方法、定期存款利息的核算方法，为其在实务操作中奠定良好的基础。

## 知识框架

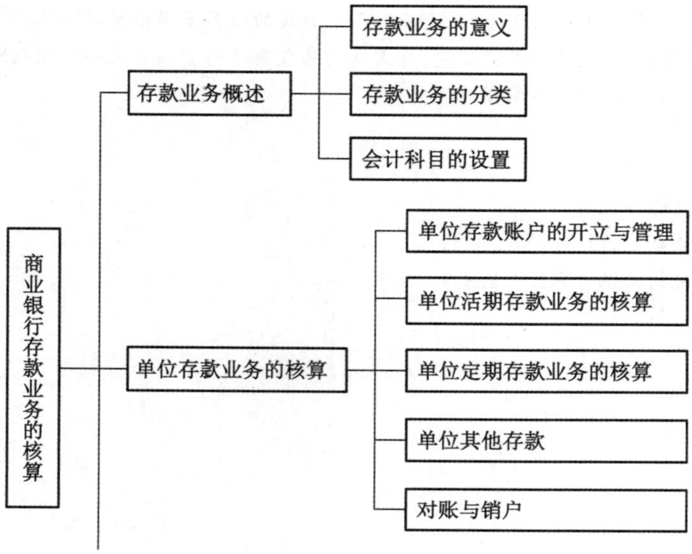

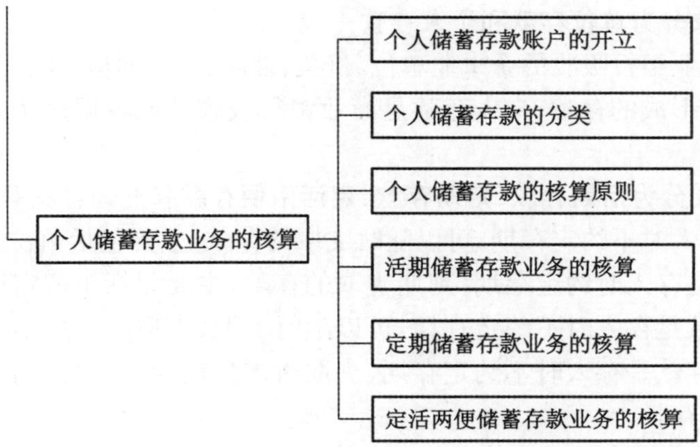


**思政育人** **你的存款,达标了么?**

根据中国人民银行发布的金融数据报告,2022 年年末,存款总额 212.57 万亿元,其中我国居民存款达到 93.44 万亿元,到 2022 年上半年,居民存款首次突破 100 万亿元大关,迈上了 100.12 万亿元的新台阶,在 5 月份存款短暂下降 1.36 万亿元之后,5 月份居民存款又增加了 3 338 亿元,加上其他企业存款,5 月份存款总共增加 1.37 万亿元,存款总额达到了 233.32 万亿元。

根据第七次人口全国普查的数据,2022 年年末,我国人口为 14.117 8 亿人,按照这个人口标准,到 2022 年 5 月末,我国人均存款就是 7.02 万元,对比自己的银行“钱包”,你达标了吗?如果从一个家庭的整体角度来考虑,按照中国家庭最常见的组合,以三口之家居多,那么户均存款也已经“出炉”了,就是 21.06 万元,你家“达标”了吗?

资料来源:新新夜宵谈.存款总额达到 233.32 万亿,人均存款“出炉”,你达标了吗?[EB/OL].(2022-05-25)[2022-11-30].https://www.sohu.com/na/550909096_121276098.

## 第一节 存款业务概述

### 一、存款业务的意义

2-1 视频:存款

存款是企业和个人存放在银行或其他金融机构的暂时闲置的货币资金。存款业务是商业银行以信用方式吸收社会闲置资金的一种筹资活动。通过办理存款业务,银行将社会暂时闲置的资金汇集在一起,形成商业银行信贷资金的主要来源。因此,存款是商业银行信贷资金的主要来源,也是商业银行的负债业务。同时,单位或个人存放在商业银行的这部分资金也是银行为其办理转账结算的前提。银行通过吸收存款,不仅可以满足其经营的需要,而且可以将资金贷给国民经济中的流通部门和生产部门,保证社会生产和商品流通的正常进行。总之,大力吸收存款,加强存款管理,对扩大银行信贷资金来源、平衡社会需求、稳定货币和调节货币流通具有重要意义。

### 二、存款业务的分类

2-2 视频:存款的分类

商业银行吸收的存款,根据管理的不同需要,可以采用不同的标准进行分类。

**1. 按存款对象分为单位存款和个人存款**

单位存款是商业银行吸收的企事业单位、机关、部队、社会团体、个体工商户及其他组织等暂时闲置的资金形成的存款;个人存款是商业银行吸收的城乡居民个人生活节余或待用的资金形成的存款。

**2. 按存取方式分为活期存款、定期存款、定活两便存款和通知存款等**

活期存款是存入时不约定存期,可以随时支取的存款,主要包括单位活期存款和个人活期存款;定期存款是存入时约定存期,到期支取的存款,主要包括单位定期存款和个人定期存款;定活两便存款是存入时不约定存期,可以随时支取,支取时根据实际存期按规定计算利息的存款;通知存款是存入时不约定存期,支取时需提前通知银行,约定支取日期和金额后方能到期支取的存款。

**3. 按存款币种分为人民币存款和外币存款**

人民币存款是商业银行吸收客户的人民币资金形成的存款;外币存款是商业银行吸收客户的外汇资金形成的存款。

**4. 按资金性质分为一般性存款和财政性存款**

一般性存款是商业银行吸收的单位和个人存入的,并可由其自行支配的资金形成的存款;财政性存款是商业银行经办的各级财政拨入的预算资金、应上缴财政的各项资金以及财政安排的专项资金形成的存款。商业银行吸收的一般性存款,通常应计付利息,并且应按照规定的比例,向中国人民银行缴存法定存款准备金;吸收的财政性存款,不计付利息,但应按规定全额就地缴存当地中国人民银行。

**5. 按产生来源分为原始存款和派生存款**

原始存款,也称现金存款或直接存款,是单位和个人将现金或现金支票送存银行而形成的存款;派生存款也称转账存款或间接存款,是银行通过发放贷款、购买证券等资产业务而创造的存款。派生存款的增加,会导致全社会货币供应量的增加。商业银行派生存款的能力建立在原始存款的基础上。

## 三、会计科目的设置

**1. “库存现金”科目**

“库存现金”科目属于资产类科目,用于核算商业银行的库存现金。商业银行增加库存现金,借记“库存现金”科目,贷记“吸收存款”等科目;减少库存现金作相反的会计分录。商业银行应当设置“现金日记账”科目,根据收付款凭证,按照业务发生顺序逐笔登记。每日终了应当计算当日的现金收入合计额、现金支出合计额和结余额,将结余额与实际库存额核对,做到账款相符。“库存现金”科目期末借方余额,反映商业银行持有的库存现金。

**2. “吸收存款”科目**

“吸收存款”科目属于负债类科目,用于核算商业银行吸收的除同业存放款项的其他各种存款,包括单位存款(企业、事业单位、机关、社会团体等)、个人存款、信用卡存款、特种存款、转贷款资金和财政性存款等。该科目可按存款类别及存款单位,分别以“本金”“利息调整”等进行明细核算。“吸收存款”科目期末贷方余额,反映商业银行吸收的除同业存放款项的其他各项存款。

**3. “应付利息”科目**

“应付利息”科目属于负债类科目，用于核算金融企业按照合同约定应支付的利息，包括吸收存款、分期付息到期还本的长期借款、企业债券等应支付的利息。该科目可按存款人或债权人进行明细核算。资产负债表日，应按摊余成本和实际利率计算确定的利息费用，借记“利息支出”等科目，按合同利率计算确定的应付未付利息，贷记“应付利息”科目，按其差额，借记或贷记“吸收存款——利息调整”等科目。合同利率与实际利率差异较小的，也可以采用“库存现金”等科目。“应付利息”科目期末贷方余额，反映金融企业应付未付的利息。

**4. “利息支出”科目**

“利息支出”科目属于损益类科目，用于核算金融企业发生的利息支出，包括吸收的各种存款（单位存款、个人存款、信用卡存款、特种存款、转贷款资金等）、与其他金融机构（中央银行、同业等）之间发生资金往来业务、卖出回购金融资产等产生的利息支出。该科目可按“利息支出”项目进行明细核算。资产负债表日，金融企业应按摊余成本和实际利率计算确定的利息费用金额，借记本科目，按合同利率计算确定的应付未付利息，贷记“应付利息”科目，按其差额，借记或贷记“吸收存款——利息调整”等科目。实际利率与合同利率差异较小的，也可以采用合同利率计算确定利息费用。期末，应将“利息支出”科目余额转入“本年利润”科目，结转后“利息支出”科目无余额。

## 第二节 单位存款业务的核算

### 一、单位存款账户的开立与管理

**1. 单位结算账户**

1）单位结算账户的种类

按照《人民币银行结算账户管理办法》的规定，机关、团体、部队、企事业单位、其他组织（统称单位）等应当以单位名称在银行开立单位银行结算账户。单位银行结算账户（以下简称“单位结算账户”）是指银行为机关、团体、部队、企事业单位其他组织等存款人开立的办理资金收付结算的人民币活期存款账户。个体工商户凭营业执照以字号或经营者姓名开立的银行结算账户纳入单位银行结算账户管理。单位结算账户按照用途不同，分为基本存款账户、一般存款账户、专用存款账户、临时存款账户。

基本存款账户是存款单位因办理日常转账结算和现金收付需要开立的银行结算账户。基本存款账户是存款单位的主办账户。存款单位日常经营活动的资金收付及其工资、奖金和现金的支取，应通过该账户办理。存款单位只能在银行开立一个基本存款账户。其他银行结算账户的开立必须以基本存款账户的开立为前提，必须凭基本存款账户开户登记证办理开户手续，并在基本存款账户开户登记证上进行相应登记。

一般存款账户是存款单位因借款或其他结算需要，在基本存款账户开户银行以外的银行营业机构开立的银行结算账户。一般存款账户用于办理存款单位借款转存、借款归还和其他结算的资金收付。该账户可以办理现金缴存，但不得办理现金支取。

专用存款账户是存款单位按照法律、行政法规和规章，对其特定用途资金进行专项管理和使用而开立的银行结算账户。专用存款账户用于办理各项专用资金的收付，如基本建设资金、更新改造资金、财政预算外资金、粮棉油收购资金、证券交易结算资金、期货交易保证金、信托基金、金融机构存放同业资金、政策性房地产开发资金、单位银行卡备用金、住房基金、社会保障基金、收入汇缴资金和业务支出资金等。

临时存款账户是存款单位因临时需要并在规定期限内使用而开立的银行结算账户。临时存款账户用于办理临时机构以及存款人临时经营活动发生的资金收付。临时存款账户应根据有关开户证明文件确定的期限或存款人的需要确定其有效期限，临时存款账户的有效期最长不得超过2年。临时存款账户支取现金，应按照国家现金管理的规定办理。

2）单位结算账户的开立

存款单位开立结算账户时，应填制并提交开户申请书，相关的证明文件、盖有单位印章的印鉴卡片和企业法人或单位负责人的身份证。开立基本存款账户、临时存款账户（不含注册验资临时存款账户）和预算单位开立的专用存款账户须经中国人民银行核准，除这三种结算账户，存款单位开立其他银行结算账户不需经中国人民银行核准，但开户银行必须在规定期限内向中国人民银行备案。

3）单位结算账户的使用及管理

存款账户一经开立，银行就必须加强对账户的管理，监督开户单位正确使用账户。各单位通过银行账户办理资金收付，必须遵守银行的有关规定。首先，一个单位只能选择一家银行的一个营业机构开立一个基本存款账户，不允许在多家银行开立基本存款账户。其他银行结算账户的开立必须以基本存款账户的开立为前提，必须凭基本存款账户开户登记证办理开户手续，并在基本存款账户开户登记证上进行相应登记。其次，开户实行双向选择，存款人可以自主选择银行，银行也可以选择存款人开立账户。任何单位和个人都不能干预存款人在银行开立或使用账户，银行也不得违反规定强拉客户开户。存款人的账户只能办理存款人自身的经济活动，不得出租、出借银行结算账户，不得利用银行结算账户套取银行信用。中国人民银行对银行结算账户的开立和使用实施监控和管理。中国人民银行负责基本存款账户、临时存款账户以及预算单位专用存款账户开户登记证的管理。任何单位及个人不得伪造、变造及私自印制开户登记证。

## 二、单位活期存款业务的核算

单位存款也称对公存款，包括单位活期存款、单位定期存款、单位通知存款和单位协定存款等。商业银行应在“吸收存款”科目下按存款类别分别设置“单位活期存款”“单位定期存款”“单位通知存款”等明细科目进行核算。

### 1. 单位活期存款存取现金的核算

单位活期存款的存取主要有现金存取和转账存取两种方式，其中转账存取需采用一定的结算方式，运用一定的支付结算工具办理。

1）支票户存取现金的核算

支票户是单位在银行开立的凭支票、进账单等结算凭证办理款项存取的账户，适合财务制度比较健全、存款金额大、经常发生存取款业务的单位使用。

(1) 存入现金的核算。柜员收到单位提交的现金、现金缴款单(一式二联),审查凭证和清点现金无误后,将实物券别录入系统现金箱,然后使用"单位活期存款续存"交易进行处理,打印记账凭证,现金缴款单第二联作记账凭证附件,第一联回单退存款单位。会计分录为:

借:库存现金

　　贷:吸收存款——单位活期存款——××单位

(2) 支取现金的核算。柜员收到单位提交的现金支票,审核支票真伪、是否应由本行付款、支票上加盖的预留印鉴是否正确等,审核无误后使用"单位活期存款支取"交易录入相关要素(大额取款需主管授权),交易成功后打印记账凭证,现金支票作记账凭证附件。柜员根据凭证金额配款,将实物券别录入系统现金箱,将现金交取款人。会计分录为:

借:吸收存款——单位活期存款——××单位

　　贷:库存现金

2) 存折户存取现金的核算

存折户是单位在银行开立的凭存折、存取款凭条办理款项存取的账户,适合业务规模小、存款金额少、不经常发生存款业务的单位使用。

(1) 存入现金的核算。柜员收到单位提交的存折、现金和结算存款凭证,审查凭证和清点现金无误后,将实物券别录入系统现金箱,然后使用"单位活期存款续存"交易进行处理,打印结算存款凭证和存折内页,将存折、回单交存款单位。其会计分录与支票户存入现金相同。

(2) 支取现金的核算。柜员收到单位提交的存折、结算取款凭证,审核存折真伪,结算取款凭证填写是否准确、完整,加盖的预留印鉴是否相符等,审核无误后使用"单位活期存款支取"交易录入相关要素(大额取款需主管授权),交易成功后打印结算取款凭证、存折内页。柜员根据凭证金额配款,将实物券别录入系统现金箱,将存折、回单和现金交取款人。其会计分录与支票户支取现金相同。

**2. 单位活期存款利息的核算**

1) 计息范围与计息规定

商业银行吸收的存款,除财政性存款、被法院判决为赃款的冻结户存款、贷记卡账户的存款及储值卡(含 IC 卡的电子钱包)内的币值等,其他各种存款均应按规定计付利息。单位活期存款的计息规定为:单位活期存款按日计息,按季结息,计息期间遇利率调整分段计息,每季度末月的 20 日为结息日,结出的利息于结息日次日入账。但若单位活期存款账户销户,则利息的结算应采取利随本清的方法。

2-3 视频:单位活期存款的核算

2) 计息公式

(1) 基本计息公式。利息计算的基本公式为:

$$利息 = 本金 \times 存期 \times 利率$$

存期即存款单位两次存取款的时间间隔。存期的计算一般采取"算头不算尾"方法,即存入日计算利息，支取日不计算利息，实际存期的计算应从存入日算至支取日的前一日止。但若遇结息日，则存期的计算应采取“算头又算尾”的方法，即实存期的计算应从存入日算至结息日这一天为止。

利率分为年利率、月利率和日利率，具体使用时应与存期保持一致。年利率、利率、日利率之间的换算公式为：

$$月利率 = 年利率 \div 12$$
$$日利率 = 年利率 \div 360$$
$$日利率 = 月利率 \div 30$$

单位活期存款按以上公式及规则计算利息时，存期内如遇利率调整，应分段计息。

(2) 积数计息法计息公式。单位活期存款存取频繁，其余额经常发生变动，一般采用积数计息法计算利息。在积数计息法下，存期按每次存取款后余额的实存天数计算。将每次存取款后的余额乘以按实存天数计算的存期，其乘积便为日积数。将一个计息期的日积数累加起来(若遇利率调整，应分段累加，分段计算累计日积数)，将累计计息日积数乘以适用的日利率(或分段累计计息日积数分别乘以适用的日利率后求和)，即为本计息期计算的利息。

累计计息日积数即本计息期内各存款账户每日最后余额的累计数，若遇利率调整，则为分段累计数。这种按实际天数每日累计账户余额，以累计计息积数乘以日利率计算利息的方法，便称为积数计息法。其计息公式为：

① 若计息期间无利率调整，则利息计算为：

$$利息 = 累计计息日积数 \times 日利率$$

② 若计息期间遇利率调整，则利息计算为：

$$利息 = \sum(分段累计计息日积数 \times 日利率)$$

累计计息日积数元位起息，元位以下不计息，计算的利息保留到分位，分位以下四舍五入。分段计息时，各段利息保留到厘位，各段利息加总求和后，再将厘位四舍五入。

(3) 利息的核算。

① 资产负债表日计提利息的处理。商业银行以权责发生制为基础，于每月月末按月计提存款利息。每月月末计提利息时，如计息期间利率未调整，按计提日挂牌公告的活期存款利率计算利息；如计息期间遇利率调整，则应分段计算利息。在计算机操作下，每月月末系统自动计算每笔存款从上一计提日(结息日或存入日)至本月末日应付利息的应有余额，与现有余额相比较，差额部分确认为当期利息支出。会计分录为：

借：利息支出——单位活期存款利息支出

　　贷：应付利息——单位活期存款应付利息

在手工操作下，采用积数计息法具体可利用余额表和乙种账两种工具计算积数，并据以计算利息。

② 结息日结计利息的处理。单位活期存款按季结息，每季度20日为结息日，由电脑自动结息，结出的利息于结息日次日批量入账。下面对手工操作下余额表和乙种账两种计息

工具的具体运用进行介绍。

余额表计息是采用计息余额表计算累计计息日积数并据以计算利息。采用该表计息时，每日营业终了，将需要计算利息的各分户账最后余额，按户抄至计息余额表各账户栏内，当日余额未变动的，则照抄上日余额。余额表上各户余额逐日相加之和即为累计日积数。若遇利率调整，则应分段计算累计日积数。错账冲正时，应调整积数，以调增或调减的余额乘以错账日数，计算出应调增或应调减的积数填入余额表中“应加积数”或“应减积数”栏内。结息日计算出本计息期累计计息日积数后，乘以适用的日利率(或分段累计计息日积数分别乘以适用的日利率后求和)，即为本计息期计算的利息。对于经常发生存取款业务、存款余额变动频繁的单位，适合采用余额表计息。

**【例 2-1】** 某公司2×22年6月21日至9月20日活期存款账户累计积数为4 296 000元，由于错账冲正应减积数6 000元，累计应计息积数为4 290 000元，年利率为0.36%。

$$利息 = 4\ 290\ 000 \times (0.36\% \div 360) = 42.9(元)$$

乙种账计息(又称账页计息法)是采用乙种账页计算累计计息日积数，并据以计算利息。采用乙种账计息，当发生资金收付，引起单位存款账户的余额发生变动时，除了登记本次发生额并结出余额，还应算出上次余额的实存天数，记入账页上相应的“日数”栏内，并将上次余额与实存天数的乘积记入账页上对应的“积数”栏内。若遇利率调整，应分段计算“日数”与“积数”。其中，实存天数按“算头不算尾”的方法计算，但若遇“尾”为结息日，在计算实存天数时则应“算头又算尾”。至结息日，将上季度末月21日起至本季度结息日止的日数和积数累计起来(或分段累计起来)，求出该计息期的累计日数(应与日历天数相符)与累计计息积数(或分段累计日数与分段累计计息积数)。如遇错账冲正，应调整积数。然后用累计计息积数乘以适用的日利率(或分段累计计息积数分别乘以适用的日利率后求和)，即可计算出本计息期的利息。对于不经常发生存取款业务，存款余额变动不频繁的单位，适合采用乙种账计息。采用乙种账计息时，结息日营业终了，该季每笔余额实存天数的合计数，即乙种账“日数”栏合计数，应与该季实际计息天数相符。其中，第一季度实际计息天数为90天(平年)或91天(闰年)，第二季度和第三季度实际计息天数均为92天，第四季度实际计息天数为91天。

结息日结出利息后，应先将上一计提日至结息日的利息补提，然后将本计息期间所有应付利息于次日批量结入各单位活期存款账户。补提利息时，会计分录为：

借：利息支出——单位活期存款利息支出
　　贷：应付利息——单位活期存款应付利息

结息日次日，将应付利息批量结入各单位活期存款账户，批量打印记账凭证，会计分录为：

借：应付利息——单位活期存款应付利息
　　贷：吸收存款——单位活期存款——××单位

**【例 2-2】** 相关资料如表2-1所示。

表 2-1　　　　　　　　　　　　**账页计息法**

中国××银行(　　)

＿＿＿＿＿＿账

账号：　　　　户名：　　　　领用凭证记录：　　　　　　　　利率：0.36%

| 年 | | 摘　要 | 凭证号码 | 对方科目代号 | 借方 | 贷方 | 借或贷 | 余额 | 日数 | 积额 | 复核签章 |
|---|---|---|---|---|---|---|---|---|---|---|---|
| 月 | 日 | | | | (位数) | (位数) | | (位数) | | (位数) | |
| 11 | 1 | 承前页 | | | | | 贷 | 10 000 | 41<br>17 | 160 800<br>170 000 | |
| 11 | 18 | 支取 | 3 151 | | 2 000 | | 贷 | 8 000 | 27 | 216 000 | |
| 12 | 15 | 存入 | | | | 7 000 | 贷 | 15 000 | 6 | 90 000 | |
| 12 | 21 | 结息 | | | | 6.37 | 贷 | 15 006.37 | 91 | 636 800 | |

其利息计算为：

$$636\ 800\times(0.36\%\div 360)=6.37(\text{元})$$

## 三、单位定期存款业务的核算

2-4 视频：单位定期存款的核算

单位定期存款起存金额为 1 万元，多存不限，存期分为 3 个月、半年、1 年、2 年、3 年、5 年六个档次。

### 1. 单位定期存款利息的计算

1）计息公式

单位定期存款利息的计算采用逐笔计息法，即在支取时，按预先确定的计息公式逐笔计算利息，利随本清。

(1) 计息期为整年或整月时，计息公式为：

利息 = 本金 × 年(月)数 × 年(月)利率　　　　式(2-1)

(2) 计息期有整年或整月，又有零头天数时，计息公式为：

利息 = 本金 × 年(月)数 × 年(月)利率 + 本金 × 零头天数 × 日利率　　　　式(2-2)

(3) 将计息期全部化为实际天数计算利息时，计息公式为：

利息 = 本金 × 实际天数 × 日利率　　　　式(2-3)

式(2-1)中“年(月)数”，按对年、对月、对日计算；式(2-2)中“零头天数”，按算头不算尾的方法计算实际天数；式(2-3)中“实际天数”，为公历实际天数，即每年为 365 天(闰年 366 天)，每月为当月公历实际天数。年利率、月利率、日利率之间的换算同前述。需要说明的是，若遇存款到期日为该月所没有的日期，则以月末日为到期日。例如，5 月 31 日存入半年期定期存款，到期日应为 11 月 30 日；8 月 29 日、30 日、31 日存入半年期定期存款，到期日均为次年 2 月 28 日(闰年为 29 日)；2 月 28 日存入(系月底日存入)半年期定期存款，则应以同年 8 月 29 日为到期日。

2）计息规定

(1) 单位定期存款在原定存期内的利息，按存入日(开户日)挂牌公告的利率计算，存期内遇利率调整，不分段计息。

(2) 单位定期存款全部提前支取时，按支取日挂牌公告的活期存款利率计算利息(不分段计息)。

(3) 单位定期存款部分提前支取时，若留存金额不低于起存金额，提前支取部分按支取日挂牌公告的活期存款利率计算利息(不分段计息)，留存部分按原定存期及到期日另开新证实书，到期时按原存款开户日挂牌公告的利率计算利息；部分提前支取时，若留存金额低于起存金额，则对该项定期存款予以清户，按支取日挂牌公告的活期存款利率计算利息(不分段计息)。按规定，单位定期存款部分提前支取只能办理一次。

(4) 单位定期存款逾期支取时，逾期部分按支取日挂牌公告的活期存款利率计算利息(不分段计息)。

(5) 单位定期存款的到期日若为节假日，可于节假日前最后一个营业日办理支取手续，银行扣除提前支取天数后，按存入日挂牌公告的利率计算利息。节假日后支取的，按逾期支取计算利息。

**2. 单位定期存款存入的核算**

单位定期存款可以采取现金存入和转账存入两种方式。现金存入时，应填制单位定期存款缴款凭证，连同现金一起提交银行；转账存入时，应填制转账支票，连同进账单(一式两联，收账通知联和贷方凭证联)一起提交银行。柜员审核无误并收妥款项后，使用相关交易办理定期开户和款项存入，打印记账凭证和单位定期存款开户证实书。柜员在证实书上签章并加盖业务公章后，将证实书、进账单回单(即收账通知联)交存款单位，证实书第一联、进账单贷方凭证联作记账凭证附件。会计分录为：

现金存入时：

借：库存现金　　(实际收到的款项)
　　贷：吸收存款——单位定期存款——××单位　　(本金)

转账存入时：

借：吸收存款——单位活期存款——××单位　　(实际收到的款项)
　　贷：吸收存款——单位定期存款——××单位　　(本金)

若柜员实际收到的款项与吸收存款的本金存在差额，则将差额借记或贷记“吸收存款——利息调整”科目。现行实务中，商业银行吸收客户存款实际收到的金额即为吸收存款的本金，且办理存款业务一般不会发生交易费用，因此，吸收存款初始确认时一般不考虑利息调整。单位持他行支票办理定期存款时，应按票据交换的要求提出交换，待收妥后，先转入单位活期存款账户，然后通知单位办理定期存款手续。单位办理定期存款时，可与银行约定办理到期自动转存，即定期存款到期日，单位若未支取，系统自动将定期存款利息计入本金，并按开户时的存期和转存日挂牌公告的相应档次定期存款利率自动进行转存处理。

**3. 资产负债表日计提利息的核算**

(1) 约定存期内计提利息的处理。约定存期内每月月末计提利息时，对于 1 年期以上(不含 1 年期)单位定期存款，按照摊余成本乘以实际利率计算利息支出，按照合同本金乘以存入日(开户日)挂牌公告的相应档次定期存款利率(即合同利率，换算为月利率)计算应付利息，差额计入利息调整。会计分录为：

借：利息支出——单位定期存款利息支出
　　借或贷：吸收存款——单位定期存款——××单位（利息调整）
　　贷：应付利息——单位定期存款应付利息

对于其他单位定期存款，利息支出和应付利息均按合同本金乘以存入日（开户日）挂牌公告的相应档次定期存款利率（换算为月利率）计算。会计分录为：

借：利息支出——单位定期存款利息支出
　　贷：应付利息——单位定期存款应付利息

（2）逾期后计提利息的处理。逾期后每月月末计提利息时，按合同本金乘以计提日挂牌公告的活期存款利率（换算为月利率）计算应提利息。会计分录为：

借：利息支出——单位定期存款利息支出
　　贷：应付利息——单位定期存款应付利息

**4. 单位定期存款支取的核算**

单位定期存款只能以转账方式支取，不得从单位定期存款账户中支取现金或将单位定期存款账户用于结算。

1）到期支取的处理

单位定期存款到期，存款单位应将证实书加盖预留印鉴，连同进账单一起提交银行。柜员审核无误后，使用相关交易办理支取，同时，系统自动将到期日应付利息的应有余额与现有余额进行比较，并将差额部分予以补提。交易成功后打印记账凭证、证实书和单位存款利息通知单，将证实书和进账单贷方凭证联作记账凭证附件，单位存款利息通知单、进账单回单交存款单位。

（1）补提利息的会计分录为：

借：利息支出——单位定期存款利息支出
　　贷：应付利息——单位定期存款应付利息

对于采用实际利率法核算的单位定期存款，补提利息的会计分录为：

借：利息支出——单位定期存款利息支出
　　贷：应付利息——单位定期存款应付利息

（2）支付本息的会计分录为：

借：吸收存款——单位定期存款——××单位（本金）
　　应付利息——单位定期存款应付利息
　　贷：吸收存款——单位活期存款——××单位

2）提前支取的处理

单位定期存款可以全部或部分提前支取，但若办理部分提前支取，则以一次为限。部分提前支取时，若留存金额不低于起存金额，银行根据提前支取的规定计算利息，办理支取手续，并对留存金额开具新证实书；若留存金额低于起存金额，银行根据提前支取的规定计算利息，并对该项定期存款予以清户。

（1）全部提前支取的处理。单位定期存款全部提前支取时，银行根据提前支取的规定计算全部提前支取的利息，并在证实书上加盖“提前支取”戳记，其余处理手续和账务处理与到期支取基本相同。银行按提前支取规定计算的应支付给存款单位的利息，若小于已计提的利息，则应将差额部分予以冲销；反之，应将差额部分予以补提。对于采用实际利率法核算的单位定期存款，冲销时，还应将“吸收存款——利息调整”科目的余额全部冲销。

会计分录为：

借：应付利息——单位定期存款应付利息　（应予冲销的金额）
　贷：吸收存款——单位定期存款——××单位（利息调整）　（账面余额）
　　贷或借：利息支出——单位定期存款利息支出　（借贷方差额）

支付本息的会计分录为：

借：吸收存款——单位定期存款——××单位（本金）
　应付利息——单位定期存款应付利息
　贷：吸收存款——单位活期存款——××单位

（2）部分提前支取的处理。单位定期存款部分提前支取时，若留存金额不低于起存金额，银行根据提前支取规定计算部分提前支取利息，并采取满付实收、更换新证实书的做法，即视同原证实书本金一次全部支取，对留存部分按原存期、原利率和到期日另开具新证实书，在原证实书上注明“部分支取××元”字样。柜员使用相关交易办理部分提前支取，打印原证实书、新证实书、单位存款利息通知单和记账凭证。柜员在新证实书上签章并加盖业务公章，原证实书、进账单、新证实书第一联作记账凭证附件，新证实书、单位存款利息通知单、进账单回单交存款单位银行按提前支取规定计算的应支付给存款单位的部分提前支取利息，若小于支取部分已计提的利息，则应将差额部分予以冲销；反之，应将差额部分予以补提。对于采用实际利率法核算的单位定期存款，冲销时，还应将“吸收存款——利息调整”科目的余额按比例冲销，会计分录为：

借：应付利息——单位定期存款应付利息　（应予冲销的金额）
　贷：吸收存款——单位定期存款——××单位（利息调整）　（账面余额的一定比例）
　　贷或借：利息支出——单位定期存款利息支出　（借贷方差额）

办理部分提前支取的会计分录为：

借：吸收存款——单位定期存款——××单位（本金）　（全部本金）
　应付利息——单位定期存款应付利息　（提前支取部分利息）
　贷：吸收存款——单位活期存款——××单位　（提前支取部分本息和）
　　吸收存款——单位定期存款——××单位（本金）　（留存金额）

单位定期存款部分提前支取时，若留存金额低于起存金额，则办理手续和账务处理与全部提前支取相同。

3）逾期支取的处理

单位定期存款逾期支取时，银行除计算到期利息，对逾期部分还应根据逾期支取的规定计算逾期利息，其办理手续和账务处理与到期支取基本相同。银行办理单位定期存款支取时，若单位定期存款转入的收款单位在他行开户，则应先将定期存款本息转入该存款单位在本行的单位活期存款账户，然后按结算制度的规定办理。定期存款到期后，若单位要求续存，则应结清旧户，并按开户手续另开新证实书，其办理手续和账务处理与前述定期存款的到期支取和存入相同。

**【例 2-3】** ABC 公司 2×22 年 8 月 25 日签发转账支票，将其活期存款账户 60 000 元转为定期存款，存期半年，存入时银行挂牌公告的半年期定期存款利率为 1.5%，ABC 公司没有和银行约定办理到期自动转存。要求：编制 ABC 公司定期存款存入的会计分录。

商业银行编制会计分录如下：

借：吸收存款——单位活期存款——ABC 公司　　60 000
　贷：吸收存款——单位定期存款——ABC 公司　　60 000

**【例 2-4】** 中国工商银行海淀支行 2×22 年 8 月 31 日计提利息费用时，航天公司 3 个月期定期存款 30 000 元，存入时年利率为 1.3%；荣达公司半年期定期存款 60 000 元，存入时年利率为 1.5%；明盛公司 1 年期定期存款 120 000 元，存入时年利率为 1.7%。其中，航天公司和明盛公司存款均为 2×22 年 7 月 31 日之前存入存满本月，且均未逾期。资产负债表日，海淀支行对上述存款采用合同利率计算确定利息费用。要求：编制 2×22 年 8 月31 日计提利息费用的会计分录。

(1) 计算应提利息费用：

航天公司应提利息费用 = 30 000 × 1 × 1.3% ÷ 12 = 32.50(元)
荣达公司应提利息费用 = 60 000 × 1 × 1.5% ÷ 12 = 75.00(元)
明盛公司应提利息费用 = 120 000 × 1 × 1.7% ÷ 12 = 170.00(元)

(2) 海淀支行编制会计分录如下：

借：利息支出——单位定期存款利息支出　　277.50
　贷：应付利息——单位定期存款应付利息——航天公司　　32.50
　　　　　　　　　　　　　　　　　　——荣达公司　　75.00
　　　　　　　　　　　　　　　　　　——明盛公司　　170.00

**【例 2-5】** 沿用[例 2-4]的资料，假设荣达公司逾期于 2×23 年 4 月 10 日来行支取，2×23 年 4 月 10 日银行挂牌公告的活期存款利率为 0.3%。要求：编制荣达公司定期存款逾期支取的会计分录。

(1) 原定存期内采用“利息＝本金×年(月)数×年(月)利率”计息公式，逾期部分采用“利息＝本金×年(月)数×年(月)利率＋本金×零头天数×日利率”计息公式时，逾期部分利息为：

逾期部分利息 = 60 000 × 1 × 0.3% ÷ 12 + 60 000 × 16 × 0.3% ÷ 360 = 23(元)
应付利息 = 到期利息 + 逾期部分利息 = 450 + 23 = 473(元)

a. 补提利息：将支取日应付利息的应有余额 473 元与其账面余额(即已提利息)进行比较，并将差额部分予以补提。

b. 支付本息：

借：吸收存款——单位定期存款——荣达公司　　60 000
　　应付利息——单位定期存款应付利息——荣达公司　　473
　贷：吸收存款——单位活期存款——荣达公司　　60 473

(2) 原定存期内及逾期部分均采用"利息＝本金×实际天数×日利率"计息公式时，逾期部分利息为：

逾期部分利息 ＝ 60 000 × 45 × 0.3% ÷ 360 ＝ 22.50(元)

应付利息 ＝ 到期利息 ＋ 逾期部分利息 ＝ 460 ＋ 22.50 ＝ 482.50(元)

补提利息和支付本息的会计分录略。

**相关思考 2-1**

**定期存款操作风险**

监控中心在对某网点一笔单位定期存款到期支取业务进行监测时发现，其单位定期存款证实书的"证实书联"与银行"留底联"号码不符。经核实，该企业前期办理了两笔同金额但到期日不同的单位定期存款，柜员误将网点留存的证实书"留底联"抽错，从而引发风险事件。

分析：

该网点及柜员存在下列问题。

(1) 风险防范意识淡薄，业务处理存在薄弱环节。单位定期存款证实书按空白重要凭证管理，单位定期存款到期支取，柜员应抽取"留底联"，与客户递交的证实书联核实真伪，确认凭证合法有效，才能进行资金划转。凭证号码错误，说明柜员未按照支付票据要素进行审核，受理环节出现漏洞，极易引发虚假凭证盗用客户资金的风险。

(2) 制度把控不严格，现场审核流于形式。该案例中两笔业务的单位定期存款证实书"留底联"均抽错，表明现场管理人员制度执行力和业务技能均显不足，极易引发内部执行风险和操作风险。

资料来源：佚名. 单位定期存款支取引发风险事件的案例[EB/OL]. (2017-12-22)[2022-11-05]. https://wenku.baidu.com/view/4182ab36a8956bec0975e3f5.html?_wkts_=1669442998088.

## 四、单位其他存款

单位其他存款还包括单位通知存款和协定存款。

**1. 单位通知存款**

单位通知存款是存款人在存入款项时不约定存期，当需要支取存款时提前通知银行，然后按照通知约定的取款日期和金额支取款项的一种存款方式。单位通知存款的起存金额为50万元，一次存入，一次或分次支取，支取金额最低为10万元。单位通知存款分为1天和7天两个档次。1天通知存款是指提前1天通知银行约定取款，7天通知存款是指提前7天通知银行约定取款，由存款人在存入时选择存款档次。

**2. 协定存款**

协定存款是存款人与开户银行签订协定存款合同，约定结算账户的留存额度，超过约定留存额度的存款转为协定存款，单独计算计息积数并按协定存款利率计算利息的一种存款方式。

(1) 协定存款必须由存款人与开户银行签订合同，由银行按照协定存款的规定主动办理并在结算账户中进行核算。

(2) 协定存款只对结算账户流水50万元以上的存款单位办理，结算账户转协定存款后的留存额度最低为人民币10万元。

(3) 单位存款资金全部通过结算账户往来，由银行根据结算账户的存款变化情况以及约定留存额度自动在活期存款与协定存款之间进行调整,调整的金额起点为1万元。

(4) 结算账户存款余额超过约定留存额度的,将超过部分自动计入协定存款积数中;结算账户存款余额低于约定留存额度或通过结算账户支付款项超过留存额度,由会计核算系统自动从协定存款转入活期存款。结算账户中的活期存款与协定存款分别计算计息积数,在结息日,根据活期存款与协定存款的计息积数分别按照活期存款利率和协定存款利率计算利息。

## 五、对账与销户

### 1. 对账

对账是指银行与单位核对存款账户余额。对于银行与开户单位的经济往来,由于双方记账时间有先后以及发生技术性差错等原因,会导致双方账务不相符或产生未达账项。为了及时查清未达账项,保证内外账务相符和存款安全,银行必须与开户单位经常进行账务核对。

银行与单位的对账可分为随时对账和定期对账两种形式:

(1) 随时对账。银行为支票存款户记账,采用套写账页,银行会计每记满一页,就将账页的对账联交单位对账;单位以对账联与其银行往来账逐笔进行核对,发现问题,及时到银行查明更正。这种对账形式适用于逐笔核对发生额,可防止双方账务记载中的错误。

(2) 定期对账。银行与单位除平时对账,银行还应于每季度末及每年11月末向开户单位填发一式两联的"余额对账单",交给开户单位对账。开户单位核对后,如经核对发现不符,应在对账单回单联注明未达账项及金额,以便双方查找处理。对于双方账务长期不符的开户单位,要采取必要的措施限期查清。银行将开户单位退回的对账回单按科目、账号顺序排列并装订保管。

延伸阅读2-1

**证券公司客户经理勾结银行骗走企业逾6亿元存款**

2010年2月1日,东风汽车公司(以下简称"东风公司")财务人员与中信银行武汉梨园支行(以下简称"中信梨园支行")对账时被告知,公司持有的1亿元的存款单是假的,公司在该支行的账上仅有164.20元。次日,东风公司向武汉市公安局经侦大队报案。

东风公司在银行的存款怎会被私人取走?经警方调查发现:这是一起策划十分周密的公款挪用案,资金流向了李某某等人的账户。他因急需资金周转,勾结中信梨园支行客户经理潘某,拿到东风公司全套开户资料,私刻了东风公司的印鉴。2009年9月、10月,李某某安排工作人员用私刻的东风公司社保中心印鉴、授权书等分两次把东风公司存在中信梨园支行的1亿元转走。李某某原是武汉证券公司客户经理。他在2003—2009年,以高额好处费为诱饵,将存款单位资金引存到他指定的银行,并与银行工作人员勾结,采取伪造金融票证、私刻存款单位银行预留印鉴等手段挪用资金,作案13起。李某某勾结的银行职员,涉及中国建设银行、中信银行、中国工商银行、广发银行、华夏银行等6家银行。

资料来源:滕彪,李骁晋.证券公司客户经理勾结6家银行职员骗走企业6亿存款[EB/OL].(2015-01-22)[2022-12-07].http://finance.people.com.cn/money/n/2015/0122/c42877-26429391.html.

### 2. 销户

当存款单位因迁移、合并、停产等原因不再使用原来的存款账户时,应及时到银行办理销户手续。银行办理销户时，应首先与销户单位核对存款账户余额，核对相符后，对应计算利息的存款账户，要结清利息；对支票存款户，应收回所有空白支票；对存折存款户，应收回存折注销。然后，银行将原存款账户的余额转入其他存款账户或其他地区的金融机构。撤销后的账户应停止使用。

## 第三节 个人储蓄存款业务的核算

### 一、个人储蓄存款账户的开立

开户存款人申请开立个人活期存款账户时，需持本人有效身份证件。开立个人银行结算账户的，需填写开立个人银行结算账户申请书；开立活期储蓄存款账户的，需填写个人业务存款凭证，并交存现金(活期储蓄存款1元起存)，连同身份证件一并提交银行。柜员审核无误和清点现金后，将实物券别录入系统现金箱，然后使用“个人活期存款开户”和“个人活期存款续存”交易办理开户和存入，打印开立个人银行结算账户申请书和存折。柜员在存折、申请书上签章并加盖业务公章后，将身份证件、存折、申请书客户留存联交存款人，申请书银行留存联和身份证件复印件留存保管。

### 二、个人储蓄存款的分类

个人存款也称居民储蓄存款，主要由居民货币收入的节余和待用部分组成，存取款项多为现金，并呈小额、零星的特点。我国银行储蓄存款主要有以下几类。

**1. 活期储蓄**

活期储蓄是零星存入、随时存取的存款。活期储蓄是一种最基本的存款形式，其存取方便灵活，存期不受限制。

**2. 定期储蓄**

定期储蓄是储户在存款时约定存期，一次或在存期之内按期分次存入本金，整笔或分期、分次支取本金或利息的储蓄，包括整存整取、零存整取、存本取息、整存零取四种形式。

**3. 定活两便储蓄**

定活两便储蓄是以存单为存取款凭证，存入时不约定存期，随时可以提取，利率随存期长短而变动的一种存款。它既有活期存款随时可取的灵活性，又具有达到一定期限可享有同档次定期储蓄一定折扣利率的优惠，是介于活期储蓄和定期储蓄之间的一种存款。

**4. 专项储蓄**

专项储蓄是以积攒某项特定用途的费用为目的的储蓄，如教育储蓄。专项储蓄一般采取零存整取的办法，积少成多，逐步积累，以达到实现某项消费和开支的目的。

### 三、个人储蓄存款的核算原则

2-5 扩展阅读：花式揽储要不得

为了正确贯彻执行国家保护和鼓励公民储蓄的政策，银行对个人的储蓄存款，实行“存款自愿，取款自由，存款有息和为储户保密”的原则。所谓“存款自愿，取款自由”是指公民存款与否、存多存少、存长存短、存哪一种类、存在哪一家银行、何时存、何时取、取多少，都由储户自己决定，不受任何干涉。对于个人定期存款，如果储户有临时急需，也可按照有关规定提前支取。所谓“存款有息”是指银行对储户的各种储蓄存款，都应按照有关规定付给利息。所谓“为储户保密”是指银行不能把储户的情况随便告诉任何单位、部门和个人，银行有责任为储户的存款情况保守秘密。这是金融法的一项重要内容，银行必须认真执行，维护存款人的正当权益。

延伸阅读 2-2

**个人信息储存网络有风险**

成都一储户林某存储于网络的个人信息被罪犯王某获取，并利用软件破解了林某的银行卡密码，从而通过银行“e 支付”业务从林某账户内转出现金 32 010 元。后林某以银行未尽到安全保障义务提起诉讼。四川省成都市锦江区人民法院审结此案，法院一审认为林某存款被盗取系银行网银安全交易技术不完善及林某本人未妥善保管个人信息的双重原因造成，双方均有一定责任，并酌定银行、林某分别担责 70%、30%，故判决被告银行某支行向林某支付其存款损失 21 847 元及相应利息。案件始末如下：

2013 年 10 月 14 日，原告林某在被告银行某支行开户办理银行卡一张，并预留尾号为 11 的手机号，同时注册了网上银行、手机银行和电话银行功能。次日，林某便将其注销，另开户办理一张银行卡，并预留尾号为 63 的手机号，也注册开通了相同功能。当时其转款并扣除按揭房贷后，账户余额为 32 019 元。次年 3 月，林某发现账户余额仅为 9 元，遂向公安机关报案。而在 2014 年 2 月中旬，罪犯王某从网上获取了包括原告的姓名、身份证号码、银行卡号、手机号在内的个人信息资料，后通过使用特别定制的软件对大量数据进行对比碰撞，非法获取了原告在被告处开立的账户的网上银行密码等信息。之后王某先冒用原告的名义开通银行“e 支付”业务，短信提示是新开户账户，但绑定了原告已注销账户预留尾号为 11 的手机号。其后，王某通过网上操作，将该账户绑定的手机号进行了三次更改，并通过更改后的手机以接收动态密码的形式共转账 11 笔，金额共计 32 010 元。2014 年 4 月，王某被公安机关抓获，同年 10 月，四川省成都市锦江区人民法院以非法获取公民个人信息罪及信用卡诈骗罪判决王某有期徒刑 3 年零 2 个月，并处罚金 3.1 万元。随后，林某以银行未尽到储蓄资金安全保障义务为由向法院提起民事赔偿诉讼。法院一审认为，依照我国相关法律规定，商业银行应对储户的存款负有安全保障义务，具体包括为储户银行卡内的信息保密、提供安全的交易技术、设备和环境等具体内容。同时，林某为存款人，亦负有妥善地保管好个人信息、银行卡及密码信息，防止泄露或者被他人盗取的合同义务。

该案中，林某的被盗账户的预留手机号尾号为 63，但罪犯王某却利用其另一已注销账户中所预留尾号为 11 的手机号，开通了其银行卡的“e 支付”业务。可以认定，银行作为金融机构，在开通其“e 支付”业务的安全交易技术上存在不完善之处，且未能告知林某，以使林某个人能够针对该情况采取一定的防范手段，故被告银行并未尽到严格的安全保障注意义务。而林某将其个人信息存储于网络，致使王某从网络获取了包括其姓名、身份证号码、银行卡号、手机号等信息在内的个人资料。林某在履行储蓄存款合同中，也未尽到妥善保管好个人信息的一般注意义务。综上，法院作出上述判决。

资料来源：佚名. 个人信息储存网络有风险 存款被盗取自身担责三成[EB/OL]. (2015-07-07)[2022-12-07]. https://mp.weixin.qq.com/s?_biz=MzAwODM5Nzg5NA==&mid=207417638&idx=3&sn=ea0b50332c63076e76014ad0ff1516fc&chksm=12c7240f25b0ad193db6305b133e34e2df656ae18a514bbeb0d8d81250bca35d55ff76d0f806&scene=27.

## 四、活期储蓄存款业务的核算

活期储蓄业务的个人活期储蓄 1 元起存，多存不限，存取灵活方便。储户凭卡或折办理、凭密码支取。

**1. 开户**

储户第一次存入活期储蓄存款，应填写存款凭条，连同存款人的身份证件和现金一并交存银行。银行柜员审核凭条和清点现金无误后，开立并登记个人活期存款分户账，并为储户开立存折或借记卡，登记开销户登记簿。会计分录为：

借：库存现金
　　贷：吸收存款——个人活期存款——××户

存款人可以为自己的活期存折或借记卡设定密码。

**2. 续存**

储户续存时，将存折（或借记卡）和现金一并交柜员，口述存入金额，柜员检验存折（卡）、点收款项无误后，调出储户分户账，录入存款金额并打印存款凭证交储户签字确认。会计处理与开户时相同。

**3. 支取**

储户持存折或卡支取现金时，直接将存折或卡交银行柜员，口述支取金额，据柜员提示输入预留密码，办理支取手续。会计分录为：

借：吸收存款——个人活期存款——××户
　　贷：库存现金

经复核无误后，将打印凭条交取款人签字确认，在回执上加盖业务章，将回执、现金或卡（折）一并交储户。

**4. 销户**

储户支取全部存款不再续存时，称为销户。储户应将存折或借记卡交银行，银行核对密码或印鉴后，计算销户利息，打印取款凭证和利息清单交储户签字确认，交付现金给储户，收回存折或借记卡，并登记开销户登记簿。会计分录为：

借：吸收存款——个人活期存款——××户
　　利息支出
　　贷：库存现金

## 五、定期储蓄存款业务的核算

定期储蓄存款是储户在存款时约定存期，到期一次或分次支取本金和利息的一种储蓄存款。根据存取方式的不同，定期储蓄可分为整存整取、零存整取、存本取息、整存零取四种。

**1. 整存整取的核算**

整存整取的核算是一次存入一定数额，约定存期，到期一次支取本息的储蓄存款。50元起存，多存不限，分为3个月、6个月、1年、2年、3年、5年六个档次，不同存期对应不同的利率，期限越长利率越高。储户可与银行约定，存款到期时自动转存，也可提前支取。采用利随本清的计息方法。

（1）开户。储户来行开户时，应提交本人有效身份证件，填写有关凭证，连同现金一起交银行。银行经办人员收妥现金，审核储户身份证件凭证无误后，为储户开立定期储蓄存款账户（存单、定期一本通或银行卡）。个人储蓄业务银行要求储户凭密码支取，由储户预留密码。会计处理为：

借：库存现金
　　贷：吸收存款——定期储蓄存款——整存整取××户

经复核无误后，打印存单上加盖业务章后将存单交储户收执，并登记"开销户登记簿"。

（2）到期支取。存款到期，储户持存单或一本通来行支取存款时，银行经办人员应根据储户提交的存单记账，经核对无误后，在存单上加盖支付日期和"结清"戳记，并销记"开销户登记簿"。然后按规定计算应付利息，并填制一式两联的储蓄存款利息清单，以存单和利息清单作转账借方传票。会计分录为：

借：吸收存款——定期储蓄存款——整存整取××户
　　应付利息——个人定期存款应付利息
　　贷：库存现金

记账后，在存单利息清单上加盖"现金付讫"戳记和经办人名章，将一联利息清单连同本息交给储户，另一联利息清单由储户签收后作利息支出汇总传票的附件。

（3）提前支取。对提前支取，银行要求储户提交本人身份证件，验证后将发证机关、证件名称及号码记录在存单背面，并由储户签章，然后在存单上加盖"提前支取"戳记，办理付款手续，并按提前支取的计息规定计付利息。提前支取的会计处理与单位定期存款提前支取的处理方法相同。

（4）逾期支取。逾期支取的，银行应按规定计算逾期利息，其余手续与到期支取的手续相同。

**2. 零存整取的核算**

零存整取定期储蓄存款是储户每月存入固定数额的款项，约定存期，到期一次支取本息的储蓄存款。其存期分1年、3年、5年三个档次。每月按固定存款金额存入一次，中途如有漏存，可在次月补存，到期支取存款本息。

（1）开户。储户开户时，应提交本人有效身份证件，填写有关凭证，将存款凭证连同现金一并交银行经办人员。银行经办人员收妥现金，审查储户身份证件、存款凭证并与点收现金核对无误后，根据存款凭证记账并打印零存整取储蓄存折，登记"开销户登记簿"。复核无误，盖章后，存折交储户收执。会计分录为：

借：库存现金
　　贷：吸收存款——定期储蓄存款——零存整取××户

（2）续存。储户续存时，可在每月向银行存入约定金额，中途如有漏存，次月仍可续存，存期已满或存满应存次数，均不再办理续存手续。其会计处理同开户。

（3）支取。零存整取定期储蓄存款办理到期支取、提前支取（但不能办理部分提前支取）或过期支取，会计分录为：

借：吸收存款——定期储蓄存款——零存整取××户
　　应付利息（或利息支出）
　　贷：库存现金

**3. 整存零取的核算**

整存零取定期储蓄是一次存入较大数额的本金，在存期内分次等额支取本金，到期一次支付利息的储蓄存款。存期分 1 年、3 年、5 年三个档次；存期的档次、利率与零存整取定期储蓄存款相同，当储户存入款项时由银行发给存单，以后凭存单分期支取本金，支取期分每 1 个月、3 个月、6 个月各一次，利息于到期结清时一次支付。其存入和支取的业务处理同上。

**4. 存本取息的核算**

存本取息定期储蓄存款是一次存入本金、分期支取利息、到期归还本金的一种定期储蓄方式。存期为 1 年、3 年、5 年三个档次。支取利息的期次可以是一个月一次，也可以是几个月一次，由储户选择。若储户在取息日未支取利息，以后可随时支取，但不计复利。其存入和支取的业务处理同上。

## 六、定活两便储蓄存款业务的核算

定活两便储蓄存款是一种存款期限不定、随时可取、按实际存期确定利率的储蓄存款。定活两便储蓄存款采用存单的形式，储户来行办理存款时开立存单，支取时凭存单办理。定活两便储蓄存款利率随实际存期而定，具体规定如下：

(1) 存期不足 3 个月的，按支取日挂牌公告的活期储蓄利率计息。

(2) 存期在 3 个月以上(含 3 个月)，不满半年的，整个存期按支取日整存整取 3 个月利率打六折计息。

(3) 存期在半年以上(含半年)不满 1 年的，整个存期按支取日整存整取半年期利率打六折计息。

(4) 存期在 1 年以上(含 1 年)，无论存期多长，整个存期一律按支取日整存整取 1 年期利率打六折计息。

其账务处理同定期和活期储蓄存款。

**【例 2-6】** 储户林欢于 2×22 年 6 月 2 日持现金向××银行开户存入定活两便储蓄存款 200 000 元，房产开发商于当年 12 月 10 日通知其缴纳房款，林欢遂于当日办理了现金支取手续，支取时整存整取半年期利率为 2.85%。会计分录为：

(1) 存入：

借：库存现金　　200 000
　　贷：吸收存款——定活两便储蓄——林欢　　200 000

(2) 支取：

$$\text{存款利息} = 200\,000 \times (2.85\% \div 12 \times 6 + 2.85\% \div 360 \times 8) \times 0.6 = 1\,786(\text{元})$$

借：吸收存款——定活两便储蓄——林欢　　200 000
　　利息支出　　1 786
　　贷：库存现金　　201 786

## 本章重要概念

吸收存款　单位存款　个人储蓄存款　定期存款　派生存款　基本存款账户

2-6 扫一扫
看课件

# 本章练习

## 一、单项选择题

1. 银行活期储蓄存款应计入(　　)。

A. 资产项目　　B. 资产负债共同项目

C. 负债项目　　D. 所有者权益项目

2. 存款人办理日常转账结算和现金收付时应在银行开设(　　)。

A. 基本存款账户　　B. 一般存款账户

C. 临时存款账户　　D. 专用存款账户

3. 银行在每季末20日或每月20日对贷款户结计利息的计息方式是(　　)。

A. 利随本清　　B. 随时计息

C. 定期计息　　D. 积数查算表计算

4. 下列说法正确的是(　　)。

A. 存款人的账户只能办理本身的业务，不允许出租或出借他人

B. 一个单位可选择一家银行的多个营业机构开立基本存款账户

C. 由于开户实行双向选择，因此，存款人可以选择多家银行开立基本存款账户

D. 一般存款账户既可以存入现金，也可以支取现金

5. 银行计息时若采用"累计日积数法"，其计息积数是指(　　)。

A. 本金×时间×利率　　B. 本金×时间

C. 本金×利率　　D. 时间×利率

## 二、多项选择题

1. 存款单位支取现金时，商业银行应(　　)。

A. 借记"吸收存款"科目　　B. 贷记"吸收存款"科目

C. 借记"库存现金"科目　　D. 贷记"库存现金"科目

2. 银行会计核算要素中，商业银行的营业收入包括(　　)。

A. 实收资本　　B. 各种准备金

C. 手续费及佣金收入　　D. 利息收入

3. 单位存款也称对公存款包括(　　)。

A. 单位活期存款　　B. 单位定期存款

C. 单位通知存款　　D. 单位协定存款

4. 我国银行储蓄存款包括(　　)。

A. 活期储蓄　　B. 定期储蓄

C. 定活两便储蓄　　D. 专项储蓄

5. 单位定期存款起存金额为1万元，多存不限，存期分为(　　)。

A. 3个月　　B. 1年　　C. 5年　　D. 10年

## 三、判断题

1. 储户第一次存入活期储蓄存款，应填写存款凭条，连同存款人的身份证件和现金一并交存银行。(　　)

2. 银行办理销户时，应首先与销户单位核对存款账户余额，核对相符后，对应计算利息的存款账户，要结清利息。(　　)

3. 协定存款只对结算账户流水100万元以上的存款单位办理，结算账户转协定存款后的留存额度最低为人民币10万元。（　　）

4. 单位活期存款存取频繁，其余额经常发生变动，一般采用积数计息法计算利息。（　　）

5. 储户续存时，将存折(或借记卡)和现金一并交柜员，口述存入金额，柜员检验存折(卡)、点收款项无误后，调出储户分户账，录入存款金额并打印存款凭证交储户签字确认。（　　）

## 四、简答题

1. 简述存款业务的分类。

2. 简述个人储蓄存款的核算原则。

## 五、业务题

1. 2×21年9月3日，储户小王在中国农业银行北京知春路支行以现金存入半年期整存整取定期储蓄存款10 000元，存入时银行挂牌公告的半年期整存整取定期存款利率为3.15%，该储户在存款时曾有和银行约定办理到期自动转存。假设对储蓄存款利息所得征收个人所得税，税率为5%；2×22年期间银行挂牌公告的活期存款利率为0.81%。

要求：

(1) 编制该储户整存整取定期储蓄存款存入的会计分录。

(2) 编制每月月末计提利息的会计分录。

(3) 假设该储户于2×22年3月3日来行办理到期支取，编制有关会计分录。

(4) 假设该储户于2×22年5月15日来行办理逾期支取，编制有关会计分录。

2. 2×20年11月12日，储户小张在中国工商银行济南大观园支行以现金存入两年期整存整取定期储蓄存款100 000元，于2×22年11月12日到期支取，存入时银行挂牌公告的1年期整存整取定期存款利率为4.68%。假设对储蓄存款利息所得征收个人所得税，税率为5%。中国工商银行济南大观园支行对该整存整取定期储蓄存款采用实际利率法，按摊余成本进行后续计量。

要求：

(1) 编制该储户整存整取定期储蓄存款存入的会计分录。

(2) 编制每月月末计提利息的会计分录。

(3) 编制该储户办理到期支取的会计分录。

# 第三章 商业银行贷款业务的核算

- 内容提要
- 重点难点
- 学习目标
- 知识框架
- 第一节　贷款业务概述
- 第二节　贷款业务的核算
- 第三节　票据贴现业务的核算
- 第四节　贷款损失准备
- 本章重要概念
- 本章练习

## 内容提要

本章主要讲解了商业银行贷款业务的核算方法，包括信用贷款、担保贷款、贷款利息、票据贴现、贷款损失准备的核算方法等。

## 重点难点

本章重点为信用贷款的核算方法、票据贴现业务的核算方法；本章难点为贷款会计科目的设置以及各类贷款类型的会计核算，掌握票据贴现业务及贷款损失准备的会计核算。

## 学习目标

通过本章的学习，学生应掌握贷款的定义、分类，贷款业务的核算要求；掌握贷款设置的会计科目以及各类贷款类型的会计核算；掌握票据贴现业务及贷款损失准备的会计核算；了解贷款的风险防范方法。

## 知识框架

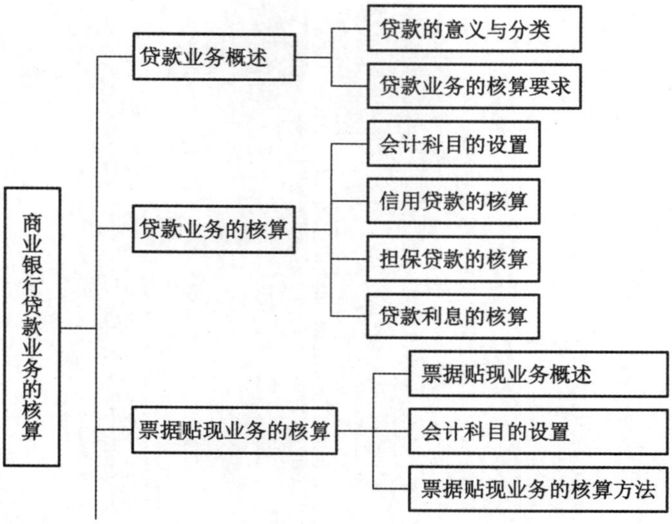

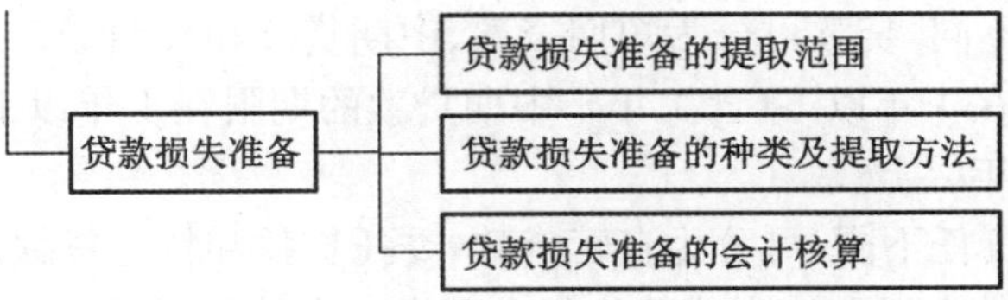


## 思政育人　男子碍于情面帮人贷款16.8万元，却遇“白眼狼”惨背锅

曹先生2022年2月份在三林地区一中介公司结识了刘某，相熟之后，刘某以自己征信存在问题无法贷款为由，请求曹某用自己名义帮他贷款。起初，曹某并没有答应，但经不起刘某三番五次的软磨硬泡，最后在刘某指导下，两人前往第三方平台公司从多个银行办理了共16.8万元的贷款，并通过现金、转账等方式全部转移给了刘某。本以为接下来刘某会按照约定每月进行还贷，不料直至近期曹先生收到法院传票后，这才发觉拿了钱的刘某近半年来根本就没还过贷款，故报警求助。

民警了解情况后，立即着手开展调查。根据曹先生的叙述以及相关调查表明，刘某存在故意诈骗的嫌疑。但曹先生与刘某仅仅是相识，原本的联系方式也因为手机原因不慎被删除了，如今曹先生不仅联系不上对方，也根本不知道对方的实际住址。好在功夫不负有心人，经过民警抽丝剥茧般地缜密侦查，终于成功锁定刘某的真实身份以及具体住址。第二天，民警便直接上门传唤刘某到派出所配合调查。

起初，刘某还试图狡辩，声称只是向曹先生借钱，并拿出了一张所谓的借条。然而这借条仅有一份，还被刘某故意藏在自己家里，没有交给曹先生。稀里糊涂的曹先生当初见对方写下借条之后也没多想，以为自己好心帮他，他肯定会按时还款，想不到却是遇见了“白眼狼”，当初刘某信誓旦旦的承诺如今全成了谎言。

“既然是借，那为什么借条藏在你手上没有给对方？”面对证据以及民警义正辞严地询问，刘某最终承认是故意骗取对方帮忙贷款，自己其实根本没有能力偿还贷款。刘某因涉嫌诈骗被浦东警方依法采取刑事强制措施。

贷款是银行重要的资产业务，个人和企业都可能涉及办理贷款。我们办理贷款时需谨慎，应选择正规渠道，切勿用自己名义替非直系亲属申请贷款，以免“背锅”。那么银行贷款业务如何核算？

资料来源：杨洁，潘东晔. 男子碍于情面帮人贷款16.8万，却遇“白眼狼”惨背锅[EB/OL].（2022-11-26)[2022-11-30]. https://baijiahao.baidu.com/s?id=1750536659409758875&wfr=spider&for=pc.

# 第一节　贷款业务概述

## 一、贷款的意义与分类

### 1. 贷款的意义

贷款也称放款，是指商业银行将其所吸收的资金，按一定的利率贷给客户，并约定一定期限归还贷款本息的经济行为。

3-1视频：贷款

贷款是银行的主要资产业务之一，是银行资金运用的主要途径，也是银行收入的主要来源。商业银行根据国民经济和社会发展的需要，以国家产业政策和区域发展政策为指导，开展贷款业务。商业银行经过发放贷款业务，将一定数量的资金进行循环使用，充分发挥资金的使用效率，满足社会再生产过程中对资金的需求，促进国民经济的发展。

3-2视频：贷款的分类

### 2. 贷款的种类

贷款可按不同的标准分类。

(1) 按偿还期限不同，贷款可分为短期贷款、中期贷款和长期贷款。

短期贷款的期限在 1 年以下（含 1 年）；中期贷款的期限在 1 年以上 5 年以下（含 5 年）；长期贷款的期限在 5 年以上。

(2) 按银行承担责任不同，可分为自营贷款、委托贷款和特定贷款。

自营贷款是指贷款人以合法方式筹集资金并自主发放的贷款，其风险由贷款人承担，并由贷款人收取本金和利息。

委托贷款是指由委托人提供资金，由贷款人（即受托人）根据委托人确定的贷款对象、用途、金额、期限、利率等而代理发放、监督使用并协助收回的贷款，其风险由委托人承担，银行只收取手续费。

特定贷款是指经国务院批准并对贷款可能造成的损失采取相应补救措施后责成国有独资商业银行发放的贷款。此类贷款具有政策性贷款的性质，但又不属于政策性贷款，如扶贫救灾贷款。

(3) 按贷款的保障程度不同，可分为信用贷款、担保贷款和票据贴现。

信用贷款是指银行完全凭借客户的信用而发放的贷款。风险较大，利率较高。

担保贷款是指客户以一定的财产或信用作为还款保证的贷款。按担保方式不同，又分为保证贷款、抵押贷款和质押贷款。保证贷款是指按《中华人民共和国担保法》（以下简称《担保法》）规定的保证方式以第三人承诺在借款人不能偿还贷款时，按约定承担一般保证责任或者连带保证责任为前提而发放的贷款。抵押贷款是指按《担保法》规定的抵押方式以借款人或第三人的财产作为抵押物发放的贷款。质押贷款是指按《担保法》规定的质押方式以借款人或者第三人的动产或权利作为质押物发放的贷款。

票据贴现是持票人向银行贴付一定利息的票据转让行为。

(4) 按贷款对象的不同，可分为企业贷款和个人贷款。

企业贷款是指各类企业的贷款，包括流动资金贷款、固定资产贷款、房地产开发类贷款、进出口贸易融资、境外筹资转贷、对外出口信贷、商业汇票承兑、商业汇票贴现、保证等。

个人贷款包括个人住房贷款、个人存单和凭证式国债质押贷款等。

(5) 按还款方式的不同，可分为到期一次偿还的贷款和分期偿还的贷款。

到期一次偿还的贷款是指贷款到期时一次偿还贷款本金，利息根据贷款合同或在整个贷款期间分期支付，或在贷款到期时一次支付，即利随本清的贷款。

分期偿还的贷款是指按年、季、月以相等的金额还本付息的贷款。

(6) 按贷款风险程度不同，可分为正常类贷款、关注类贷款、次级类贷款、可疑类贷款和损失类贷款。

正常类贷款是指借款人能够严格履行合同，没有足够理由怀疑贷款本息不能按时足额偿还的贷款。正常类贷款按正常类贷款期末总额的 1.5%计提准备金。

关注类贷款是指尽管借款人目前有能力偿还贷款本息，但存在一些可能对偿还产生不利影响的因素的贷款。这些因素的变化足以引起银行的密切关注。关注类贷款按关注类贷款期末总额的 3%计提准备金。

次级类贷款是指借款人的还款能力出现明显问题，完全依靠其正常经营收入已无法保证足额偿还贷款本息，即使执行担保，也可能会造成一定损失的贷款。次级类贷款按次级类贷款期末总额的 30%计提准备金。

可疑类贷款是指借款人无法足额偿还贷款本息,即使执行担保,也肯定会造成较大损失的贷款。可疑类贷款按可疑类贷款期末总额的 60%计提准备金。

损失类贷款是指银行在采取所有可能的措施或一切必要的法律程序之后,本息仍然无法收回的贷款。损失类贷款按损失类贷款期末总额的 100%计提准备金。

延伸阅读 3-1

**银行如何防范信贷风险?**

银行防范信贷风险的措施主要是强化商业银行的内部管理,坚持既定的经营方向,以提高管理能力。详细如下:

(1) 进一步提高贷审分离制。提高贷审分离制应主要从以下两方面入手:一是制定审批原则标准,提高信贷审批效率;二是要建立好审批的组织模式,确定合适的参加人选。因此既需要审贷分离,更需要审贷配合,尽快完善科学、标准的审批制度。

(2) 建立信贷风险预警机制。建立信贷风险预警制度应主要考虑以下几个方面:

第一,建立信贷风险预警的组织管理体系。

第二,建立一套完整和连续的风险预警数据库。

第三,改进风险预警的方法和计量模型,并注重培养从事风险预警工作的高素质人才队伍。

(3) 建立信贷退出机制。对一些夕阳产业,商业银行必须严控贷款增量,适时压缩贷款,使贷款逐步从这些企业中退出来。但由于外部环境的影响,贷款退出会存在一定困难,这就要求商业银行应准确把握经济信息,最终建立起有效的信贷退出机制。

(4) 加强贷后管理,加强全程控制。就一个具体的贷款项目而言,贷款后的项目建设、运营到还贷完毕的时间远远长于贷款决策的时间。为保障银行利益,实现管理目标的贷后管理,是相当重要的。

资料来源:佚名.银行如何防范贷款风险[EB/OL].(2015-10-09)[2022-11-30]. https://wenda.so.com/q/1444493084728460?src=140&q.

## 二、贷款业务的核算要求

商业银行发放的贷款,其核算应当遵循以下基本原则和要求。

**1. 本息分别核算**

商业银行发放的各类贷款,应当按照实际贷出的贷款金额入账。期末,应当按照贷款本金和适用的利率计算应收取的利息,并分别将贷款本金和利息进行核算。

**2. 商业性贷款和政策性贷款分别核算**

商业性贷款是指商业银行自主发放的贷款;政策性贷款是指商业银行按照国家或有关政府部门规定,限定用途、限定贷款对象而发放的贷款。由于两者性质不同,应当分别进行核算。

**3. 自营贷款与委托贷款分别核算**

自营贷款由银行自主发放,风险由商业银行承担,并由商业银行收取本金和利息。委托贷款风险由委托人承担,商业银行发放委托贷款时,只收取手续费,不代垫资金,并应当分别进行核算。

**4. 非应计贷款和应计贷款分别核算**

非应计贷款是指本金或利息逾期 90 天没有收回的贷款;应计贷款是指非应计贷款以外的贷款。当贷款的本金或利息逾期 90 天时,应单独核算。

# 第二节 贷款业务的核算

## 一、会计科目的设置

**1. “贷款”科目**

“贷款”科目属于资产类科目，用于核算商业银行按规定发放的各种客户贷款，包括质押贷款、抵押贷款、保证贷款、信用贷款等。商业银行按规定发放的具有贷款性质的银团贷款、贸易融资、协议透支、信用卡透支、转贷款以及垫款等，在“贷款”科目核算；也可以单独设置“银团贷款”“贸易融资”“协议透支”“信用卡透支”“转贷款”“垫款”等科目。该科目可按贷款类别、客户，分别用“本金”“利息调整”“已减值”等科目进行明细核算。

**2. “应收利息”科目**

“应收利息”科目属于资产类科目，用于核算商业银行交易性金融资产、持有至到期投资、可供出售金融资产、发放贷款、存放中央银行款项、拆出资金、买入返售金融资产等应收取的利息。该科目可按借款人或被投资单位进行明细核算。“应收利息”科目期末借方余额，反映商业银行尚未收回的利息。

**3. “利息收入”科目**

“利息收入”科目属于损益类科目，用于核算商业银行确认的利息收入，包括发放的各类贷款（银团贷款、贸易融资、贴现和转贴现融出资金、协议透支、信用卡透支、转贷款、垫款等）、与其他金融机构（中央银行、同业等）之间发生资金往来业务、买入返售金融资产等实现的利息收入等。“利息收入”科目可按业务类别进行明细核算。资产负债表日，企业应按合同利率计算确定的应收未收利息，借记“应收利息”等科目，按摊余成本和实际利率计算确定的利息收入，贷记本科目，按其差额，借记或贷记“贷款——利息调整”等科目。实际利率与合同利率差异较小的，也可以采用合同利率计算确定利息收入。期末，应将“利息收入”科目余额转入“本年利润”科目，结转后本科目无余额。

**4. “抵债资产”科目**

“抵债资产”科目属于资产类科目，用于核算金融企业依法取得并准备按有关规定进行处置的实物抵债资产的价值，抵债资产不计提折旧或摊销。抵债资产发生减值的，在“抵债资产”科目设置“跌价准备”明细科目进行核算，也可以单独设置“抵债资产跌价准备”科目进行核算。“抵债资产”科目期末借方余额，反映企业取得的尚未处置的实物抵债资产的价值。

3-3视频：信用贷款

## 二、信用贷款的核算

3-4视频：信用贷款的核算

目前，信用贷款、担保贷款多采用逐笔核贷的贷款核算方式，即由借款人向银行提出申请，银行根据批准的贷款计划，逐笔立据，逐笔审查，逐笔发放，约定期限，一次放贷，一次或分次归还贷款，按照规定利率计收利息的贷款核算方式。

**1. 信用贷款发放的核算**

借款人申请贷款时，先向信贷部门提交贷款申请书，经信贷部门审核批准后，双方商定贷款的额度、期限、用途、利率等，并签订借款合同或协议。借款合同必须采取书面形式，必须由当事人双方的法定代表人或凭法定代表人的书面授权证明的经办人签章，并加盖法人公章。

如果双方当事人约定合同必须公证或鉴证的，当事人必须进行公证或鉴证手续。借款合同一经签订，具有法律效力，银行和借款人必须共同遵守、履行。借款合同的格式如表 3-1 所示。

表 3-1　　**借款合同申请书**

| 借款人 | | 账号 | | 已借款金额 | |
|---|---|---|---|---|---|
| 申请贷款金额 | | 还款日期 | | 借款利息(月息) | |
| 借款用途及理由 | | | | | |
| 借款方<br>借款单位(章)<br>负责人(章)<br>经办人(章) | | 借款担保方<br>担保单位(章)<br>负责人(章) | | 贷款方<br>贷款银行(章)<br>经办人(章) | |
| 银行审核意见： | | | | | |

上列贷款按银行核定金额，双方商定如下合同，共同遵守：

1. 贷款方应按核定的贷款金额、用途，保证按计划提供贷款；否则，应按规定付给借款方违约金。
2. 借款单位保证按规定的用途使用贷款，未经贷款方的同意，不得挪作他用。如转移贷款用途，贷款方有权进行处罚，采用收取罚息、提前收回贷款、停止发放新的贷款等信用制裁措施。
3. 上列借款，借款方应保证按期归还。如需延期使用，借款方最迟在贷款到期前 3 天提出延期使用申请，经贷款方同意办理延期手续。贷款方未同意延期或未办理延期手续的逾期贷款，按政策规定加收 20%～50%的罚息。
4. 贷款到期一个月后，如借款方未按期归还贷款本息，由担保单位负责为借款方偿还本息和逾期罚息。
5. 本合同一式三份，借款方、贷款方、担保方各持一份。

借款合同签订后，当借款单位需要用款时，应填制一式五联的借款凭证，送信贷部门审批，其格式如表 3-2 所示。借款凭证的第一联为借方凭证；第二联为贷方凭证；第三联为回单，代收账通知；第四联为放款记录；第五联为到期卡。经信贷部门审查同意后，在借款凭证上加注贷款编号、贷款种类、贷款期限、贷款利率、银行核定贷款金额等项目，送会计部门凭以办理放款手续。

表 3-2　　**银行(贷款)借款凭证(申请书代付出凭证)**

单位编号：　　　　年　月　日　　　　银行编号：

| 收款单位 | 名称 | | 借款单位 | 名称 | |
|---|---|---|---|---|---|
| | 往来户账号 | | | 放款户账号 | |
| | 开户银行 | | | 开户银行 | |
| 借款期限 | | 利率 | | 起息日 | |
| 借款申请金额 | | 人民币<br>(大写) | | | 千 百 十 万 千 百 十 元 角 分 |
| 借款原因<br>及用途 | | 银行核定金额 | | | 千 百 十 万 千 百 十 元 角 分 |
| 银行审批<br>负责人　信贷部门主管　信贷员 | | | 期限 | 计划还款日期 | 计划还款金额 |
| 兹根据你行贷款办法规定，申请办理上述借款，请核定。贷给<br>此致<br>银行<br>(借款单位预留往来户印鉴) | | | | 会计分录：借<br>对方科目：贷<br>会计　复核　记账 | |

会计部门收到借款凭证后，应认真审查信贷部门的审批意见，审核凭证各项内容填写是否正确、完整，大小写金额是否一致，印鉴是否相符等。审核无误后，以第一联、第二联借款凭证分别代替借方凭证和贷方凭证，办理转账。会计分录为：

借：贷款——××贷款——××户

　　贷：吸收存款——单位活期存款——××户

第三联借款凭证上加盖转讫章作收账通知交给借款单位，第四联由信贷部门留存，第五联按照到期顺序专夹保管。

**2. 贷款收回的核算**

按时收回贷款是银行放款的一项重要原则，也是贷款业务核算的重要内容。银行会计部门应经常查看贷款借据的到期情况，在贷款快要到期时，与信贷部门联系，通常提前3天通知借款单位准备还款资金，以便到期时按期还款。收回贷款的核算主要有以下几种情况：

（1）贷款到期，借款单位主动归还贷款。当借款单位主动归还贷款时，应签发转账支票及填制一式四联的还款凭证办理还款手续。还款凭证的格式如表3-3所示。

表3-3　**银行（贷款）还款凭证（借方凭证）**

年　月　日　　　　合同编号：

| | | | | | |
|---|---|---|---|---|---|
| 借款单位 | 名称 | | 付款单位 | 名称 | |
| | 放款户账号 | | | 往来户账号 | |
| | 开户银行 | | | 开户银行 | |
| 还款日期 | 年　月　日 | | 还款次序 | 第　次还款 | |
| 偿还金额 | 人民币（大写） | | 亿 千 百 十 万 千 百 十 元 角 分 | | |
| 还款内容 | | | | | |
| 由我单位往来划转归还上述借款<br>（借款单位预留往来账户印鉴）<br>（银行主动收贷时免盖） | | | 会计分录：借<br>对方科目：贷<br>会计　复核　记账 | | |

银行会计部门收到借款人提交的还款凭证后，应与贷款账簿进行核对，按照借款单位所填的原借款凭证上的银行贷款编号，抽出留存的原到期卡，核对无误后，于贷款到期日办理收回贷款的转账手续。在到期日转账时，应认真核对支票的印鉴，查看借款单位存款账户是否有足够的余额等，然后以转账支票作为借方凭证，以还款凭证作为附件，以还款凭证第二联作为贷方凭证办理转账。第三联还款凭证在转账后，由会计部门送信贷部门核销原放款记录。第四联还款凭证由会计部门在办妥还款转账手续后，在回单上加盖公章，交还借款单位，作为归还贷款的通知。若借款属分次归还，则应在原借据上做分次还款记录。

会计部门收到借款人还款凭证，审查无误后，以转账支票代转账借方传票办理转账。会计分录为：

借：吸收存款——单位或个人活期存款——××户
　　贷：贷款——信用贷款——××户
　　　　应收利息——××户
　　　　利息收入——贷款利息收入户

（2）贷款到期，由银行主动扣收。若贷款到期后借款人未能主动归还贷款，且其存款账户中的存款余额又足够还款的，会计部门可及时与信贷部门联系，征得同意后，由信贷部门填制“贷款收回通知单”，加盖信贷部门业务公章交会计部门。会计部门凭以填制三联特种转账传票，一联代借方传票，一联代贷方传票，一联代收账通知，连同注销后的借据第一联一并交借款单位；相关的会计分录同上。

（3）贷款展期。若贷款到期后由于客观情况发生变化，借款人经过努力仍不能还清贷款的，短期贷款必须于到期日10日以前，中长期贷款必须于到期日1个月以前，由借款人向银行提出贷款展期的书面申请，写明展期的原因，银行信贷部门视具体情况决定是否展期。对于同意展期的贷款，应在展期申请书上签署意见，然后将展期申请书交给会计部门。每一笔贷款只能展期一次，短期贷款展期不得超过原贷款的期限，中长期贷款展期不得超过原贷款期限的一半，最长不得超过3年。

会计部门收到贷款展期申请书后，应主要审查以下内容：信贷部门是否批准、有无签章；展期贷款的金额与借款凭证上的金额是否一致；展期时间是否超过规定期限；展期利率的确定是否正确。审核无误后，在贷款分户账及到期卡上批注展期还款利率及还款日期，同时将一联贷款展期申请书加盖业务公章后交借款单位收执，另一联贷款展期申请书附在原借据后，按展期后的还款日期排列。贷款展期无须办理转账手续。

（4）贷款逾期。贷款到期后，若借款单位事先未向银行申请办理展期手续，或申请展期未获得批准，或者已经办理展期，但展期到期日仍未能归还贷款的，就作为逾期贷款。银行应将贷款转入该单位的逾期贷款账户。银行会计部门与信贷部门联系后，应根据原借据，分别编制特种转账借方传票和特种转账贷方传票各两联，凭特种转账借方传票和贷方传票各一联办理转账。会计分录为：

借：贷款——信用贷款——逾期贷款——××户
　　贷：贷款——信用贷款——××户

转账后，将另两联特种转账借、贷方传票作收、支款通知，加盖转讫章和经办人员章后交借款单位。同时，在原借据上批注“××××年××月××日转入逾期贷款”的字样后，另行保管。待借款单位存款账户有款支付时，一次或分次扣收，并从逾期之日起至款项还清前一日止，除按规定利率计息，还应按实际逾期天数和中国人民银行规定的罚息率计收罚息。

贷款本金或利息逾期90天没有收回的贷款通过“非应计客户贷款”科目核算。本科目应按贷款种类设置一级科目，再按借款人设专户进行明细核算。期末借方余额反映银行按规定发放的客户贷款余额。

当应计贷款转为非应计贷款时，会计分录为：

借：贷款——××贷款——非应计客户贷款——××户
　　贷：贷款——××贷款——逾期贷款——××户

同时，冲减原已入账但实际尚未收回的利息收入，会计分录为：

借：利息收入——贷款利息收入户

　　贷：应收利息——××户

将超过 90 天的逾期未归还利息纳入“应收未收利息”表外科目以收付实现制核算。即：

收入：应收未收利息——××户

3-5 知识拓展：一张身份证能贷款么

【例 3-1】 华宇公司于 2×22 年 3 月 7 日申请 3 个月流动资金贷款 3 000 000 元，合同利率 5%，经批准办理贷款发放手续。该笔贷款于 6 月 7 日到期时银行只收回其中的 1 000 000 元本金，剩余本息于当年 9 月 12 日才全部收回（假设逾期利率按合同利率加成 40%，利息逾期计复利率，利随本清）。有关的会计分录如下：

（1）3 月 7 日，发放贷款：

借：贷款——短期贷款——华宇公司　　3 000 000

　　贷：吸收存款——单位活期存款——华宇公司　　3 000 000

（2）6 月 7 日，贷款到期：

借：吸收存款——单位活期存款——华宇公司　　1 000 000

　　贷款——逾期贷款——华宇公司　　2 000 000

　　贷：贷款——短期贷款——华宇公司　　3 000 000

同时，确认合同利息：

$$3\ 000\ 000 \times 3 \times 5\% \div 12 = 37\ 500(\text{元})$$

借：应收利息　　37 500

　　贷：利息收入　　37 500

（3）9 月 7 日，转为非应计贷款：

借：贷款——非应计贷款——华宇公司　　2 000 000

　　贷：贷款——逾期贷款——华宇公司　　2 000 000

同时，冲销表内利息转表外核算：

借：利息收入　　37 500

　　贷：应收利息　　37 500

收入：应收未收利息——华宇公司　　37 500

（4）9 月 12 日，收回本息：

$$\text{逾期利息} = 2\ 000\ 000 \times 96 \times 5\% \times (1+40\%) \div 360 = 37\ 333.33(\text{元})$$

借：吸收存款——单位活期存款——华宇公司　　2 074 833.33

　　贷：贷款——非应计贷款——华宇公司　　2 000 000.00

　　　　利息收入　　74 833.33

付出：应收未收利息——华宇公司　　37 500

注解：① 逾期天数 96 天是按实际天数计算，算头不算尾。

　　② 74 833.33＝37 333.33＋37 500。

## 三、担保贷款的核算

担保贷款是指借款人不能足额提供抵押(质押)时,应有贷款人认可的第三方提供承担连带责任的保证。保证人是法人的,必须具有代为偿还全部贷款本息的能力,且在银行开立有存款账户。保证人为自然人的,必须有固定经济来源,具有足够代偿能力,并且在贷款银行存有一定数额的保证金;保证人与债权人应当以书面形式订立保证合同。保证人发生变更的,必须按照规定办理变更担保手续,未经贷款人认可,原保证合同不得撤销。担保贷款按担保方式不同分为保证贷款、抵押贷款和质押贷款。

**1. 保证贷款的核算**

(1) 保证和保证人。保证是保证人和债权人的约定,当债务人不能偿还借款时,保证人按照约定履行债务或承担责任的行为。国家机关和学校、幼儿园、医院等公益事业单位一般不得作为保证人。

(2) 保证合同和保证方式。保证人应与债权人签订书面保证合同。保证人可以就单个借款合同签订保证合同,也可以在协议的限额内就一定期间发生的借款合同签订一个保证合同。

保证的方式有一般保证和连带保证两种:合同约定在债务人不能偿还债务时由保证人承担偿还责任的为一般保证合同,合同约定保证人与债务人对债务承担连带责任的为连带保证合同。

(3) 保证贷款的发放和收回。保证贷款发放和收回的处理手续与信用贷款基本相同。

**2. 抵押贷款的核算**

抵押是指债务人或第三人不转移财产的占有,将该财产作为债权的担保,债务人不履行债务时,债权人有权以该财产折价或者以拍卖、变卖该财产的价款优先受偿。当无法获得银行信用贷款,或者银行所提供的信用贷款难以满足需要时,企业可以向银行提供抵押物以获得贷款。

(1) 关于抵押物的规定。按照我国《担保法》的规定,下列财产可以充当抵押物:抵押人所有的房屋和其他地上定着物;抵押人所有的机器、交通运输工具和其他财产;抵押人依法有权处分的国有的土地使用权、房屋和其他地上定着物;抵押人依法有权处分的国有的机器、交通运输工具和其他财产;抵押人依法承包并经发包方同意抵押的荒山、荒沟、荒丘、荒滩等荒地的土地使用权;依法可以抵押的其他财产。

(2) 抵押贷款的申请和审批。借款人申请抵押贷款时,应向银行提供以下资料:借款人的法人资格证明、抵押物清单及符合法律规定的所有权证明和需要审查的其他资料。

银行信贷部门审批同意后与借款人签订抵押借款合同,按抵押物价值的50%～70%计算发放贷款。在抵押贷款中,流动资金贷款期限一般在1年以内,最长不超过3年;固定资产贷款期限一般为3～5年,也有超过10年的。

(3) 抵押物的保管。抵押贷款发放后,抵押物依据合同要移交给银行。动产类抵押物一般由银行保管;不动产类抵押物由借款人保管,相应的权利证书应由银行保管。银行收到抵押物后要出具抵押物收据,办理抵押贷款的各种费用由借款人承担。

**3. 抵押贷款发放和收回的处理**

借款人使用贷款时,应填写一式五联借款凭证,加盖预留印鉴后送银行信贷部门审批。信贷部门审批后,将借款凭证连同抵押物清单一并送交会计部门。

会计部门收到信贷部门转来的借款凭证及有关单证，经审查无误后，办理转账。会计分录为：

借：贷款——抵押贷款——××户

　　贷：吸收存款——单位或个人活期存款——××户

同时，对抵押物进行表外登记：

收入：代保管有价值品

抵押贷款到期收回的处理手续与信用贷款基本相同。

在贷款本息收回后，销记表外科目登记簿：

付出：代保管有价值品

同时，将抵押物及有关单据退回借款人。

**4. 抵押贷款逾期的处理**

抵押贷款到期不可以展期。借款人到期不能归还贷款本息，银行应将其转入逾期贷款核算，并按规定计收罚息。会计分录为：

借：贷款——抵押贷款——逾期贷款——××户

　　贷：贷款——抵押贷款——××户

同时，确认损益：

借：应收利息

　　贷：利息收入

同时，向借款人发送处理抵押品通知单。如果逾期达1个月以上，银行有权处置抵押品，通常转作抵债资产，抵债资产应单独核算。

**5. 抵债资产的处理**

（1）企业取得的抵债资产，应按其公允价值，借记"抵债资产"科目，原已计提资产减值准备的，借记"坏账准备""贷款损失准备"等科目，按应收债权的账面余额，贷记"贷款""应收利息""长期应收款""其他应收款"等科目，按应支付的相关税费，贷记"应交税费"科目，按其差额，借记"营业外支出"或贷记"资产减值损失"科目。

① 如为借方差额，则会计分录为：

借：抵债资产

　　贷款损失准备——××户

　　营业外支出

　　贷：贷款——××贷款——××户（已减值）

　　　　应交税费

② 如为贷方差额，则会计分录为：

借：抵债资产

　　贷款损失准备——××户

　　贷：贷款——××贷款——××户（已减值）

　　　　应交税费

　　　　资产减值损失

同时，销记表外登记的应收未收利息，其会计分录为：

付出：应收未收利息——××户

(2) 企业取得抵债资产后如转为自用，应在相关手续办妥时，按转为自用资产的账面价值，借记"固定资产"等科目，贷记"抵债资产"科目。已计提抵债资产跌价准备的，还应同时结转跌价准备。会计分录为：

借：固定资产
　　抵债资产跌价准备
　　贷：抵债资产

(3) 抵债资产保管期间取得的收入，借记"库存现金""银行存款""存放中央银行款项"等科目，贷记"其他业务收入"科目。会计分录为：

借：存放中央银行款项
　　贷：其他业务收入

保管期间发生的费用，借记"其他业务成本"科目，贷记"现金""银行存款""存放中央银行款项"等科目。会计分录为：

借：其他业务成本
　　贷：存放中央银行款项

(4) 处置抵债资产时，应按实际取得的处置收入，借记"库存现金""银行存款""存放中央银行款项""长期应收款""其他应收款"等科目，已计提跌价准备的，借记"抵债资产"科目(跌价准备)，按应支付的相关税费，贷记"应交税费"科目，按其账面余额，贷记本科目，按其差额，贷记"营业外收入"科目或借记"营业外支出"科目。

① 如为借方差额，会计分录为：

借：库存现金
　　抵债资产跌价准备
　　营业外支出
　　贷：抵债资产
　　　　应交税费

② 如为贷方差额，会计分录为：

借：库存现金
　　抵债资产跌价准备
　　贷：抵债资产
　　　　应交税费
　　　　营业外收入

**6. 质押贷款的核算**

动产质押是指债务人或者第三人将其动产移交债权人占有，将该动产作为债权的担保，债务人不履行债务时，债权人有权依照本法规定以该动产折价或者以拍卖、变卖该动产的价款优先受偿。质押贷款是指贷款人按《担保法》规定的质押方式以借款人或第三人的动产或权利为质押物发放的贷款。质押合同自权利凭证交付之日起生效。以个人储蓄存单出质的，应提供开户行的鉴定证明及停止支付证明。按照《担保法》的规定，可用于质押的动产和财产权利有以下几种：

(1) 汇票、支票、本票、债券、存款单、仓单、提单。

(2) 依法可以转让的股份、股票。

(3) 依法可以转让的商标专用权，专利权、著作权中的财产权。

(4) 依法可以质押的其他权利。

质押贷款的处理手续与抵押贷款基本相同。企业发生银行存款的收付业务，必须取得或填制原始凭证，作为收付款的书面证明。例如，企业向银行提取现金，要签发现金支票，以支票存根作为银行存款付款的证明；将现金存入银行，要填写进账单，以银行加盖印章后退回的进账单回单作为银行存款收款的证明；收到销售货款，应以发票记账联、进账单或收款收据等作为收款证明；支付水电费、办公费等，要取得经有关领导签字批准的水电费发票、办公费发票等，作为付款的证明等。

作为收付款证明的原始凭证，财会部门要进行认真的审核。审核原始凭证中规定的项目是否填写齐全、数字是否正确、手续是否完备等。经过审核无误后的原始凭证，才可据以填制记账凭证。

**【例 3-2】** 华宇公司因业务经营需要向其开户银行××支行提交有关产权证明，申请抵押贷款。资料显示：该公司以一处临街经营中的四层商业楼作抵押，拟申请贷款金额 80 000 000元，期限为 1 年。银行受理业务后委托评估机构对该商业楼进行了价值评估，认定其市值为 1.5 亿元，经上级行审批同意，××支行于 2×23 年 3 月 5 日为其发放 80 000 000元贷款，年利率 6%，利随本清。会计分录为：

(1) 发放贷款：

| | | |
|---|---|---|
| 借：贷款——抵押贷款——华宇公司 | 80 000 000 | |
| 　　贷：吸收存款——单位活期存款——华宇公司 | | 80 000 000 |

同时，对抵押品进行表外登记：

收入：代保管有价值品——华宇公司商业楼　　150 000 000

(2) 贷款到期银行按时收回贷款本息：

$$应收利息 = 80\ 000\ 000 \times 6\% = 4\ 800\ 000(元)$$

| | | |
|---|---|---|
| 借：吸收存款——单位活期存款——华宇公司 | 84 800 000 | |
| 　　贷：贷款——抵押贷款——华宇公司 | | 80 000 000 |
| 　　　　应收利息 | | 4 800 000 |

同时，销记表外科目，原抵押申请书作为表外科目付出传票的附件。

付出：代保管有价值品——华宇公司商业楼　　150 000 000

## 四、贷款利息的核算

银行发放的各种贷款，除国家有特殊规定和财政补贴，均应按规定计收利息。

**1. 贷款利息的一般规定**

(1) 商业银行发放贷款的合同利率，应当根据中国人民银行规定的利率及浮动幅度加以确定。

(2) 商业银行发放的贷款，期限在1年以内的，贷款期内按合同利率计息，遇利率调整，不分段计息。

(3) 商业银行发放的贷款，期限在1年以上的，若遇利率调整，应从新年度开始按调整后的利率计息。

(4) 商业银行发放的贷款，到期日为节假日的，若在节假日前一日归还，应扣除归还日至到期日的天数后，按前述规定的利率计算利息；节假日后第一个工作日归还，应加收到期日至归还日的天数，按前述规定的利率计算利息；节假日后第一个工作日未归还，应从节假日后第一个工作日开始按逾期贷款利率计算利息。

(5) 贷款展期，期限应累计计算，累计期限达到新的利率期限档次时，自展期之日起，按展期日挂牌的同档次利率计息，达不到新的期限档次的，按展期日的原档次利率计息。

(6) 逾期贷款计收罚息，逾期利率一般是在原合同利率上加成30%～50%；利息逾期，依逾期利率按期计收复利，但不计入损益，实际收到时再计入当期损益。计算公式为：

① 本金逾期：

$$逾期利率 = 合同利率 \times (1 + 加成率)$$
$$逾期利息 = 逾期贷款本金 \times 逾期期限 \times 逾期利率$$

② 利息逾期：

$$利息 = 应收利息 \times (1 + 逾期利率)^n$$

(7) 贷款利息主要采用定期结息和利随本清两种计息方法。

**2. 贷款利息的计算方法**

商业银行对贷款利息的计算，按照结计利息的时间不同，分为定期结息和利随本清两种方法。

(1) 定期结息。定期结息是指银行按规定的结息期结计利息，一般为按季结息或按月结息，每季末月的30日或每月20日为结息日，结计的利息于结息日次日办理转账。其利息的计算与活期存款利息的计算相同。具体可采用余额表和分户账页两种工具计算累计计息积数。

将计算的各贷款户利息，编制一式三联贷款利息清单，第一联作转账贷方传票，第二联作转账借方传票。第三联作回单交借款人，同时汇总编制应收利息科目传票办理转账。会计分录为：

借：吸收存款——单位或个人活期存款——××户
　　贷：应收利息

若借款人存款账户无款支付或不足支付，对未收回的利息，应按前述规定的利率计收复息。

(2) 利随本清。利随本清是指银行按规定的贷款期限，在收回贷款的同时逐笔计收利息。在利随本清方式下，贷款利息计算的公式为：

$$贷款利息 = 贷款本金 \times 期限 \times 利率$$

其中，贷款期限按实际天数计算，算头不算尾。

银行收回贷款本息时，应填制两借一贷特种转账传票及利息清单，办理转账。会计分录为：

借：吸收存款——单位或个人活期存款——××户

　　贷：贷款——××贷款——××户

　　　　应收利息

　　　　利息收入

如存在利息调整金额，还应同时予以结转。

对逾期贷款，除按前述规定利率计算到期利息，还应按逾期贷款利率计算逾期利息。逾期贷款利息的计算公式如下：

$$\text{逾期贷款利息} = \text{逾期贷款本金} \times \text{逾期期限} \times \text{合同利率} \times (1 + \text{加息率})$$

## 第三节　票据贴现业务的核算

### 一、票据贴现业务概述

3-6 知识拓展：各银行对票据贴现的表述

票据贴现是指票据持有人在票据到期前，为获得资金而向银行贴付一定的利息所做的票据转让。目前，商业银行办理贴现业务的票据主要是商业汇票。商业汇票按承兑人的不同可以分为商业承兑汇票和银行承兑汇票。商业汇票一律记名，允许背书转让，期限最长不超过 6 个月。

严格地讲，票据贴现业务属于贷款的一种，但贴现与一般贷款相比，既有共同点又有不同点。两者的共同点主要是，它们都是银行的资产业务，都是借款人的融资方式，银行都要计收利息。两者的不同点主要体现在以下几个方面：

（1）资金投放的对象不同。贴现贷款以持票人（债权人）为放款对象，一般贷款以借款人（债务人）为放款对象。

（2）体现的信用关系不同。贴现贷款体现的是银行与持票人、出票人、承兑人及背书人之间的信用关系，一般贷款体现的是银行与借款人、担保人之间的信用关系。

（3）计息的时间不同。贴现贷款在放款时就扣收利息，一般贷款则是在贷款到期时（或定期）计收利息。

（4）放款期限不同。贴现贷款通常为短期贷款，期限最长不超过 6 个月；一般贷款则分为短期贷款和中长期贷款。

3-7 视频：银行承兑汇票贴现

（5）资金的流动性不同。贴现贷款可以通过再贴现和转贴现提前收回资金，一般贷款只有到期才可能收回资金。

### 二、会计科目的设置

3-8 视频：商业承兑汇票贴现

贴现贷款的核算需要设置“贴现资产”科目。“贴现资产”科目属于资产类科目，用于核算企业（银行）办理商业票据的贴现、转贴现等业务所融出的资金。

商业银行买入的即期外币票据，也通过“贴现资产”科目核算。

“贴现资产”科目可按贴现类别和贴现申请人进行明细核算。“贴现资产”科目期末借方余额，反映企业办理的贴现、转贴现等业务融出的资金。

## 三、票据贴现业务的核算方法

### 1. 办理贴现业务的处理

持票人持未到期的商业汇票向开户银行申请贴现时，应填制一式五联的贴现凭证，见表3-4。第一联作借方凭证，第二联作收款户的贷方凭证，第三联作利息收入的贷方凭证，第四联作收账通知，第五联作票据贴现到期卡。持票人在第一联上加盖预留印鉴后，连同汇票送交银行。

表 3-4　　　　　　　　**贴现凭证(代申请书)**

填写日期　　年　　月　　日　　　　　　　　　　第　号

<table>
<tr><td rowspan="3">贴现汇票</td><td>种类</td><td colspan="2"></td><td colspan="4">号码</td><td colspan="4"></td><td rowspan="3">申请人</td><td colspan="2">全称</td><td colspan="7"></td></tr>
<tr><td>发票日</td><td colspan="10">年　月　日</td><td colspan="2">账号</td><td colspan="7"></td></tr>
<tr><td>到期日</td><td colspan="10">年　月　日</td><td colspan="2">开户银行</td><td colspan="7"></td></tr>
<tr><td colspan="2">汇票承兑人（或银行）名称</td><td colspan="4"></td><td colspan="6"></td><td>账号</td><td colspan="2"></td><td colspan="5">开户银行</td><td colspan="2"></td></tr>
<tr><td colspan="2">汇票金额（即贴现金额）</td><td colspan="11">人民币（大写）</td><td>十</td><td>万</td><td>千</td><td>百</td><td>十</td><td>元</td><td>角</td><td>分</td></tr>
<tr><td>贴现率每月</td><td>%</td><td>贴现利息</td><td>十</td><td>万</td><td>千</td><td>百</td><td>十</td><td>元</td><td>角</td><td>分</td><td colspan="2">实付贴现金额</td><td>十</td><td>万</td><td>千</td><td>百</td><td>十</td><td>元</td><td>角</td><td>分</td></tr>
<tr><td colspan="4">兹根据“银行结算办法”的规定，附送承兑汇票申请贴现，请审批。<br>此致<br>（贴现银行）<br>申请人盖章</td><td colspan="2">银行审批</td><td colspan="7">负责人<br>信贷员</td><td colspan="8">会计处理<br>（借）<br>对方科目：（贷）<br>复核　　记账</td></tr>
</table>

银行信贷部门按要求进行审查，若符合贴现条件，应在贴现凭证“银行审批”栏签注“同意”字样，并加盖有关人员印章后送交会计部门。

会计部门接到汇票和贴现凭证后，经审核无误，按规定的贴现利率计算贴现利息和实付贴现金额。其计算公式为：

$$\text{贴现息} = \text{票面金额} \times \text{贴现期限} \times (\text{月利率} \div 30)$$

$$\text{实付贴现金额} = \text{票面金额} - \text{贴现息}$$

其中，贴现期限从贴现之日起至汇票到期日止，按实际天数计算，算头不算尾。票据到期日如遇法定节假日顺延至下一个工作日。承兑行在异地的，贴现期限另加3天划款期。

将贴现率及计算的贴现利息和实付贴现金额填写在贴现凭证的相应栏后，以贴现凭证第一联作转账借方传票，第二、第三联作转账贷方传票，办理转账。贴现利息应一次性收取。会计分录为：

借：贴现资产——票据贴现——××户

　　贷：吸收存款——单位或个人活期存款——××户

　　　　贴现资产——利息调整

同时，按汇票金额登记表外科目：

收入：代保管有价值品

办理贴现后，会计人员应在 2 个工作日内通过中国人民银行大额支付系统或其他有效沟通方式或电子系统，将“该票据已由本行贴现”的信息告知对方行。

资产负债表日，将利息调整结转利息收入。会计分录为：

借：贴现资产——利息调整

　　贷：利息收入

**【例 3-3】** 2×22 年 7 月 10 日，华宇公司持北京银行承兑的汇票去开户银行申请贴现，票据面额为 320 000 元，票据到期日为 11 月 4 日，经银行信贷部门审核同意贴现（假定贴现率为 3‰）。会计分录为：

$$贴现息 = 320\ 000 \times (117 + 3) \times 3‰ \div 30 = 3\ 840(元)$$

$$实付贴现金额 = 320\ 000 - 3\ 840 = 316\ 160(元)$$

借：贴现资产——票据贴现——华宇公司　　320 000

　　贷：吸收存款——单位活期存款——华宇公司　　316 160

　　　　贴现资产——利息调整　　3 840

同时，按汇票金额登记表外科目：

收入：代保管有价值品　　320 000

**2. 汇票到期收回票款的处理**

汇票到期，会计人员按会计有关规定办理委托收款，向对方行收取票款。收到票款时。会计分录为：

借：清算资金往来（或有关科目）

　　贷：贴现资产——票据贴现——××户

同时，销记表外科目：

付出：代保管有价值品

**3. 汇票到期未获付款的处理**

办理贴现的汇票到期如未获付款，收到对方行退回的汇票、退票理由书、未付票款通知书或拒绝付款证明，应对拒付事由进行审查。

若为无理退票和拒付的，应重新托收，重新联系无效的，向中国银行业协会请求协调。

若拒付事由合理正当的，应将被拒绝事由书面通知贴现申请人，根据实际情况向贴现申请人、出票人以及汇票的其他前手背书人中的任何一人或全体进行追索。

若向贴现申请人收取，存款足额。会计分录为：

借：吸收存款——单位活期存款——××户

　　贷：贴现资产——票据贴现——××户

同时，销记表外科目：

付出：代保管有价值品

若存款余额不足，则不足部分转入“逾期贷款”科目。会计分录为：

借：吸收存款——单位活期存款——××户
　　贷款——逾期贷款——贴现申请人户
　　贷：贴现资产——票据贴现——××户

同时，销记表外科目：

付出：代保管有价值品

**【例 3-4】** 接［例 3-3］，假设票据到期，银行没有及时收回票款，转而向华宇公司账户扣款，但发现其账户中只有 200 000 元，其余票款银行于 11 月 10 日收回，罚款比例 5‱/日。其会计分录为：

（1）转逾期。

| | | |
|---|---|---|
| 借：吸收存款——单位活期存款——华宇公司 | 200 000 | |
| 　　贷款——逾期贷款——华宇公司 | 120 000 | |
| 　　贷：贴现资产——票据贴现——华宇公司 | | 320 000 |

（2）逾期款收回。

$$逾期利息 = 120\,000 \times 6 \times 5‱ = 360(元)$$

| | | |
|---|---|---|
| 借：吸收存款——单位活期存款——华宇公司 | 120 360 | |
| 　　贷：贷款——逾期贷款——华宇公司 | | 120 000 |
| 　　　　利息收入 | | 360 |

同时，销记表外科目：

付出：代保管有价值品　　320 000

## 第四节　贷款损失准备

### 一、贷款损失准备的提取范围

为提高商业银行抵御和防范风险的能力，正确核算其经营损益，各商业银行应当按照谨慎性原则的要求，在资产负债表日，对各项贷款的账面价值进行检查，如有客观证据表明该贷款发生减值的，应当计提减值准备。金融资产发生减值的客观证据，是指金融资产初始确认后实际发生的、对该金融资产的预计未来现金流量有影响，且企业能够对该影响进行可靠计量的事项。金融资产发生减值的客观证据，包括下列各项：

（1）发行方或债务人发生严重财务困难。

（2）债务人违反了合同条款，如偿付利息或本金发生违约或逾期等。

（3）债权人出于经济或法律等方面因素的考虑、对发生财务困难的债务人作出让步。

（4）债务人很可能倒闭或进行其他财务重组。

（5）因发行方发生重大财务困难，该金融资产无法在活跃市场继续交易。

（6）无法辨认一组金融资产中的某项资产的现金流量是否已经减少，但根据公开的数据对其进行总体评价后发现，该组金融资产自初始确认以来的预计未来现金流量确已减少且可计量，如该组金融资产的债务人支付能力逐步恶化，或债务人所在国家或地区失业率提高、担保物在其所在地区的价格明显下降、所处行业不景气等。

(7) 权益工具发行方经营所处的技术、市场、经济或法律环境等发生重大不利变化，使权益工具投资人可能无法收回投资成本。

(8) 权益工具投资的公允价值发生严重或非暂时性下跌。

(9) 其他表明金融资产发生减值的客观证据。

银行承担风险和损失的资产应计提准备金，具体包括发放贷款和垫款、可供出售类金融资产、持有至到期投资、长期股权投资、存放同业、拆出资金、抵债资产、其他应收款项等。

对由银行转贷并承担对外还款责任的国外贷款，包括国际金融组织贷款、外国买方信贷、外国政府贷款、日本国际协力银行不附条件贷款和外国政府混合贷款等资产，银行也应计提准备金。

银行不承担风险的委托贷款、购买的国债等资产，不计提准备金。

延伸阅读 3-2

**商业银行不良贷款率 1.74%**

据银监会近日发布的 2017 年二季度主要监管指标数据显示，二季度末商业银行不良贷款余额 1.64 万亿元，较上季度末增加 563 亿元；商业银行不良贷款率 1.74%，与上季度末持平，信贷资产质量总体平稳。

随着不良率上涨的态势得到遏制，银行业的资产规模实现稳步增长。数据显示，2017 年二季度末，我国银行业金融机构境内外本外币资产总额为 243.2 万亿元，同比增长 11.5%。其中，大型商业银行资产总额 91 万亿元，占比 37.4%，资产总额同比增长 9.2%；股份制商业银行资产总额 44 万亿元，占比 18.1%，资产总额同比增长 8.9%。

与此同时，银行利润增速有所回升。截至 2017 年二季度末，商业银行当年累计实现净利润 9 703 亿元，同比增长 7.92%，较上季度末上升 3.31 个百分点。2017 年二季度商业银行平均资产利润率为 1.04%，同比下降 0.06 个百分点；平均资本利润率 14.48%，同比下降 0.68 个百分点。

随着金融领域的供给侧结构性改革不断推进，金融业逐步回归服务实体经济的本质。截至 2017 年二季度末，银行业金融机构涉农贷款余额 30 万亿元，同比增长 9.9%；用于小微企业的贷款余额 28.6 万亿元，同比增长 14.7%。用于信用卡消费、保障性安居工程等领域贷款同比分别增长 32.2%和 41.2%，分别高于各项贷款平均增速 19.5 和 28.5 个百分点。

此外，银行业的流动性水平保持稳健，风险抵补能力继续加强。2017 年二季度末，商业银行贷款损失准备余额为 28 983 亿元，较上季度末增加 747 亿元。

资料来源：佚名. 二季度末商业银行不良贷款率 1.74%[EB/OL].（2017-08-15）[2022-11-30]. https://finance.eastmoney.com/a2/20170815766236876.html.

## 二、贷款损失准备的种类及提取方法

### 1. 贷款损失准备的种类

贷款损失准备是指银行对承担风险和损失的金融资产计提的准备金，包括资产减值准备和一般准备。

(1) 资产减值准备。资产减值准备是指银行对债权、股权等金融资产（不包括以公允价值计量并且其变动计入当期损益的金融资产）进行合理估计和判断，对其预计未来现金流量现值低于账面价值部分计提的，计入银行成本的，用于弥补资产损失的准备金。

贷款是银行主要的风险资产，因此，贷款损失准备是资产减值准备的主要内容，其又包括专项准备和特种准备。专项准备按照贷款五级分类结果及时、足额计提；特种准备是银行对特定国家或地区发放贷款计提的准备金。

（2）一般准备。一般准备是指银行运用动态拨备原理，采用内部模型法或标准法计算风险资产的潜在风险估计值后，扣减已计提的资产减值准备，从净利润中计提的、用于部分弥补尚未识别的可能性损失的准备金。

**2. 准备金提取方法**

根据财政部关于《金融企业准备金计提管理办法》（财金〔2012〕20 号）的规定，银行应当在资产负债表日对各项资产进行检查，分析判断资产是否发生减值，并根据谨慎性原则，计提资产减值准备。对发放贷款和垫款，至少应当按季进行分析，采取单项或组合的方式进行减值测试，计提贷款损失准备。

银行应当于每年年度终了对承担风险和损失的资产计提一般准备。一般准备余额原则上不得低于风险资产期末余额的 1.5%。

银行计提准备金的方法主要有两种，即内部模型法和标准法。

（1）内部模型法。内部模型法是指商业银行基于内部模型体系开展的市场风险识别、计量、监测和控制，并将计量结果应用于资本计量的全过程的一类方法。它是目前具备条件的大型现代化商业银行普遍采用的一种更加科学的风险计量方法。由于该法种类较多，银行用法不一，故在此不再讲述。

（2）标准法。标准法是金融监管部门对银行的信贷资产根据其质量，规定了不同的风险系数。要求银行严格按照此标准计提准备金的一种方法。20 号文对风险系数有明确规定：正常类贷款按 1.5%计提，关注类贷款按 3%计提，次级类贷款按 30%计提，可疑类贷款按 60%计提，损失类贷款按 100%计提。

标准法潜在风险估计值（准备金）计算公式为：

潜在风险估计值（准备金）＝正常类贷款×1.5%＋关注类贷款×3%＋次级类贷款×30%＋可疑类贷款×60%＋损失类贷款×100%

## 三、贷款损失准备的会计核算

**1. 会计科目的设置**

（1）“贷款损失准备”科目。该科目为资产类科目，也是“贷款”科目的备抵科目，用来核算商业银行贷款的减值准备。该科目可按计提贷款损失准备的资产类别进行明细核算。

资产负债表日，贷款发生减值的，按应减记的金额，借记“资产减值损失”科目，贷记“贷款损失准备”科目。

对于确实无法收回的各项贷款，按管理权限报经批准后转销各项贷款，借记“贷款损失准备”科目，贷记“贷款”“贴现资产”“拆出资金”等科目。

已计提贷款损失准备的贷款价值以后又得以恢复，应在原已计提的贷款损失准备金额内，按恢复增加的金额，借记“贷款损失准备”科目，贷记“资产减值损失”科目。

该科目期末贷方余额，反映企业已计提但尚未转销的贷款损失准备。

(2)“资产减值损失”科目。该科目为损益类科目,用来核算商业银行计提各项资产减值准备所形成的损失。该科目可按资产减值损失的项目进行明细核算。

商业银行的贷款等资产发生减值的,按应减记的金额,借记“资产减值损失”科目,贷记“贷款损失准备”科目。

已计提贷款损失准备的相关资产的价值又得以恢复的,应在原已计提的减值准备金额内。按恢复增加的金额,借记“贷款损失准备”等科目,贷记“资产减值损失”科目。

期末,应将该科目余额转入“本年利润”科目,结转后该科目无余额。

此外,还涉及表外科目“应收未收利息”等科目。

**2. 贷款损失准备的会计处理**

(1) 计提贷款损失准备。

提取贷款损失准备时,会计分录为:

借:资产减值损失——计提贷款损失准备
　　贷:贷款损失准备——××户

本期应计提的贷款损失准备大于其账面余额的,应按其差额补提减值准备,会计分录为:

借:资产减值损失——计提贷款损失准备
　　贷:贷款损失准备

(2) 减值贷款的处理。

① 资产负债表日,确定贷款发生减值的,会计分录为:

借:资产减值损失——贷款损失准备金户
　　贷:贷款损失准备——××户

同时:

借:贷款——××贷款——××户(已减值)
　　贷:贷款——××贷款——××户(本金)
　　　　贷款——××贷款——××户(利息调整)

② 资产负债表日,按贷款的摊余成本和实际利率计算确定利息收入。会计分录为:

借:贷款损失准备——××户
　　贷:利息收入——贷款利息收入户

同时,将按合同本金和合同利率计算确定的应收利息金额进行表外登记:

收入:应收未收利息——××户

③ 收回减值贷款时,会计分录为:

借:吸收存款——单位或个人活期存款——××户
　　贷款损失准备——××户
　　贷:贷款——××贷款——××户(已减值)
　　　　资产减值损失——贷款损失准备金户

同时,销记表外登记应收未收贷款利息,其会计分录为:

付出:应收未收利息——××户

(3) 损失贷款的处理。商业银行应建立贷款损失核销制度,及时对损失类贷款或贷款的损失部分进行转销。对于已转销的损失类贷款,银行应保留对贷款的追索权。

① 对于确实无法收回的贷款,按管理权限报经批准后作为呆账予以转销。会计分录为:

借:贷款损失准备——××户
　　贷:贷款——××贷款——××户(已减值)

按管理权限报经批准后转销表外应收未收利息:

付出:应收未收利息——××户

② 已确认并转销的贷款以后又收回的,会计分录为:

借:贷款——××贷款——××户(已减值)
　　贷:贷款损失准备——××户

同时,

借:吸收存款——单位或个人活期存款——××户
　　贷:贷款——××贷款——××户(已减值)
　　　　资产减值损失——贷款损失准备金户(借贷方差额)

**【例 3-5】** 某市商业银行(总行)未采用内部模型法测算风险估计值,故仍按标准法计提各种准备金,其 2×22 年年末具体资料如下:

(1) 根据财金〔2012〕20 号文的规定:按非信贷资产期末余额的 1.5%计提一般风险准备;信贷资产的风险系数为:正常类 1.5%,关注类 3%,次级类 30%,可疑类 60%,损失类 100%;特种准备金计提比例为 1%。

(2) 该行报表显示:贷款损失准备金期初余额共计 2.5 亿元,其中专项准备金 2.38 亿元,特种准备金 0.12 亿元;一般风险准备金 0.04 亿元。

(3) 2×22 年 7 月份,银行收回以前年度已核销××贷款金额 100 万元,其中本金 95 万元。

(4) 2×22 年年末,银行各类资产余额为:非信贷资产合计余额为 4 亿元;各类信贷资产总额合计为 80 亿元,其中正常类贷款 72 亿元,关注类贷款 4 亿元,次级类贷款 3 亿元,可疑类贷款 0.6 亿元,损失类贷款 0.4 亿元。

另按国家不同可分为国内贷款 70 亿元,外国买方信贷贷款 10 亿元。

(5) 经银行董事会决定,要求提足各类准备金,并核销已确认坏账 0.4 亿元。

其会计分录如下:

(1) 收回本年度 7 月份已核销呆账。

| | 借 | 贷 |
|---|---|---|
| 借:贷款——××贷款——××户 | 950 000 | |
| 　　贷:贷款损失准备——专项准备——××户 | | 950 000 |

同时,

| | 借 | 贷 |
|---|---|---|
| 借:吸收存款——单位或个人活期存款——××户 | 1 000 000 | |
| 　　贷:贷款——××贷款——××户 | | 950 000 |
| 　　　　利息收入 | | 50 000 |

(2) 计提各类准备金。

① 计提一般风险准备金:

400 000 000×1.5%－4 000 000＝6 000 000－4 000 000＝2 000 000(元)

借:利润分配——提取一般准备金　　2 000 000
　　贷:一般风险准备　　2 000 000

② 计提特种准备金:

1 000 000 000×1%－12 000 000＝10 000 000－12 000 000＝－2 000 000(元)

借:贷款损失准备——特种准备　　2 000 000
　　贷:资产减值损失　　2 000 000

③ 计提专项准备金:

108 000 000　　12 000 000　　90 000 000　　36 000 000

7 200 000 000×1.5%＋400 000 000×3%＋300 000 000×30%＋60 000 000×60%＋40 000 000－238 000 000－950 000＝47 050 000(元)

借:资产减值损失　　47 050 000
　　贷:贷款损失准备——专项准备　　47 050 000

(3) 核销坏账。

借:贷款损失准备——专项准备　　40 000 000
　　贷:贷款——××贷款——××户　　40 000 000

3-9 扫一扫看课件

## 本章重要概念

贷款　信用贷款　抵押贷款　票据贴现　库存现金　正常贷款　关注贷款　次级贷款　可疑贷款和损失贷款　自营贷款　逾期贷款

## 本章练习

### 一、单项选择题

1. 下列为计提贷款损失准备使用的成本、费用科目的是(　　)。

A. 其他业务成本　　B. 销售费用
C. 营业外支出　　D. 资产减值损失

2. 银行对抵押物拍卖、变卖,其价款(扣除有关费用)超过贷款本息部分,应(　　)。

A. 返还借款人　　B. 作为营业外收入
C. 作为其他营业收入　　D. 作为利息收入

3. 期限为1年的抵押贷款应使用的会计科目是(　　)。

A. 短期贷款　　B. 中长期贷款　　C. 抵押贷款　　D. 贴现

4. 从净利润中提取的准备金是(　　)。

A. 专项准备金　　B. 特种准备金　　C. 风险准备金　　D. 一般准备金

5. 当贷款的本金或利息逾期 90 天时，转入(　　)科目单独核算。

A. “应计贷款”　　B. “逾期贷款”

C. “呆滞贷款”　　D. “非应计贷款”

6. 以借款人或第三人的财产作为抵押物发放的贷款是(　　)。

A. 保证贷款　　B. 担保贷款

C. 抵押贷款　　D. 质押贷款

7. 某商业银行年末“贷款损失准备”账户的期末余额为 100 000 元，各类贷款的余额合计为 700 000 元，其中关注类 400 000 元、次级类 200 000 元、可疑类 100 000 元，无损失类贷款，应补提贷款准备金(　　)元。

A. 28 000　　B. 32 000　　C. 132 000　　D. 232 000

8. 中长期贷款展期期限最长不得超过(　　)。

A. 原贷款期限　　B. 原贷款期限的 1/4

C. 1 年　　D. 3 年

9. 华润公司 3 月 15 日提交银行承兑汇票申请贴现，该汇票出票日为 3 月 6 日，期限 4 个月，承兑银行为省外系统内某行。计算的贴现天数为(　　)天。

A. 114　　B. 113　　C. 115　　D. 116

10. 商业银行核销无法收回各项贷款的会计分录是(　　)。

A. 借：贷款损失准备
　　贷：短期(中长期)贷款

B. 借：资产减值损失
　　贷：短期(中长期)贷款

C. 借：资产减值损失
　　贷：贷款损失准备

D. 借：贷款损失准备
　　贷：资产减值损失

## 二、多项选择题

1. 不良贷款包括(　　)。

A. 关注类贷款　　B. 可疑类贷款　　C. 次级类贷款　　D. 损失类贷款

2. 贷款利息计算按计息方法不同，分为(　　)。

A. 定期结息　　B. 延期结息　　C. 本随利清　　D. 利随本清

3. 贷款损失准备包括(　　)。

A. 一般准备　　B. 非常准备　　C. 专项准备　　D. 特种准备

4. 票据贴现业务与一般贷款业务相比，其不同点为(　　)。

A. 融资的基础不同　　B. 可以提前收回资金

C. 计收利息的时间不同　　D. 体现的信用关系不同

5. 贷款发生逾期，其核算方法正确的有(　　)。

A. 转入逾期贷款科目或账户

B. 采用红蓝字同方向转账法处理账务

C. 贷款借据在贷款全部归还前继续保存按合同利率计算逾期贷款利息

D. 按合同利率加一定比例计算逾期贷款利息

## 三、简答题

1. 什么是自营贷款和委托贷款？

2. 贷款有哪五级风险分类方法？

3. 贷款核算的原则有哪些规定？

4. 贷款准备金的提取方法有哪些？

## 四、业务题

1. 开户单位玩具厂申请办理信用贷款 1 000 000 元,审核后办理。

要求:编制会计分录。

2. 借款人服装厂抵押贷款逾期未还,本金 980 000 元,利息 42 000 元,银行处理抵押的设备一套,得款 1 000 000 元。

要求:编制会计分录。

3. 中国工商银行某支行年初“贷款损失准备——专项准备”账户余额为 1 180 000 元;3 月份报经批准核销道源化工厂的呆账贷款 750 000 元;年末该行进行贷款减值测试,测试结果为本年度要计提专项准备金总额为 4 250 000 元,特种准备金为 1 320 000 元。

要求:编制该银行提取贷款损失准备和核销坏账的会计分录。

4. 7 月 10 日,开户单位中信公司持银行承兑汇票申请办理贴现,汇票金额为 350 000 元,汇票到期日为 11 月 2 日,经信贷部门审查后予以办理(贴现率为 3‰)。

要求:计算贴现息并编制有关会计分录。

5. 7 月 12 日,给开户单位化纤厂贴现的商业承兑汇票 150 000 元未能按期收回票款,向贴现申请人收取,但该单位存款账户只有 100 000 元。

要求:编制会计分录。

# 第四章　商业银行系统内往来业务的核算



## 内容提要

本章主要讲解商业银行系统内往来业务的含义，商业银行系统内资金汇划清算的体系构成、业务范围和基本做法，以及系统内资金电子汇划业务的核算。

## 重点难点

本章重点为商业银行系统内往来业务的含义，商业银行系统内资金汇划清算的体系构成、业务范围和基本做法；本章难点为系统内资金电子汇划业务的核算，包括备付金存款账户开立的核算、系统内资金电子汇划业务的具体核算。

## 学习目标

通过本章学习，学生应了解商业银行系统内往来的意义及管理体制，熟练掌握商业银行系统内往来日常核算方法，尤其是理解商业银行系统内往来业务的会计科目设置，掌握备付金存款账户开立的核算、系统内资金电子汇划业务的具体核算。

## 知识框架

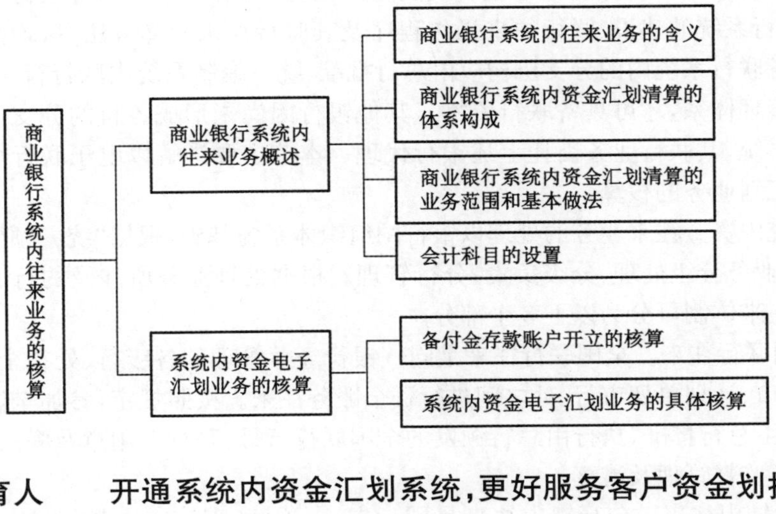


## 思政育人　开通系统内资金汇划系统，更好服务客户资金划拨

2006年10月，北京银行成功开发了系统内资金汇划系统，通过该系统转账的资金1小时内即可到账。该系统的开通，标志着该行支付结算水平迈上了新的台阶。

新开发的系统内资金汇划系统主要服务于行内客户间的资金划转业务，只要收付款双方均在北京银行开户，不论同城市或跨区域，均可利用该系统实现资金汇划。该系统同时支持贷记与借记业务，客户既可主动向北京银行其他开户单位划拨款项，也可通过交存本系统他行支票，自他行账户收取款项。除了服务于北京银行本行客户，该系统支持北京银行内部基于业务需要执行的系统内资金划拨。

新系统开通后，形成了由人民银行支付系统、人民银行票据交换系统、北京银行系统内资金汇划系统构成的多元化资金清算体系，从而提高了北京银行资金清算的抗风险能力，并为客户搭建了更为便捷的支付结算渠道，行内不同网点客户间的划款1小时内便可到账，同时还将降低该行的结算成本支出，减少票据传递环节，提高内部资金的划拨效率与结算效率。

银行通过不断升级自身服务系统可以更好地服务客户资金结算。那么怎么进行银行内资金划拨呢？

资料来源：北京银行．系统内资金汇划系统正式开通[EB/OL]．(2016-10-11)[2022-11-30]．http://finance.sina.com.cn/money/roll/20061011/1357969451.shtml.

# 第一节 商业银行系统内往来业务概述

## 一、商业银行系统内往来业务的含义

商业银行系统内往来业务，是指同一银行系统内所属各行、处之间由于办理结算和资金调拨等业务，相互代收、代付而发生的资金账务往来。商业银行在办理转账结算业务时，除了收付款双方在同一行、处开户可由同一行、处办理，其余都要在两个不同的行、处之间，若这两个行、处共同隶属于一个总行，则它们之间的资金账务往来就是系统内往来。系统内资金清算是指对由系统内资金调拨、划拨支付结算款项等业务引起的系统内行、处间资金往来按照一定的清算模式进行实际资金划转的过程。

目前，我国有中国人民银行、中国工商银行、中国农业银行、中国建设银行、中国银行、交通银行6大联行系统。现行联行管理模式是各家银行自成体系，包括各联行系统内资金往来与清算、联行系统的建设、联行往来操作程序及其联行往来核算方法等，均由各系统自行制定执行。各联行系统内的分支机构应由总行批准，统一编制系统内联行行号，纳入联行往来业务网络管理体系，才可具备联行资格。其他银行因尚未形成各自的分支机构网络而不能构成联行系统，其联行业务委托上述银行代理。本节主要讲解以电子联行往来为基础的系统内资金汇划业务的核算。

银行系统内资金往来业务的处理以银行的组织体系为基础，根据“统一领导，分级管理”的原则，实行业务分级处理、分级负责、分行管理。根据处理业务所涉及的行、处范围，系统内银行资金往来体制可分为以下3个部分。

(1) 全国联行往来。全国联行往来是同一银行经营管理的各级行、处在全国范围跨省、自治区、直辖市、计划单列市行、处之间进行资金账务往来。按照规定，参加全国联行往来业务的行、处经由总行批准，执行由总行颁发的全国联行行号、联行专用章及联行制度，并由各银行总行负责监督管理及清算。

4-1 知识拓展：我国商业银行的组织形式

(2) 分行辖内往来。分行辖内往来是同一省、自治区、直辖市内各行、处之间的资金账务往来。因此，分行辖内往来由各银行省、自治区、直辖市的一级分行进行管理。经由各一级分行批准的参加分行辖内资金往来业务的行、处，使用本级联行行号和联行专用章，必须执行各分行制定的分行辖内往来制度，并由各一级分行监督管理。

（3）支行辖内往来。支行辖内往来是同一市、县内各行、处之间的资金账务往来。因此，支行辖内往来由各支行负责管理，进行支行辖内往来业务的行、处，执行由分行批准的各支行制定的支行辖内往来制度，使用辖内联行行号和联行专用章。

## 二、商业银行系统内资金汇划清算的体系构成

4-2视频：商业银行系统内资金汇划清算体系的构成

系统内资金电子汇划系统一般由汇划业务经办行（以下简称“经办行”）、清算行、省区分行及总行清算中心组成，各行间通过计算机网络连接。其构成如图 4-1 所示。

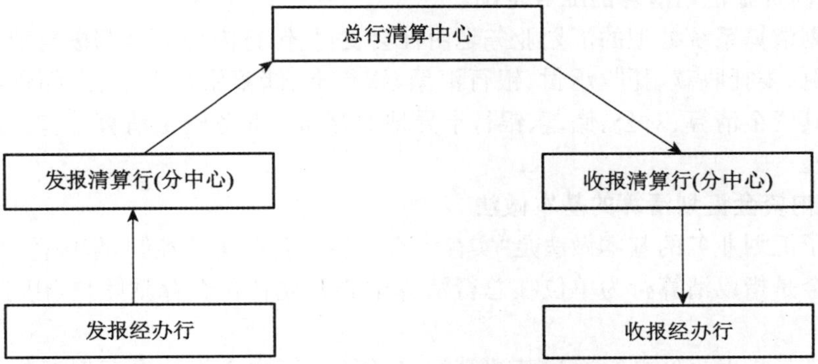


图 4-1 系统内资金汇划清算的体系构成及清算流程

（1）经办行就是办理结算和资金汇划业务的行、处。汇划业务的发生行为发报经办行，汇划业务的接收行为收报经办行。

（2）清算行就是在总行清算中心开立备付金存款账户的行，各直辖市分行和二级分行（包括省区分行营业部）均为清算行，清算行负责办理辖属行、处汇划款项的清算。

省区分行也在总行清算中心开立备付金户，但不用于汇划款项的清算，只用于办理系统内资金调拨和内部资金利息的汇划。

清算行及经办行的设立、撤销，应由主管分行向总行提出书面申请，总行核准同意后颁发或撤销电子汇划联行号。电子汇划联行号是参加电子汇划系统的专用标识，经办行凭电子汇划联行号办理资金发报和收报。

（3）总行清算中心主要是办理系统内各经办行之间的资金汇划、各清算行之间的资金清算及资金拆借、账户对账等账务的核算与管理。

电子汇划系统的运作流程是：发报行将汇划信息经计算机加密处理后，形成加密数据，通过通信专用线路传输至分中心、总中心；总中心将整理后的加密数据，再通过通信专用线路传输至分中心，转收报行。其具体流程如下：

（1）发报经办行根据发生的结算等资金汇划业务录入数据，全部及时发送至发报清算行。

（2）发报清算行将辖属各发报经办行的资金汇划信息传输给总行清算中心；所有经办行的资金汇划，查询查复全部通过清算行进出，清算行管理监督辖属经办行的资金清算。

（3）总行清算中心将发报清算行传输来的汇划数据即时传输给收报清算行；并当日更新各分中心清算账户备付金存款。

（4）收报清算行当天将汇划信息传输给收报经办行，办理资金收付。

在这里，清算行处在信息中转站的地位，既要向总行清算中心传输发报经办行的汇划信息，又要向收报经办行传输总行清算中心发来的汇划业务信息，资金汇划的出口、入口均反映在分中心。清算行受理的电子汇划业务，除辖内业务，只能直接发送总行。各清算行之间不发生直接的横向关系，由总中心负责各清算行之间汇划业务的转收转发。在每日营业终了前的规定对账时间，从上到下，由中心和各分中心、各分中心和经办行核对当日往来账的笔数、金额无误后，结出当日电子汇划业务往来账务余额。

## 三、商业银行系统内资金汇划清算的业务范围和基本做法

**1. 系统内资金汇划清算的业务范围**

资金汇划清算系统处理的汇划业务是由社会支付、银行内部资金调拨与清算等引起的，具体包括汇兑、委托收款、托收承付、银行汇票、银行卡、储蓄旅行支票、内部资金划拨、其他款项汇划及其资金清算、对公、储蓄、银行卡异地通存通兑业务资金清算，同时办理有关的查询、查复业务。

**2. 系统内资金汇划清算的基本做法**

联行电子汇划业务的基本做法是“实存资金，同步清算，头寸控制，集中监督”。

实存资金是指以清算行为单位在总行清算中心开立备付金存款账户，用于汇划款项时资金清算。

同步清算是指发报经办行通过其清算行经总行清算中心将款项汇划至收报经办行，同时，总行清算中心办理清算行之间的资金清算，清算行办理经办行之间的资金清算。

头寸控制是指各清算行在总行清算中心开立的备付金存款账户，必须保证有足够的存款，总行清算中心对各行汇划资金实行集中清算。清算行备付金存款不足，二级分行可向管辖省区分行借款，省区分行和直辖市分行、直属分行头寸不足可向总行借款。

集中监督是指总行清算中心对汇划往来数据发送、资金清算、备付金存款账户资信情况和行际间查询查复情况进行管理和监督。

联行电子汇划通过计算机网络系统，采取下列办法：

（1）汇划数据实时发送是指发报经办行录入汇划数据后，全部即时发送到发报清算行。

（2）各清算行控制进出是指清算行辖属所有经办行的资金汇划、查询查复等事宜全部通过清算行进出，清算行控制所属经办行内资金清算。

（3）总行清算中心即时处理是指总行清算中心对发报清算行传输来的汇划数据即时传输到收报清算行。实时业务由收报清算行即时传输到收报经办行，批量业务由收报清算行次日传输到收报经办行，总行清算中心当日更新各清算行备付金存款。

（4）汇划资金按时到达是指实时业务即时到达，批量业务次日到达收报经办行。

## 四、会计科目的设置

4-3视频：系统内资金电子汇划业务的账户设置

为了核算系统内资金电子汇划业务应设置以下会计科目。

**1.“存放系统内款项”科目**

本科目为资产类科目，用来核算本行、处存放于同系统内的其他行、处的款项。本科目可按款项所存放的单位设置“上存总行备付金户”“上存省区分行调拨资金户”“上存分行备付金户”等明细科目。本行存放于系统之外的其他金融机构的存款在“存放同业”科目中

核算。

**2. “系统内存放款项”科目**

“系统内存放款项”属于负债类科目，用来核算系统内的其他行、处存放于本行、处的款项。本科目可按存放单位设置“备付金存款户”“调拨资金存款户”等明细科目。系统之外的其他金融机构存放于本行、处的存款在“同业存放”科目中核算。

**3. “清算资金往来”科目**

本科目属于资产负债共同类科目，用来核算企业(银行)间业务往来的资金清算款项。本科目可按资金往来单位，分别“同城票据清算”“信用卡清算”等进行明细核算。发生的其他清算业务，收到的清算资金，借记“存放中央银行款项”等科目，贷记本科目；划付清算资金时做相反的会计分录。本科目期末借方余额，反映企业应收的清算资金；本科目期末贷方余额，反映企业应付的清算资金。

除此之外还需要用到的科目有“其他应收款”科目、“其他应付款”科目等。

## 第二节 系统内资金电子汇划业务的核算

### 一、备付金存款账户开立的核算

电子系统内资金电子汇划清算系统是以清算行为单位在总行清算中心开立备付金存款账户，以便用于汇划款项时的资金清算。各清算行在总行清算中心开立的备付金存款账户，是实际资金划拨和清算的基础，各清算行必须保证该备付金存款账户有足额的存款。同样，各支行或网点也应该在上级管辖分行开立备付金存款账户，完成发报行与收报行之间的资金清算。

4-4视频：备付金账户的开立

**1. 清算行在总行清算中心开立备付金存款账户**

清算银行(如省分行、直辖市分行和总行直属分行等)通过中国人民银行将款项汇入总行清算中心，具体手续是根据资金营运部门的资金调拨单，填制人民银行电(信)汇凭证，由中国人民银行汇入总行清算中心。

(1) 清算银行的会计分录为：

借：其他应收款——待处理汇划款项户

　　贷：存放中央银行款项——备付金存款户

待总行清算中心收到后，清算行由系统自动进行账务处理。会计分录为：

借：存放系统内款项——上存总行备付金户

　　贷：其他应收款——待处理汇划款项户

(2) 总行清算中心收到清算银行上存的备付金后，进行相应的账务处理。会计分录为：

借：存放中央银行款项——备付金存款户

　　贷：系统内存放款项——××行备付金户

**2. 各支行或网点在上级管辖分行开立备付金存款户核算**

通过中国人民银行将款项汇入上级管辖分行，其具体的处理手续同上。

（1）支行的会计分录为：

借：其他应收款——待处理汇划款项户
　　贷：存放中央银行款项——备付金存款

待上级管辖分行收到后，系统自动进行账务处理。会计分录为：

借：存放系统内款项——上存分行备付金户
　　贷：其他应收款——待处理汇划款项户

（2）上级管辖分行在收到各支行或网点上存的备付金后，进行相应的账务处理。会计分录为：

借：存放中央银行款项——备付金存款户
　　贷：系统内存放款项——××支行备付金户

## 二、系统内资金电子汇划业务的具体核算

4-5视频：系统内资金电子汇划业务的具体核算

系统内汇划清算系统，要经过发报经办行、发报行清算分中心、总行清算中心、收报清算分中心、收报经办行五个处理环节，实际业务操作中，应根据资金流向，按照“先收（扣）款，后记账”和“先记账，后付款”的要求办理账务处理。

**1. 发报经办行的账务处理**

发报经办行是发起汇划业务，向发报清算行发送汇划信息的行、处，其发起业务分为划收款业务和划付款业务两类。划收款业务是发报经办行发起的代收报经办行向付款客户收款的汇划业务，主要包括汇兑、委托收款划回、托收承付划回等结算业务及系统内资金划拨。发报经办行发起划收款业务，应记入“清算资金往来”科目的贷方，因此，也称为贷方报单业务（以下简称“贷报业务”）。划付款业务是发报经办行发起的代收报经办行向收款客户付款的汇划业务，主要包括银行汇票的解付、信用卡的解付及定期借记业务等。发报经办行发起划付款业务，应记入“清算资金往来”科目的借方，因此，也称为借方报单业务（以下简称“借报业务”）。

（1）汇款业务。经办人员根据客户填写的汇款申请书，提交汇出汇款指令，交易成功后，在汇款申请书上打印相应内容，系统自动记账。会计分录为：

借：库存现金（或吸收存款——××活期存款）
　　贷：清算资金往来——发报行清算中心往来户

（2）解付汇票业务。经办人员根据客户提供的汇票第二、第三联，经审核要素核押无误后，提交解付银行汇票指令，系统自动记账。打印进账单，作为贷方传票。会计分录为：

借：清算资金往来——发报行清算中心往来户
　　贷：吸收存款——××活期存款——××户

（3）托收承付业务。经办人员根据托收行发出的托收委托书及原始票据，在收到客户的承付凭证后办理付款。会计分录为：

借：吸收存款——单位活期存款——付款人
　　贷：清算资金往来——发报行清算中心往来户

（4）内部款项划拨。经办行根据业务指令办理转账报送，凭证交联行专柜，专柜经复核无误，密押员加编密押后，进行发报，计算机自动办理转账，并打印系统内汇划贷方报单，同时接收业务成功的反馈信息。如果是上划项，会计分录为：

借：系统内存放款项

　　贷：清算资金往来——发报行清算中心往来户

**2. 发报行清算分中心的账务处理**

发报行清算行收到发报行传输来的汇划业务后，电子汇划系统自动记载“清算资金往来”科目有关账户，如发报清算行收到发报行传输来的汇划数据（贷方报单业务），会计分录为：

借：清算资金往来——××行往来户

　　贷：清算资金往来——总行清算中心往来户

如为借方报单业务，则会计分录正好相反。

经过按规定权限授权、编押及账务处理后，由计算机联网系统自动传送至总行。

每日营业终了，发报清算行要进行记录的核对工作，即核对发报行传输来的数据和经过本发报清算行账务处理后的有关数据是否相符。

**3. 总行清算中心的账务处理**

每日营业终了，清算系统停办汇划业务后，总行清算中心对当天的汇划业务汇总轧差，将款项从净应付银行的备付金存款账户转入净应收银行的备付金存款账户。如为贷方报单业务，会计分录为：

借：系统内存放款项——发报清算行备付金户

　　贷：系统内存放款项——收报清算行备付金户

如为借方报单业务，则会计分录相反。

**4. 收报清算分中心的账务处理**

收报清算分中心收到总行清算中心传来的汇划业务数据，计算机联网系统自动检测到收报行是否为自己辖内的行、处，并经核押无误后自动进行账务处理。当收报清算行收到总行清算中心传来的实时汇划数据后，及时处理并传至经办行。如为提入贷方报单业务，则会计分录为：

借：清算资金往来——总行清算中心往来户

　　贷：清算资金往来——××支行往来户

如为借方报单业务，则会计分录相反。

**5. 收报经办行的账务处理**

当收报行收到收报行清算分中心传来的批量或实时汇划数据，经检查无误后，应打印“资金汇划借方（或贷方）补充凭证”，进行相应的账务处理。

（1）汇入汇款。

借：清算资金往来——收报行清算中心往来户

　　贷：吸收存款——单位活期存款——××户（或应解汇款）

如为借方汇划业务,则会计分录相反。

(2) 汇票结清。收报行接到发报行信息后,经办人员根据系统内汇划借方补充报表第三、第四联,与汇票留底卡核对,如查询确认汇票全部结清后,打印转账借方传票,补充报单第三联作为贷方传票,底卡第一联作为转账借方传票,报单第四、第五联、底卡第四联作为转账借方传票的附件。会计分录为:

借:其他应收款——汇出汇款
　　贷:清算资金往来

若部分解付有余款时,还要另打印送款单作为贷方传票,部分解付余款退回原客户,补充报单第三联及送款单作为贷方传票,底卡第一联作为转账借方传票,补充报单第四、第五联作为转账借方传票的附件,底卡第四联作为客户回单。会计分录为:

借:其他应付款——汇出汇款
　　贷:清算资金往来
　　　　吸收存款——单位活期存款——××户

(3) 托收入账。付款行发出承付报文后,托收行根据系统内汇划贷方补充报单第三、第四联及留存的托收承付、委托收款存根,办理托收入账。入账成功后,打印托收凭证第二联,补充报单第三联作为转账借方传票,托收凭证第二联作为贷方传票,补充报单第四联、第五联作为贷方传票的附件。会计分录为:

借:清算资金往来
　　贷:吸收存款——单位活期存款——××户

**【例 4-1】** 工商银行浙江省分行某支行收到工商银行江西省分行某支行的系统内汇划贷方报单及所附托收承付结算凭证第四联,金额为 2 000 000 元,收款单位为浙江电力总公司,已核对相符,办理转账。会计分录为:

借:清算资金往来　　2 000 000
　　贷:吸收存款——单位活期存款——浙江电力总公司　　2 000 000

**6. 日终,根据总行清算中心的处理信息进行账务处理**

(1) 发报行省分行(发报行清算中心)的账务处理:

如果"清算资金往来——总行清算中心往来户"科目的余额在贷方,会计分录为:

借:清算资金往来——总行清算中心往来户
　　贷:存放系统内款项——上存总行备付金户

借:系统内存放款项——××分行备付金户
　　贷:清算资金往来——××分行往来户

(2) 发报行支行的账务处理:

如果"清算资金往来——发报行清算中心往来户"科目的余额在贷方,会计分录为:

借:清算资金往来——发报行清算中心往来户
　　贷:存放系统内款项——上存分行备付金户

(3) 收报行省分行(收报行清算中心)的账务处理:

如果“清算资金往来——总行清算中心往来户”科目的余额在借方，会计分录为：

借：存放系统内款项——上存总行备付金户
　　贷：清算资金往来——总行清算中心往来户

借：清算资金往来——××支行往来户
　　贷：系统内存放款项——××分行备付金户

（4）收报行支行的账务处理：

如果“清算资金往来——收报行清算中心往来户”科目的余额在借方，会计分录为：

借：存放系统内款项——上存分行备付金户
　　贷：清算资金往来——收报行清算中心往来户

对于资金电子汇划业务的会计核算，各银行的处理不尽相同，存在一定的差异，但是基本原理是相同的。

**【例 4-2】** 上海工商银行徐汇支行开户单位金汇百货公司提交电汇凭证一份，要求向北京工行海淀支行开户单位晨兴服装厂汇出货款 400 000 元人民币。请作出付款行、收款行、总行以及清算中心的会计分录，假定当日，只发生上述一笔业务。

（1）徐汇支行（发报行）的会计分录为：

借：吸收存款——金汇百货公司　　400 000
　　贷：清算资金往来——上海分行清算中心往来户　　400 000

（2）上海分行（发报行清算中心）的会计分录为：

借：清算资金往来——徐汇支行往来户　　400 000
　　贷：清算资金往来——工商银行总行清算中心往来户　　400 000

（3）海淀支行（收报行）的会计分录为：

借：清算资金往来——北京分行清算中心往来户　　400 000
　　贷：吸收存款——晨兴服装厂　　400 000

（4）北京分行（收报行清算中心）的会计分录为：

借：清算资金往来——工商银行总行清算中心往来户　　400 000
　　贷：清算资金往来——海淀支行往来户　　400 000

（5）工商银行总行清算中心于日终营业终了时进行轧差转账的会计分录为：

借：系统内存放款项——上海分行结算备付金户　　400 000
　　贷：系统内存放款项——北京分行结算备付金户　　400 000

上海工商银行分行和徐汇支行、北京工商银行分行和海淀支行收到工商银行总行清算中心的处理信息后，进行账务处理：

（6）上海分行的会计分录为：

借：清算资金往来——工商银行总行清算中心往来户　　400 000
　　贷：存放系统内款项——上存总行备付金户　　400 000

借：系统内存放款项——徐汇支行结算备付金户　　400 000

　　贷：清算资金往来——徐汇支行往来户　　400 000

（7）徐汇支行的会计分录为：

借：清算资金往来——上海分行清算中心往来户　　400 000

　　贷：存放系统内款项——上存上海分行结算备付金户　　400 000

（8）北京分行的会计分录为：

借：存放系统内款项——上存总行备付金户　　400 000

　　贷：清算资金往来——总行清算中心往来户　　400 000

借：清算资金往来——海淀支行往来户　　400 000

　　贷：系统内款项存放——海淀支行结算备付金户　　400 000

（9）海淀支行的会计分录为：

借：存放系统内款项——上存北京分行结算备付金户　　400 000

　　贷：清算资金往来——海淀支行清算中心往来户　　400 000

**7. 资金汇划清算的对账**

对账是保证总行、清算行、经办行之间资金汇划及时、准确、安全的主要手段，是会计监督体系的重要组成部分。

各清算行每日营业终了自动将汇划及资金清算明细数据逐级上传进行明细对账。

省区分行收到上传的明细数据后与辖属各清算行汇划业务明细数据及清算信息配对对账。

总行收到传来的明细数据后与各行在总行的“系统内存放款项”科目有关账户汇划业务明细数据及清算信息配对对账，并将对账结果逐级下传，发现疑问要发出对账差错信息，同时，登记对账差错登记簿。

各清算行每日接收总行发出的对账差错信息后，打印差错清单，在5个工作日内必须查清原因，并按规定处理完毕，保证做到上日明细账务在5个工作日内查清的要求。

如发出的对账差错信息在5个工作日后尚未查清，总行重新发出第二次对账差错信息。查询期满仍未查清的，总行予以通报批评。

**8. 资金汇划清算的查询查复**

（1）查询查复的基本规定。查询、查复时要根据原始凭证填写和录入查询查复书，经会计主管人员签章和授权方可发出。查询书于当日最迟次日发出，收到查询书后于2个工作日内查清并答复查询行。处理完毕的查询查复书与有关资料配套专夹装订保管。查询查复事项必须通过资金汇划系统进行。各级行根据管理需要，定期或不定期打印查询查复登记簿，以备考查。

（2）查询的处理。录入查询书必须根据手工填制的查询书，对押不符收报清算行自动产生查询书的，必须打印出查询书。授权人员按规定就录入内容与查询书及原始资料进行核对，确认后授权发送。如果录入内容有误，将查询书交由原经办人员修改。收到发来的查询报文后、打印查询书。根据查询书认真核对有关原始凭证，查清原因后填制和输入查复书。授权人按规定就查复书有关内容与查询书及原始资料进行核对，确认后授权发送。如果录入内容有误，将查复书交由原经办人员修改。

4-6 扫一扫 看课件

（3）日终处理。营业终了系统统一打印“查询业务清单”“查复业务清单”以备查考。

## 本章重要概念

商业银行系统内往来业务　系统内资金清算　存放系统内款项　系统内存放款项　待清算辖内往来　上存辖内款项　辖内款项存放

## 本 章 练 习

### 一、单项选择题

1. 下列属于共同类科目的是(　　)科目。

A. “存放系统内款项”　　B. “系统内存放款项”

C. “清算资金往来”　　D. “上存辖内款项”

2. 清算行是在(　　)开立备付金存款账户的银行。

A. 总行清算中心　　B. 发报行

C. 收报行　　D. 收报经办行

3. (　　)是指以清算行为单位在总行清算中心开立备付金存款账户，用于汇划款项时资金清算。

A. 实存资金　　B. 同步清算　　C. 头寸控制　　D. 集中监督

### 二、判断题

1. 头寸控制是指发报经办行通过其清算行经总行清算中心将款项汇划至收报经办行。(　　)

2. “汇划资金按时到达”是指实时业务即时到达，批量业务次日到达收报经办行。(　　)

### 三、简答题

1. 什么是系统内往来？

2. 商业银行系统内资金汇划清算的体系构成包括什么？

3. 系统内资金汇划清算的业务范围是什么？

4. 系统内资金电子汇划业务的具体核算包括几部分内容？

### 四、业务题

1. 中国工商银行南京江浦支行收到开户单位立辉涂料公司提交的银行汇票，出票金额 200 000 元，实际结算金额与出票金额一致，该汇票系中国工商银行广州粤秀支行签发，经审核无误后，通过资金汇划清算系统办理款项汇划(批量)中国工商银行广州粤秀支行收到银行汇票已兑付的电子汇划信息，经确认无误办理转账，中国工商银行采取集中管理模式。

要求：编制各经办行、清算行及总行的会计分录。

2. 中国工商银行西安长安支行收到中国工商银行济南高新支行寄来的委托收款凭证和商业承兑汇票，金额 16 000 元。该汇票系本行开户单位友邦商贸公司向济南开心文具公司支付的货款，经该公司同意，通过资金汇划清算系统办理款项汇划(实时)。中国工商银行济南高新支行收到电子汇划信息。确认无误后，将划回的货款收入单位开心文具公司账户。中国工商银行济南支行采取集中管理模式。

要求：编制各经办行、清算行及总行的会计分录。

3. 3 月 2 日，中国工商银行武汉分行通过中国人民银行向中国工商银行总行存入备付金 1 200 000 元；5 月 8 日，中国工商银行武汉分行通过中国人民银行从中国工行银行总行调回备付金 500 000 元。

要求：编制中国工商银行武汉分行和中国工商银行总行的会计分录。

# 第五章　金融机构往来业务的核算



## 内容提要

本章内容包括金融机构往来业务概述、商业银行与中央银行往来业务的核算和金融企业同业往来的核算三部分。其内容包括金融机构往来的概念、核算要求及会计科目设置；商业银行向中央银行存取款项、缴存存款、借款、再贴现、异地汇划及同城商业票据的核算；金融企业同业间的转贴现业务、同业拆借及跨系统转汇业务的核算。

## 重点难点

本章重点为商业银行与中央银行往来业务的核算、金融企业同业往来的核算；本章难点为商业银行通过中央银行异地汇划业务方式及核算方式、商业银行跨系统转汇业务方式以及核算方法。

## 学习目标

通过本章学习，学生应了解金融机构往来的定义，再贷款的种类，再贴现的种类，同城票据交换与同城拆借的定义，转贴现的定义与种类；理解向中央银行缴存存款的核算，同城票据交换的基本原理，存放同业款项及同业存放款项的核算；掌握向中央银行存取现金、向中央银行借款及办理再贴现的核算，同城票据交换的核算，同业拆借的核算。

## 知识框架

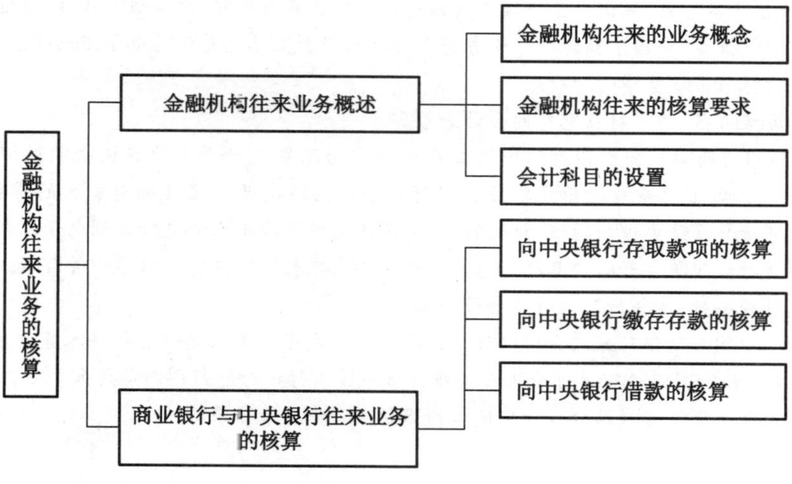

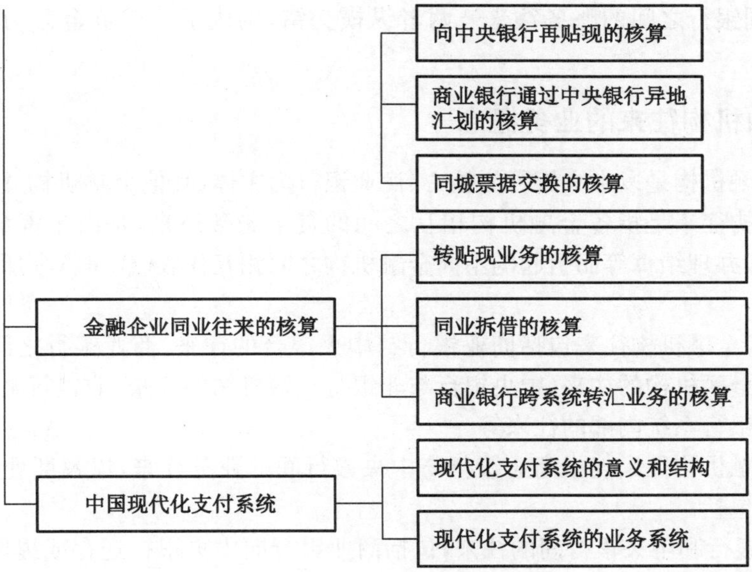


## 思政育人 防控资金空转 保障货币政策效果

受国际金融危机影响，我国于 2008 年 11 月开始实施扩大内需政策，提出促进经济增长的十项措施，总投资约 4 万亿元。伴随着促进经济增长政策的实施，一些问题开始显现。在宏观层面，中央银行连续提升存款准备金率收紧货币政策，在微观层面，监管机构加强了对商业银行"银信合作"的监管。但是，由于经济下行压力加大以及利率市场化改革推进，商业银行传统的存贷款业务获利能力下降，不得不转道"银证合作"和"银基合作"，通过证券公司等将资金投向基建项目、房地产企业来获取高额回报。

与此同时产生的资金同业空转现象是影响实体经济发展和金融系统安全的重要问题。一方面，商业银行这种不断加杠杆的方式增加了实体企业的融资成本；另一方面，资金的期限错配加大了流动性危机发生的可能，如 2013 年 6 月的货币市场利率快速上升可能就是商业银行信贷等资产扩张偏快以及同业业务期限结构安排不合理所导致的危机。因此，解决商业银行资金同业空转问题不仅能缓解实体企业的融资难、融资贵问题，也是防范系统性金融风险的重要举措。

根据《中国银监会关于规范商业银行理财业务投资运作有关问题的通知》(以下简称《8 号文》)，银行理财产品购买非标资产的余额受到限制，商业银行开始利用同业业务套利，以买入返售和"同业存单—同业理财—委外投资"等方式扩张业务。此后，中国人民银行、中国银行保险监督管理委员会和中国证券监督管理委员会开启了全面监管的模式，2018 年出台的《中国人民银行 中国银行保险监督管理委员会 中国证券监督管理委员会 国家外汇管理局关于规范金融机构资产管理业务的指导意见》有效抑制了商业银行上述监管套利行为，商业银行的同业业务规模有所降低。

资金空转是商业银行利用同业业务套利产生的问题，那么金融机构间的往来业务都有哪些？具体应该如何核算？通过这一章的学习，我们来解决这些问题。

资料来源：胡国晖，蒋璐阳. 货币政策预期管理对抑制商业银行资金同业空转的作用——基于德格鲁特模型的预期构建分析[J]. 金融理论与实践，2022(1)：9-19.

# 第一节 金融机构往来业务概述

商业银行系统内往来是同一系统银行各分支机构间的账务往来，而金融机构往来则是跨系统的、不同银行之间的账务往来。两者纵横交错，构成了一个资金运动与流动的网状系统。

## 一、金融机构往来的业务概念

我国的金融机构是以中央银行为核心、商业银行为主体、其他金融机构并存的金融机构体系。金融机构往来是指各金融机构相互之间的资金账务往来，是由于资金调拨、缴存存款、汇划款项和办理结算等而引起的不同金融机构之间相互代收、代付款项所发生的资金业务往来。

广义上讲，金融机构往来包括商业银行与中央银行的往来、商业银行之间的往来、商业银行与非银行金融机构的往来、中央银行与非银行金融机构的往来、非银行金融机构之间的往来以及商业银行系统内部的往来等。

狭义的金融机构往来仅指商业银行与中央银行间的业务往来，以及商业银行之间的业务往来。具体包括：

(1) 商业银行和中央银行间的往来，包括商业银行向中央银行送存或提取现金、缴存存款准备金、向中央银行借款、办理再贴现及通过中央银行汇划款项。

(2) 商业银行之间的业务包括同城票据交换及清算、异地跨系统汇划款项相互转汇、同业拆借等。

金融机构往来速度快慢及风险防范能力的高低，将直接影响我国金融体系运行的效率和效果。

## 二、金融机构往来的核算要求

(1) 要坚持“资金分开、独立核算”的原则，严格区分各商业银行与中央银行、各商业银行之间的资金界限。

(2) 各商业银行在中央银行的存款账户要严格管理，不得透支，并要求留足备付金。如果备付金不足，应及时调入资金。商业银行之间的资金拆借，应通过双方在中央银行的存款账户办理，不得支取现金。

(3) 各商业银行之间临时性的资金占用应及时清算。如临时性资金，可相互融通资金，进行资金拆借，到期应及时还本付息；相互代收、代付款项的汇划和票据交换的差额应及时办理资金划拨手续。

(4) 要体现汇款畅通的要求，金融机构往来的核算必须及时、正确、快捷，要迅速结算凭证，及时办理转账手续，加速社会资金周转。

## 三、会计科目的设置

金融机构往来主要涉及以下几个账户与科目。

**1. “存放中央银行款项”科目**

本科目属于资产类科目，用于核算金融企业存放在中国人民银行的各种款项，包括业务资金的调拨、办理同城票据交换和异地跨系统资金汇划、提取或缴存现金等。当在中央银行的存款增加时记在该科目的借方，存款减少时记在该科目的贷方；余额在借方，表明商业银行在中央银行存款的结余数。金融企业缴存的法定存款准备金和超额准备金，也通过本科目核算。该科目的期末借方余额，反映金融企业存放在同业的各种款项。该科目按照存放款项的性质可列三个明细账户：

（1）“备付金存款户”科目。它用来核算商业银行在中央银行的用于清算业务资金头寸的备付金存款的情况，是核算商业银行与中央银行往来业务的基本账户，凡商业银行与中央银行的资金账务往来均通过该科目进行核算。

（2）“法定存款准备金户”科目。它用于核算商业银行缴存中央银行一般性存款的法定存款准备金的情况。向中央银行存入准备金时记在本账户的借方；由于一般性存款余额变动而调整缴存款，需从中央银行退回法定存款准备金时记在本账户的贷方；余额在借方，表明商业银行在中央银行法定存款准备金的结余数。

（3）“财政性存款户”科目。它用于核算商业银行缴存中央银行财政性存款的情况。凡商业银行按规定向中央银行缴存或调增财政性存款时记在账户借方，调减财政性存款时记在账户贷方；余额在借方，表明商业银行在中央银行财政存款的结余数。

**2. “存放同业”科目**

本科目属于资产类科目，用于核算金融企业存放于境内外银行和非银行金融机构的款项。银行存放中央银行款项，在“存放中央银行款项”科目核算。本科目可以按存放款项的性质和存放的金融机构进行明细核算。期末借方余额反映金融企业存放在同业的各种款项。

**3. “拆出资金”科目**

本科目属于资产类科目，核算金融企业拆借给境内外其他金融机构的款项。本科目可以按拆放的金融机构进行明细核算。期末借方余额反映金融企业按规定拆放给其他金融机构的款项。

**4. “贴现资产”科目**

本科目属于资产类科目，商业银行买入他行票据或贴现企业的商业汇票后，因融通资金的需要，可在符合有关规定的前提下，将这部分票据再转卖给其他商业银行或中央银行，即向其他商业银行办理票据的转贴现或向中央银行办理票据的再贴现。这类业务在商业银行一般通过“贴现”或“票据融资”等科目进行核算。

**5. “贴现负债”科目**

该科目用于核算银行办理商业票据的转（再）贴现融入资金等业务的款项。该科目应当按照贴现类别和贴现金融机构，分别“面值”“利息调整”进行明细核算。本科目期末贷方余额，反映企业办理的转贴现融入资金等业务的款项余额。

**6. “向中央银行借款”科目**

该科目属于负债类科目，用于反映商业银行向中央银行借入款项的增减变化情况，可以按借款性质进行明细核算。商业银行从中央银行融通资金，除了向中央银行办理再贴，还可以向中央银行借款，这类借款一般以“向中央银行借款”科目进行核算。该科目按照借款的性质，下设“年度性借款户”“季节性借款户”“日拆性借款户”等明细账户。当向中央银行借入款项时记在科目及相关明细账户的贷方，当向中央银行归还借款时记在科目及相关明细账户的借方；余额在贷方，表明商业银行向中央银行借入而尚未归还的借款。

**7. “同业存放”科目**

本科目属于负债类科目，因业务往来需要，其他商业银行与金融机构也会有一部分资金存入本行，这类存款通常是活期存款，通常以“同业存放”科目进行核算。“同业存放”是负债类科目，与“存放同业”科目相对应。本科目可按存放金融机构进行明细核算，其他金融机构增加在本行的存款时，应按实际收到的金额，借记“存放中央银行款项”等科目，贷记本科目，减少存款做相反的会计分录。期末贷方余额，反映金融企业吸收的同业存放款项。

**8. “拆入资金”科目**

商业银行因资金需求，可向同业拆入资金，这类业务主要是为了资金融通，通常以“拆入资金”科目核算。“拆入资金”与“拆出资金”科目相对应，可按客户进行明细核算。期末贷方余额反映企业尚未归还的拆入资金余额。

## 第二节 商业银行与中央银行往来业务的核算

中国人民银行是我国的中央银行，是管理全国金融工作的国家机关，是商业银行的银行，各商业银行要接受人民银行的领导和管理。中国人民银行具有三大职能：一是发行的银行，二是银行的银行，三是国家的银行。前两项职能的发挥就必然要求商业银行与其发生业务往来。人民币发行程序是：当商业银行营业网点现金不足支付时，到当地人民银行在其存款户余额内提取现金，于是人民币就从中国人民银行发行库转移到各商业银行业务库，这意味着这部分人民币进入流通领域。当商业银行营业网点现金超过其业务库库存限额时，超过的部分交送中国人民银行，该部分现金进入发行库，意味着退出流通领域。因此，人民币的发行就是中国人民银行发行库向各商业银行业务库转移的过程。中国人民银行作为银行的银行，主要体现在集中存款准备、向商业银行融通资金以及组织各商业银行的清算。

具体讲，商业银行与中央银行往来的业务内容主要有以下几点：

（1）向中央银行存取现金。

（2）向中央银行缴存存款。

（3）向中央银行借款。

（4）向中央银行再贴现。

（5）商业银行通过中央银行异地汇划的核算。

（6）同城票据交换。

为了核算商业银行与中央银行往来业务，商业银行应设置“存放中央银行款项”“向中央银行借款”“贴现负债”等科目，详见本章第一节“三、会计科目的设置”。

5-1 知识拓展：中国人民银行的历史沿革

### 一、向中央银行存取款项的核算

中央银行与商业银行往来是商业银行在中央银行开立基本存款账户，并通过这个账户进行资金流通。开立基本存款账户后，就可以办理现金的提取和交存。

根据货币发行制度的规定，商业银行库存限额超过业务库存限额，商业银行应交存中国人民银行，中国人民银行交入发行库作为货币回笼；相反，商业银行库存限额不足时，向中国人民银行提取，中国人民银行从发行库出库，作为货币发行。

**1. 向中央银行提取现金的核算**

向中国人民银行发行库提取现金时，由出纳员签开人民银行“现金支票”，经出纳负责人和主管行长审批同意，在现金支票存根联上签字，由会计主管人员审核，加盖预留中国人民银行印鉴,交提款人向中国人民银行发行库提取现金。

现金提回后,应立即交管库员办理现金入库手续。管库员清点核对现金无误后,填制“现金入库票”一式两联,一联留存,凭以登记“库存现金登记簿”,一联递交出纳人员。出纳人员根据现金支票存根联和入库票登记“现金收入日记簿”,并加盖“现金收讫”章及经办人员名章之后,将现金支票存根联交会计部门作贷方记账凭证,另集中编制借方记账凭证,现金收入日记簿和一联现金入库票作借方凭证附件,办理转账。其会计分录为:

借:库存现金

　贷:存放中央银行款项——备付金存款户

**2. 向中央银行交存现金的核算**

向中国人民银行发行库交纳现金时,由管库员填制中国人民银行“现金交款单”一式两联,根据交款单填制“现金出库票”一式两联,经出纳负责人和主管行长审查同意,在出库票上签章,据以办理现金出库手续。现金和两联现金交款单一并点交交款人。交现金人持单押款到中国人民银行发行库办理现金交存手续。

现金交存后,交款人应立即将中国人民银行签章退回的“现金交款单”回单联交管库员,管库员审查无误后,一联出库票凭以登记“库存现金登记簿”,另一联出库票连同现金交款单回单联交出纳员。出纳员凭以登记“现金付出登记簿”后,现金交款单回单联交会计部门作借方记账凭证,“现金付出日记簿”和一联出库票作贷方记账凭证附件,办理转账。其会计分录为:

借:存放中央银行款项——备付金存款户

　贷:库存现金

## 二、向中央银行缴存存款的核算

缴存存款是商业银行和其他金融机构将吸收的存款全部或按规定的比例缴存人民银行。商业银行缴存的存款包括缴存财政性存款和缴存法定准备金存款,两者的性质不同,应注意严格区分,不得混淆。

**1. 缴存财政性存款的核算**

1) 缴存财政性存款的一般规定

(1) 财政性存款的范围。财政性存款主要有中央预算收入、地方财政金库存款和代理发行国债款项等。所以,财政性存款缴存范围是国家金库款轧减中央经费限额支出数;待结算财政款项轧减借方数;财政发行期票款轧减应收期票款项;财政发行的国库券及各项债券款项,轧减已兑付国库券及各项债券款项数。

(2) 缴存比例。财政性存款的缴存比例为100%。

(3) 调整缴存存款的时间。严格说来,商业银行向中央银行缴存存款,只有第一次才称为缴存;以后再缴,均称调整缴存款。调整时,城市分支行(包括所属部处)每旬调整一次,于旬后5日内办理;县支行及其所属处所,每月调整一次,于月后8日内办理。如遇调整日最后一天为例假日,可顺延。

(4) 调整缴存存款的计算方法。对缴存存款的计算,应根据存款日有关各科目余额合计数(计至角分)乘以规定的缴存比例,求出期末缴存的数额,然后再与上期已缴存的数额进行比较,求出应调增或调减的数额。实际调整缴存金额以千元为单位,千元以下四舍五入。为了减少调整次数,规定余额增减达到10万元以上时再进行调整,不足10万元并入下次调整。

(5) 缴存方法。各商业银行对应缴存后调整的财政性存款,应按旬向当地中央银行缴存;而对应缴存或调整的一般性存款则按旬逐级上划至本系统上级管辖行,最终由各商业银行向中央银行办理缴存手续。

2) 缴存财政性存款的账务处理

商业银行在规定的时间内办理缴存财政性存款时,填制"缴存(调整)财政性存款划拨凭证"一式四联。第一联商业银行代转账贷方传票,第二联商业银行代转账借方传票,第三联中央银行代转账贷方传票,第四联中央银行代转账借方传票。财政性存款欠缴凭证一式四联,各联的用途与缴存存款凭证相同。

(1) 首次缴存的处理。商业银行第一次向中央银行缴存存款时,应填制"缴存存款各科目余额表"一式两份,然后按照规定比例计算出应缴存金额,填制"缴存财政性存款划拨凭证"一式四联。

以第一、第二联分别作借方、贷方传票进行账务处理。会计分录为:

借:存放中央银行款项——财政性存款户

　　贷:存放中央银行款项——备付金存款户

转账后,将第三、第四联划拨凭证和一份余额表一并送交中央银行;另一份全额表留存备查。

(2) 调整缴存款的处理。商业银行于每旬(或每月)对已缴存的存款进行调整时,也应填制"缴存存款各科目余额表"一式两份,然后与上次已办缴存的同类各科目旬末(月末)余额总数进行比较。若本次的余额总数大于上次调整时的余额总数,则应调增;反之,则应调减。其差额为本次调整的金额,再乘以规定的缴存比例就是本次应上缴或退回的存款数额,并据此填制划拨凭证。上缴(调增)存款时,会计分录同首次缴存,退回(调减)存款时,会计分录相反。其余手续同首次存缴。

(3) 欠缴存款的处理。对欠缴存款应按如下规定处理:商业银行对本次能实缴的金额和欠缴的款项要分开填列凭证;中央银行对欠缴的存款待商业银行调入资金后,应一次性全额收回,不予分次扣收;中央银行对欠缴的金额每日按规定比例扣收罚款,随同扣收缴存款时一并收取。

对欠缴金额,另填制欠缴凭证一式四联,各联用途与划拨凭证相同。同时,填制"待清算凭证"表外科目收入传票,凭以记载表外科目登记簿。其会计分录为:

收入:待清算凭证——中央银行户

然后,将"欠缴凭证"第三、第四联与"划拨凭证"第三、第四联及"存款科目余额表"一起送交开户的中央银行,"欠缴凭证"第一、第二联留存。

对欠缴的存款,商业银行应积极筹集调度资金,及时补缴。中央银行对商业银行超过欠缴期限的金额,应按规定每天计收罚款。罚款的计算是从旬后第5天或月后第8天起至欠缴款项收回日止的实际天数,算头不算尾。补缴时,中央银行按日计收罚息,随同欠缴存款一并扣收。商业银行收到中央银行的扣款通知后,抽出原保管的欠缴凭证第一、第二联,办理转账手续,会计分录为:

借：存放中央银行款项——财政性存款户

　　营业外支出——罚款支出户

　　贷：存放中央银行款项——备付金存款户

同时，销记待清算凭证表外科目登记簿：

付出：待清算凭证——中央银行户

**【例 5-1】** 中国建设银行山东省分行某支行缴存财政性存款，缴存财政性存款科目余额表如表 5-1 所示。缴存财政性存款划拨凭证如表 5-2 所示。

$$本次应调增缴存金额 = 7\ 592\ 000 - 3\ 000\ 000 = 4\ 592\ 000(元)$$

其会计分录为：

借：存放中央银行款项——缴存中央银行财政性存款户　　4 592 000

　　贷：存放中央银行款项——备付金存款户　　4 592 000

表 5-1　**建设银行缴存财政性存款科目余额表**

2×22 年 3 月 10 日　　单位：元

| 科目代号 | 余额<br>位数 | 科目代号 | 余额<br>位数 |
|---|---|---|---|
| 1234567 | 1 250 000.00 | | |
| 1234568 | 2 000 000.00 | | |
| 1234569 | 4 215 000.00 | | |
| 1234561 | 127 000.00 | | |
| 合计 | 7 592 000.00 | 合计 | |

表 5-2　**缴存(或调整)财政性存款划拨凭证(贷方凭证)**　　总字第×××号

| 收受银行 | 名称 | 中国人民银行某支行 | 缴存银行 | 名称 | 建设银行山东省分行某支行 |
|---|---|---|---|---|---|
| | 账号 | ×××× | | 账号 | ×××× |
| 存款类别 | 2×22 年 3 月 10 日 | | 应缴存金额 | 存款类别 | 2×22 年 3 月 10 日 |
| 财政性存款 | 7 592 000.00 | 100% | 7 592 000.00 | 财政性存款 | 7 592 000.00 |
| 1. 合计 | | | | | 7 592 000.00 |
| 2. 已缴存金额 | | | | | 3 000 000.00 |
| 3. 本次应补缴金额(1−2) | | | | | 4 592 000.00 |
| 4. 本次应退回金额(2−1) | | | | | |
| 上列缴存金额或应补缴和应退回金额，已按规定办理划转 | 备注： | | | | 会计分录：<br>科目(借)：<br>对方科目(贷)：<br>会计　复核　记账 |

**2. 缴存法定准备金存款的核算**

（1）法定准备金缴存的一般规定。一般性存款应缴存法定准备金。一般性存款有：企业存款、储蓄存款、农业存款、部队存款、基建单位存款、机关团体存款、财政预算外存款和其他一般存款等。

根据有关规定，中国人民银行对各金融机构的法定准备金按法人、按旬统一考核，按规定比例上缴法定准备金。具体操作是：法定准备金由各分行按规定比例逐级汇总到总行，再由总行统一划缴中国人民银行。当旬第5日至下旬第4日每日营业终了时，各行按统一法人存入的法定准备金余额，与上旬末该行全行一般存款余额之比，不得低于规定比例。存中央银行存款规定比例的部分为法定准备金，超过规定的部分为系统内资金清算和日常支付的款项，属于超额准备金。

（2）法定准备金存款迟缴和少缴的处理。若中央银行调增法定准备金存款而商业银行未在规定时间办理缴存，即为迟缴。对迟缴的金额，按日计算罚息，连同迟缴存款一并上缴中央银行。

中央银行根据商业银行报送的有关旬、月报表，经核对，如果实际缴存款小于应缴存款，即为少缴。对少缴的金额，应从最后调整日起至补缴日止按日计收罚息，连同少缴存款一并上缴中央银行。

商业银行总行收到处罚的特种转账借、贷方传票（属少缴、迟缴的），其会计分录为：

借：存放中央银行款项——法定存款准备金户
　　营业外支出——罚款支出户
　　贷：存放中央银行款项——备付金存款户

**【例5-2】** 某商业银行2×22年6月末一般性存款为8 000 000 000元，根据中国人民银行规定，假定按17.5%缴存法定存款准备金，该行在中国人民银行存款为750 000 000元。

计算应补缴法定存款准备金＝8 000 000 000×17.5%－750 000 000＝650 000 000（元）

根据现金缴存凭证（欠缴数）和450 000元罚息单，其会计分录为：

| | | |
|---|---|---|
| 借：存放中央银行款项——法定存款准备金户 | 650 000 000 | |
| 　　营业外支出——罚款支出户 | 450 000 | |
| 　　贷：存放中央银行款项——备付金存款户 | | 650 450 000 |

## 三、向中央银行借款的核算

5-2视频：再贷款及其作用

向中央银行借款按时间的不同分为年度性贷款、季节性贷款、日拆性贷款。年度性贷款，是中央银行用于解决商业银行因经济合理增长引起的年度性资金不足，而发给商业银行在年度周转使用的贷款。商业银行向中央银行申请年度性贷款，一般限于省分行或二级分行，借入款后可在系统内拨给所属各行使用。此种贷款期限一般为1年，最长不超过2年。

中央银行季节性、日拆性贷款，是中央银行解决商业银行因信贷资金先放后收和存贷款季节性上升、下降情况以及汇划款未达和清算资金不足等因素，造成临时性资金短缺，而发放给商业银行的贷款。季节性贷款一般为2个月，不超过4个月；日拆性贷款一般为10天，一般最长不超过20天。会计核算与年度性贷款基本相同。

（1）借入再贷款的核算。商业银行向中央银行申请贷款时，应填制一式五联借款凭证加盖印鉴后，提交中央银行。经中央银行审核无误后，根据退回的第三联借款凭证代转账借方传票，并另编转账贷方传票进行转账。其会计分录为：

借：存放中央银行款项
　　贷：向中央银行借款——××再贷款

(2) 资产负债表日的核算。资产负债表日，应按计算确定的向中央银行再贷款的利息费用，进行账务处理。其会计分录为：

借：利息支出——再贷款利息支出户
　　贷：应付利息——再贷款应付利息户

(3) 归还再贷款的核算。贷款到期，商业银行归还时，应填制一式四联还款凭证，加盖预留银行印鉴交中央银行办理还款手续。经中央银行审核无误后，根据退回的第四联还款凭证代准备金存款账户的贷方传票，另编制贷款账户的转账借方传票办理转账。其会计分录为：

借：向中央银行借款——××再贷款
　　应付利息——再贷款应付利息户
　　利息支出——再贷款利息支出户
　　贷：存放中央银行款项——备付金存款户

如果贷款银行在贷款到期后无款偿还，中央银行应于到期日将该笔贷款转入逾期贷款账户，并按规定标准计收逾期贷款利息，待商业银行存款账户有款支付时再一并扣收。

## 四、向中央银行再贴现的核算

再贴现是商业银行将已经贴现但尚未到期的商业汇票向中央银行贴付一定的利息所做的转让，目的是提前取得票款，以解决商业银行资金周转的不足。它也是中央银行向商业银行发放贷款的一种形式。

5-3 视频：再贴现

中央银行办理再贴现的对象，是在中央银行开立账户的商业银行。再贴现金额以再贴现的票据金额为准，扣除再贴现利息后，将其差额作为实付再贴现额支付给申请再贴现的商业银行。再贴现期限从再贴现之日起至汇票到期日止。

**1. 办理再贴现时的处理**

商业银行持未到期的商业汇票向中央银行申请再贴现时，应填制一式五联再贴现凭证，连同汇票一并交中央银行。经中央银行审查后，根据中央银行退回的第四联再贴现凭证办理转账，其会计分录为：

借：存放中央银行款项——备付金存款户
　　贴现负债——××再贴现——利息调整
　　贷：贴现负债——××再贴现——面值

**【例 5-3】** 工商银行某支行 2×22 年 6 月 2 日持已贴现尚未到期的面额为 600 000 元的商业汇票办理再贴现，汇票 8 月 2 日到期，再贴现率为 3.45%。

$$再贴现利息 = 600\,000 \times 61 \times 3.45\% \div 360 = 3\,507.5(元)$$

$$实付再贴现额 = 600\,000 - 3\,507.5 = 596\,492.5(元)$$

其会计分录为：

借：存放中央银行款项——备付金存款户　　596 492.5
　　贴现负债——××再贴现　　3 507.5
　　贷：贴现负债——××再贴现——面值　　600 000

**2. 资产负债表日的处理**

资产负债表日，按计算确定的利息费用，借记“利息支出”科目，贷记“贴现负债”科目。其会计分录为：

借：利息支出——再贴现利息支出户
　　贷：贴现负债——××再贴现——利息调整

**3. 再贴现到期的处理**

再贴现到期中央银行作为持票人填制委托收款凭证连同再贴现的票据向付款人办理收款。但是，若中央银行收到付款人开户行或承兑银行退回的委托收款凭证、汇票和拒接付款理由书或未付票款通知书，可以向再贴现的申请银行追索票款。中央银行可直接从申请再贴现的商业银行存款账户中扣收再贴现款项，并通知商业银行。商业银行收到中央银行从其存款账户中收取再贴现票款的通知后，填制特种转账传票进行账务处理。

其会计分录为：

借：贴现负债——××再贴现——面值
　　贷：存放中央银行款项——备付金存款户

如有差额的，按其差额，借记“利息支出”科目。存在利息调整的，也应同时结转。

如果商业银行到期存款账户不足支付再贴现款，应由中央银行转入逾期贷款账户，并按规定标准计收罚息，待款项筹足后再一并扣收。

## 五、商业银行通过中央银行异地汇划的核算

商业银行跨系统异地汇划款项，可以通过两种方法办理：一是通过中国人民银行转汇，二是通过商业银行间相互转汇。根据现行制度的规定，跨系统异地汇划款项金额在10万元以上，系统内汇划款项金额在50万元以上，必须通过中国人民银行转汇，其处理方法应视中国人民银行机构设置情况而定。

**1. “先横后直再横”转汇方式**

先横后直再横的方式适用于汇出行和汇入行所在地均为双设机构地区（即在同一地区既有商业银行又有中央银行机构）。其划款程序是：先由汇出行将款项划给同城开户中央银行（发报行），再由其通过中央银行的电子联行系统划给汇入行开户中央银行（收报行），最后由汇入行开户行划给汇入行，如图5-1所示。

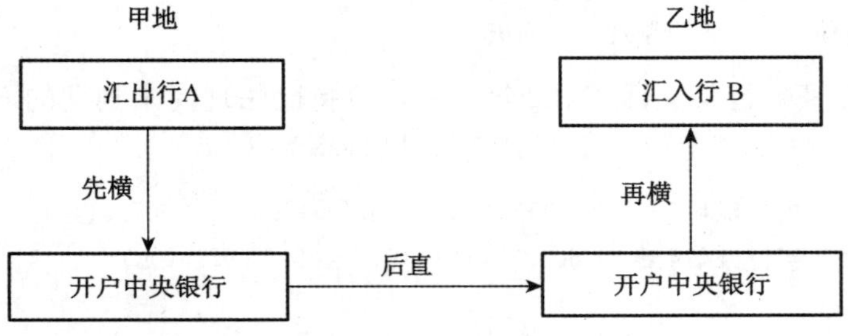


**图5-1　“先横后直再横”转汇方式程序图**

(1) 甲地汇出行的核算。汇出行汇出款项时,根据结算凭证逐份填制转汇清单并汇总填制划款凭证,并交开户的中央银行办理转汇及清算资金。

借:吸收存款——××活期存款——汇款人户
　　贷:存放中央银行款项——备付金存款户

(2) 乙地汇入行的核算。汇入行根据中央银行收报行的有关凭证办理收账。

借:存放中央银行款项——备付金存款户
　　贷:吸收存款——××活期存款——收款人户

**2. "先直后横再横"转汇方式**

先直后横再横的方式适用于汇出行所在地为单设机构地区(即汇出行所在地没有中央银行机构),汇入行所在地位为双设机构地区。其划款程序是:先由汇出行通过本系统联行将款项划至汇入行所在地本系统转汇行,再由其通过同城票据交换将款项划往汇入行给收款人入账,如图 5-2 所示。

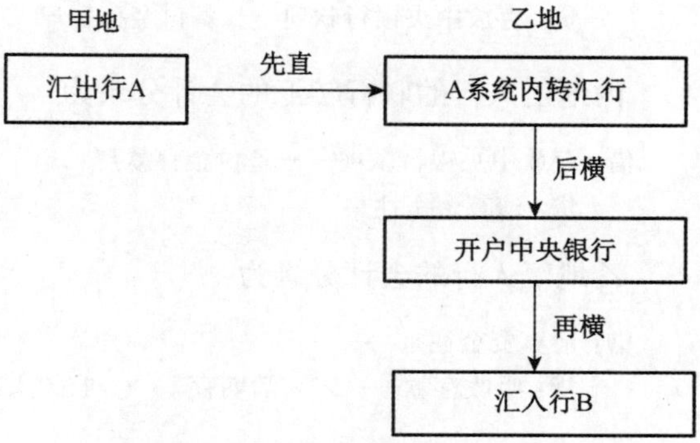


图 5-2 "先直后横再横"转汇方式程序图

甲地汇出行的会计分录为:

借:吸收存款——××活期存款——汇款人户
　　贷:清算资金往来

乙地转汇行的会计分录为:

借:清算资金往来
　　贷:存放中央银行款项——备付金存款户

乙地汇入行的会计分录为:

借:存放中央银行款项——备付金存款户
　　贷:吸收存款——××活期存款——收款人户

**3. "先直后横再直"转汇方式**

先直后横再直的方式适用于汇出行和汇入行所在地均为单设机构的地区。其划款程序为:先由汇出行通过本系统联行将款项划至就近的、双设机构的本系统转汇行,再由其通过同城开户中央银行转划给当地汇入行的联行转汇行,最后由汇入行的联行转汇行通过本系统联行划给汇入行,如图 5-3 所示。

甲地汇出行的会计分录为:

借:吸收存款——××活期存款——汇款人户
　　贷:清算资金往来

丙地汇出行的联行转汇行的会计分录为:

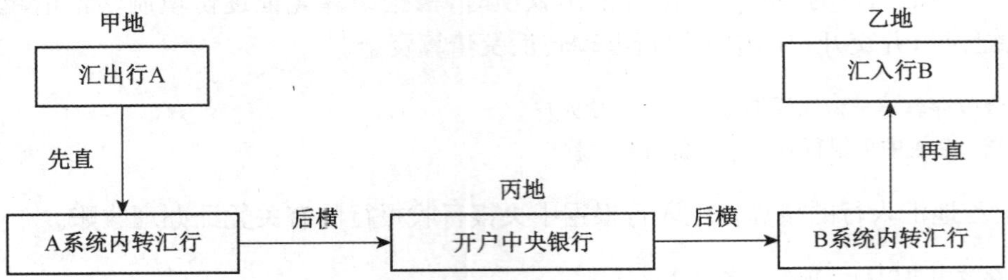


图 5-3 “先直后横再直”转汇方式程序图

借:清算资金往来
　　贷:存放中央银行款项——备付金存款户

丙地汇入行的联行转汇的会计分录为:

借:存放中央银行款项——备付金存款户
　　贷:清算资金往来

乙地汇入行的会计分录为:

借:清算资金往来
　　贷:吸收存款——××活期存款——收款人户

## 六、同城票据交换的核算

同城票据交换是指同一城市各商业银行将相互代收、代付的票据,在规定时间内集中在票据交换场所进行交换,当场轧算交换差额,清算资金的一种方式。

同城票据交换一般由本市中国人民银行主持进行。参加票据交换的银行均应在中央银行开立备付金存款账户,由中央银行负责对各银行之间的资金存欠进行清算。票据交换分为提出行和提入行两个系统。在票据交换中,凡是提出票据给他行的行称为提出行;凡是通过票据交换从他行提入票据的行称为提入行。参加交换的每个行,既是提出行,又是提入行。各行提出交换的票据可分为两类:

(1) 由本行开户单位提交,委托本行向他行开户单位付款的各种结算凭证,如由签发人提交的支票、代发工资、划转税款凭证等,称为代收票据或贷方凭证。

(2) 由本行开户单位提交的应由他行开户单位付款的各种结算凭证,如收款人收入的支票、银行本票、商业汇票等,称为代付票据或借方凭证。

提出行提出贷方票据则表示为本行应付款项,提出借方票据则表示为本行应收款项;提入行提入贷方票据则表示为本行应收款项,提入借方票据则表示为本行应付款项。各行在每次交换中当场加计应收和应付款项,最后由票据交换所汇总轧平各行处的应收、应付差额,由中央银行办理转账,清算差额。

**1. 提入行的处理**

提入行的票据交换员将提入的各项单证、票据,按规定交接手续移交票据交换专柜。各行、处票据交换专柜指定专人当场核对,确保票据、计算表和清算总数表三者相符。核对无误后,进行账务处理。

(1) 提入贷方凭证的处理。

如经审核提入贷方凭证正确无误，则办理转账。其会计分录为：

借：清算资金往来——同城票据清算

　　贷：吸收存款——××活期存款——收款人户

(2) 提入借方凭证的处理。

如提入借方凭证正确无误，并经审核可以付款，则办理转账。其会计分录为：

借：吸收存款——××活期存款——付款人户

　　贷：清算资金往来——同城票据清算

(3) 退票的核算。

当提入的票据由于各种原因不能办理转账，需要退票时，应在规定的退票时间内打电话通知原提出行，并将待退票据视同提出票据列入下次清算。由于待退票据款项已列入本次清算差额，为保持本次"清算资金往来"余额与清算差额一致，便于账务平衡和核查，对待退票款项应列入应收或应付科目核算。退票时，填制"退票理由书"一式三联。一联留存本行作应收或应付科目的转账凭证，另两联附退票票据于下次票据交换时退回原提出行。

提入的贷方票据(如进账单)需要退票时，其会计分录为：

借：清算资金往来——同城票据清算

　　贷：其他应付款——托收票据退票户

下次交换提出退票时，会计分录为：

借：其他应付款——托收票据退票户

　　贷：清算资金往来——同城票据清算

对提入的借方票据(如空头支票)需要退票时，其会计分录为：

借：其他应收款——托收票据退票户

　　贷：清算资金往来——同城票据清算

下次交换提出退票时，其会计分录为：

借：清算资金往来——同城票据清算

　　贷：其他应收款——托收票据退票户

**2. 提出行的处理**

提出行将提出的票据，按贷方票据、借方票据分类，分别登记"贷方票据交换登记簿"和"借方票据交换登记簿"，并结出金额合计数。然后按贷方、借方票据所属行别的交换号(即提入行的交换代号)整理、汇总，加计票据的张数、金额，填制"提出交换借、贷方凭证计算表"并将贷方、借方票据附在后面。同时，根据计算表登记"清算总数表"，由交换员将清算总数表，连同计算表和提出的贷方、借方票据带到票据交换所进行交换。

(1) 提出贷方凭证的处理。

借：吸收存款——××活期存款——付款人户

　　贷：清算资金往来——同城票据清算

（2）提出借方凭证的处理。

对于即时抵用的票据，如本票等，应及时将资金划入客户账内。其会计分录为：

借：清算资金往来——同城票据清算
　　贷：吸收存款——××活期存款——收款人户

对于收妥抵用的票据，如转账支票等，先将应收票款记入“其他应付款”账户。其会计分录为：

借：清算资金往来——同城票据清算
　　贷：其他应付款——收款人户

若超过规定的退票时间，未发生退票，再将资金划入客户存款账内：

借：其他应付款——收款人户
　　贷：吸收存款——××活期存款——收款人户

（3）退票的核算。

提出行接到退票行的电话通知后，根据票据交换登记簿查明确属本行提出的票据，在登记簿中注明退票的理由和时间，再作账务处理。

提出的贷方票据发生退票时，会计分录为：

借：清算资金往来——同城票据清算
　　贷：吸收存款——××活期存款——付款人户

提出的借方票据发生退票时，会计分录为：

借：其他应付款——收款人户
　　贷：清算资金往来——同城票据清算

退回的票据视同提入票据处理。根据退票行提交的“退票理由书”填制特种转账凭证办理转账。在下次票据交换前通过“其他应收款”或“其他应付款”科目核算。

**3. 票据交换差额的处理**

各行票据交换员将提出的票据在规定时间内提交给票据交换所，并在票据交换所提回本行票据时，分别代收、代付汇总加计票据笔数和金额，经核对相符，登记“清算总数表”相关栏后，结出应收金额合计和应付金额合计：

应收金额合计 = 提出的借方凭证金额 + 提入的贷方凭证金额
应付金额合计 = 提出的贷方凭证金额 + 提入的借方凭证金额

然后计算出应收差额或应付差额：将应收款项总金额与应付款项总金额进行比较，如应收款项大于应付款项，即为应收差额；如果应付款项大于应收款项，即为应付差额。

票据交换员应根据清算总数表中的应收、应付差额填制“票据清算差额专用凭证”将资金差额向当地中央银行当场清算。

若本次交换为应收差额，应向票据交换所填制中央银行存款账户送款单。

其会计分录为：

借：存放中央银行款项——备付金存款户
　　贷：清算资金往来——同城票据清算

若本次交换为应付差额，应向票据交换所填制中央银行转账支票。其会计分录为：

借：清算资金往来——同城票据清算
　　贷：存放中央银行款项——备付金存款户

【例 5-4】 9 月 15 日，中国银行北京某支行票据交换清算总数表如表 5-3 所示。

表 5-3　　　　清算总数表　　　　单位：元

| 项目 | 笔数 | 金额 | 项目 | 笔数 | 金额 |
| --- | --- | --- | --- | --- | --- |
| 提出借方票据 | 15 | 1 360 000 | 提出贷方票据 | 10 | 654 000 |
| 提入贷方票据 | 6 | 686 000 | 提入借方票据 | 13 | 1 677 000 |
| 合计 | 21 | 2 046 000 | 合计 | 23 | 2 331 000 |
| 应收差额 | | | 应付差额 | | |

根据票据交换清算总数表，中国银行北京某支行账务处理如下：

(1) 提出票据的核算。

① 根据提出借方票据的金额，作会计分录为：

借：清算资金往来——同城票据清算　　1 360 000
　　贷：吸收存款——××活期存款——各收款人户　　1 360 000

② 根据提出贷方票据的金额，作会计分录为：

借：吸收存款——××活期存款——各收款人户　　654 000
　　贷：清算资金往来——同城票据清算　　654 000

(2) 提入票据的核算。

① 根据提入贷方票据的金额，作会计分录为：

借：清算资金往来——同城票据清算　　686 000
　　贷：吸收存款——××活期存款——各收款人户　　686 000

② 根据提入借方票据的金额，作会计分录为：

借：吸收存款——××活期存款——各收款人户　　1 677 000
　　贷：清算资金往来——同城票据清算　　1 677 000

(3) 资金清算的核算。

应收金额合计 = 1 360 000 + 686 000 = 2 046 000(元)
应付金额合计 = 654 000 + 1 677 000 = 2 331 000(元)
应付差额 = 2 331 000 − 2 046 000 = 285 000(元)

会计分录为：

借：清算资金往来——同城票据清算　　285 000
　　贷：存放中央银行款项——备付金存款户　　285 000

**4. 计算机处理交换票据**

目前，我国一些大中城市银行为了改进票据交换的做法，提高票据交换的效率，引进了相应的计算机设备，对原手工操作的票据交换做法进行了根本性的变革。

1) 计算机处理交换票据的基本做法

提出行将要提出交换的票据先经打码机打码处理,这些数码根据票据或凭证填写的有关要素打印,其中包括票据号码、交换行号、单位账号、借(贷)方代码及金额打在每张票据或凭证的末端,并由打码机打印出提出交换的票据的明细清单(即主清单)。为了便于分批处理提出交换票据,在每批(不超过100张)票据打码处理后,另打制"批控卡"用于控制该批票据金额是否平衡。提出行根据"批控卡"的借方(贷方)总额填制"交换提出报告单",结计总数并与打码机的总数核对相符,连同本场交换提出的全部票据及主清单一并装袋送交换场。交换场工作人员在规定的交换时间将交换凭证陆续投入清分机进行清分,由清分机自动按提入行进行清分、读数,打印出票据清单,直至最后把提入的票据、凭证输送各提入行的箱夹,由各提入行取回进行账务处理,同时由交换场计算机打印出"交换差额报告表"送中央银行营业部办理资金清算。

2) 票据交换使用的表单

(1) 主清单。主清单是提出行通过打码机输入每批票据(最多100笔)结束后,打印出该批票据的明细清单。主清单一式两联,一联由提出行保存,一联送交换场。

(2) 批控卡。批控卡是提出行在票据打码批处理结束后,打印该批票据借贷方金额小计数的卡片。提出交换时,此卡必须放在该批票据的最前面,用于控制该批票据金额是否平衡。此卡也是提出行交换资金清算的重要依据之一。

(3) 交换提出报告单。交换提出报告单是提出行根据批控卡借、贷方小计数按批填制,并分别加计提出交换票据的借、贷方合计数的记录。交换提出报告单一式两联,一联经交换场核对盖章后退提出行备查,一联由交换场留存。

(4) 提出行票据清单。提出行票据清单是交换场清分票据后对提出行提出票据的详细记录。该表由交换场编制,交提出行。

(5) 提回行票据清单。提回行票据清单是交换场清分票据后对提入行提入票据的详细记录。该表由交换场编制,交提回行。

(6) 交换差额报告表。交换差额报告表是轧计各交换单位提出、提入票据清算资金差额的报表。该表由交换场编制,一式两份,一并交提入行。

**延伸阅读5-1**

**原中国银行广东开平支行行长余振东涉嫌贪污、挪用公款案**

备受关注的原中国银行广东开平支行行长余振东涉嫌贪污、挪用公款案,2005年8月16日在江门市中级人民法院公开开庭审理。这是我国政府签署《联合国反腐败公约》及《中美关于刑事司法协助协定》后,首次将贪污外逃人员从国外押解回国受审。

[案情介绍]

据公诉机关指控:自1992年开始,余振东与许超凡、许国俊(均另案处理)合谋,利用中国银行联行资金管理上的漏洞,采用以企业名义向开平支行办理假贷款套取银行资金、占用企业正常还贷资金或假借企业名义直接转款等手段,占用、侵吞巨额联行资金。余振东等3人通过指使属下工作人员或地下非法钱庄将侵吞资金汇至其与许超凡、许国俊等人在境外设立的私营公司,主要用于公司的经营运作、炒卖股票、买卖外汇及生活消费挥霍、赌博等。据折算,余振东涉嫌贪污、挪用公款近14亿元。

**做假账贪污8 247万美元**

余振东伙同许超凡、许国俊采取违规占用省辖联行账户的大量资金使用,并通过伪造有关账册平账的手段，贪污公款 8 247 万美元，占为己有，用于其在境外设立的私营公司。

**假贷款挪用资金数以亿计**

同时，余振东还伙同许超凡、许国俊采取假借企业向中国银行开平中行申请贷款的名义，套取巨额银行资金的手段，挪用巨额资金共计 132 412 540 美元、273 126 218.8 元人民币、2 000 万元港币用于其在境外设立的私营公司的经营。

**非法获利 6 700 多万元港币**

此外，余振东伙同许超凡、许国俊等人通过侵吞、挪用巨额公款用于其在境外设立的私营公司的经营，从中获得公司分红等非法利益共 67 342 859.85 元港币，全部用于个人炒卖外汇、股票及赌博等个人消费。

**外逃后资金转移美加**

案发后，余振东与许超凡、许国俊于 2001 年 10 月 12 日经中国香港逃往加拿大、美国。在香港停留期间，余振东通过变卖股票等方式，套取现金，并将余下侵吞、挪用所得的资金转移到美国、加拿大其亲属的账户及赌场账户中，用于外逃之用。在庭审中，余振东对其犯罪事实供认不讳。2007 年 3 月 31 日下午，市中级人民法院就余振东贪污、挪用公款案进行一审判决。余获刑 12 年，并除没收个人财产 100 万元。

[启示]

(1) 加强对商业银行联行业务的监管，完善联行结算体系，堵塞银行漏洞，防范金融风险。

(2) 加强商业银行内控制度的建设，发挥内拉和内审的作用，防范管理层舞弊的发生。

(3) 强化银行从业人员的职业道德教育，提高从业人员的业务素质和道德水准，防范金融风险。

资料来源：佚名. 余振东涉嫌侵吞 20 亿受审 为首例押回外逃贪官[EB/OL]. (2005-08-17)[2018-11-30]. https://www.chinacourt.org/article/detail/2005/08/id/174687.shtml.

## 第三节 金融企业同业往来的核算

金融企业之间的业务往来又称同业往来，是指金融企业之间由于办理跨系统结算、相互拆借等业务所引起的资金业务往来。单位、个人办理结算，有的在同系统银行开户，有的不在同一系统银行开户，这样会引起金融企业之间的业务有的是系统内的，有的是跨系统的。另外，各金融企业之间，为了解决临时性资金短缺，进行的同业拆借，也构成了同业往来的重要内容。

金融企业同业往来一般应设置“存放同业”“同业存放”“拆出资金”“拆入资金”等科目，详见本章第一节“三、会计科目的设置”。

### 一、转贴现业务的核算

转贴现是指商业银行持已贴现、未到期的商业汇票向其他商业银行融通资金的行为。商业银行持未到期的商业汇票向其他商业银行申请转贴现时，应根据汇票填制一式五联转贴现凭证（用贴现凭证代），在第一联上签章后，连同汇票一并送交转贴现银行信贷部门。

**1. 转贴现时的账务处理**

（1）申请转贴现银行的处理。申请转贴现银行收到转贴现银行交给的转贴现收账通知后，应填制两借一贷的特种转账传票，将收账通知作为存放中央银行存款借方传票的附件，办理转账。其会计分录为：

借：存放中央银行款项——备付金存款户

　　贴现负债——转贴现——××行户（利息调整）

　　贷：贴现负债——转贴现——××行户（面值）

（2）转贴现银行的处理。贴现银行会计部门接到信贷部门转来审批同意的转贴现凭证和作成背书转让的商业汇票，经审查确认无误后，其余手续比照一般贴现办理。其会计分录为：

借：贴现资产——转贴现——××行户（面值）
　　贷：存放中央银行款项——备付金存款户
　　　　贴现资产——转贴现——××行户（利息调整）

**2. 资产负债表日的账务处理**

（1）申请转贴现银行的处理。资产负债表日，申请转贴现银行按计算确定的利息费用，借记“利息支出”科目，贷记“贴现负债”科目（利息调整）。其会计分录为：

借：利息支出——转贴现利息支出户
　　贷：贴现负债——转贴现——××行户（利息调整）

（2）转贴现银行的处理。资产负债表日，转贴现银行按计算确定的贴现利息收入，借记“贴现负债”科目（利息调整），贷记“利息收入”科目。其会计分录为：

借：贴现资产——转贴现——××行户（利息调整）
　　贷：利息收入——转贴现利息收入户

**3. 转贴现到期的账务处理**

（1）申请转贴现银行的处理。

借：贴现负债——转贴现——××行户（面值）
　　利息支出——转贴现利息支出户
　　贷：存放中央银行款项——备付金存款户

存在利息调整的，也应同时结转。

（2）转贴现银行的处理。

借：存放中央银行款项——备付金存款户
　　利息收入——转贴现利息收入户
　　贷：贴现资产——转贴现——××行户（面值）

存在利息调整的，也应同时结转。

## 二、同业拆借的核算

5-4视频：同业拆借

同业拆借商业银行之间临时融通资金的一种借贷行为，是解决商业银行短期资金不足的一种有效方法。同业之间的拆出资金限于缴足存款准备金和归还中央银行到期贷款之后的闲置资金；拆入资金也仅用于弥补票据清算、联行汇差头寸不足和解决临时性周转资金的需要，不得将拆借资金用于弥补信贷收支缺口，扩大贷款规模和直接投资。

同业拆借分同业头寸拆借和同业短期拆借。参加同城票据交换的金融机构可通过同业头寸拆借调剂头寸余缺，头寸拆借以无形市场为主，不得超过 7 天。同业短期拆借应通过融资中介机构办理，只限于没有向中央银行借款的商业银行之间的资金融通，向中央银行借款的商业银行，在同业短期拆借市场上只能拆入资金而不得拆出资金，同业短期拆借的期限为 7 天以上 4 个月以内。

同业拆借可在同城商业银行之间进行，也可在异地商业银行之间进行，但异地商业银行间的拆借必须通过中央银行的融资中心机构办理，双方行处在商定了拆借条件并签订拆借协议后，通过中央银行划拨资金。

**1. 同业拆借的账务处理**

（1）拆出行的核算。拆借双方签订拆借合同后，拆出行根据拆借合同签发转账支票并填制进账单提交开户央行，将拆借资金划转汇入央行存款户。其会计分录为：

借：拆出资金——××行户
　　贷：存放中央银行款项——备付金存款户

人民银行分行收到进账单及转账支票后，以此两种凭证代转账借贷传票，将款项从拆出行准备金账户转入拆入行准备金账户，转账后将进账单回单联转交拆入行。

（2）拆入行的处理。拆入行收到中央银行的收账通知，另填制特种转账借、贷方传票办理转账。会计分录为：

借：存放中央银行款项——备付金存款户
　　贷：拆入资金——××行户

（3）资产负债表日的处理。资产负债表日，拆入行应按计算确定的拆入资金的利息费用，其会计分录为：

借：利息支出——同业拆借利息支出户
　　贷：应付利息——同业拆借应付利息——××行户

**2. 归还借款的核算**

商业银行之间的资金拆借，应恪守信用，履约还款。拆入行归还借款时，应按事先规定的利率，计算应付利息，将本息一并通过中央银行划转拆放行。

拆借资金到期，拆入行需主动填制转账支票，送交中央银行办理还本付息手续，办理转账。其会计分录为：

借：拆入资金——××行户　　（拆入资金的本金）
　　应付利息——同业拆借应付利息——××行户　　（已计提的应付利息）
　　利息支出——同业拆借利息支出户　　（借贷方的差额）
　　贷：存放中央银行款项——备付金存款户　　（实际归还的金额）

中央银行收到借款行归还借款的进账单和转账支票，作为记账传票办理转账，将款项从拆入行准备金账户转入拆放行准备金账户，转账后将进账单收账通知转交拆放行。

拆出行收到中央银行的收账通知后，办理转账。其会计分录为：

借：存放中央银行款项——备付金存款户
　　贷：拆出资金——××行户
　　　　利息收入——同业拆借利息收入户

5-5 知识拓展：伦敦银行同业拆借利率

## 三、商业银行跨系统转汇业务的核算

5-6 视频：商业银行跨系统转汇的核算

跨系统转汇是指由客户办理异地结算业务而引起的各商业银行之间相互汇划款项的业务。目前异地跨系统汇划款项金额在 10 万元以上的，应通过中央银行转汇。其余的，可采用商业银行间相互转汇的方法，即采用"跨系统汇划款项相互转汇"的办法进行处理。根据商业银行的机构设置不同，可分别采用三种划款方式，与通过中央银行办理大额汇划业务的方法有相似之处。

**1. "先横后直"的方式**

这种方式适用于汇出行所在地为双设机构地区，即在汇出行所在地，除本行还设有汇入行系统的银行机构。其划款程序是：由汇出行将跨系统的汇划凭证，按不同系统逐笔填写"转汇清单"，并汇总"划收"或"划付"凭证，通过同城票据交换或通过"同业存放"，将款项划至汇入行的转汇行。转汇行再通过本系统联行将款项转划给汇入行。其转汇方式程序图如图 5-4 所示。

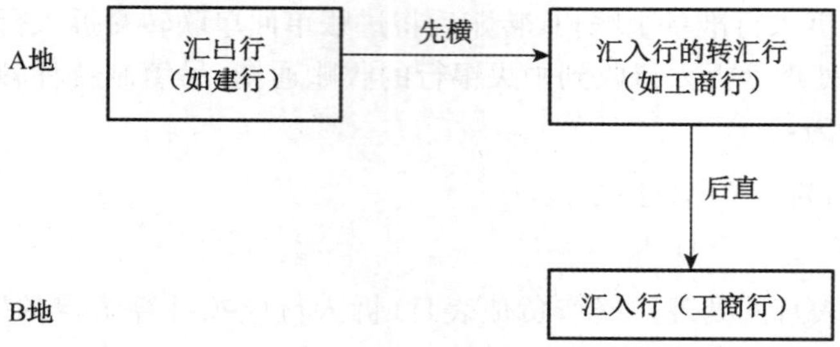


图 5-4 "先横后直"转汇方式程序图

A 地汇出行的会计分录为：

借：吸收存款——××活期存款——汇款人户
　　贷：同业存放（或存放中央银行款项）

A 地转汇行的会计分录为：

借：存放同业（或存放中央银行款项）
　　贷：清算资金往来

B 地汇入行的会计分录为：

借：清算资金往来
　　贷：吸收存款——××活期存款——收款人户

如为划付款业务，则各行的会计分录相反。

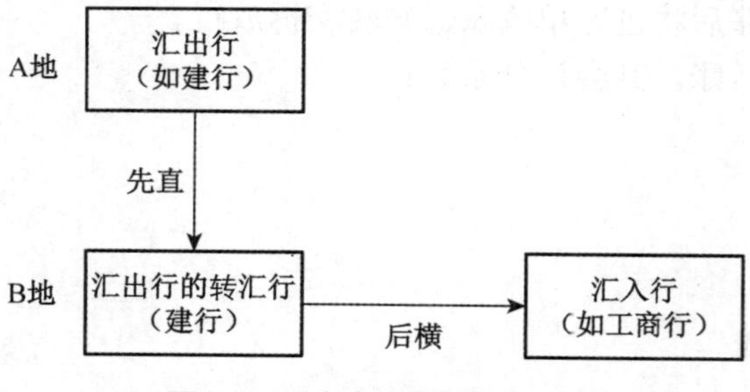


图 5-5 "先直后横"转汇方式程序图

**2. "先直后横"的方式**

这种方式适用于汇出行所在地为单设机构地区，即汇出行所在地没有汇入行系统的分支机构。其划款程序是：由汇出行将款项通过本系统联行划至汇入行所在地本系统转汇行，再由其通过"同业存放款项"或同城票据交换转划给跨系统汇入行。其转汇方式程序图如图 5-5所示。

A 地汇出行的会计分录为：

借：吸收存款——××活期存款——汇款人户
　　贷：清算资金往来

B地汇出行的转汇行的会计分录为：

借：清算资金往来
　　贷：同业存放（或存放中央银行款项）

B地汇入行的会计分录为：

借：存放同业（或存放中央银行款项）
　　贷：吸收存款——××活期存款——收款人户

如有划付款业务，则各行的会计分录相反。

**3. “先直后横再直”的方式**

这种方式适用于汇出行和汇入行所在地均为单设机构地区。其划款程序是：由汇出行先通过本系统联行将款项划至就近的、双设机构的本系统转汇行，再由其通过“同业存放”或同城票据交换将款项划至跨系统汇入行的转汇行，最后由汇入行的转汇行通过本系统联行转划给汇入行。其转汇方式程序图如图5-6所示。

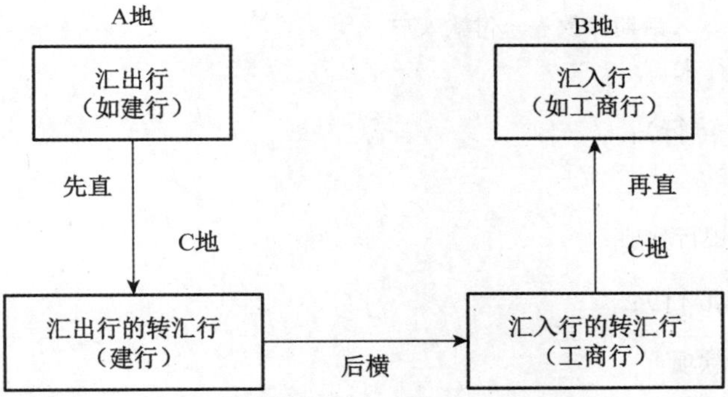


**图5-6 “先直后横再直”转汇方式程序图**

A地汇出行的会计分录为：

借：吸收存款——××活期存款——汇款人户
　　贷：清算资金往来

C地汇出行的转汇行的会计分录为：

借：清算资金往来
　　贷：同业存放（或存放中央银行款项）

C地汇入行的转汇行的会计分录为：

借：存放同业（或存放中央银行款项）
　　贷：清算资金往来

B地汇入行的会计分录为：

借：清算资金往来

　　贷：吸收存款——××活期存款——收款人户

【例 5-5】 江苏泰兴市工行需汇款 10 000 元至山东青岛市建行，两地均为单设机构地区。请编制相关银行的会计分录。转汇方式如图 5-7 所示。

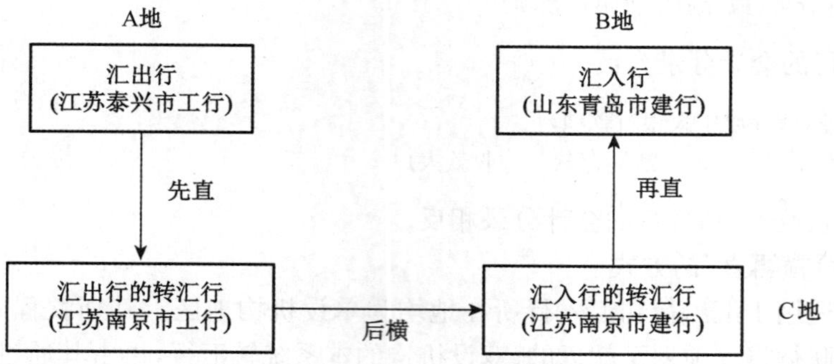


图 5-7 “先直后横再直”转汇方式

泰兴市工行（汇出行）：

借：吸收存款——××活期存款——付款人户　　10 000

　　贷：清算资金往来　　10 000

南京市工行（代转行）：

借：清算资金往来　　10 000

　　贷：存放中央银行款项　　10 000

南京市建行（转汇行）：

借：存放中央银行款项　　10 000

　　贷：清算资金往来　　10 000

青岛市建行（汇入行）：

借：清算资金往来　　10 000

　　贷：吸收存款——××活期存款——收款人户　　10 000

## 第四节 中国现代化支付系统

5-7 视频：中国现代化支付系统

### 一、现代化支付系统的意义和结构

#### 1. 现代化支付系统的意义

中国现代化支付系统（CNAPS）是中国人民银行按照我国支付清算需要，利用现代计算机技术和通信网络自主开发建设，它是能够高效、安全、快捷处理各金融机构之间的异地、同城各种支付业务、货币市场交易及资金清算的应用系统。

它作为银行同业和货币市场的公共支付清算平台，是能够支撑多种支付工具的应用和满足社会各种经济活动支付需要的支付清算体系，也是中国人民银行发挥其金融服务职能的重要的核心支持系统。

**2. 现代化支付系统的参与者**

现代化支付系统参与者分为直接参与者、间接参与者和特许参与者。

(1) 直接参与者是指直接与支付系统城市处理中心连接并在中国人民银行开设清算账户的银行机构，以及中国人民银行地市级以上中心支行。

(2) 间接参与者是指未在中国人民银行开设清算账户而委托直接参与者办理资金清算的银行和非银行金融机构，以及中国人民银行县支行。

(3) 特许参与者是指经中国人民银行批准通过现代支付系统办理特定业务的机构，如中央国债登记公司。

**3. 中国现代化支付系统的结构**

在物理结构上，中国现代化支付系统建立有两级处理中心，即国家处理中心(NPC)和城市处理中心(CCPC)。国家处理中心分别与各城市处理中心相连，其通信网络采用专用网络，以地面通信为主，卫星通信为备份。

商业银行总行及其分行与所在地支付系统的城市处理中心连接，通过支付系统提供的开放的业务处理路径，实现跨行支付业务的快捷、安全、方便处理，并有利于实现其最终清算。

现代化支付系统由大额支付系统(HVPS)和小额批量支付系统(HEPS)两个应用系统构成。

## 二、现代化支付系统的业务系统

**1. 大额支付系统**

1) 大额支付系统的业务范围

大额支付系统实行逐笔实时处理支付指令，全额清算资金，旨在为各银行和广大企事业单位和金融市场提供快速、安全、可靠的支付清算服务。该系统业务范围包括一般大额贷记支付业务、城市商业银行银行汇票业务和即时转账业务。

(1) 一般大额贷记支付业务是由发起行发起，逐笔实时发往国家处理中心，国家处理中心清算资金后，实时转发接受行的业务。它具体适用于商业银行间办理：汇兑、委托收款划回、托收承付款划回、中央银行与国库部门办理资金汇划等。

(2) 城市商业银行银行汇票业务是支付系统为支持中小金融机构结算和通汇而专门设计的，支持城市商业银行银行汇票资金的移存和兑付资金清算的汇划业务。

(3) 即时转账业务是由与支付系统国家处理中心直接连接的特许参与者(第三方)发起，通过国家处理中心实时清算资金后，通知被借记行和被贷记行的业务。目前，该业务主要由中央债券综合业务系统发起。

2) 大额支付系统的业务流程

大额支付系统处理的支付业务，其信息从发起行发起，经发起清算行、发报中心、国家处理中心、收报中心、接收清算行，至接收行止。

(1) 发起行是向发起清算行提交支付业务的参与者。

(2) 发起清算行是向支付系统提交支付信息并开设清算账户的直接参与者或特许参与

者(发起清算行也可作为发起行向支付系统发起支付业务)。

(3) 发报中心是向国家处理中心转发发起清算行支付信息的城市处理中心。

(4) 国家处理中心是接收、转发支付信息,并进行资金清算处理的机构。

(5) 收报中心是向接收清算行转发国家处理中心支付信息的城市处理中心。

(6) 接收清算行是向接收行转发支付信息并开设清算账户的直接参与者。

(7) 接收行是从接收清算行接收支付信息的参与者。

在上述程序中,发起行和接收行为商业银行,属间接参与者;发起清算行、接收清算行为商业银行,属直接参与者;发报中心、收报中心和国家处理中心为中国人民银行,属直接参与者。

3) 商业银行参与大额支付系统跨行贷记业务的核算处理

(1) 商业银行发起行及发起清算行的处理。发起行根据客户提交的原始凭证,经审核无误,选择大额支付系统进行汇划时,将汇划依据提交给发起清算行。会计分录为:

借:吸收存款——××活期存款——××存款人

　　贷:存放系统内款项——××管辖行存款

商业银行发起清算行,根据发起行提交的原始凭证和要求,由业务操作员录入、复核,系统自动逐笔发送发报中心。会计分录为:

借:系统内存放款项——××下属行存款

　　贷:存放中央银行款项

(2) 商业银行接收清算行及接收行的处理。商业银行接收清算行,收到收报中心发来的支付信息,属于辖内接收行的业务,需逐笔确认后发送接收行。会计分录为:

借:存放中央银行款项

　　贷:系统内存放款项——××下属行存款

接收行收到接收清算行信息经核对无误后,收款入账。会计分录为:

借:存放系统内款项——××管辖行存款

　　贷:吸收存款——××活期存款——××存款人

**2. 小额支付系统**

小额支付系统实行批量发送支付指令,轧差净额清算资金,旨在为社会提供低成本、大业务量的支付清算服务,支撑各种支付业务,满足社会各种经济活动的需求。

1) 小额支付系统适用的跨行支付业务种类

(1) 普通贷记业务。普通贷记业务是指付款行向收款行主动发起的付款业务。它包括汇兑、委托收款(划回)、托收承付(划回)、国库贷记汇划业务、网银贷记支付业务、中国人民银行规定的其他普通贷记业务。

(2) 定期贷记业务。定期贷记业务是指付款行依据当事各方事先签订的协议,定期向指定收款行发起的批量付款业务。它包括代付工资业务、代付保险金、养老金业务等定期贷记业务。

(3) 实时贷记业务。实时贷记业务是指付款行接受付款人委托发起的、将确定款项实时贷记指定收款人账户的业务。它包括个人储蓄通存业务、中国人民银行规定的其他实时贷记业务。

(4) 普通借记业务。普通借记业务是指收款行向付款行主动发起的收款业务。它包括中国人民银行机构间的借记业务、国库借记汇划业务等业务。

(5) 定期借记业务。定期借记业务是指收款行依据当事各方事先签订的协议,定期向指定付款行发起的批量收款业务。它包括代收水、电、煤气等公用事业费业务、国库批量扣税业务等业务。

(6) 实时借记业务。实时借记业务是指收款行接受收款人委托发起的、将确定款项实时借记指定付款人账户的业务。它包括个人储蓄通兑业务、对公通兑业务、国库实时扣税业务等业务。

2) 小额支付系统的业务流程

小额支付系统处理的同城贷记支付业务,其信息从付款行发起,经付款清算行、城市处理中心、收款清算行,至收款行止。小额支付系统处理的异地贷记支付业务,其信息从付款行发起,经付款清算行、付款行城市处理中心、国家处理中心、收款行城市处理中心、收款清算行,至收款行止。

小额支付系统处理的同城借记支付业务,其信息从收款行发起,经收款清算行、城市处理中心、付款清算行、付款行后,付款行按规定时限发出回执信息原路径返回至收款行止。小额支付系统处理的异地借记支付业务,其信息从收款行发起,经收款清算行、收款行城市处理中心、国家处理中心、付款行城市处理中心、付款清算行、付款行后,付款行按规定时限发出回执信息原路径返回至收款行止。

3) 商业银行日终轧差清算的处理

商业银行日中营业时,通过小额支付系统处理支付业务时,其作为收付款清算行的挂账手续,比照系统行电子汇划和同城票据交换处理。现仅说明日终轧差清算的处理手续。

对本行发出的支付业务信息包(含贷记业务包、借记业务回执包、贷记退回包),经中国人民银行城市处理中心或国家处理中心的检查后,行内系统将根据处理中心返回的"已轧差"通知,修改该信息包状态为"成功(已轧差)",登记轧差日期、轧差节点、轧差场次,并对明细账务进行相应的处理。对本行收到的支付业务信息包轧差的业务处理相同。

当日已轧差的应收应付往来款的净额原则上要纳入当日清算。如果该场次本行轧差为借方应收款净额,其清算的会计分录为:

借:存放中央银行款项

　　贷:清算资金往来

如果该场次本行轧差为贷方应付款净额,其清算的会计分录则相反。

5-8 扫一扫 看课件

## 本章重要概念

金融机构往来　日拆性借款　再贴现　同业往来　异地跨系统转汇　同业拆借

## 本章练习

**一、单项选择题**

1. 同一银行系统各行、处之间因发生国内外支付结算业务,或内部资金调拨而引起的资金账务往来称为(　　)。

A. 同业往来　　B. 代理行往来　　C. 资金往来　　D. 联行往来

2. 商业银行因信贷资金先支后收或存款季节性下降、贷款季节性上升等原因引起资金不足,可向中国人民银行申请(　　)。

A. 年度性贷款　　B. 季节性贷款　　C. 日拆性贷款　　D. 流动性贷款

3. 中国人民银行向商业银行发放的再贷款和再贴现,是(　　)。

A. 中国人民银行的资产,商业银行的负债

B. 中国人民银行的负债

C. 商业银行的资产

D. 中国人民银行的所有者权益

4. 根据金融企业吸收存款的增减变化按照法定比例计算保留在中国人民银行的准备金是(　　)。

A. 备付金　　B. 支付准备金　　C. 法定准备金　　D. 风险准备金

5. 参加票据交换的行、处轧算的票据交换应收差额是(　　)。

A. 提出、提入的应收款票据大于提出、提入应付款票据

B. 提出应收款票据大于提出应付款票据

C. 提出应付款票据大于提出应收款票据

D. 提入应收款票据大于提入应付款票据

6. 金融企业同业拆入的资金可以用于(　　)。

A. 发放贷款　　B. 购买固定资产

C. 清算票据交换差额　　D. 归还中央银行贷款

7. 下列业务中,会引起金融企业在中国人民银行的准备金存款账户余额减少的是(　　)。

A. 归还再贷款　　B. 货币回笼

C. 调减财政存款　　D. 取得再贴现

8. 再贷款和再贴现的利息,商业银行在核算时使用的科目是(　　)。

A. "利息支出"　　B. "金融企业往来支出"

C. "金融企业往来收入"　　D. "利息收入"

## 二、多项选择题

1. 商业银行向人民银行缴存一般性存款的范围包括(　　)。

A. 企业存款　　B. 储蓄存款　　C. 机关团体存款　　D. 财政性存款

2. 再贴现票据到期,中国人民银行应向(　　)收取票款。

A. 申请再贴现的商业银行　　B. 出票人

C. 票据承兑人　　D. 承兑银行

3. 票据交换中,应付票据金额小于应收票据金额时为(　　)。

A. 应收差额　　B. 应付差额　　C. 存欠差额　　D. 应借差额

4. 商业银行向中央银行借款的种类包括(　　)。

A. 年度性贷款　　B. 季节性贷款　　C. 同业拆借　　D. 贴现

E. 日拆性贷款

5. 下列属于金融企业以票据为基础进行的融资业务有(　　)。

A. 向客户办理抵押贷款

B. 向客户办理质押贷款

C. 将客户贴现的未到期商业汇票向中央银行办理再贴现

D. 以客户贴现的未到期商业汇票向同业办理转贴现

6. 下列能够引起商业银行负债增加的有(    )。

A. 向持票人进行贴现
B. 向中央银行进行的再贴现
C. 商业汇票的背书转让
D. 向其他商业银行的转贴现
E. 商业汇票的提示付款

7. 商业银行交换的下列票据,属于应收款的有(    )。

A. 交换提出的借方票据
B. 交换提出的贷方票据
C. 交换提入的借方票据
D. 交换提入的贷方票据
E. 缴存存款准备金票据

**三、判断题**

1. 存款准备金是指金融机构为保证客户提取存款和资金清算需要而准备的在商业银行的存款。(    )

2. 年度性贷款是指商业银行因经济合理增长,引起年度性信贷资金不足,向中央银行申请取得的贷款。(    )

3. 再贴现是指商业银行因办理商业汇票贴现业务引起资金不足,用已贴现但尚未到期的商业汇票向中央银行融通资金的一种再贷款方式。(    )

4. “存放同业”负债类科目,用于核算金融企业存放于境内外银行和非银行金融机构的款项。(    )

5. 再贴现到期,人民银行作为持票人填制委托收款凭证连同再贴现的票据向付款人办理收款。(    )

**四、简答题**

1. 简述金融机构往来的概念和核算要求。

2. 简述商业银行与中央银行往来的业务内容。

**五、业务题**

1. 甲地中国建设银行开户单位五金公司电汇 80 万元,收款单位是乙地的中国农业银行开户单位建材公司,通过中央银行大额支付系统划款。因甲地无中国人民银行机构,通过乙地中国建设银行、中国人民银行转汇。

要求:试就甲、乙地中国建设银行、乙地中国农业银行分别编制相应的会计分录。

2. A 市中国建设银行开户单位发粉公司电汇 30 000 元,收款单位是乙地的中国农业银行,开户单位进出口建材公司,通过同业系统划算。因 A 市无中国农业银行机构,通过乙地中国建设银行转汇。

要求:试编制 A 市中国建设银行、乙地中国建设银行、乙地中国农业银行的会计分录。

3. 甲地中国建设银行向同城中国农业银行拆借资金 100 万元,经中国人民银行批准办理拆借手续。

要求:分别编制甲地中国建设银行与中国农业银行的会计分录。

4. 市中国建设银行向中国人民银行申请季节性贷款 800 000 元,期限 2 个月,经审查同意办理;2 个月后办理归还本息,月利率为 5%。

要求:请编写中国建设银行借入再贷款和归还再贷款本息的会计分录。

5. 中国工商银行 A 分行 8 日委托中国人民银行通过电子联行转汇收款业务 2 笔,分别为皮革厂和大荣公司汇出款项 400 000 元和 50 000 元。审查无误后,填制转汇凭证后提交中国人民银行。

要求:请编写工商银行的会计分录。

6. A 市中国建设银行持未到期商业汇票向中国人民银行申请再贴现,票面金额为 900 000 元,贴现期 1 个月,贴现月利率 6%,已办好手续。

要求:中国建设银行办理再贴现应如何进行会计处理? 1 个月后中国人民银行向承兑银行收款,按时划回,中国人民银行从中国建设银行扣回全部款项,又如何进行会计处理?

# 第六章　支付结算业务的核算



## 内容提要

本章主要讲解了商业银行支付结算业务的核算，包括票据结算业务的核算、银行卡业务的核算以及其他结算方式业务的核算等。其中，票据结算业务的核算包括支票、银行本票、银行汇票和商业汇票业务的核算；信用卡业务的核算包括信用卡和储蓄卡业务的核算；其他结算方式业务的核算包括汇兑、托收承付、委托收款以及国内信用证的核算。

## 重点难点

本章重点为票据结算业务的核算、银行卡业务的核算以及汇兑业务的核算；难点为结算方式业务的核算、票据结算业务的核算。

## 学习目标

通过本章学习，学生应掌握支付结算的概念和原则，掌握汇兑结算业务的会计核算，掌握银行汇票、银行本票、支票和商业汇票的会计核算；了解托收承付、委托收款和信用卡业务的会计核算。

## 知识框架

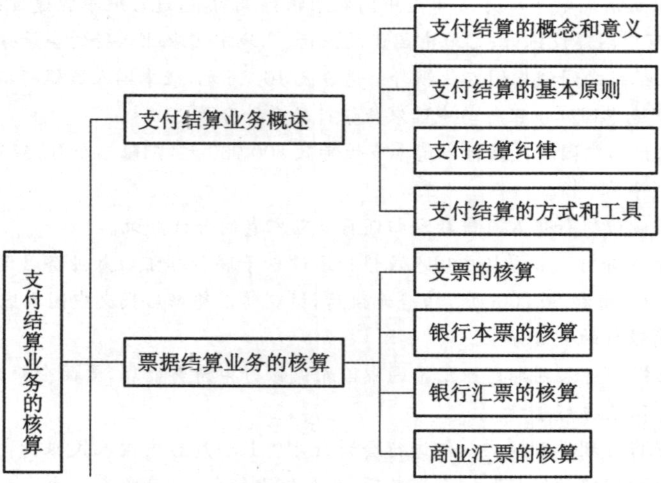

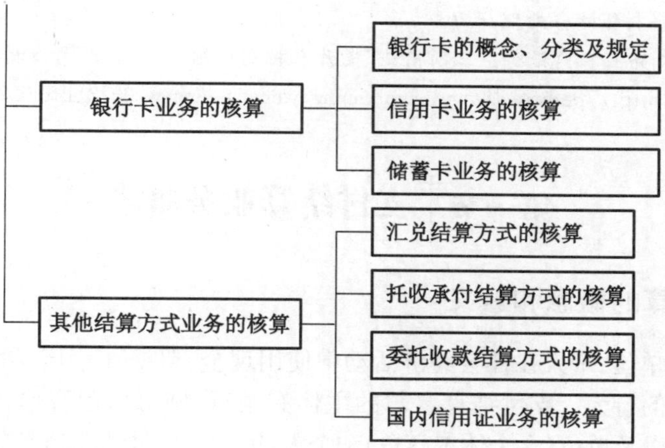


## 思政育人　“三项措施”提升农村支付结算建设，助力乡村振兴

齐河农商银行持续加大投入，以提升资金清算效率和服务水平为目标，通过加强内控管理、突出科技支撑、优化柜面服务等手段，持续强化支付结算建设，进一步完善农村地区的支付环境建设，全面助力乡村振兴。

强内控，严抓严控支付管理。一是抓源头建设。强化一线员工支付清算知识的学习，每周自学、每月小班制培训，通过系统学习各种结算工具，熟知其特点和优缺点，根据客户不同业务需求，推荐合适、便捷的支付结算工具，减少现金使用量，控制、避免现金流通的各种弊端。二是明晰各类支付结算品种的操作流程和制度规定，明确通存通兑、大小额支付、农信银、跨行转账、网上银行、手机银行各产品特点和渠道使用场景，以电子银行建设为平台，以金融机具布设为主要手段，推动支付结算便民服务。三是加强票据管理和银行卡管理，推动电子商业汇票应用，适时推动票据结算；建立社保卡“一卡四通”支付体系，不断强化社保卡补贴兑付、理财、信贷、缴费等服务功能，切实发挥社保卡“一卡通”为民、利民、惠民、便民作用。

强渠道，做优做强科技支撑。一是大力推进“一卡通”。在营业厅邀请客户体验即时制卡、查询、支付等服务事项。围绕“便捷”和“快速”两个重点，对102项银行卡功能详细讲解，让群众根据自身实际自由选择并享受到不同卡种的便捷服务。主动为持卡群众办理“卡激活”“动账短信通”，引导开通“自助缴费”“线上支付”等基础项目，积极改造和完善各领域用卡环境，实现居民服务“一卡通办”。二是畅通大小额支付系统结算、银行汇票及农信银、手机银行、自助银行、ATM机、农民自助终端等支付结算服务，加强与学校、商场等合作，通过“立等可取”“线上消费”“便捷存取”及个性化专属服务等引导客户探索体验“一站式”联办的便捷。目前，齐河农商银行共开通个人手机绑卡28万次，为旅游、卫生、教育、电力、供热等行业16家单位开通自助缴费功能，1.7万名客户实现较高频率使用线上存贷款、理财、自主支付等。三是打通服务末梢。疏通182家普惠金融服务点，醒目位置张贴支付工具功能介绍、使用流程，开展农金员、网格员培训辅导，引导其做好客户指导和使用。

强服务，抓稳抓实主体市场。一是强化宣传。网点每周2次驻村办公，定期组织“金融夜校”，结合结算、缴费等服务对村庄留守人员定时上门服务，通过配置移动终端、宣传展架等办公物品，零距离、面对面服务客户，多角度、多形式宣讲支付结算知识，让金融服务落实到每一个乡村角落。今年，网点员工共上门服务987次，开展“金融夜校”“金融宣讲”等296次。二是规划建设综合支付示范区。对全县自助设备、服务站等规划建立Ⅰ类服务点52个、Ⅱ类服务点121个、Ⅲ类服务点212个，实现线上渠道、智能机具、柜面渠道之间的有效协同，以惠民利民服务加快智慧社区建设。三是打造“智慧+生态圈”。齐河农商银行与文旅局、医疗系统、公交公司合作，为中国驿、城际公交、超市商场等布放智能收费系统430套，为全县1.1万家商户安装“聚合支付”。同时，银行加快项目创新，部署上线支付“小程序”，接入县物业管理系统，实现专项维修资金的资金交存、申请、支用、利息结算等业务功能；上线银农直联系统，实现398个村级账务“集中—

分布式”管理，大大减轻村级账务处理压力。

资料来源：孙晓雨. 齐河农商银行："三项措施"提升农村支付结算建设，助力乡村振兴[EB/OL]. (2022-11-24)[2022-11-30]. http://dezhou.dzwww.com/caijing/yinhang/arcnew/202211/t20221124_11100575.htm.

# 第一节 支付结算业务概述

## 一、支付结算的概念和意义

支付结算是指单位、个人在社会经济活动中使用现金、票据、信用卡和结算凭证进行货币给付及其资金清算的行为。支付结算参与的主体有银行、城市信用合作社、农村信用合作社（以下简称"银行"）以及单位（含个体工商户）和个人，银行是支付结算和资金清算的中介机构。

在发达的商品经济社会中，支付结算是货币给付的主要形式。除少数经济往来的款项按规定可以使用现金结算，大量的支付清算活动都必须通过银行的票据结算和支付结算方式完成。这样一方面可以简化结算手续、缩短结算过程、加速资金周转，从而有效地促进经济发展；另一方面，银行有效地组织社会支付结算业务，还有利于其集中社会闲散资金，稳定和扩大信贷资金来源。与此同时，还可通过账户资金的划转节约现金的使用，从而减少货币发行、调节货币流通、节约社会流通费用。

由于支付结算涉及全社会资金的流动，为了维护支付系统的信心，支付结算活动必须规范。我国与支付结算相关的法律、行政法规以及部门规章和政策性规定主要包括《中华人民共和国票据法》《票据管理实施办法》《支付结算办法》《人民币银行结算账户管理办法》《中国人民银行卡业务管理办法》《异地托收承付结算办法》《电子支付指引》等。这些法律、法规、规章规范了社会支付结算各个环节的行为，明确了支付结算过程中有关各方的权利、义务及支付结算业务的会计核算程序，从而保证了支付结算活动的稳健开展。

**会计职业道德 6-1**

**廉洁奉公，不贪不占**

廉洁奉公就是洁身自好，为公众谋事；不贪不占就是会计人员不贪、不占、不收礼、不同流合污。

会计人员要正确认识自己手中的管理权是职业神圣权力的一种表现，绝不能把这种职业权力作为谋取私利的特权，不能挪用、侵占单位钱财；要深刻认识自己管理的钱财是单位的钱财，绝不允许任何人以任何方式浪费、侵吞单位财产。

## 二、支付结算的基本原则

支付结算的原则是银行和客户在办理结算的过程中必须共同遵守的行为准则。根据《支付结算办法》的规定，主要有以下三项原则。

**1. 恪守信用，履约付款**

这条原则是对办理支付结算业务当事人的约束，是维护经济合同秩序和保障当事人权利的重要原则。该原则要求支付结算当事人必须树立信用观念，共同遵守合同的规定，依法承担义务和行使权利，尤其是付款方必须按照规定的付款条件履行款项的支付，不得任意拖欠和无理拒付。

**2. 谁的钱进谁的账，由谁支配**

这条原则是在支付结算过程中维护存款人权益，保证存款人对其资金自主支配。为了保护客户对存款的所有权和自主支配权，银行在办理结算业务时，必须按照收款人的账号及户名，及时为其收账；对客户支取的款项，必须根据付款人的委托办理付款。银行作为资金结算的中介机构，必须按照委托人的意志行事。对存款人的资金，除国家法律另有规定，必须由存款人自己支配，其他任何单位、个人及银行本身都不得对其资金进行干预和侵犯。这样，既保护了存款人的合法权益，又加强了银行办理结算的责任。

**3. 银行不垫款**

这项原则旨在划清银行资金和存款人资金的界限，有利于保护银行资金的所有权或经营权，也有利于促使客户以自己所有或经管的财产直接对自己的债务承担责任，保证了银行资金的安全。银行办理支付结算的职责，只是根据客户的委托，进行账户资金的转移。在支付结算业务处理过程中，必须坚持"先付后收，收妥抵用"：客户委托银行代收款项，在款项尚未收妥入账之前，不得支用；客户委托银行代付款项，必须在账户上有足够的存款余额。

## 三、支付结算纪律

支付结算纪律是为了正确处理支付结算过程中各方面的经济关系而颁布的，要求办理支付结算的银行和客户必须遵守的一种纪律规定，是国家财经纪律的组成部分，是正确处理支付结算关系的行为规则。它规定了必须禁止的、违规违章的支付结算行为，比支付结算原则更为具体。为了维护支付结算纪律的严肃性，对于违反支付结算纪律的行为必须予以处罚。

银行是办理支付结算业务的主体。银行按照支付结算制度办理结算，是维护支付结算秩序的重要环节。单位和个人是办理支付结算的重要当事人，单位和个人严格遵守支付结算纪律，按照支付结算制度办理结算，是严肃信用制度、维护支付结算秩序的前提。

**1. 银行的支付结算纪律**

各银行不准以任何理由压票、任意退票、截留挪用客户和他行资金；不准无理拒绝支付应由银行支付的票据款项；不准受理无理拒付、不扣少扣滞纳金，影响社会资金的正常周转；不准在结算制度之外规定附加条件，影响汇路畅通；不准违反规定为单位和个人开立账户；不准放弃对单位违反结算纪律的制裁；不准拒绝受理、代理他行正常结算业务；不准违章承兑、贴现商业汇票，套取银行资金；不准签发空头银行本票、银行汇票和办理空头汇款；不准逃避向中国人民银行转汇大额汇划款项。

**2. 单位和个人的支付结算纪律**

单位、个人和银行办理支付结算，必须使用按中国人民银行统一规定印制的票据凭证和结算凭证。单位和个人必须按规定在银行开立和使用账户，不准利用多头开户转移资金、逃避债务，不准出租、出借账户；不准签发没有资金保证的票据来套取银行资金；不准签发、取得和转让没有真实的商品交易或债务、债权关系的票据，套取他人和银行的资金；不准无理拒付，任意占用他人资金。

## 四、支付结算的方式和工具

我国的支付结算方式几经变革。1997 年，中国人民银行颁布了《支付结算办法》，将 20 世纪 50 年代以来沿用的"银行结算"改为"支付结算"，确定和规范了"三票、一卡、三方式"

的支付结算工具。目前，我国的支付结算工具主要包括银行汇票、商业汇票、银行本票、支票、信用卡、汇兑、托收承付、委托收款等。其中，银行汇票、商业汇票、银行本票和支票属于票据结算。按照收付款项的地区不同，属于异地支付结算工具的包括银行汇票、汇兑和托收承付，属于同城结算方式的包括银行本票和支票，属于同城异地均可使用的支付结算方式包括商业汇票、委托收款和信用卡。

由于现金结算的现金出纳业务与存款业务联系密切，已在存款业务中讲述，在此我们仅介绍转账结算业务。支付结算的方式和工具具体如图 6-1 所示。

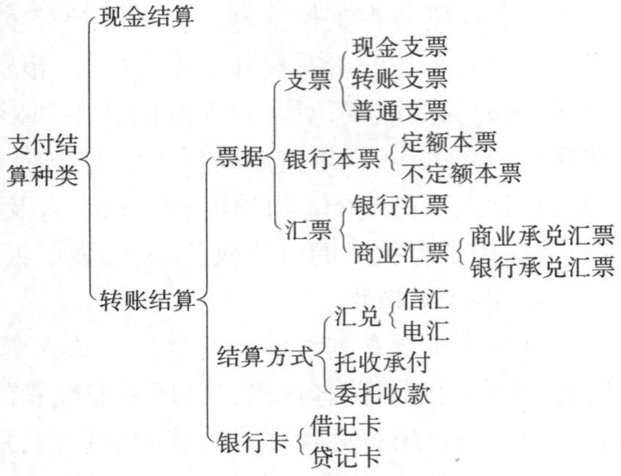


**图 6-1　支付结算的方式和工具**

## 第二节　票据结算业务的核算

票据是按照一定形式制成、写明付出一定货币金额义务的证件。广义的票据泛指各种有价证券，如债券、股票、提单等。狭义的票据仅指以支付金钱为目的的有价证券，即出票人根据《中华人民共和国票据法》签发的，由自己无条件支付确定金额或委托他人无条件支付确定金额给收款人或持票人的有价证券。票据包括汇票、本票、支票、提单、股票、债券等。在我国，票据一般包括支票、本票和汇票。

### 延伸阅读 6-1

**票据当事人**

票据当事人也称票据法律关系主体，是指票据法律关系中享有票据权利、承担票据义务的主体。票据当事人可以分为基本当事人和非基本当事人。

1. 基本当事人

基本当事人是指在票据完成和交付时就已存在的当事人，是构成票据法律关系的必要主体，包括出票人、收款人和付款人三种。

(1) 出票人是指依法定方式签发票据并将票据交付收款人的人。根据票据种类的不同，出票人的法律地位也有所不同。

(2) 收款人是指票据到期后有权收取票据所载金额的人，又称票据权利人。债权人的票据权利可以转让，如通过背书将票据转让给他人或者通过贴现将票据转让给银行。

(3) 付款人是指由出票人委托付款或自行承担付款责任的人。付款人付款后，票据上的一切债务责任解除。

2. 非基本当事人

非基本当事人是指在票据完成并交付后，通过一定的票据行为加入票据关系而享有一定权利、承担义务的当事人，包括承兑人、背书人与被背书人、保证人等。

(1) 承兑人。承兑人是指接受汇票出票人的付款委托，同意承担支付票款义务的人，也是汇票的主债务人。

(2) 背书人与被背书人。背书人是指在转让票据时，在票据背面或粘单上签字或盖章的当事人（称为前手），并将该票据交付给受让人的票据收款人或持有人。被背书人是指被记名受让票据或接受票据转让的人。背书后，被背书人成为票据新的持有人(称为后手)，享有票据的所有权利。但是，在票据得到最终付款前，在持票人之前的所有前手都不能终结其第一债务人或第二债务人的义务。

(3) 保证人。保证人是指为票据债务提供担保的人，由票据债务人以外的第三人担当。保证人在被保证人不能履行票据付款责任时，以自己的金钱履行票据付款义务，然后取得持票人的权利，向票据债务人追索。

并非所有的票据当事人一定同时出现在某一张票据上，除了基本当事人，非基本当事人是否存在，完全取决于相应票据行为是否发生。不同票据上可能出现的票据当事人也有所不同。

## 一、支票的核算

### 1. 支票的概念与种类

支票是出票人签发的，委托办理支票存款业务的银行或者其他金融机构在见票时无条件支付确定的金额给收款人或者持票人的票据。

6-1 视频：支票

支票分为现金支票、转账支票和普通支票。现金支票只能用于支取现金，转账支票只能用于转账，普通支票可以用于支取现金，也可以用于转账。普通支票左上角划两条平行线后，成为划线支票。划线支票只能用于转账，不能用于支取现金。

单位和个人在全国范围内均可使用支票。现金支票和转账支票如表 6-1、表 6-2 所示。

表 6-1

现金支票

中国××银行
现金支票存根(鲁)

支票号码
附加信息

出票日期　　年　月　日

| | |
|---|---|
| 收款人： | |
| 金　额： | |
| 用　途： | |

单位主管　　会计

付款期限自出票之日起十天

中国××银行　现金支票(鲁)　　支票号码

出票日期(大写)　　年　　月　　日　付款行名称：

收款人：　　出票人账号：

| | 亿 | 千 | 百 | 十 | 万 | 千 | 百 | 十 | 元 | 角 | 分 |
|---|---|---|---|---|---|---|---|---|---|---|---|
| 人民币(大写) | | | | | | | | | | | |

用途

上列款项请从
我账户内支付
出票人签章　　复核　　记账

表 6-2

转账支票

中国××银行
转账支票存根(鲁)

支票号码
附加信息

出票日期　　年　月　日

| | |
|---|---|
| 收款人： | |
| 金　额： | |
| 用　途： | |

单位主管　　会计

付款期限自出票之日起十天

中国××银行　转账支票(鲁)　　支票号码

出票日期(大写)　　年　　月　　日　付款行名称：

收款人：　　出票人账号：

| | 亿 | 千 | 百 | 十 | 万 | 千 | 百 | 十 | 元 | 角 | 分 |
|---|---|---|---|---|---|---|---|---|---|---|---|
| 人民币(大写) | | | | | | | | | | | |

用途

上列款项请从
我账户内支付
出票人签章　　复核　　记账

**2. 支票的基本规定**

（1）支票适用于单位和个人在同一票据交换区域的各种款项的结算（中国人民银行于2007年建成全国支票影像交换系统，实现了支票在全国范围的互通使用）。

（2）支票的出票人为在经中国人民银行当地分支行批准办理支票业务的银行机构开立可以使用支票的存款账户的单位和个人。

（3）签发支票必须记载下列事项：表明“支票”的字样；无条件支付的委托；确定的金额；付款人名称；出票日期；出票人签章。

（4）支票的金额、收款人名称，可以由出票人授权补记，未补记前不得背书转让和提示付款；出票人签发支票的金额不得超过付款时付款人账户实有的存款金额，禁止签发空头支票。出票人签发空头支票、签章与预留签章不符的支票、支付密码不符的支票，商业银行应予以退票，并给予按票面金额5%但不低于1 000元的罚款，持票人有权要求出票人赔偿支票金额2%的赔偿金；对屡次签发空头支票的，商业银行应停止对其签发支票。

（5）支票的提示付款期限为自出票日起10日（到期日遇节假日顺延），但中国人民银行另有规定的除外。超过提示付款期限的支票，持票人开户行不予受理。

**3. 转账支票的核算**

6-2知识拓展：空头支票

由于现金支票结算业务已在存款业务中讲述，这里仅说明转账支票的核算（以单位为例）。

1）持票人、出票人在同一银行机构开户的处理

（1）银行受理持票人送交支票的处理。银行接到持票人送来的支票和两联进账单，审查无误后，支票作借方凭证，第二联进账单作贷方凭证，第一联进账单加盖转讫章作收账通知交给持票人。会计分录为：

借：吸收存款——单位活期存款——出票人户

　　贷：吸收存款——单位活期存款——持票人户

（2）银行受理出票人送交支票的处理。银行接到出票人送来的支票和三联进账单（见表6-3、表6-4、表6-5）时，应认真审查，经审核无误后，支票作借方凭证，第二联进账单作贷方凭证。

表6-3　　××银行　进账单　（回　单）　1

年　月　日

<table>
<tr><td rowspan="3">出票人</td><td>全　称</td><td colspan="2"></td><td rowspan="3">收款人</td><td colspan="4">全　称</td><td colspan="7"></td></tr>
<tr><td>账　户</td><td colspan="2"></td><td colspan="4">账　户</td><td colspan="7"></td></tr>
<tr><td>开户银行</td><td colspan="2"></td><td colspan="4">开户银行</td><td colspan="7"></td></tr>
<tr><td rowspan="2">金额</td><td colspan="4" rowspan="2">人民币（大写）</td><td>亿</td><td>千</td><td>百</td><td>十</td><td>万</td><td>千</td><td>百</td><td>十</td><td>元</td><td>角</td><td>分</td></tr>
<tr><td></td><td></td><td></td><td></td><td></td><td></td><td></td><td></td><td></td><td></td><td></td></tr>
<tr><td>票据种类</td><td></td><td>票据张数</td><td colspan="2"></td><td colspan="11" rowspan="3">开户解行签章</td></tr>
<tr><td>票据号码</td><td></td><td></td><td colspan="2"></td></tr>
<tr><td colspan="5">复核　记账</td></tr>
</table>

此联是开户银行交给持票人的回单

表 6-4　　　　**××银行　进账单　（贷方凭证）　2**

年　月　日

| | | | | | | | | | | | | | | | |
|---|---|---|---|---|---|---|---|---|---|---|---|---|---|---|---|
| 出票人 | 全　称 | | | 收款人 | 全　称 | | | | | | | | | | |
| | 账　户 | | | | 账　户 | | | | | | | | | | |
| | 开户银行 | | | | 开户银行 | | | | | | | | | | |
| 金额 | 人民币（大写） | | | | 亿 | 千 | 百 | 十 | 万 | 千 | 百 | 十 | 元 | 角 | 分 |
| 票据种类 | | 票据张数 | | | | | | | | | | | | | |
| 票据号码 | | | | | | | | | | | | | | | |
| 备注： | | | | | 复核：　记账： | | | | | | | | | | |

此联由收款人开户银行作贷方凭证

表 6-5　　　　**××银行　进账单　（收账通知）　3**

年　月　日

| | | | | | | | | | | | | | | | |
|---|---|---|---|---|---|---|---|---|---|---|---|---|---|---|---|
| 出票人 | 全　称 | | | 收款人 | 全　称 | | | | | | | | | | |
| | 账　户 | | | | 账　户 | | | | | | | | | | |
| | 开户银行 | | | | 开户银行 | | | | | | | | | | |
| 金额 | 人民币（大写） | | | | 亿 | 千 | 百 | 十 | 万 | 千 | 百 | 十 | 元 | 角 | 分 |
| 票据种类 | | 票据张数 | | | | | | | | | | | | | |
| 票据号码 | | | | | 收款人开户银行签章 | | | | | | | | | | |
| 复核　记账 | | | | | | | | | | | | | | | |

此联是收款人开户银行交给收款人的收账通知

会计分录为：

借：吸收存款——单位活期存款——出票人户

　贷：吸收存款——单位活期存款——收款人户

第一联进账单加盖转讫章作回单交给出票人，第三联进账单加盖转讫章作收账通知交给收款人。

2）持票人、出票人不在同一银行机构开户的处理

（1）持票人开户行受理持票人送交支票的处理，如图 6-2 所示。

① 持票人开户行的处理。持票人开户行接到持票人送交的支票和两联进账单时，应认真审查，无误后，在第二联进账单上加盖"收妥后入账"的戳记，与第一联进账单专夹保管。支票按票据交换规定提出交换，会计分录为：

借：清算资金往来——同城票据清算

　贷：其他应付款

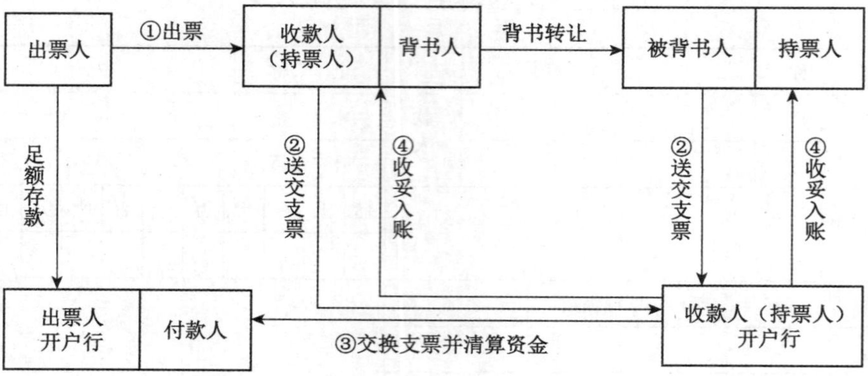


图 6-2　持票人送交支票业务流程图

待退票时间过后，若未收到退票，则转销“其他应付款”科目，并为持票人入账。会计分录为：

借：其他应付款

　　贷：吸收存款——单位活期存款——持票人户

同时，将第一联进账单加盖转讫章交给持票人。

② 出票人开户行的处理。出票人开户行收到提入的支票后认真审查，审查无误后不予退票的，支票作借方凭证。会计分录为：

借：吸收存款——单位活期存款——出票人户

　　贷：其他应收款

（2）出票人开户行受理出票人送交支票的处理，如图 6-3 所示。

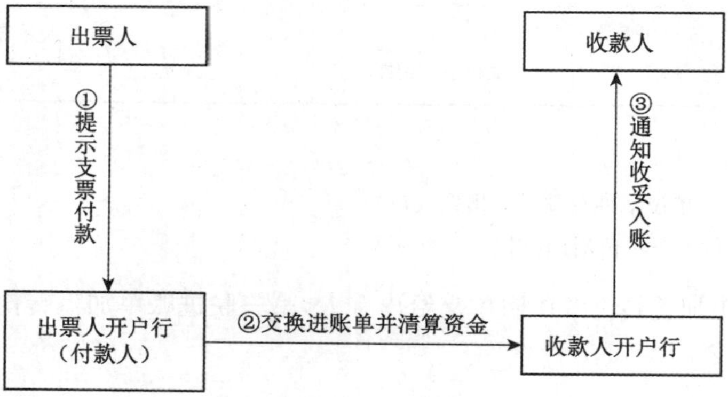


图 6-3　出票人送交支票业务流程图

① 出票人开户行的处理。接到出票人交来的支票和三联进账单时，应按规定进行审查，审查无误后，支票作借方凭证，进账单第二、第三联按票据交换的规定及时提出交换。会计分录为：

借：吸收存款——单位活期存款——出票人户

　　贷：清算资金往来——同城票据清算

② 收款人开户行的处理。收款人开户行收到交换提入的第二、第三联进账单，经审核无误后，第二联进账单作贷方凭证，第三联进账单加盖转讫章交收款人。会计分录为：

借：清算资金往来——同城票据清算
　　贷：吸收存款——单位活期存款——收款人户

转账后，第三联进账单加盖转讫章交收款人。

**【例 6-1】** 2×22 年 6 月 18 日，中国工商银行北京市某支行收到开户单位长江公司提交的转账支票和进账单，金额为 80 000 元，该支票的签发人在同城建设银行某支行开户。工商银行北京市某支行审查无误后，将转账支票提出交换，超过退票时间未收到退票通知。

工商银行北京市某支行编制的会计分录为：

(1) 提出支票时：

借：清算资金往来——同城票据清算　　80 000
　　贷：其他应付款——同城票据交换户　　80 000

(2) 超过退票时间未发生退票时：

借：其他应付款——同城票据交换户　　80 000
　　贷：吸收存款——单位活期存款——长江公司　　80 000

**【例 6-2】** 2×22 年 6 月 20 日，中国工商银行青岛市某支行收到开户单位黄河公司签发的转账支票和进账单，金额为 27 000 元，支付同城中国银行某支行开户单位的货款。中国工商银行青岛市某支行审查无误后，将第二、第三联提出交换。

会计分录为：

借：吸收存款——单位活期存款——黄河公司　　27 000
　　贷：清算资金往来——同城票据清算　　27 000

**4. 全国支票影像交换系统**

长期以来，我国支票主要在同一票据交换区域内使用，实务支票通过各地同城票据交换所传递。2007 年，全国支票影像交换系统(CIS)建成运行后，改变了传统的实物票据交换模式，使支票的使用范围扩大到全国。银行业金融机构处理异地、同城跨行和行内支票业务，都可以通过支票影像交换系统进行支票影像信息交换，办理款项结算。

1) 支票影像交换系统的体系结构

支票影像交换系统综合运用影像技术和支付密码等技术，将实物支票转换为支票影像信息(即支票影像及其电子清算信息)，实现实物支票截留，通过计算机及网络将支票影像信息传递至出票人开户行提示付款，付款回执通过小额支付系统返回，由小额支付系统统一纳入轧差并提交清算，实现支票的全国通用。

支票影像交换系统采取"两级两层"结构：第一层为全国支票影像交换中心(简称"总中心")，与支付系统国家处理中心(NPC)同位摆放，负责接收、转发跨分中心的支票影像信息；第二层为支票影像交换分中心(省中心或区域中心，简称"分中心")，与支付系统城市处理中心(CCPC)同位摆放，负责接收、转发同一分中心内的支票影像信息，并向总中心发送和从总中心接收跨分中心的支票影像信息。支票影像交换系统的体系结构如图 6-4 所示。

支票影像交换系统的参与者包括办理支票结算业务的银行业金融机构和票据交换所。

银行业金融机构可以采用分散接入模式或集中接入模式通过影像交换系统处理支票业务。在分散接入模式下，银行业金融机构委托票据交换所提交和接收支票影像信息；在集中接入模式下，银行业金融机构与影像交换系统联网(即全国性银行省级机构和地方性银行法人机构通过影像交换系统前置机与当地 CIS 分中心连接)，通过省级机构或法人机构集中提交和接收支票影像信息。选择集中接入模式的银行业金融机构，应具备支票影像采集条件，可以采用直联或间联方式。在直联方式下，银行业金融机构行内系统通过接口直接提交和接受支票影像信息；在间联方式下，银行业金融机构通过前置机客户端提交和接收支票影像信息。中国人民银行鼓励全国性银行省级机构或地方性银行法人机构采取集中接入直联方式接入 CIS 分中心。

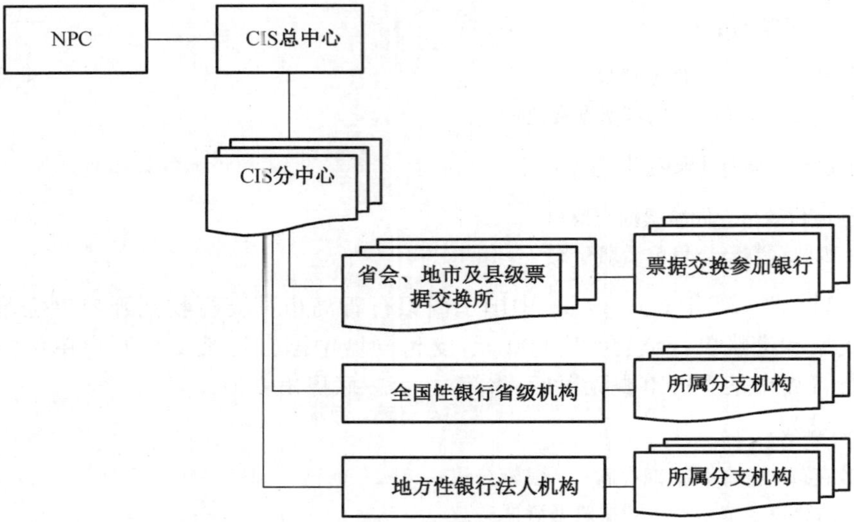


**图 6-4　支票影像交换系统的体系结构图**

2）支票影像交换系统的业务处理流程

影像交换处理的支票业务分为区域业务和全国业务。区域业务是指支票的提出行和提入行均属同一分中心并由分中心转发的业务；全国业务是指支票的提出行和提入行分属不同分中心并由总中心负责转发的业务。支票影像交换系统的业务处理流程为：

(1) 提出行(持票人开户的银行业金融机构)前置机或所在地票据交换所前置机将采集的支票影像和电子清算信息提交支票影像交换系统，分中心接受支票影像和电子清算信息后，属于区域业务的转发至提入行前置机或所在地票据交换所前置机。

(2) 提入行(出票人开户的银行业金融机构)在规定的回执返回期限内，根据小额支付系统组包规则，通过行内系统或小额支付系统客户端，按照同一收款清算行组支票业务回执包(含付款确认回执和退票回执)并送交小额支付系统处理。具体比照小额支付系统借记业务回执的手续进行处理。

3）支票影像交换系统业务处理的有关规定

(1) 支票全国通用后出票人签发的支票凭证不变，支票的提示付款期仍为 10 天。

(2) 银行业金融机构出售支票时，应在支票右下角支付密码栏下方加盖付款银行的银行机构代码。

(3) 支票影像交换系统处理规定金额以下(目前异地使用支票单笔金额上限为 50 万元)的支票业务。超过金额上限的支票,支票影像交换系统拒绝受理,收、付款人可约定采用其他支付方式。

(4) 支票影像业务处理遵循"先付后收、收妥抵用、全额清算、银行不垫款"的原则。

(5) 通过支票影像交换系统处理的支票影像信息与原实物支票具有同等的支付效力,出票人开户银行收到支票影像交换系统提交的支票影像信息,应视同实物支票提示付款。

(6) 提出行负责按照国家会计档案管理有关规定保管转换为支票影像信息的实物支票。

(7) 提入行可以采用印鉴核验方式或支付密码核验方式对支票影像信息进行付款确认。采用印鉴核验方式的,可使用电子验印系统,付款确认以签章为主,以支票影像其他要素为辅;采用支付密码核验方式的,应与出票人签订协议约定使用支付密码作为审核支付支票金额的依据。

4) 支票影像交换系统处理支票业务的核算

下面以商业银行采用集中接入模式处理影像支票业务为例,阐述通过支票影像交换系统处理支票业务的核算。

(1) 提出行发起支票影像信息的处理。持票人开户行收到持票人送交的支票和三联进账单时,应认真审查支票票面是否记载银行机构代码、金额是否超过中国人民银行规定的影像支票业务的金额上限、支票是否真实及是否超过提示付款期限、出票人的签章是否符合规定等内容。

经审查拒绝受理的,开户行制作一式两联拒绝受理通知书,加盖业务公章后一联连同支票和进账单一并退持票人,一联留存定期归档;经审查无误受理的,开户行在第一联进账单上签章作为回单退给持票人,第二联进账单加盖"收妥后入账"的戳记。

提出行采用集中接入直联方式的,在支票上加盖票据交换专用章;按规定采集支票影像;通过行内系统录入、复核支票电子清算信息;将电子清算信息与影像匹配无误后,登记"提出支票业务登记簿";按规定格式生成支票影像业务报文,经数字签名后,发送影像交换系统。提出行采用集中接入间联方式的,应将按规定格式生成的支票影像业务报文经数字签名后转存磁介质,由业务操作员导入影像交换系统前置机。

(2) 提出行分中心的处理。提出行分中心收到提出行前置机的支票影像业务报文后,进行合法性检查并对数字签名进行验证。检查和验证通过的,登记支票业务登记簿,对区域内支票业务,设置支票回执期限日期(T+N),将支票影像业务报文直接发送提入行前置机;对全国支票业务,将支票影像业务报文转发总中心。

检查和验证未通过的,返回拒绝回执至提出行前置机。

(3) 总中心的处理。总中心收到提出行分中心的支票影像业务报文后,进行合法性检查并对数字签名进行验证。检查和验证通过的,登记支票业务登记簿,设置支票回执期限日期(T+N),将支票影像业务报文转发提入行分中心。

检查和验证未通过的,返回拒绝回执至提出行分中心。

(4) 提入行分中心的处理。提入行分中心收到总中心的支票影像业务报文后,对数字签名进行验证,验证通过的,登记支票业务登记簿,将支票影像业务报文转发提入行前置机;数字签名验证未通过的,将错误信息写入支票影像业务报文并转发提入行前置机。

(5) 提入行接收核验支票的处理。直联方式下,提入行行内系统收到分中心发来的支票影像业务报文后,进行解析处理,并登记“提入支票业务登记簿”。间联方式下,提入行前置机收到分中心发来的支票影像业务报文后,通过磁介质导入行内系统进行解析处理,并登记“提入支票业务登记簿”。

提入行对接收的支票影像业务报文进行印鉴核验或支付密码核验处理,若支票印鉴与预留印鉴相符或支付密码正确,则对支票的大小写金额是否一致、必须记载的事项是否齐全、持票人是否作委托收款背书、电子清算信息与支票影像内容是否相符、出票人账号户名是否相符、出票人账户是否有足够的款项支付等信息进行审核。审核无误的,进行确认付款处理;审核有误的,进行拒绝付款(退票)处理。

(6) 提入行发起回执的处理。提入行确认付款的,立即进行账务处理。会计分录为:

借:吸收存款——××活期存款——××户
　　贷:清算资金往来

扣款成功后,提入行应在规定期限(T+N)内,通过小额支付系统发起支票影像业务确认付款回执。其中,T是指总中心转发全国业务或分中心转发区域业务的影像交换系统日期,N是指支票业务回执返回最长期限,遇节假日和小额支付系统停运日顺延。N由中国人民银行确定并授权CIS总中心统一设置。

待提入行收到小额支付系统发来的已清算通知,进行相应的账务处理。会计分录为:

借:清算资金往来
　　贷:存放中央银行款项——准备金存款

未参加小额支付系统的提入行,由其代理行通过小额支付系统发送确认付款回执,并进行相应账务处理。

提入行拒绝付款(退票)的,应在规定期限(T+N)内,通过小额支付系统发起支票影像业务拒绝付款回执。未参加小额支付系统的提入行,委托其代理行通过小额支付系统发送拒绝付款回执。

(7) 提出行收到小额支付系统支票业务回执的处理。提出行小额支付系统前置机收到城市处理中心(CCPC)发来的支票回执业务包,核验地方押无误后向CCPC返回确认信息,若核押错误,则作拒绝处理。

直联方式下,提出行小额支付系统前置机将支票回执业务包直接发送至行内系统进行处理,打印来账清单;间联方式下,提出行根据前置机收到的支票回执业务包,使用中国人民银行统一印制的来账凭证打印支付信息,提交行内系统进行处理。

① 贷记持票人账户的处理。提出行对收到的确认付款回执,匹配并销记“提出支票业务登记簿”后,进行账务处理。会计分录为:

借:清算资金往来
　　贷:吸收存款——××活期存款——××户

来账清单或来账凭证作记账凭证,第二联进账单及支票作记账凭证附件,第三联进账单交持票人。

待提出行收到小额支付系统发来的已清算通知,并进行相应的账务处理。会计分录为:

借：存放中央银行款项——准备金存款
　　贷：清算资金往来

② 退票的处理。提出行对收到的拒绝付款回执，匹配并销记“提出支票业务登记簿”后，经行内系统或提出行小额支付系统前置机客户端打印退票理由书一式两联，一联加盖业务公章连同支票和进账单一并退还持票人，并办理签收手续，一联留存归档。

（8）提出行逾期未收到小额支付系统支票业务回执的处理。提出行在规定时间内未收到支票业务回执的，应主动通过影像交换系统向提入行发出查询；支票提示付款期届满仍未收到支票业务回执的，提出行可将实物支票退还持票人并办理签收登记。

支票退还持票人后收到支票业务回执，回执确认付款的，按来账贷记收款人账户，并通知持票人交回退还的支票；回执拒绝付款的，打印退票理由书交持票人。

## 二、银行本票的核算

6-3 视频：银行本票

**1. 银行本票的概念**

银行本票是由银行签发的，承诺自己在见票时无条件支付确定的金额给收款人或持票人的票据。银行本票分为定额本票和不定额本票两种。

**2. 银行本票的基本规定**

（1）单位和个人在同一票据交换区域需要支付各种款项，均可使用银行本票。

（2）银行本票可用于转账，注明“现金”字样的银行本票可用于支取现金。

（3）银行本票的出票人，为经中国人民银行当地分支行批准办理银行本票业务的银行机构。

（4）银行本票的提示付款期自出票日起最长不超过 2 个月。持票人超过提示付款期限提示付款的，代理付款人不予受理。代理付款人是代理出票银行审核支付银行本票款项的银行。

（5）银行本票见票即付。

**3. 银行本票业务流程图**

本票的处理过程包括出票、付款、结清三个阶段。银行本票的业务流程如图 6-5 所示。

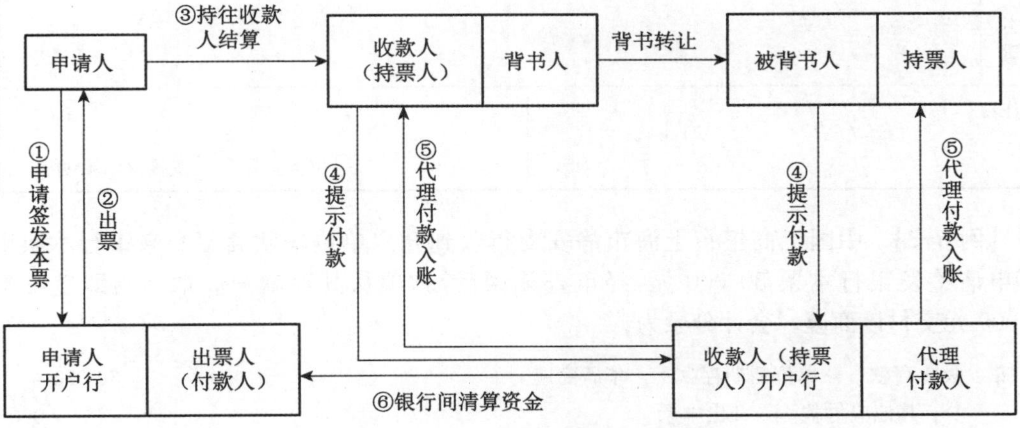


图 6-5 银行本票的业务流程图

**4. 银行本票业务核算**

1）银行本票出票（签发本票）的处理

申请人办理银行本票，应向银行填写一式三联“银行本票申请书”，第一联申请人留作存根，第二、第三联送交银行。银行受理申请人提交的第二、第三联申请书时，应认真审查其填写的各项内容是否齐全清晰，申请书填明现金字样的，应审查申请人和收款人是否均为个人。申请人和收款人均为个人并需要支取现金的，应注明“现金”字样。

经审查无误后作如下处理：

单位转账交付票据款时，银行以申请书第二联作借方传票，第三联作贷方传票。会计分录为：

借：吸收存款——单位活期存款——申请人户
　　贷：其他应付款——开出本票

以现金办理本票的，第二联注销，以第三联申请书作贷方凭证。会计分录为：

借：库存现金
　　贷：其他应付款——开出本票

银行办妥转账后，签发银行本票。不定额本票一式两联，第一联为卡片，第二联本票。填写的银行本票经复核无误后，不定额本票第二联加盖本票专用章交给申请人。第一联卡片或存根联盖章后留存并专夹保管。银行本票申请书如表 6-6 所示。

表 6-6　　**中国××银行本票申请书（支款凭证）　2**

申请日期　　年　　月　　日

<table>
<tr><td rowspan="2">收款人</td><td>账号或地址</td><td></td><td>开户银行</td><td colspan="4"></td><td rowspan="2">付款人</td><td colspan="2">账号或地址</td><td colspan="2"></td><td colspan="2">开户银行</td><td colspan="2"></td></tr>
<tr><td>名　称</td><td></td><td></td><td colspan="4"></td><td colspan="2">名　称</td><td colspan="2"></td><td colspan="2"></td><td colspan="2"></td></tr>
<tr><td rowspan="2">付款金额</td><td colspan="7" rowspan="2">人民币<br>（大写）</td><td>千</td><td>百</td><td>十</td><td>万</td><td>千</td><td>百</td><td>十</td><td>元</td><td>角</td><td>分</td></tr>
<tr><td></td><td></td><td></td><td></td><td></td><td></td><td></td><td></td><td></td><td></td></tr>
<tr><td>付款用途</td><td colspan="17"></td></tr>
<tr><td colspan="5">备注：</td><td colspan="13">财务主管：　复核：　经办：</td></tr>
</table>

此联是签发行办理本票的支款凭证

**【例 6-3】** 中国工商银行上海市静安支行收到开户单位华欣商厦交来银行本票申请书，申请签发银行本票 30 000 元，经审查无误后，款项从其存款户收取。当即签发本票 30 000 元交付该商厦。会计分录为：

借：吸收存款——单位活期存款——华欣商厦　　30 000
　　贷：其他应付款——开出本票　　30 000

另需记录：

付出：重要空白凭证——开出本票一张

2）银行本票付款的处理

（1）兑付他行签发本票的处理。代理付款人收到在本行开立账户的持票人直接交来的他行签发的本票和两联进账单时，应认真审查，无误后，以第二联进账单作贷方传票办理转账。会计分录为：

借：清算资金往来——同城票据清算
　　贷：吸收存款——单位活期存款——持票人户

转账后，第一联进账单加盖转讫章作收账通知交给持票人，本票加盖转讫章后通过票据交换所提出交换。

（2）兑付本行签发的本票的处理。银行收到持票人送交的本行签发的本票和进账单，抽出专夹保管的本票卡片或存根联，核对无误后，本票作贷方传票，办理转账。会计分录为：

借：其他应付款——开出本票
　　贷：吸收存款——单位活期存款——持票人户

**【例 6-4】** 中国工商银行上海市静安支行收到开户单位长江公司交来进账单和由同城中国工商银行黄浦支行签发的本票各一份，金额为 48 000 元，经审查无误予以入账。会计分录为：

借：清算资金往来——工行黄浦支行　　48 000
　　贷：吸收存款——单位活期存款——长江公司　　48 000

3）银行本票结清的处理

当出票行受理存款人交来的转账本票或现金本票时，本票的付款与本票结清同时完成。

当出票行收到经票据交换提入的转账本票时，抽出专夹保管的本票卡片或存根，经核对相符，确属本行出票，本票作借方凭证，本票卡片或存根联作附件。会计分录为：

借：其他应付款——开出本票
　　贷：清算资金往来——同城票据清算

## 三、银行汇票的核算

**1. 银行汇票的概念**

银行汇票是出票银行签发的，由其在见票时按照实际结算金额无条件支给收款人或者持票人的票据。银行汇票的出票人为经中国人民银行批准办理银行汇票业务的银行，银行汇票的出票银行就是银行汇票的付款人。

6-4 视频：银行汇票

**2. 银行汇票的基本规定**

（1）单位和个人的各种转账结算均可使用银行汇票。银行汇票可用于转账，填明“现金”字样的银行汇票也可用于支取现金。

（2）签发银行汇票必须记载下列事项：表明“银行汇票”的字样；无条件支付的承诺；出票金额；付款人名称；收款人名称；出票日期；出票人签章。欠缺记载上列事项之一的，银行汇票无效。

（3）银行汇票的出票和付款在全国范围内仅限于中国人民银行和各商业银行参加了“全国联行往来”的银行机构办理。跨系统银行签发的转账银行汇票的支付，应通过同城票据交换，将银行汇票和解讫通知提交给同城有关银行支付后抵用。

（4）银行汇票的代理付款人是代理本系统出票银行或跨系统签约行审核支付汇票款项的银行。代理付款人不得受理未在本行开立存款户的持票人为单位直接提交的汇票。

（5）银行汇票的提示付款期限自出票日起 1 个月。持票人超过付款期限提示付款的，代理付款人不予受理。

（6）收款人必须将实际结算金额填入银行汇票和解讫通知有关栏内。其实际结算金额应在出票金额以内，且不得更改，更改实际结算金额的银行汇票无效。

**3. 银行汇票业务流程图**

银行汇票的业务处理过程包括出票、付款、结清三个阶段。图 6-5 展示了银行汇票的业务处理流程。

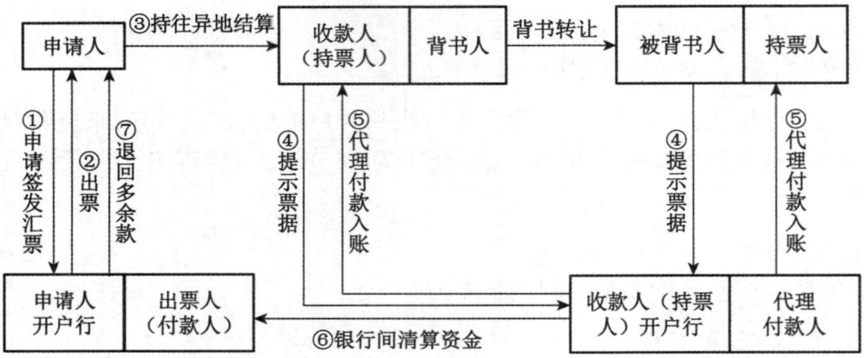


**图 6-6　银行汇票的业务流程图**

**4. 银行汇票业务核算**

1）银行汇票的出票

单位或个人需要使用银行汇票，应填写银行汇票申请书一式三联，第一联为存根，第二联为借方凭证，第三联为贷方凭证。

出票银行受理申请人提交的第二联、第三联汇票申请书时，需详细审查其内容是否填写齐全、清晰，汇票上的签章是否为预留银行的签章；申请书填明“现金”字样的，要看申请人和收款人是否均为个人，并且申请人是否交存现金。银行汇票申请书如表 6-7 所示。

表 6-7　**中国××银行　银行汇票申请书（借方凭证）　2**

申请日期　　年　　月　　日　　　　第（　　）号

| | | | | | | | | | | | | |
|---|---|---|---|---|---|---|---|---|---|---|---|---|
| 收　款　人 | | 汇　款　人 | | | | | | | | | | |
| 账号或地址 | | 账号或地址 | | | | | | | | | | |
| 兑 付 地 点 | | 兑　付　行 | | | | | | | | | | |
| 汇款金额 | 人民币（大写） | | 千 | 百 | 十 | 万 | 千 | 百 | 十 | 元 | 角 | 分 |
| | | | | | | | | | | | | |

此联出票行作借方凭证

上列款项请从我账户内支付　　科目（借）

申请人签章　　对方科目（贷）

转账日期　年　月　日

复核　　记账

对银行汇票申请书的有关内容审查无误后，出票行才可予以受理。银行汇票如表6-8所示。

表6-8

中国××银行

**银行汇票**

付款期限
壹 个 月

2 地名 号码

出票日期（大写） 年 月 日 代理付款行： 行号：

收款人： 账号：

出票金额 人民币（大写）

实际结算金额 人民币（大写） 千 百 十 万 千 百 十 元 角 分

申请人： 账号：

出票行： 行号：

备 注：

凭票付款
出票行签章

密押

多余金额
千 百 十 万 千 百 十 元 角 分

复核 记账

此联代理付款行转账借方凭证附件

对申请人转账交付的，出票行以第二联申请书作为借方凭证，以第三联作为贷方凭证，转账分录为：

借：吸收存款——单位活期存款——申请人户
　　贷：汇出汇款

申请人交付现金的，出票行以第三联申请书作为贷方凭证，会计分录为：

借：库存现金
　　贷：汇出汇款

出票行办好转账或收妥现金后，即可签发银行汇票。

2）银行汇票的付款

代理付款行接到持票人交来的汇票、解讫通知和两联进账单时，应按有关规定认真进行审查，经审核无误后，按不同情况分别进行账务处理。

（1）持票人在代理付款行开立账户的处理。代理付款行收到在本行开户持票人送交的汇票、解讫通知和进账单，要进行认真的审核，审核无误后，以汇票作借方传票，第二联进账单作贷方传票办理转账。会计分录为：

借：清算资金往来
　　贷：吸收存款——单位活期存款——持票人户

转账后，在解讫通知上加盖转讫章随借方报单寄出票行。

（2）持票人未在代理付款行开立账户的处理。代理付款行收到未在本行开户的持票人提交的汇票、解讫通知（表6-9）和进账单，应先查验持票人和身份证件，是否在持票人向银行提示付款签章处签章且真实，并要求提交持票人身份证复印件留存备查。审核无误后，以持票人姓名开立应解汇票临时存款账户，办理转账。

表 6-9

中国××银行

**银 行 汇 票(解讫通知)**

付款期限
壹 个 月

3 地名 号码

出票日期（大写） 年 月 日　　代理付款行：　　行号：

| | | | | | | | | | | | |
|---|---|---|---|---|---|---|---|---|---|---|---|
| 收款人： | | 账号： | | | | | | | | | |
| 出票金额 | 人民币（大写） | | | | | | | | | | |
| 实际结算金额 | 人民币（大写） | 千 | 百 | 十 | 万 | 千 | 百 | 十 | 元 | 角 | 分 |
| | | | | | | | | | | | |

申请人：＿＿＿＿＿＿　账号：＿＿＿＿＿＿

出票行：＿＿＿＿　行号：＿＿＿＿

备　注：＿＿＿＿＿＿

凭票付款
出票行签章

| 密押 | | | | | | | | | | |
|---|---|---|---|---|---|---|---|---|---|---|
| 多余金额 | | | | | | | | | | |
| 千 | 百 | 十 | 万 | 千 | 百 | 十 | 元 | 角 | 分 | 复核　记账 |
| | | | | | | | | | | |

此联代理付款行付款后随报单寄签发行，由签发行作多余款贷方凭证

会计分录为：

借：清算资金往来

　　贷：其他应付款——应解汇款——持票人户

转账后，按持票人的不同要求解付汇票。

① 持票人需支取现金的，另填一联现金付出传票。会计分录为：

借：其他应付款——应解汇款——持票人户

　　贷：库存现金

② 持票人需要一次或分次办理转账支付的，应由其填制支付凭证，并向银行交验本人身份证件，会计分录为：

借：其他应付款——应解汇款——持票人户

　　贷：清算资金往来

③ 持票人需要转汇的，在办理解付后，可以委托兑付银行办理款项汇划或重新签发银行汇票，但转汇的银行汇票必须全额解付。

3）银行汇票的结清

出票行接到代理付款行的资金汇划数据信息后，应抽出专夹保管的汇票卡片，经核对确属本行出票，资金汇划借方报单与实际结算金额相符，多余金额结计正确无误后，分别作出如下处理：

(1) 汇票全额付款的处理。汇票全额付款的，应在汇票卡片的实际结算金额栏填入全

部金额，在多余款收账通知的多余金额栏填写“－0－”，以汇票卡片作借方凭证，解讫通知和多余款收账通知作附件，同时销记汇出汇款账。会计分录为：

借：汇出汇款
　　贷：清算资金往来

（2）汇票有多余款的处理。汇票有余款的付款，指汇票卡片签发金额与实际结算金额不符，有余款，汇票结清时余款归还汇票申请人。以汇票卡片作借方凭证，解讫通知作多余款贷方凭证。会计分录为：

借：汇出汇款　（票面金额）
　　贷：清算资金往来　（实际结算金额）
　　　　吸收存款——单位活期存款——申请人户　（多余金额）

同时销记汇出汇款账，多余款收账通知加盖转讫章，通知申请人。

若申请人未在银行开立账户，多余金额应先转入“其他应付款”科目，并通知申请人持申请书的存根联及本人身份证件来行办理领取手续。领取时，以多余款收账通知代其他应付款借方凭证，以解讫通知代其他应付款贷方凭证，办理转账。会计分录为：

借：汇出汇款
　　贷：清算资金往来
　　　　其他应付款——申请人户

同时，

借：其他应付款——申请人户
　　贷：库存现金

**【例 6-5】** 中国工商银行上海市徐汇支行接收客户长江公司申请，开出银行汇票金额 300 000 元，由长江公司持往异地办理采购业务。长江公司业务员将汇票转交异地销货方华丰商厦，实际结算金额 260 000 元，华丰商厦将汇票在当地中国工商银行青岛支行兑付，款项转入华丰商厦存款账户。中国工商银行青岛支行向中国工商银行上海市徐汇支行清算资金，并划回多余票款。

（1）徐汇支行开出汇票，会计分录为：

借：吸收存款——单位活期存款——长江公司　300 000
　　贷：汇出汇款　300 000

（2）青岛支行代理兑付，会计分录为：

借：清算资金往来　260 000
　　贷：吸收存款——单位活期存款——华丰商厦　260 000

（3）徐汇支行结清汇票，会计分录为：

借：汇出汇款　300 000
　　贷：清算资金往来　260 000
　　　　吸收存款——单位活期存款——长江公司　40 000

## 四、商业汇票的核算

### 1. 商业汇票的概念

商业汇票是出票人签发的，委托付款人在指定日期无条件支付确定的金额给收款人或者持票人的票据。在银行开立存款账户的法人以及其他组织之间，必须具有真实的交易关系或债权债务关系，才能使用商业汇票。商业汇票为远期票据，收妥抵用，适用于同城或异地结算，只能转账，不能支取现金。商业汇票格式如表 6-10 和表 6-11 所示。

表 6-10　　　　商业承兑汇票　2　号码

出票日期（大写）　年　月　日

<table>
<tr><td rowspan="3">付款人</td><td>全　称</td><td></td><td rowspan="3">收款人</td><td>全　称</td><td colspan="3"></td></tr>
<tr><td>账　户</td><td></td><td>账　户</td><td colspan="3"></td></tr>
<tr><td>开户银行</td><td></td><td>开户银行</td><td></td><td>行号</td><td></td></tr>
<tr><td colspan="2">出票金额</td><td>人民币（大写）</td><td colspan="5">千 | 百 | 十 | 万 | 千 | 百 | 十 | 元 | 角 | 分</td></tr>
<tr><td colspan="2">汇票到期日</td><td></td><td colspan="2">交易合同号码</td><td colspan="3"></td></tr>
<tr><td colspan="3">本汇票已经承兑，到期无条件支付票款<br>承兑人签章<br>承兑日期　年　月　日</td><td colspan="5">本汇票请予以承兑于到期日付款<br>出票人签章</td></tr>
</table>

此联收款人开户行随托收凭证寄付款行作借方凭证附件

表 6-11　　　　银行承兑汇票　2　号码

出票日期　年　月　日

<table>
<tr><td>出票人全称</td><td></td><td rowspan="3">收款人</td><td>全　称</td><td colspan="3"></td></tr>
<tr><td>出票人账户</td><td></td><td>账　户</td><td colspan="3"></td></tr>
<tr><td>开户行全称</td><td></td><td>开户银行</td><td></td><td>行号</td><td></td></tr>
<tr><td>出票金额</td><td>人民币（大写）</td><td colspan="5">亿 | 千 | 百 | 十 | 万 | 千 | 百 | 十 | 元 | 角 | 分</td></tr>
<tr><td>汇票到期日</td><td></td><td rowspan="2">付款行</td><td>行号</td><td colspan="3"></td></tr>
<tr><td>承兑协议编号</td><td></td><td>地址</td><td colspan="3"></td></tr>
<tr><td colspan="2" rowspan="2">本汇票请你行承兑，到期无条件付款。<br>出票人签章</td><td colspan="3">本汇票已经承兑，到期日由本行付款。<br>承兑行签章<br>承兑日期　年　月　日</td><td colspan="2" rowspan="2">密押<br>复核　记账</td></tr>
<tr><td colspan="3">备注：</td></tr>
</table>

此联收款人开户行随托收凭证寄付款行作借方凭证附件

商业汇票签发后，必须经过承兑。承兑就是承兑人同意按汇票载明事项到期付款而在票据上作文字记载或签章的票据行为。按承兑人的不同，商业汇票分为商业承兑汇票和银行承兑汇票。商业承兑汇票由银行以外的付款人承兑，以商业信用为基础；银行承兑汇票由银行承兑，以银行信用为基础。商业汇票的付款人为承兑人。

目前实际使用的主要是银行承兑汇票。

**2. 商业汇票的基本规定**

(1) 商业汇票由出票人签发,交由承兑人承兑。具体商业承兑汇票可以由付款人签发并承兑,也可以由收款人签发交由付款人承兑;银行承兑汇票由在承兑银行开立存款账户的存款人签发,交由其开户银行承兑。

(2) 商业汇票的付款期限,最长不得超过 6 个月。

(3) 商业汇票的提示付款期限,自汇票到期日起 10 日。持票人超过提示付款期限提示付款的,持票人开户银行不予受理。

(4) 商业汇票可以在出票时向付款人提示承兑后使用,也可以在出票后先使用再向付款人提示承兑。定日付款或者出票后定期付款的商业汇票,持票人应当在汇票到期日前向付款人提示承兑。见票后定期付款的汇票,持票人应当自出票日起 1 个月内向付款人提示承兑。汇票未按照规定期限提示承兑的,持票人丧失对其前手的追索权。

(5) 商业汇票的付款人接到提示承兑的汇票时,应当在自收到提示承兑的汇票之日起 3 日内承兑或者拒绝承兑。付款人承兑商业汇票,不得附有条件,并应在汇票正面记载"承兑"字样和承兑日期并签章;承兑附有条件的,视为拒绝承兑。

(6) 符合条件的未到期的商业汇票允许贴现,并允许背书转让。

**3. 商业承兑汇票的核算**

商业承兑汇票的核算流程如图 6-7 所示。

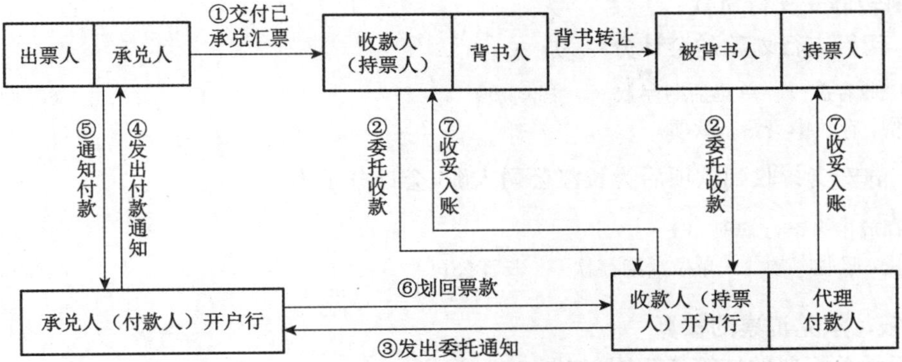


图 6-7 商业承兑汇票的业务流程图

(1) 持票人开户行受理汇票的处理。商业承兑汇票按交易双方约定签发,并由付款人承兑后交给收款人。收款人(持票人)对到期的汇票,应在提示付款期内通过开户行委托收款。

对异地委托收款的,持票人可匡算邮程,提前通过开户行办理委托收款。委托时,应填制邮划或电划委托收款凭证,连同汇票一并送交开户行。银行审查无误后,在委托收款凭证各联加盖"商业承兑汇票"戳记,其余按委托收款有关手续办理托收。

(2) 付款人开户行收到汇票的处理。付款人开户行收到收款人开户行寄来的委托收款凭证及汇票时,经审查,确定付款人确在本行开户,承兑人在汇票上签章与预留银行印鉴相符的,即可将商业承兑汇票留存,托收凭证第五联交付款人签收。

① 全额付款。付款人开户行接到付款通知的次日或付款人接到通知的第四日上午,按照委托收款付款的手续办理。会计处理为:

借：吸收存款——单位活期存款——付款人户
　　贷：清算资金往来（或相关科目）

② 付款人账户余额不足支付。银行应填制付款人未付票款通知书，在委托收款凭证备注栏注明“付款人无款支付”字样，按照委托收款无款支付的手续办理。

③ 付款人拒绝付款。银行在付款人接到通知的次日起 3 日内，收到付款人的拒绝付款理由书，按照委托收款拒绝付款的手续处理。

(3) 持票人开户行收到划回票款或退回凭证的处理。

① 全额划回。持票人开户行按照委托收款款项划回手续处理。会计分录为：

借：清算资金往来（或相关科目）
　　贷：吸收存款——单位活期存款——收款人户

② 无款支付或拒绝付款

持票人开户行接到付款人开户行发来的付款人未付票款、通知书或拒绝付款理由书和汇票及委托收款凭证，按照委托收款付款人不足支付或拒绝付款退回凭证的手续处理，将委托收款凭证、未付票款通知书或拒绝付款理由书及汇票退持票人，并由持票人签收。

**【例 6-6】** 中国建设银行上海市静安支行受理客户长江公司提交的商业承兑汇票及委托收款凭证，向同城的中国建设银行上海市闵行支行收取即将到期的商业汇票款 60 000 元。闵行支行收到提交的票据后，向汇票付款人华联商厦提示付款。汇票到期后，闵行支行将汇票金额划转静安支行付款。

(1) 闵行支行划款的会计分录为：

借：吸收存款——单位活期存款——华联商厦　　60 000
　　贷：存放中央银行款项　　60 000

(2) 静安支行收到款项后为长江公司入账，会计分录为：

借：存放中央银行款项　　60 000
　　贷：吸收存款——单位活期存款——长江公司　　60 000

**4. 银行承兑汇票的核算**

银行承兑汇票的核算流程图，如图 6-8 所示。

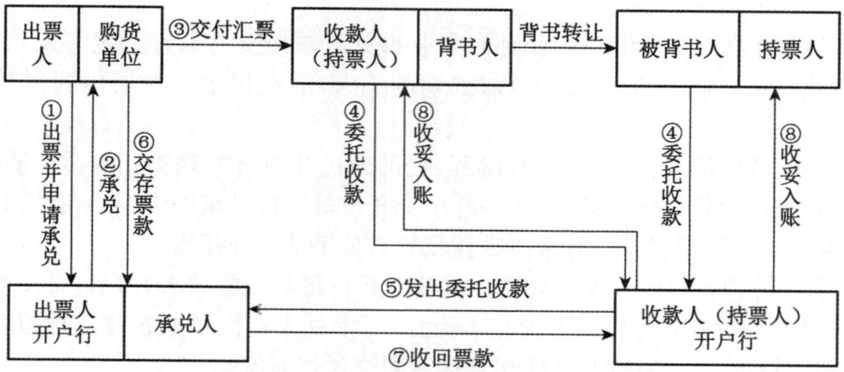


**图 6-8　银行承兑汇票的业务流程图**

（1）银行承兑汇票的承兑。承兑银行的信贷部门收到出票人向其申请或提示承兑的商业汇票时，应认真审查，确认无误后，与出票人签署银行承兑协议。一联留存，另一联及其副本连同第一、第二联汇票一并交会计部门。会计部门收到汇票和承兑协议后，经审查无误，在第一、第二联汇票上注明承兑协议编号，并在第二联汇票上加盖汇票专用章和授权经办人名章，将第二联汇票连同一联承兑协议交给出票人。同时，按规定向出票人收取票面金额5‱的手续费。

根据第一联汇票卡片填制银行承兑汇票表外科目收入传票，登记表外科目登记簿，并将第一联汇票卡片和承兑协议副本专夹保管。会计分录为：

借：吸收存款——单位活期存款——出票人户

　　贷：手续费及佣金收入

同时，登记表外科目：

收入：银行承兑汇票——出票人户

（2）持票人开户行受理汇票。持票人凭汇票委托开户行向承兑银行收取票款时，应填制委托收款凭证，连同汇票一并送交开户行。银行审查无误后、在各联凭证上加盖“银行承兑汇票”戳记，其余手续比照发出委托收款凭证的手续处理。

（3）承兑银行到期收取票款。承兑银行应每天查看汇票的到期情况，对到期的汇票，应于到期日（法定节假日顺延）向出票人收取票款。

① 出票人账户有足够资金。承兑银行填制两联特种转账借方传票，一联特种转账贷方传票，并在“转账原因”栏注明“××号汇票划转票款”，办理转账。会计分录为：

借：吸收存款——单位活期存款——出票人户

　　贷：其他应付款——应解汇款

一联特种转账借方凭证加盖转讫章作支款通知交出票人。

② 出票人账户无款支付。出票人账户无款支付的，应在特种转账凭证的“转账原因”栏注明“××号汇票无款支付转入逾期贷款账户”，并按每日0.5‱的利率收利息，会计分录为：

借：贷款——逾期贷款——出票人户

　　贷：其他应付款——应解汇款

一联特种转账借方凭证加盖转讫章作支款通知交出票人。

③ 出票人账户不足支付。出票人账户不足支付的，应在特种转账凭证的“转账原因”栏注明“××号汇票划转部分票款”，不足部分转入逾期贷款账户，会计分录为：

借：吸收存款——单位活期存款——出票人户

　　贷款——逾期贷款——出票人户

　　贷：其他应付款——应解汇款

一联特种转账借方凭证加盖转讫章作支款通知交出票人。

（4）承兑银行支付票款。承兑银行收到持票人开户行寄来的委托收款凭证及汇票，抽出专夹保管的汇票卡片和承兑协议副本，核对无误后，办理转账。会计分录为：

借：其他应付款——应解汇款

　　贷：清算资金往来（或相关科目）

同时，销记表外科目：

付出：银行承兑汇票——出票人户

（5）持票人开户行收到汇款。持票人开户行收到承兑银行划回的委托收款款项的“电子汇划收款补充报单”和委托收款凭证或拍来的电报，为持票人入账。会计分录为：

借：清算资金往来（或相关科目）

　　贷：吸收存款——单位活期存款——持票人户

【例 6-7】 中国工商银行河西支行接到开户单位商贸公司的承兑申请，承兑其开出的银行承兑汇票，金额 70 000 元，经审核签署承兑协议，并按票面面额的 3‰收取手续费。数月后，异地的中国工商银行保定支行收到开户单位针织厂提交的银行承兑汇票和托收凭证，为其收取即将到期的银行承兑汇票款。

（1）中国工商银行河西支行与商贸公司签署承兑协议，并收取承兑手续费，会计分录为：

借：吸收存款——单位活期存款——商贸公司　　210

　　贷：手续费及佣金收入　　210

同时，

收入：银行承兑汇票——商贸公司　　70 000

（2）银行承兑汇票到期，河西支行办理转账，会计分录为：

借：吸收存款——单位活期存款——商贸公司　　70 000

　　贷：其他应付款——应解汇款　　70 000

（3）河西支行收到保定支行发来的委托收款凭证及汇票，按期划出汇票款，会计分录为：

借：其他应付款——应解汇款　　70 000

　　贷：清算资金往来　　70 000

（4）保定支行收到划回的款项，为收款人收账，会计分录为：

借：清算资金往来　　70 000

　　贷：吸收存款——单位活期存款——针织厂　　70 000

## 第三节　银行卡业务的核算

### 一、银行卡的概念、分类及规定

#### 1. 银行卡的概念

银行卡是指商业银行向单位和个人发行的具有消费、转账结算和存取现金等功能的信用支付工具。由于科学技术的飞速发展，特别是电子计算机的运用，使银行卡的使用范围不断扩大。银行卡的广泛运用，不仅节约了流通费用，而且使银行业务由于突破了时间和空间的限制而发生了根本性的变化。

**2. 银行卡的分类**

银行卡按使用对象分为单位卡和个人卡；按币种不同分为人民币卡和外币卡；按信息载体不同分为磁条卡和芯片卡；按其是否可以透支划分为借记卡和信用卡。

(1) 借记卡是持卡人只能在存款额度内办理现金存取、消费和转账的银行卡。借记卡不具备透支功能，只能先存款后消费。借记卡按等级可以分为普通卡、金卡和白金卡；按不同功能可以分为转账卡、专用卡、储值卡；按使用范围可以分为国内卡和国际卡。

(2) 信用卡是由银行或信用卡公司向资信良好的个人和机构签发的一种信用凭证，持卡人可在指定的特约商户购物或获得服务。信用卡按照授信程度的不同，分为贷记卡和准贷记卡。贷记卡是指发卡银行给予持卡人一定的信用额度，持卡人可在信用额度内先消费、后还款的信用卡。贷记卡非现金交易享有免息还款期或最低还款额待遇。准贷记卡是指持卡人须先按发卡行要求交存一定金额的备用金，当备用金账户余额不足支付时，可在发卡银行规定的信用额度内透支的信用卡。准贷记卡不享受免息还款期。

**3. 银行卡的基本规定**

(1) 银行卡由商业银行或邮政金融机构发行，未经中国人民银行批准不得发行银行卡。

(2) 个人申领银行卡，应向发卡银行提交本人有效身份证件，为其开立记名账户；凡在中国境内金融机构开立基本存款账户的单位应当凭中国人民银行核发的开户许可证申领单位卡。

(3) 单位人民币卡账户的资金一律从其基本存款账户转账存入，不得存取现金，不得将销货收入存入单位卡账户。单位人民币卡可办理商品交易和劳务供应款项的结算，但不得透支；超过中国人民银行规定起点的，应当经中国人民银行当地分支机构办理转汇。单位外汇卡的资金应从其单位外汇账户转账存入，不得在境内存取外币现钞。个人卡账户的资金以其持有的现金存入或以其工资性款项及属于个人的劳务报酬收入转账存入。严禁将单位的款项存入个人卡账户。

(4) 持卡人凭银行卡及身份证件可在特约单位结算购物消费款项，在银行网点或发卡行营业柜台存取现金、办理大额购货款转账结算，发卡行依据密码等电子信息为持卡人办理存取款、转账结算。发卡行对贷记卡的取现应当每笔授权，具体额度由各银行确定。

(5) 持卡人的银行卡遗失应立即向发卡行挂失，对于储值卡和 IC 卡的电子钱包不予挂失。

(6) 银行卡持卡人在还清全部交易款项、透支本息和有关费用后，可申请销户。销户时，单位人民币卡账户资金应当转入其基本存款账户，不得提现。

## 二、信用卡业务的核算

**1. 信用卡开户的核算**

申请人办理信用卡，应按规定填写申请表。发卡银行审查同意后，按规定向其收取备用金和手续费。收取备用金和手续费的方式有以下几种。

(1) 申请人在发卡行开户的处理。申请人在发卡银行开户的，通过转账办理的，由申请人向银行填制转账支票及进账单，经发卡行审查无误后按照支票结算的有关手续处理，另填制一联特种转账贷方凭证，作收取手续费贷方凭证。会计分录为：

借：吸收存款——单位活期存款——申请人户
　　贷：吸收存款——信用卡存款——××户
　　　　手续费及佣金收入

(2) 申请人不在发卡银行开户的处理。申请人不在发卡银行开户的，须向银行填交支票及进账单，经发卡行审查无误，按照支票结算的有关手续处理，并另填制一联收取手续费的特种转账贷方凭证。会计分录为：

借：清算资金往来——同城票据清算
　　贷：吸收存款——信用卡存款——××户
　　　　手续费及佣金收入

(3) 申请人交存现金的处理。申请人交存现金的，银行收受现金后发给信用卡。会计分录为：

借：库存现金
　　贷：吸收存款——信用卡存款——××户
　　　　手续费及佣金收入

发卡银行在办理信用卡发卡手续时，应登记信用卡账户开销户登记簿和发卡清单，并在发卡单上记载领卡人身份证号码，并由领卡人签收。

**2. 信用卡购物消费的核算**

1) 特约单位开户行的核算

信用卡在特约单位购物、消费时，持卡人应将信用卡交特约单位。刷卡、打印签购单两联并由持卡人在第一联签名确认，然后将签购单第二联作为回单连同信用卡交还持卡人。每日营业终了，特约单位根据签购单汇总表填制汇计单，计算手续费和净计金额，连同签购单和进账单一并送交开户行办理转账。

特约单位开户行收到特约单位送交的两联进账单、两联汇计单和一联签购单后，经审查无误后，区别情况进行处理：

(1) 特约单位与持卡人在同一行开户的，直接办理转账，并收取手续费。会计分录为：

借：吸收存款——信用卡存款——××户
　　贷：吸收存款——信用卡存款——××特约单位户
　　　　手续费及佣金收入

(2) 特约单位与持卡人在同一城市不同银行机构开户的，特约单位开户行应向持卡人开户行提出票据交换，等款项收妥无退票时办理转账。会计分录为：

借：清算资金往来——同城票据清算
　　贷：吸收存款——信用卡存款——××特约单位户
　　　　手续费及佣金收入

(3) 特约单位与持卡人不在同一城市的，要办理联行划款手续寄持卡人开户行。会计分录为：

借：清算资金往来
　　贷：吸收存款——信用卡存款——××特约单位户
　　　　手续费及佣金收入

如果信用卡是异地跨系统银行发行的，应向特约单位所在地的跨系统发卡行转汇行提出票据交换，由转汇行汇入持卡人开户行。

2）持卡人开户行的核算

持卡人开户行收到特约单位开户行同城交换来的或寄来的有关单证时，应认真审查，确认无误后据以办理转账。会计分录为：

借：吸收存款——信用卡存款——××户
　　贷：清算资金往来——同城票据清算

如果持卡人信用卡账户不足支付的，其不足部分纳入"贷款——逾期贷款"科目核算，并按规定计算透支利息。

**3. 信用卡支取现金的核算**

个人持卡人在银行支取现金时，可直接通过 ATM 取款机办理支款手续。

(1) 对本行发行的信用卡支取现金的。会计分录为：

借：吸收存款——信用卡存款——××户
　　贷：库存现金

(2) 对异地联行发行的信用卡支取现金的，应向持卡人开户行办理联行划款手续，并收取手续费。会计分录为：

借：清算资金往来
　　贷：库存现金
　　　　手续费及佣金收入

如果信用卡是异地跨系统银行发行的，应向本地跨系统发卡行通汇提出票据交换，由转汇行汇入持卡人开户行。

**4. 信用卡透支的核算**

客户发生现金透支时，透支额作发放贷款分录。会计分录为：

借：贷款
　　贷：库存现金

发卡行收回透支款时，扣除应收利息、催收贷款利息和当期利息后，剩余款项归还透支本金。会计分录和上述相反。

**5. 信用卡挂失的核算**

持卡人信用卡遗失，可向就近的本系统信用卡部申请办理挂失，持卡人应填制三联银行卡挂失申请书，连同挂失手续费、有效身份证件交柜台经办人员。会计分录为：

借：库存现金
　　贷：手续费及佣金收入

**6. 信用卡注销的核算**

持卡人不需要继续使用信用卡的，应持信用卡主动到发卡银行办理销户。其中，个人卡销户，可以转账结清，也可以提取现金；单位卡销户，信用卡账户余额必须转入其基本存款账户；不得提取现金，分别情况进行处理：

（1）转账结清。持卡人注销信用卡时，需要转账结清的。会计分录为：

借：吸收存款——信用卡存款——××户
　　贷：吸收存款——××活期存款——××户

（2）退付现金。持卡人注销信用卡时，需要退付现金的。会计分录为：

借：吸收存款——信用卡存款——××户
　　贷：库存现金

### 三、储蓄卡业务的核算

储户申请开户时，应提供有效身份证件，并填写“储蓄卡开户申请书”“活期储蓄存款凭条”，连同现金一并交联网储蓄所。储蓄所受理后，打印一式三份收费凭证，填制一联“储蓄卡领用单”交储户凭以领取储蓄卡。其会计分录为：

借：库存现金
　　贷：吸收存款——××活期存款——××户
　　　　手续费及佣金收入

储蓄卡现金续存、取现、结息及销户的核算同吸收存款的相关业务。

## 第四节　其他结算方式业务的核算

### 一、汇兑结算方式的核算

**1. 汇兑结算的定义**

汇兑结算是汇款人委托银行将款项汇给异地收款人的结算方式。作为一种传统的结算方式，汇兑结算便于汇款人向异地的收款人主动汇款。汇兑结算广泛应用于单位和个人的各种款项结算。

汇兑分为信汇和电汇两种。信汇是汇款人委托银行用邮寄凭证的方式，通知汇入行解付汇款一种结算方式。电汇是汇款人委托银行以发送电子汇划信息的方式，通知汇入行解付汇款的一种结算方式。但是，在实际业务中，由于信汇结算方式汇款到账速度慢，在实务中已较少使用，以下仅介绍电汇。

**2. 汇兑结算的基本规定**

（1）单位和个人的各种款项的结算，均可使用汇兑结算方式。

（2）汇兑分为信汇和电汇两种，由汇款人选择使用。

（3）汇兑款项可以直接转入收款人账户，也可以留行待取、分次支取、转汇。汇款人和收款人均为个人且注明“现金”字样的，还可以支取现金。

（4）汇款人确定不得转汇的，应在汇兑凭证备注栏注明“不得转汇”字样。

（5）汇款人对汇出行汇出的款项可以申请退汇，由汇出行通知汇入行，经汇入行核实汇款未支付，并将款项汇回汇出行后方可办理退汇。

(6) 汇入行对于收款人拒绝接受的汇款，应立即办理退汇。汇入行对于向收款人发出取款通知，经过 2 个月仍无法交付的汇款，应主动办理退汇。

**延伸阅读 6-2**

**汇兑凭证上的记载事项**

汇款人到银行办理汇兑结算、签发汇兑凭证时，在汇兑凭证上必须记载下列事项：

(1) 表明“信汇”或“电汇”的字样。

(2) 支付的委托，及汇款人对于汇款不得有任何限制付款的条件。

(3) 确定的金额。

(4) 收款人的名称。

(5) 汇款人名称。

(6) 汇入地点、汇入行名称。

(7) 汇出地点、汇出行名称。

(8) 委托日期，是指汇款人向汇出行提交汇兑凭证的当日。

(9) 汇款人签章(或签名)。

欠缺上述记载事项之一的，银行不予受理。

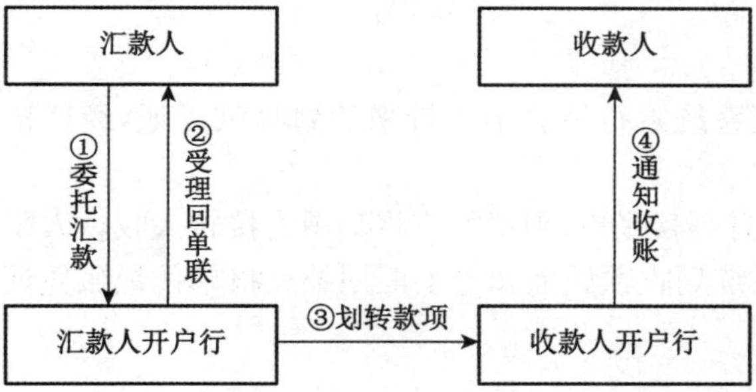


**图 6-9 汇兑结算业务的流程图**

**3. 汇兑结算业务的流程图**

图 6-9 展示了汇兑结算业务的流程图。

**4. 汇兑结算的核算**

1) 汇出行的处理

汇款人委托银行办理汇款时，应向银行填写汇兑凭证；电汇凭证由一式三联组成，第一联为回单联，第二联为借方凭证，第三联为发电依据。银行电汇凭证如表 6-12 所示。

表 6-12　　**中国××银行　电汇凭证(借方凭证)　2**

委托日期　年　月　日

| | | | | | |
|---|---|---|---|---|---|
| 汇款人 | 全　称 | | 收款人 | 全　称 | |
| | 账　户 | | | 账　户 | |
| | 汇出地点 | 省　市/县 | | 汇入地点 | 省　市/县 |
| 汇出行名称 | | | 汇入行名称 | | |
| 金额 | 人民币（大写） | | | 亿 千 百 十 万 千 百 十 元 角 分 | |
| 此汇款支付给收款人<br>汇款人签章 | | | 支付密码 | | |
| | | | 附加信息及用途：<br>复核　记账 | | |

此联汇出行作借方凭证

汇出行收到汇兑凭证后，按规定审核：汇兑凭证应记载的内容是否齐全、正确；汇款人账户有无足够的款项支付；汇款人签章与预留银行印鉴是否相符；对填明“现金”字样的汇兑凭证，还应审核汇款人和收款人是否均为个人。审核无误后，即可办理汇款。

（1）转账汇款的，银行以汇兑凭证第二联作为借方凭证办理转账。会计分录为：

借：吸收存款——××活期存款——汇款人户
　　贷：清算资金往来

（2）以现金汇款的，款项收妥后，银行另填一联特种转账贷方凭证，以第二联汇兑凭证作为借方凭证记账。会计分录为：

借：库存现金
　　贷：其他应付款——应解汇款——汇款人户

同时，

借：其他应付款——应解汇款——汇款人户
　　贷：清算资金往来

转账后，汇兑凭证第一联作为汇款人回单交汇款人，信汇凭证第三联加盖联行专用章，与第四联随同联行报单一并寄给汇入行；电汇则根据电汇凭证第三联录入数据，通过资金汇划系统向汇入行传输信息。

2）汇入行的处理

汇入行收到汇出行或转汇行经资金汇划系统本行清算中心转来的划收款凭证，经严格审核后，可分别情况处理。

（1）直接收款入账。收款人在汇入行开有存款账户，则银行应将款项直接转入收款人账户，并向收款人发出收账通知。以资金汇划系统划收款凭证和电子汇划补充报单代记账凭证办理转账，会计分录为：

借：清算资金往来
　　贷：吸收存款——××活期存款——收款人户

（2）不直接收款入账。如果收款人不在汇入行开户，或汇款人要求将汇款留行待取，银行先将款项转入“应解汇款”科目。会计分录为：

借：清算资金往来
　　贷：其他应付款——应解汇款——收款人户

然后以便条通知收款人来行解付汇款，同时，登记“应解汇款登记簿”。收款人来行解付汇款时，必须提供个人身份证明，银行按收款人的不同要求分别进行处理。

① 支取现金。收款人要求支取现金的，汇兑凭证上必须注明“现金”字样，应按规定一次性办理现金支付手续。未注明“现金”字样，需要取现金的，由汇入行按现金管理规定办理。会计分录为：

借：其他应付款——应解汇款——收款人户
　　贷：库存现金

② 分次支取。收款人需分次支取的，汇入行应先销记“应解汇款登记簿”中的该笔汇

款，并如数转入"应解汇款"科目的分户账内。客户来行取款时，银行审核收款人的身份证件无误后，办理分次支付手续。分次支取的会计分录同上。

③ 转汇。收款人需要转汇的，应由收款人重新办理汇款手续。收款人和款项用途必须是原汇款人和用途，并需在汇兑凭证上加盖"转汇"戳记。如果汇兑凭证上已注明"不得转汇"，银行不予办理。

**【例 6-8】** 中国琴岛公司向其开户银行 A 银行提交电汇凭证，要求汇款 20 000 元差旅费给在异地出差的职工王某。开户行审核无误受理，通过行内支付系统将款项划转异地 B 银行。王某所在酒店接到 B 银行便条，通知王某携带身份证件到 B 银行领取现金。

各银行会计处理如下：

(1) A 银行汇出汇款，会计分录为：

借：吸收存款——单位活期存款——中国琴岛公司　　20 000
　贷：清算资金往来　　20 000

(2) B 银行收到，先办理转账，会计分录为：

借：清算资金往来　　20 000
　贷：其他应付款——应解汇款——王某　　20 000

然后以便条通知王某来行取款。

(3) 王某持便条来行取款，B 银行核验身份证件无误并给付现金，会计分录为：

借：其他应付款——应解汇款——王某　　20 000
　贷：库存现金　　20 000

## 二、托收承付结算方式的核算

由于实务中托收承付已经很少使用，在此我们仅介绍其基本知识，不涉及会计核算。

**1. 托收承付结算方式的定义**

托收承付又称异地托收承付，是指收款人根据购销合同发货后，委托银行向异地付款人收取款项，并由付款人向银行承认付款的结算方式。

**2. 托收承付的基本规定**

托收承付结算方式只适用于异地订有经济合同的商品交易及相关劳务款项的结算。代销、寄销、赊销商品的款项，不得办理托收承付结算。

该结算办法的最大特点是其适用范围受到严格的限制。

(1) 适用范围。

① 使用该结算方式的收款单位和付款单位，必须是国有企业或供销合作社以及经营较好，并经开户银行审查同意的城乡集体所有制工业企业。

② 办理结算的款项必须是商品交易以及因商品交易而产生的劳务供应款项。代销、寄销、赊销商品款项，不得办理托收承付结算。

(2) 结算起点。《支付结算办法》规定，托收承付结算每笔的金额起点为 10 000 元；新华书店系统每笔金额起点为 1 000 元。

（3）适用条件。《支付结算办法》规定，办理托收承付，除了符合以上 2 个条件，还必须具备以下 3 个前提条件：

① 收付双方使用托收承付结算必须签有符合《经济合同法》的购销合同，并在合同中注明使用异地托收承付结算方式。

② 收款人办理托收，必须具有商品确已发运的证件。

③ 收付双方办理托收承付结算，必须重合同、守信誉。根据《支付结算办法》规定，若收款人对同一付款人发货托收累计三次收不回货款的，收款人开户银行应暂停收款人向付款人办理托收；付款人累计三次提出无理拒付的，付款人开户银行应暂停其向外办理托收。

## 三、委托收款结算方式的核算

同托收承付结算方式一样，由于实务中委托收款方式也已很少使用，在此，我们仅介绍其基本知识，不涉及会计核算。

**1. 委托收款结算方式的定义**

委托收款是收款人向银行提供收款依据，委托银行向付款人收取款项的结算方式。该结算方式不受金额起点限制，同城和异地都可使用。委托收款按结算款项的划回方式不同，分为邮寄和电报划回两种，由收款人选用。

**2. 委托收款的基本规定**

（1）单位和个人凭已承兑商业汇票、债券、存单等付款人债务证明办理款项的结算，均可使用委托收款结算方式。

（2）委托收款不受金额起点限制，同城、异地均可以使用。

（3）委托收款结算款项的划回方式，分邮划和电划两种，由收款人选用。

（4）收款人办理委托收款应向银行提交委托收款凭证和有关债务证明。

（5）银行在办理划款时，付款人存款账户不足支付的，应通过被委托银行向收款人发出未付款项通知书并连同有关债务证明一起交收款人。

（6）付款人审查有关债务证明后，对收款人委托收取的款项需要拒付的，可以在接到付款通知日的次日起 3 日内办理拒绝付款。

## 四、国内信用证业务的核算

6-5 视频：国内信用证及其开立

**1. 国内信用证的概念及有关规定**

1）国内信用证的概念

国内信用证是指开证行依照申请人的申请开出的，凭符合信用证条款的单据支付的付款承诺。信用证属于银行信用，开证行为信用证的主债务人。采用信用证结算，主要涉及以下当事人。

（1）开证申请人。购销合同中的买方（购货方）。

（2）开证行。买方的开户银行。

（3）受益人。购销合同中的卖方（供货方）。

（4）通知行。受开证行委托向受益人发出信用证通知书的银行。

（5）委托收款行。按照受益人委托，向开证行办理委托收款的银行。

（6）议付行。根据开证行在议付信用证中的授权，接受受益人议付申请买进受益人提交的汇票和单据的银行。

2）国内信用证的有关规定

① 经中国人民银行批准经营结算业务的商业银行总行以及经商业银行总行批准开办信用证结算业务的分支机构，可以办理信用证结算业务。未经批准的银行机构和城市信用合作社、农村信用合作社及其他非银行金融机构不得办理信用证结算业务。

② 信用证适用于国内企业之间商品交易的结算。

③ 信用证为不可撤销、不可转让的跟单信用证。

④ 信用证只限于转账结算，不得支取现金。

⑤ 受益人收取信用证款项，采用委托收款和申请议付两种方式。

⑥ 在信用证结算中，各有关当事人处理的只是单据，而不是与单据有关的货物及劳务。

⑦ 信用证与作为其依据的购销合同相互独立，银行在处理信用证业务时，不受购销合同的约束。

**2. 国内信用证的种类**

国内信用证分为三种：不可撤销、不可转让的即期付款的跟单信用证；不可撤销、不可转让的延期付款的跟单信用证；不可撤销、不可转让的延期付款的可议付跟单信用证。

不可撤销是指信用证一经开出，在有效期内，未经受益人、开证人等有关当事人同意，开证行不得片面修改或撤销信用证的规定和承诺。

不可转让是指受益人不能将信用证的权利转让给他人。

跟单信用证是指开证行凭跟单汇票或仅凭单据付款的信用证。单据是指代表货物所有权的单据（如海运提单等），或证明货物已交运的单据（如铁路运单、航空运单、邮包收据）。与跟单信用证相对应的是光票信用证，即开证行仅凭不随附货运单据的汇票付款的信用证。汇票如附有不包括货运单据的发票、货物清单等，仍属光票。

国内信用证按付款方式分为即期付款、延期付款或议付。议付方式仅限于延期付款信用证。即期付款是指开证行收到信用证项下的合格单据后，即期履行付款责任；延期付款是指开证行收到合格单据后，依据信用证规定的延付期限从运输单据显示的装运日后或货物收据签发日后起算（不含装运日或签发日），确定在未来某一日承担付款责任；若延期付款信用证开证行指定受益人开户行为议付行向受益人议付货款的，则为可议付信用证。

**3. 国内信用证业务的处理流程**

(1) 买卖双方签订商品购销合同，合同订明采用信用证结算方式。

(2) 买方向开户行申请开立信用证。

(3) 开证行开立信用证并发送给通知行。

(4) 通知行核对后，向受益人（卖方）通知信用证。

(5) 卖方委托承运人向买方发货。

(6) 发货后，受益人向开户行交单，委托开户行向开证行收款（或受益人向开户行交单并申请议付）。

(7) 若受益人向开户行交单并申请议付的，议付行审查单证无误后付款。

(8) 议付行或受益人开户行向开证行交付单据，索要货款。

(9) 若为即期付款信用证，则开证行审查单证无误后付款；若为延期付款或议付信用证，则开证行先向受益人开户行（或议付行）发送到期付款确认书，于到期日再付款。

(10) 开证行向开证申请人交付单据，并发送付款通知。

(11) 受益人开户行为受益人收款入账，并向其发出收账通知(或议付行办理转账)。

(12) 买方凭收到的单据向承运人提货。

国内信用证业务的处理流程如图 6-10 所示。

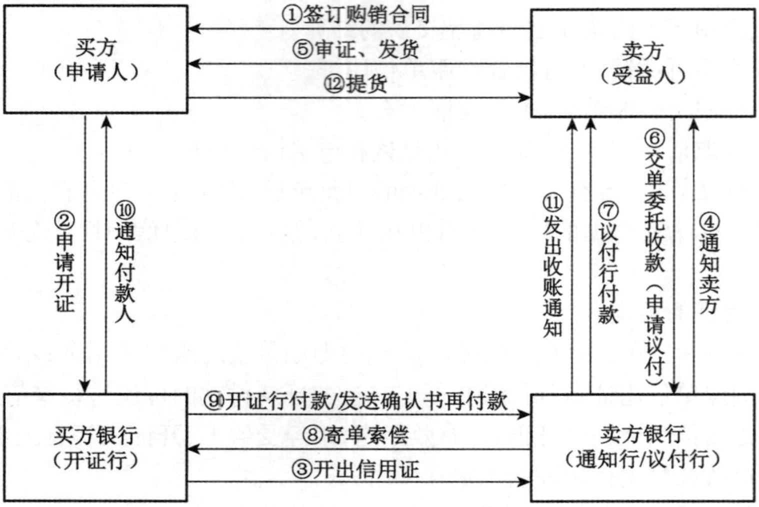


图 6-10　国内信用证业务处理流程图

**4. 国内信用证业务的核算**

1) 开证行开立信用证的处理

申请人申请开立信用证，应填制一式三联开证申请书并按规定签章后，连同有关购销合同交其开户行。开证行收到后，第一联申请书加盖业务公章后交申请人；第二联开证依据，会计部门留存；第三联开证存查，信贷部门留存。开证行审核无误后，同意开证的，应根据申请人的资信情况，确定向其收取保证金的比例，或同时要求申请人提供抵押、质押或保函等其他担保。

开证行收到申请人交纳的保证金时，会计分录为：

借：吸收存款——单位活期存款——××申请人

　贷：存入保证金——信用证保证金——××申请人

开证行开立信用证可采用信开和电开两种方式。开证行开立信开信用证的，应由其加盖信用证专用章和经办人名章并加编密押，以邮寄方式送达通知行；开证行开立电开信用证的，应由其加编密押，以电子方式将信用证文本信息发送通知行。现行实务中一般采用电开信用证方式，以下所述信用证均为电开信用证。

开证行缮制一式两联信用证，加编密押并核对无误后，以电子方式向通知行发送信用证信息。第一联信用证副本留存，第二联开证通知加盖业务公章交申请人。开证行开立信用证后，根据第一联信用证作表外科目核算，并向申请人收取开证手续费(开证金额的 0.15% 但不低于 100 元)及电子汇划费。会计分录为：

借：吸收存款——单位活期存款——××申请人

　贷：手续费及佣金收入——国内信用证开证手续费收入

同时，

收入：开出国内信用证——××申请人

2）通知行通知信用证的处理

通知行收到开证行发来的信用证信息，核押无误后，系统自动打印信用证正本（其复印联为信用证副本），打印成功后，系统自动按每笔50元收取通知手续费。会计分录为：

借：吸收存款——单位活期存款——××受益人
　贷：手续费及佣金收入——国内信用证通知手续费收入

通知行核验信用证无误后，缮制一式两联信用证通知书。第一联加盖业务公章连同信用证正本交受益人；第二联连同信用证副本留存，专夹保管。

3）受益人开户行对来单的处理

（1）议付来单的处理。受益人向开户行申请议付的，应填制一式两联信用证议付/委托收款申请书和一式五联议付凭证。受益人在第一联信用证议付/委托收款申请书和第一联议付凭证上加盖预留银行签章后连同信用证通知书、信用证正本及单据一并提交议付行。

议付行经审查，若单证相符同意议付的，按规定计算议付利息、实付议付金额，打印记账凭证，办理转账，第一、第二、第三联议付凭证作记账凭证附件。会计分录为：

借：议付信用证款项
　贷：吸收存款——单位活期存款——受益人
　　利息收入

同时，按议付单据金额的0.1%向受益人收取议付手续费，会计分录为：

借：吸收存款——单位活期存款——受益人
　贷：手续费及佣金收入——国内信用证议付手续费收入

议付行办理转账后，第五联议付凭证和第一联信用证议付/委托收款申请书专夹保管；第二联信用证议付/委托收款申请书、第四联议付凭证连同信用证通知书和信用证正本一并退受益人。

同时，议付行填制一式两联寄单通知书和一式五联委托收款凭证。第一联寄单通知书和第三、第四、第五联委托收款凭证及有关单据一并寄开证行办理收款；第二联寄单通知书和第一、第二联委托收款凭证议付行留存，并按照前述发出委托收款的手续处理。

议付行经审查，若单证不符的，受益人修改后相符，同意议付的，比照前述手续处理；受益人修改后仍不符，拒绝议付的，制作一式两联拒绝议付/不符点通知书，一联留存，另一联加盖业务公章连同有关单证退受益人。

（2）委托收款来单的处理。受益人委托开户行向开证行提交单证的，应填制委托收款凭证和信用证议付/委托收款申请书，连同信用证正本及有关单据提交开户行。开户行审查无误后，第一联信用证议付/委托收款申请书随委托收款凭证，连同有关单证一并寄开证行，并按照前述发出委托收款的手续处理。

4）开证行对来单的处理

开证行收到议付行寄来的委托收款凭证、单据及寄单通知书或受益人开户行寄来的委托收款凭证、信用证正本、单据及信用证议付/委托收款申请书，经审查单证相符的，分不同情况进行处理。

(1) 即期信用证付款的处理。开证行应从开证申请人存款账户中支付，不足部分从其保证金账户中支付，若保证金账户仍不足支付的，则对开证申请人作逾期贷款处理，并根据情况选择行内汇划、大额支付或小额支付等渠道办理划款。会计分录为：

借：吸收存款——单位活期存款——申请人
　　存入保证金——信用证保证金——申请人
　　贷款——逾期贷款——信用证垫款(申请人)
　　贷：清算资金往来

对申请人提供抵押、质押的，开证行按规定处理抵押物和质押物；提供保函的，向担保人收取款项。

开证行办妥付款手续后，填制一式两联信用证来单通知书，第一联加盖业务公章连同有关单据交开证申请人，第二联留存，并进行表外科目核算。会计分录为：

付出：开出国内信用证——××申请人

有抵押物、质押物或保函的，应予以退还。

(2) 延期信用证付款的处理。开证行应在规定的时间内向受益人开户行(含议付行)发电，未议付的由其转告受益人，确认到期付款。开证行到期日付款比照上述即期信用证付款的手续进行处理。

开证行收到来单后，经审查单证不符的，应制作一式两联拒绝议付/不符点通知书，一联留存，另一联加盖业务公章，凭以在规定时间内向受益人开户银行(含议付行)发送电子信息，告知单证不符，拒绝付款。受益人开户行未议付的，由该行转告受益人。同时，开证行保留单据并洽开证申请人，若开证申请人同意付款，则开证行按前述单证相符时付款的手续进行处理；若开证申请人不同意付款，则开证行将单据退议付行或将信用证正本和单据退交受益人。

5) 受益人开户行(含议付行)收到划来款项的处理

受益人开户行(含议付行)收到开证行通过行内系统、大小额支付系统等渠道划来的款项后，按照委托收款划回的手续处理。会计分录为：

借：清算资金往来
　　贷：议付信用证款项

或　　贷：吸收存款——单位活期存款——受益人

属于受益人通过其开户行委托收款的，开户行应在委托收款收账通知联加盖转讫章通知受益人。

6) 信用证注销的处理

开证行在信用证有效期内未收到任何单据，在信用证有效期满一个月后，应解除开证申请人的信用证担保(即退还保证金、抵押物、质押物或保函)，并注销信用证。

开证行收到开证申请人提出对未逾有效期信用证的注销申请和信用证正本时，应审查开证申请人与受益人同意注销的证明，无误后，解除开证申请人的信用证担保，并注销信用证。

## 本章重要概念

支付结算　票据　银行汇票　商业汇票　本票　支票　银行卡　汇兑　托收承付　委托收款　国内信用证

6-6 扫一扫看课件

## 本 章 练 习

### 一、单项选择题

1. 银行结算要维护存款人权益,保证存款人对其资金的自主支配,体现的是(　　)。

A. 恪守信用,履约付款原则　　B. 谁的钱进谁的账,由谁支配原则

C. 银行不垫款原则　　D. 以上都不对

2. 因出票人账户不足支付,而将不足支付的款项转入出票人逾期贷款户的票据是(　　)。

A. 支票　　B. 银行本票

C. 商业承兑汇票　　D. 银行承兑汇票

3. 存款单位向开户银行支取现金时,应签发(　　)。

A. 现金支票　　B. 转账支票

C. 银行本票　　D. 银行汇票

4. 由出票银行签发,并在见票时按照实际结算金额无条件支付给收款人或者持票人的票据是(　　)。

A. 支票　　B. 银行本票　　C. 银行汇票　　D. 商业汇票

5. 银行汇票实际结算金额低于出票金额的,剩余部分作(　　)的处理。

A. 出票银行作为营业外收入　　B. 出票银行退还申请人

C. 代理付款人作为营业外收入　　D. 代理付款人退还申请

### 二、多项选择题

1. 支付结算原则的内容包括(　　)。

A. 恪守信用,履约付款　　B. 谁的钱进谁的账,由谁支配

C. 实行结算监督　　D. 银行不垫款

2. 下列支付结算方式中,属异地使用的有(　　)。

A. 银行汇票　　B. 银行本票　　C. 支票　　D. 托收承付

3. 下列支付结算方式中,可同城使用的有(　　)。

A. 银行汇票　　B. 银行本票　　C. 支票　　D. 汇兑

### 三、判断题

1. 支票的提示付款期限为5天,到期日遇节假日顺延。(　　)

2. 银行本票是银行签发的承诺自己在见票时无条件支付确定的金额给收款人或者持票人的票据。(　　)

3. 银行汇票收款人未填明实际结算金额和多余金额或实际结算金额超过出票金额的,银行不予受理。(　　)

4. 委托收款结算款项的划回方式分邮寄和电报两种,由付款人选用。(　　)

5. 我国票据中,银行本票和银行汇票的出票人同时又是票据的付款人。(　　)

## 四、简答题

1. 简述支付结算的定义与结算原则。

2. 什么是票据？票据的种类有哪些？

## 五、业务题

1. 中国工商银行上海市长安支行3月份发生下列经济业务：

(1) 1日，收到华兴公司交来委托收款的进账单和在本行开户的泰富商场签发的转账支票各一份，金额为75 000元，经审查无误后，予以入账。

(2) 5日，收到长江公司交来委托收款的进账单和在中国工商银行上海市卢湾支行开户的亚东公司签发的转账支票各一份，金额为56 000元，经审查无误，票据交换后，收到同城票据交换资金清算凭证，予以入账。

(3) 6日，退票时间已过，将上题中长江公司的进账单入账。

(4) 8日，从中国工商银行上海市徐汇支行交换提入开开公司签发的转账支票一张，金额为45 000元，经审查无误后，予以入账。

(5) 11日，从中国工商银行上海市长宁支行交换提入宏昌工厂签发的转账支票一张，金额为36 000元，审查发现该厂账户余额不足，应在次场票据交换时退回，予以入账。

要求：练习支票和银行本票业务的核算。

2. 中国工商银行上海市长安支行3月份发生下列经济业务：

(1) 1日，收到春江工厂交来银行汇票申请书一份，申请签发银行汇票80 000元，经审查无误后，款项从其存款户收取，当即签发银行汇票一张，金额80 000元，交付该厂，予以入账。

(2) 5日，收到在本行开户的华兴公司交来的进账单和由中国工商银行嘉兴支行签发的银行汇票各一份，汇票出票金额为75 000元，进账单金额和银行汇票实际结算金额均为72 000元，经审查无误后，予以入账。

(3) 10日，收到中国工商银行长春支行借方报单、银行汇票解讫通知和多余款收账通知各一张，填列汇票出票金额80 000元，实际结算金额也为80 000元。经审查无误后，予以入账。

(4) 22日，收到新欣商厦交来银行汇票申请书一份，申请签发银行汇票66 000元，经审查无误后款项从其存款户收取，当即签发银行汇票一张，金额为66 000元，交付该商厦，予以入账。

(5) 30日，收到中国工商银行青岛支行借方报单、银行汇票解讫通知和多余款收账通知各一张，填制汇票出票金额66 000元，实际结算金额为63 500元，多余金额为2 500元。将多余金额退回新欣商厦，予以入账。

要求：练习银行汇票的核算。

3. 中国工商银行上海市分行长安支行发生下列经济业务：

(1) 3月5日，收到中国工商银行常熟支行寄来委托收款凭证及商业承兑汇票各一份，系上海服装公司承兑常熟服装厂的货款78 000元。经审查无误后，予以支付。

(2) 3月8日，收到中国工商银行无锡支行寄来的委托银行收款第四联收账通知一张，金额为27 000元，系开开公司托收的商业承兑汇票的货款。经审查无误后，予以入账。

(3) 3月15日，收到沪西工厂交来付款期限为1个月的银行承兑汇票一份，金额为150 000元，收款人为大连日化厂。经审查无误后，签署承兑协议，按票面金额向沪西工厂收取5‰承兑手续费，予以入账。

(4) 4月15日，上月15日为出票人沪西工厂承兑的银行承兑汇票一张，金额为150 000元，已经到期，而沪西工厂账户余额为70 000元，予以收取，不足款转入逾期贷款户。

(5) 4月25日，沪西工厂账户已有存款，从其账户扣除银行承兑汇票逾期未付的80 000元，并按逾期日数，每日按5‰计收利息。

(6) 4月26日，收到中国工商银行大连支行寄来的委托收款凭证及银行承兑汇票各一份，系沪西工厂支付大连日化厂货款 150 000 元,经审查无误后,予以支付。

要求:练习商业汇票的核算。

4. 中国工商银行上海市长安支行 4 月份发生下列经济业务:

(1) 24 日,收到中国工商银行扬州支行注明"留行待取"字样的电汇凭证一份,金额为 90 000 元,付款人为扬州日化厂,收款人为该厂的采购员周伟先生。经审查无误后,予以入账,并通知收款人来办理取款手续。

(2) 30 日,收到扬州日化厂采购员周伟交来其签发的转账支票和填制的进账单各一份,金额为 85 000 元,要求将款项支付在本行开户的沪西工厂的货款。经审查无误后,予以入账。

要求:练习汇兑业务的核算。

# 第七章　中间业务的核算



## 内容提要

本章主要讲解商业银行业务中的中间业务，具体包括中间业务概述以及代理债券业务、保管箱业务、保函业务、基金托管业务的会计核算。

## 重点难点

本章重点为中间业务的概念、代理债券业务的核算、保管箱业务的核算和保函业务的核算；本章难点为代理债券业务的核算和保函业务的核算。

## 学习目标

通过本章的学习，学生应掌握中间业务的概念及分类、代理债券业务中余额包销和代销方式下的会计核算、保管箱业务的含义及会计核算、保函业务的含义及会计核算、基金托管业务的核算；了解中间业务的种类，了解中间业务与传统业务的区别。

## 知识框架

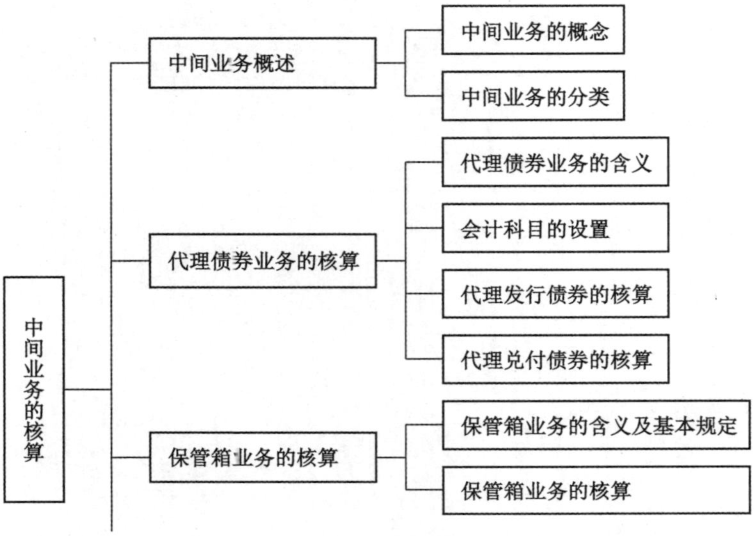

- 保函业务的核算
  - 保函业务的含义及基本规定
  - 保函业务的核算
- 基金托管业务的核算
  - 基金托管业务的含义及基本规定
  - 基金托管业务的核算

## 思政育人　　中间业务虽诱人 合规是底线

兴业银行行长陶以平于2016年上任后提出“商行＋投行”战略。此前兴业银行发力金融市场业务，素有“同业之王”之称。但随着监管“去杠杆”的推进，兴业银行主动进行业务结构调整，顺应整个银行业转向中间收入业务的大趋势，陶以平因此在新一轮五年规划中提出建设“结算型、投资型、交易型”三型银行，施行“商业银行＋投资银行”策略，将发展中间业务当作银行新的增长引擎。

截至2019年年末，兴业银行实现营业收入1 813.08亿元，同比增长14.54％，非利息净收入同比增长25.05％，营业收入占比达43.20％。2020年半年报显示，2020年上半年，兴业银行非利息净收入同比增长12.56％，在总营业收入中的占比超过45％；该行银行卡手续费占比超过50％，由此可见信用卡业务对于该行非息收入贡献较大。半年报显示，报告期内兴业银行信用卡累计实现交易金额10 844.94亿元，同比增长19.78％，远远超过了民生银行和浦发银行，这两家银行分别同比增长5.58％、4.10％。

不过，在转型发展的同时，兴业银行相关业务的合规性也迎来了挑战。2020年10月30日，上海银保监局公布的行政处罚信息公开表显示，兴业银行信用卡中心存在信用卡授信审批严重违反审慎经营规则的行为，被责令改正并处罚款50万元。2019年，兴业银行该业务也收到了一张罚单。因在为部分客户办理信用卡业务时，未遵守总授信额度管理制度以及对部分信用卡申请人资信水平调查严重不尽职，2019年7月8日，兴业银行信用卡中心被银保监会上海监管局责令改正，并处罚款40万元。据2020年中报披露，兴业银行的信用卡不良率是2.01％，较年初上升0.54％。

银保监会消保局2021年1月11日发布的银保监消保发〔2021〕2号文件指出，在对兴业银行消保情况现场检查中发现，该行互联网保险销售行为存在未充分履行提示和明确说明义务、可回溯管理不健全等问题，侵害了消费者合法权益，消保局将依法依规进行处理。据悉这是可回溯管理规定执行以来的首个处罚。

2020年9月，兴业银行还因清算业务、支付结算业务违规收到一份千万级别的罚单。央行福州中心支行对兴业银行开出的处罚信息公示表显示，兴业银行存在5项违法行为。为此，央行福州中心支行对兴业银行给予警告处分，没收违法所得1 087.51万元，并处1 382.44万元罚款，共罚没2 469.95万元。

我们不难发现，中间业务在给银行带来收入增长的同时，也要求银行必须在遵循法律法规的前提下去处理中间业务，不然可能得不偿失。那么中间业务到底是什么？银行的中间业务有哪些？下面的学习将为我们解决这些问题。

资料来源：新华融媒看财经.追责永煤事件兴业银行被通报批评，中间业务频遭罚合规性打问号[EB/OL].(2021-01-18)[2022-11-30].https://baijiahao.baidu.com/s?id＝1689226811038745780&wfr＝spider&for＝pc.

# 第一节 | 中间业务概述

## 一、中间业务的概念

7-1视频：中间业务

### 1. 中间业务的概念

中国人民银行颁发的《商业银行中间业务暂行规定》，将中间业务定义为：中间业务是不构成商业银行表内资产、表内负债，形成银行非利息收入的业务。中间业务的发展是商业银行现代化的重要标志。

中间业务与资产业务、负债业务被称为现代商业银行的三大业务，发达国家的商业银行业务经营的突出特点之一就是中间业务的快速拓展。

发展中间业务对我国商业银行现代化极为重要，对加快我国商业银行现代化改革进程、提高商业银行效益及竞争力具有重要意义。

**2. 中间业务的特征**

从上述定义可以看出，中间业务具有四个特征。

（1）银行在业务中发挥中间人的角色，如代收水电费，银行在水电费收费机构和消费者之间起到桥梁作用。

（2）银行在中间业务中仅提供服务，不需要提供资金，所以风险低。

（3）中间业务以收取手续费为主要目的，因为银行办理中间业务要付出一定的成本，需要收费加以补偿。

（4）银行中间业务产品是一种固化了商业信誉的金融产品，而不仅仅是一种单纯的金融品种。中间业务的开展是以银行的信誉为基础的，而金融服务产品的开发又反过来进一步提高了银行的信誉。

## 二、中间业务的分类

按照《商业银行中间业务暂行规定》给定的参考分类标准，商业银行中间业务可分为以下九大类。

**1. 支付结算类中间业务**

支付结算类中间业务是由银行为客户办理因债权债务关系引起的与货币支付、资金划拨有关的收费业务。结算业务借助的主要结算工具包括银行汇票、商业汇票、银行本票和支票；结算方式主要包括同城结算方式和异地结算方式。

**2. 银行卡类中间业务**

银行卡类中间业务可分为贷记卡业务、准贷记卡业务和借记卡业务。银行卡是由银行向社会发行的具有消费信用、转账结算、存取现金等全部或部分功能的信用支付工具。

**3. 代理类中间业务**

代理类中间业务是银行接受客户委托、代为办理客户指定的经济事务、提供金融服务并收取一定费用的业务，包括代理政策性银行业务、代理中国人民银行业务、代理其他银行业务、代收代付业务、代理证券业务、代理保险业务、代理其他银行的银行卡收单业务等。

**4. 担保类中间业务**

担保类中间业务是银行为客户债务清偿能力提供担保，承担客户违约风险的业务。主要包括银行承兑汇票、备用信用证、各类保函等。

（1）银行承兑汇票是指由收款人或付款人（或承兑申请人）签发，并由承兑申请人向开户银行申请，经银行审查同意承兑的商业汇票。

（2）备用信用证是指开证行应借款人要求，以放款人作为信用证的收益人而开具的一种特殊信用证，以保证在借款人破产或不能及时履行义务的情况下，由开证行向收益人及时支付本利。

(3) 各类保函业务,包括投标保函、承包保函、还款担保及借款保函等。

**5. 承诺类中间业务**

承诺类中间业务是商业银行在未来某一日期按照事前约定的条件向客户提供约定信用的业务,主要指贷款承诺,包括可撤销承诺和不可撤销承诺两种。

(1) 可撤销承诺附有客户在取得贷款前必须履行的特定条款,在银行承诺期内,客户如没有履行条款,则银行可撤销该项承诺。可撤销承诺包括透支额度等。

(2) 不可撤销承诺是银行不经客户允许不得随意取消的贷款承诺,具有法律约束力,包括备用信用额度、回购协议、票据发行便利等。

**6. 交易类中间业务**

交易类中间业务是商业银行为满足客户保值或自身风险管理等方面的需要,利用各种金融工具进行的资金交易活动,主要包括金融衍生业务。

(1) 远期合约,是交易双方约定在未来某个特定时间以约定价格买卖约定数量的资产,包括利率远期合约和远期外汇合约。

(2) 金融期货合约,是以金融工具或金融指标为标的的期货合约。

(3) 互换合约,是交易双方基于自己的比较利益,对各自的现金流量进行交换,一般分为利率互换和货币互换。

(4) 期权合约,是期权的买方支付给卖方一笔权利金,获得一种权利,可于期权的存续期内或到期日当天,以执行价格与期权卖方进行约定数量的特定标的的交易。期权按交易标的分为股票指数期权、外汇期权、利率期权、期货期权、债券期权等。

延伸阅读 7-1

**衍生金融资产**

衍生金融资产也叫金融衍生工具(financial derivative),又称"金融衍生产品",是与基础金融产品相对应的一个概念,是建立在基础产品或基础变量之上,其价格随基础金融产品的价格(或数值)变动的派生金融产品。这里所说的基础产品是一个相对的概念,不仅包括现货金融产品(如债券、股票、银行定期存款单等),也包括金融衍生工具。作为金融衍生工具基础的变量包括利率、汇率、各类价格指数、通货膨胀率甚至天气(温度)指数等。

金融衍生工具是在货币、债券、股票等传统金融工具的基础上衍化和派生的,以杠杆和信用交易为特征的金融工具。

资料来源:任淮秀.证券投资学[M].北京:高等教育出版社,2007.

**7. 基金托管类中间业务**

基金托管类中间业务是有托管资格的商业银行接受基金管理公司委托,安全保管所托管的基金的全部资产,为所托管的基金办理基金资金清算款项划拨、会计核算、基金估值、监督管理人投资运作,包括封闭式证券投资基金托管业务、开放式证券投资基金托管业务和其他基金的托管业务。

**8. 咨询顾问类中间业务**

咨询顾问类中间业务是商业银行依靠自身在信息、人才、信誉等方面的优势,收集和整理有关信息,并通过对这些信息,以及银行和客户资金运动的记录和分析,形成系统的资料和方案提供给客户,以满足其业务经营管理或发展需要的服务活动。具体包括企业信息咨询业务、资产管理顾问业务、财务顾问业务、现金管理业务等。

**9. 其他类中间业务**

其他类中间业务包括保管箱业务,以及其他不能归入以上八类的业务。

## 第二节 代理债券业务的核算

### 一、代理债券业务的含义

代理债券业务是指商业银行作为债券代理经纪人,受客户委托代理发行和代理兑付债券的业务。

商业银行代理发行和代理兑付的债券主要有:

(1) 国家债券,包括国库券、国家重点建设债券等。

(2) 金融债券,包括各家政策性银行、商业银行及非银行金融机构发行的债券等。

(3) 企业债券,包括重点企业债券、企业短期债券、企业内部债券等。

延伸阅读 7-2

**债　券**

债券(bonds/debenture)是一种金融契约,是政府、金融机构、工商企业等直接向社会借债筹措资金时,向投资者发行,同时承诺按一定利率支付利息并按约定条件偿还本金的债权债务凭证。债券的本质是债的证明书,具有法律效力。债券购买者或投资者与发行者之间是一种债权债务关系,债券发行人即债务人,投资者(债券购买者)即债权人。

债券是一种有价证券。由于债券的利息通常是事先确定的,所以债券是固定利息证券(定息证券)的一种。在金融市场发达的国家和地区,债券可以上市流通。在中国,比较典型的政府债券是国库券。

由此,债券包含了以下四层含义:

(1) 债券的发行人(政府、金融机构、企业等机构)是资金的借入者。

(2) 购买债券的投资者是资金的借出者。

(3) 发行人(借入者)需要在一定时期还本付息。

(4) 债券是债的证明书,具有法律效力。债券购买者与发行者之间是一种债权债务关系,债券发行人即债务人,投资者(或债券持有人)即债权人。

资料来源:吴晓求. 证券投资学[M]. 北京:中国人民大学出版社,2000.

### 二、会计科目的设置

**1. “代理兑付证券”科目**

本科目用来核算商业银行接受委托代理兑付到期的证券,并按委托单位和证券种类进行明细核算。本科目为资产类科目,期末借方余额,反映银行已经兑付但尚未收到委托单位兑付资金的证券金额。

**2. “代理兑付证券款”科目**

本科目用来核算商业银行接受委托代理兑付债券业务而收到的兑付资金,并按委托单位和债券种类进行明细核算。本科目为负债类科目,期末贷方余额,反映商业银行已收到但尚未兑付的兑付证券款项金额。

**3. “代理承销证券款”科目**

本科目用以核算商业银行接受委托，采用余额包销方式或代销方式承销证券所形成的应付证券发行人的资金，并按委托单位和证券种类进行明细核算。本科目为负债类科目，期末贷方余额，反映银行承销证券但尚未支付给委托人的款项。

7-2视频：代理发行债券和代理兑付证券的核算

## 三、代理发行债券的核算

代理发行债券是银行接受发行人的委托、代理债券发行人承销债券的活动，主要包括余额承购包销和代销。

目前，商业银行主要通过网上发行债券。

**1. 余额包销方式**

余额包销方式承销证券，网上发行时商业银行先在网上代销，发行期结束对尚未售出的证券由商业银行按发行价格认购。将筹集的资金付给发行人，并收取手续费。

证券通过证券交易所网上发行，于发行日按承销价款在登记簿中登记承销情况。

(1) 售出部分交割完毕，按实际收到的金额入账。会计分录为：

借：吸收存款——××活期存款——购买人户
　　贷：代理承销证券款

(2) 未售出部分由商业银行认购。会计分录为：

借：交易性金融资产(或可供出售金融资产)
　　贷：代理承销证券款

(3) 发行期结束，将所筹集资金付给委托单位，并收取手续费。会计分录为：

借：代理承销证券款
　　贷：吸收存款——单位活期存款——委托人户(或有关科目)
　　　　手续费及佣金收入

**2. 代销方式**

代销方式承销证券业务是商业银行按约定的价格网上发行。发行期结束，将实际筹集的资金付给发行人，并收取手续费。

(1) 与证券交易所交割，按实际收到的金额入账。会计分录为：

借：吸收存款——××活期存款——购买人户
　　贷：代理承销证券款

(2) 发行期结束，将实际筹集的资金付给委托单位，并收取手续费。会计分录为：

借：代理承销证券款
　　贷：吸收存款——单位活期存款——委托人户(或有关科目)
　　　　手续费及佣金收入

## 四、代理兑付债券的核算

代理兑付债券是商业银行按照客户委托对其发行的到期债券进行兑付的业务。

**1. 收到兑付资金的处理**

银行收到委托人划入的还本付息资金时，根据规定办理转账。会计分录为：

借：吸收存款——单位活期存款——委托人户（或有关科目）

　　贷：代理兑付证券款

**2. 办理兑付的处理**

网点办理兑付时，办理转账。会计分录为：

借：代理兑付证券款

　　贷：吸收存款——单位活期存款——购买人户（或有关科目）

**3. 收取手续费**

兑付期结束，银行收取手续费，办理转账。会计分录为：

借：吸收存款——单位活期存款——委托人户（或有关科目）

　　贷：手续费及佣金收入

## 第三节　保管箱业务的核算

### 一、保管箱业务的含义及基本规定

7-3视频：银行保管箱业务

**1. 保管箱业务的含义**

保管箱业务是银行以出租保管箱的形式代客户保管贵重物品、重要文件、有价单证等财物的服务性项目，通过办理此类业务，银行可向委托人收取手续费、保管费或租金。

**2. 保管箱业务的基本规定**

(1) 租箱开户。客户要求租用保管箱，务必携带本人身份证或护照，机关企事业单位可持本单位证明、单位法人代表签字、授权开箱人身份证，经验证即可填写开户租用申请书，签立租约、预留签名（或印鉴）样本，并缴纳租金和押金，即可选择保管箱号码、入库验箱。由银行发给密封箱钥匙一套（两只），当场拆封，交租用人自行保管使用。

(2) 开箱存取物品。租用人在营业时间内，携带本人身份证，到银行填写入库凭证，经核验有关手续相符后，即可入库开箱，自行存取物品。

(3) 授权他人开箱。租用保管箱原则上由租用人亲自开启，如需授权人开箱，必须由租用人与被授权人一同来银行办理验证授权手续，方可生效。租用人未事先办理授权手续，银行有权谢绝开箱。

(4) 启租保管箱以1年为一期，使用不足1年亦按1年计收租金，开户时一次性缴足，同时另缴纳规定数额的保证金（即押金）。租户中途退租，银行不退租金，只退保证金。

(5) 租户使用保管箱期满时即要办理退（续）租手续。退租时须填写“退租书”，经银行验箱并对号收回保管箱钥匙（两只），并按规定退还押金。续租则要在期满前一个月内缴纳下期租金，并办好续租手续。

(6) 租用人更改印鉴，须出示本人身份证，签署更改印鉴通知并预留新印鉴。

(7) 租用人遗失保管箱钥匙，须填具遗失保管箱钥匙声明及补发新钥匙申请书，并缴付配钥匙费用。

延伸阅读 7-3

**保管箱的历史与现在**

早在17世纪，英国的金匠就曾利用自己最原始的铸铁箱柜为他人保管黄金等财物，并开出收据证明收到了保管品，当存放人索要时再予归还。19世纪中叶，为了安全保管淘金者的金砂，美国的加利福尼亚州成立了一些保管公司，大量收进被保管的金砂。世界第一家保管箱公司——欧罗亚银行设备系统公司，早于1813年在德国法兰克福出现。在中国，20世纪40年代的上海就有过保管箱业务。20世纪80年代，为满足相对富裕的华侨和侨眷保管手头存款或金银首饰等物品的需要，保管箱业务又较早出现于上海和广州。

现在有些银行的保管箱采用电脑识别身份同时电控开启银行端锁。当客户在指纹仪上录入指纹后，经系统识别确认，保管箱箱体上的银行端锁自动打开，客户进入库区后持个人专用的保管箱钥匙即可自行打开保管箱存取物品，无需银行工作人员跟随开锁。这更加有效地维护了客户的个人隐私权。

资料来源：佚名.银行保管箱业务[EB/OL].(2017-12-30)[2022-11-30].https://baike.baidu.com/item/银行保管箱业务/4765797?fr=aladdin.

## 二、保管箱业务的核算

### 1. 保管箱租用

出租保管箱应收取租金和押金。保管箱租期、租金按年计算。租金一律实行预交，租期内如遇价格调整，均按交付时的价格收取，押金在申请租箱时一次交付，主要用于扣除逾期租金及银行凿箱等费用，押金待租用人退租手续结清后退还租用人。会计分录为：

借：吸收存款——××活期存款——租用人户（或有关科目）
　贷：手续费及佣金收入
　　其他应付款——保管箱押金

同时，登记"保管箱租箱、退箱登记簿"，填制表外科目收入凭证，登记表外科目明细账。会计处理为：

收入：重要空白凭证

### 2. 保管箱续租

银行经办人收到租用人提交的申请书及有关证件等审核无误后，取出原申请书留存联，加盖"续租"戳记，登记"保管箱租箱、退箱登记簿"，同时，填制"业务收费凭证"一式三联向租用人收取租金。其余处理手续同上。

### 3. 保管箱退租

银行经办人收到租用人提交的申请书、押金收据及有关证件等审核无误后，如不欠租金，退还押金。会计分录为：

借：其他应付款——保管箱押金
　贷：吸收存款——××活期存款——租用人户（或有关科目）

如欠租金，从其保证金（押金）中扣除。会计分录为：

借：其他应付款——保管箱押金
　贷：吸收存款——××活期存款——租用人户（或有关科目）
　　手续费及佣金收入

同时，销记表外登记：

付出：重要空白凭证

**4. 更换印鉴和挂失**

租用人因印鉴更换、钥匙丢失申请挂失的，应填写“保管箱印鉴、钥匙挂失申请书”，并出具有关证件。银行经办人员根据留存资料进行审查无误后，进行处理，收取手续费。会计分录为：

借：吸收存款——××活期存款——租用人户（或有关科目）
　　贷：手续费及佣金收入

**5. 凿箱和换锁**

（1）正常凿箱。挂失期满，需要办理凿箱或换锁的租用人，凭挂失申请书办理凿箱或换锁手续，并缴纳专用锁成本和换锁费用。会计分录为：

借：吸收存款——××活期存款——租用人户（或有关科目）
　　贷：手续费及佣金收入
　　　　低值易耗品

（2）非正常凿箱。非正常凿箱是租用人因故逾期而发生的凿箱、司法执行凿箱及公证凿箱等。发生非正常凿箱时，银行经办人凭非正常凿箱证明按规定处理。会计分录为：

借：其他应付款——保管箱押金
　　贷：吸收存款——××活期存款——租用人户（或有关科目）
　　　　手续费及佣金收入
　　　　低值易耗品

## 第四节　保函业务的核算

### 一、保函业务的含义及基本规定

7-4视频：银行保函业务

**1. 保函业务的含义**

保函是指银行根据申请人的请求，以其自身的信誉向商业交易的另一方担保该交易项下的某种责任或义务的履行，而作出的一种具有一定金额、一定期限、承担某种支付责任或经济赔偿责任的书面付款保证承诺。

银行开办保函业务的类型包括投标保证、承包保证、履约保证、预收（付）款退款保证、工程维修保证、质量保证、来料加工保证及来件装配保证、关税保付保证、保释金保证、付款保证、延期付款保证、分期付款保证、借款保证、租赁保证、补偿贸易保证、账户透支保证等。

保函可划分为付款类保函、履约类保函和债务类保函三种。

**2. 保函业务的基本规定**

商业银行开办保函业务，必须遵守如下规定：

（1）严格遵循自主经营、授权经办和反担保保障原则。

（2）在向申请人出具保函前，银行应要求提供反担保。反担保方式可以是质押、抵押、第三方保证或缴存保证金。

(3) 缴存保证金的，保证金必须存入保证金存款账户，并依照《出具保函协议书》的约定，加强对保证金存款的管理。保证金只能用于保证项下的支付，经办行有权拒绝被保证人对保证金的任何支付请求。

(4) 保函不得转让，不得设定担保，不得擅自修改变更。

(5) 保函期届满或保函义务履行完毕，保函即自动失效，商业银行应当要求被保证人或收益人将该保函退还。

(6) 保函业务按一定的费率收取手续费。

延伸阅读 7-4

**银行保函的内容**

银行保函的内容根据交易的不同而有所不同，但通常包括以下内容：

(1) 基本栏目。其包括保函的编号，开立日期，各当事人的名称、地址，有关交易或项目的名称，有关合同或标书的编号和订约或签发日期等。

(2) 责任条款。即开立保函的银行或其他金融机构在保函中承诺的责任条款，这是构成银行保函的主体。

(3) 保证金额。它是开立保函的银行或其他金融机构所承担责任的最高金额，可以是一个具体的金额，也可以是合同有关金额的某个百分率。如果担保人可以按委托人履行合同的程度减免责任，则必须作出具体说明。

(4) 有效期。即最迟的索赔日期，或称到期日(expiry date)，它既可以是一个具体的日期，也可以是在某一行为或某一事件发生后的一个时期到期。例如：在交货后 3 个月或 6 个月、工程结束后 30 天等。

(5) 索赔方式。即索赔条件，是指受益人在任何情况下可向开立保函的银行提出索赔。对此，国际上有两种不同的处理方法：一种是无条件的或称"见索赔偿"保函(first demand guarantee)；另一种是有条件的保函(accessary guarantee)。索赔形式一般为见索即赔。

资料来源：佚名. 银行保函[EB/OL]. (2017-12-20)[2022-11-30]. https://baike.baidu.com/item/银行保函/221048?fr=aladdin.

## 二、保函业务的核算

### 1. 保证金收取的核算

申请人选择缴存保证金提供反担保是一种常见的形式。

(1) "存入保证金"科目。本科目核算收到客户存入的各种保证金，如信用证保证金、承兑汇票保证金、保函保证金、担保保证金等。本科目应当按照客户进行明细核算，期末贷方余额，反映银行接受存入但尚未返还的保证金余额。

(2) 收取保证金的核算。商业银行业务部门与申请人、反担保人正式签订《出具包含协议书》和相应的反担保合同后，申请人交存保证金的，应提交有关支付票据及进账单一式三联。经办人审核无误后，以支付票据作借方记账凭证，进账单第一联加盖转讫章退申请人作回单，第三联加盖业务公章交业务部门，第二联作贷方记账凭证办理转账。会计分录为：

借：吸收存款——单位活期存款——申请人户

　　贷：存入保证金——保函保证金——申请人户

如申请人采取质押、抵押、第三方保证方式提供反担保的商业银行可按照贷款业务核算的有关手续办理。

**2. 收取手续费的核算**

《出具保函协议书》生效后,经办行应根据业务部门通知,按照《出具保函协议书》的约定及时向被保证人收取手续费。经办人填制"业务收费凭证"办理转账。会计分录为:

借:吸收存款——单位活期存款——申请人户

贷:手续费及佣金收入——保函业务收入

同时,应填制表外科目收入凭证,登记表外科目明细账。会计分录为:

收入:开出保函——申请人户

**3. 担保垫款的核算**

被保证人在合理时间未能筹足偿债资金,而使商业银行垫付款项时,银行应向被保证人和反担保人主张追索权及反担保债权。

(1) 申请人采取缴存保证金方式提供反担保的。申请人采取缴存保证金方式提供反担保的,应先全额扣划保证金,不够部分列"贷款——担保垫款——逾期贷款"科目核算。会计分录为:

借:吸收存款——单位活期存款——申请人户

存入保证金

贷款——担保垫款——逾期贷款(申请人户)

贷:吸收存款——单位活期存款——保函受益人户(或相关科目)

同时,填制表外科目付出凭证,登记表外科目明细账。会计分录为:

付出:开出保函——申请人户

(2) 申请人采取质押、抵押、第三方保证方式提供反担保的。申请人采取质押、抵押、第三方保证方式提供反担保的,银行应按照贷款业务中担保物核算规定中有关垫款规定处理。

同时,填制表外科目付出凭证,登记表外科目明细账。会计分录为:

付出:开出保函——申请人户

**相关思考 7-1**

**提供担保垫款后银行有何后续处理?**

1. 结计担保垫款利息收入

银行在结计担保垫款利息收入时,应按规定计算利息并填制"利息清单"一式三联,第一联、第二联作借、贷方记账凭证,第三联退客户。会计分录为:

借:应收利息——应收担保垫款利息——申请人户

贷:利息收入——担保垫款利息收入户

2. 收回担保垫款的处理

收回担保垫款时,客户应填制支付凭证偿还垫款,办理转账,会计分录为:

借：吸收存款——单位活期存款——申请人户

　贷：贷款——逾期贷款——担保垫款(申请人户)

　　　应收利息——应收担保垫款利息——申请人户

**4. 保函到期或终止担保**

保证期届满，银行未承担保证责任的，或存入保证金用于保证项下的支付仍有余额的，银行应在收回保函后，可根据被保证人的请求将款项从相关账户转出退还。会计分录为：

借：存入保证金

　贷：吸收存款——单位活期存款——申请人户

同时，填制表外科目付出凭证，登记表外科目明细账。会计分录为：

付出：开出保函——申请人户

**【例 7-1】** 顺鑫电子有限公司拟向青岛市商业银行借款 8 000 万元进口高精度电子仪器，青岛市商业银行要求顺鑫公司向其出具借款保函。该公司在征得其开户行——中国农业银行同意并收取 100 万元保证金和 1.5‰手续费后为其出具了保函。借款到期该公司只归还了 6 000 万元，其余款项扣除保证金后由中国农业银行垫付。

(1) 收取保证金和手续费。会计分录为：

借：吸收存款——单位活期存款——顺鑫电子有限公司　　1 120 000

　贷：存入保证金　　1 000 000

　　　手续费及佣金收入　　120 000

同时，出具保函，登记表外科目：

收入：开出保函——顺鑫电子有限公司　　80 000 000

(2) 到期支付款项。会计分录为：

借：吸收存款——单位活期存款——顺鑫电子有限公司　　60 000 000

　　存入保证金　　1 000 000

　　贷款——担保垫款——逾期贷款(顺鑫电子有限公司垫款户)　　19 000 000

　贷：存放中央银行款项　　80 000 000

同时，销记表外登记：

付出：开出保函——顺鑫电子有限公司　　80 000 000

7-5 知识拓展：银行保函的现状与趋势

## 第五节 基金托管业务的核算

### 一、基金托管业务的含义及基本规定

**1. 基金托管业务的含义**

基金托管业务是指有托管资格的银行接受基金管理公司或其他客户的委托，安全保管所托基金的资产，并办理有关资金清算、安全估值、会计核算、监督基金管理人投资运作等业务的经营活动。基金公司向银行支付基金托管费，一般按照基金托管净值的一定比例支付。

基金托管业务包括证券投资基金、开放式基金和其他基金托管业务。其他基金托管业务是指除了开放式和封闭式基金托管业务的基金托管业务,主要有全国社会保障基金托管、证券公司受托投资托管、合格境外机构投资者(QFII)证券投资托管、企业年金托管等。

**2. 基金托管业务的基本规定**

(1) 经批准设立的基金,应当委托商业银行作为基金托管人托管基金资产。基金托管人、基金管理人应当在行政上、财务上相互独立,其高级管理人员不得在对方部门兼任任何职务。

(2) 基金托管人是基金资产的"保管人",商业银行应设立独立的基金托管部门负责基金托管业务。

(3) 基金托管人必须将其托管的基金与托管人的自有资产严格分开,对不同基金分别设置账户,实行分账管理。基金托管业务的核算属于代理核算,它独立于商业银行自营性业务,实行分账核算、单独报告,相关业务不纳入商业银行资产负债表。基金托管部以每一基金为会计核算主体,单独建账、独立核算,保证不同基金之间在名册登记、账户设置、资金划拨、账簿记录等方面相互独立。

(4) 商业银行应定期对基金管理人计算的基金资产净值及基金价格进行复核、审查,出具基金业绩报告,提供基金托管情况,并向中国证监会和中国人民银行报告。

(5) 基金托管人会计核算应根据财政部制定的《证券投资基金会计核算办法》执行。

## 二、基金托管业务的核算

基金管理公司与托管银行的资金往来主要体现为资金的存放、借贷划拨清算,涉及资金往来和交割清算的业务主要是发行和撤销、证券交易以及资金借贷等。

**1. 基金发行的处理**

基金发行期间,托管银行应及时将收到的投资人的申购款划入基金管理公司账户,并通知基金管理公司。托管银行应通过"同业存放"科目核算托管的基金管理公司的款项。会计分录为:

借:吸收存款等
　　贷:同业存放——基金存款——××基金管理公司户

**2. 证券交易的处理**

基金管理公司通过银行间市场等买卖证券的,需要托管银行办理资金交割清算,在证券交易所买卖证券的,通过在证券交易所的清算备付金办理资金交割清算。

(1) 买入证券的处理。买入证券成交时,托管银行根据基金管理公司的支付指令,办理资金清算。商业银行会计分录为:

借:同业存放——基金存款——××基金管理公司户
　　贷:清算资金往来——电子汇划款项户

(2) 卖出证券的处理。卖出证券时,托管银行根据相关划款凭证为基金管理公司办理入账,会计分录为:

借:清算资金往来——电子汇划款项户
　　贷:同业存放——基金存款——××基金管理公司户

### 3. 托管收益的处理

托管银行应按规定向基金管理公司收取基金托管费，列为手续费及佣金收入，会计分录为：

借：同业存放——基金存款——××基金管理公司户

贷：手续费及佣金收入——基金托管业务收入

7-6 扫一扫看课件

## 本章重要概念

中间业务　代理债券业务　保管箱业务　保函　基金托管业务

## 本章练习

### 一、单项选择题

1. 下列不属于银行中间业务的是(　　)。

A. 代理业务　　B. 贷记卡业务

C. 备用信用证业务　　D. 自营贷款业务

2. 代理债券业务中使用的会计科目是(　　)科目。

A. "代理业务资产"　　B. "代理业务负债"

C. "抵债资产"　　D. "代理兑付债券"

3. 下列对于保管箱描述不正确的是(　　)。

A. 保管箱业务会计和出纳必须分设，不得兼任

B. 保管箱应由总行统一管理和购置

C. 保管箱由公钥和分钥一同使用才能开启

D. 个人保管箱可以两人以上共用

4. 下列保证金业务处理中正确的是(　　)。

A. 借：存入保证金
　　贷：吸收存款

B. 借：存入保证金
　　贷：库存现金

C. 借：吸收存款
　　贷：存入保证金

D. 收入：开出保函

5. 基金托管业务中托管银行应将托管的基金管理公司的款项记入(　　)科目。

A. "同业存放"　　B. "存放同业"

C. "吸收存款"　　D. "系统内存放款项"

### 二、多项选择题

1. 交易类中间业务包括(　　)。

A. 远期合约　　B. 金融期货合约

C. 互换合约　　D. 期权合约

2. 保函业务中主要分为(　　)。

A. 付款类保函　　B. 收款类保函

C. 履约类保函　　D. 债务类保函

## 三、判断题

1. 中间业务形成的是银行的非利息收入，属于表内业务。（　）

2. "代理兑付债券"与"代理兑付债券款"都属于资产类科目，分别用来核算商业银行代理兑付的债券及相应的资金。（　）

3. 保管箱的租金按年计算，实行预收。租用人交清租金后，即可使用保管箱。（　）

4. 银行在向申请人出具保函前，必须要求申请人提供反担保。（　）

5. 基金管理公司放在托管银行的款项属于托管银行的负债。（　）

## 四、简答题

1. 什么是中间业务？商业银行目前开展的中间业务的种类有哪些？

2. 中间业务有什么特点？

3. 什么是保函？银行开办的保函业务有哪几种？

## 五、业务题

1. 招商银行××市支行代销部分5年期国债，年利率为5%，金额10亿元，发行期结束后，债券全部售出，将销售款项上划中国人民银行并按0.5‰收取佣金。

要求：编制会计分录。

2. 储户张林到中国工商银行营业网点兑付到期国债本息55 000元。

要求：编制会计分录。

3. 中国农业银行先期收到财政部拨付的到期国债款面值5亿元，利息300万元。

要求：编制会计分录。

4. 中国银行收到海通证券公司开办租赁保险箱的申请，并收到20 000元的押金和1 000元的租金。

要求：编制会计分录。

5. 中国工商银行作为托管银行，收到某基金筹集的资金5亿元；接受基金公司的指令从基金存款账户支付2 000万元用于购买有价证券；收到基金公司支付的基金托管费30万元。

要求：编制会计分录。

# 第八章　外汇业务的核算



## 内容提要

本章主要讲解外汇业务概述、外汇买卖业务的核算方法、外汇存贷款的业务核算以及国际结算业务的核算。

## 重点难点

本章重点为外汇业务核算的方法及特点、外汇存贷款及国际贸易结算的账务处理。本章难点为套汇业务的核算。

## 学习目标

通过本章的学习，学生应了解外汇业务的基本内容与特点，熟悉外汇分账制的基本含义；掌握货币兑换科目的性质及作用，掌握主要的外汇买卖业务、外汇存贷款账务处理及国际贸易主要的结算方式。

## 知识框架

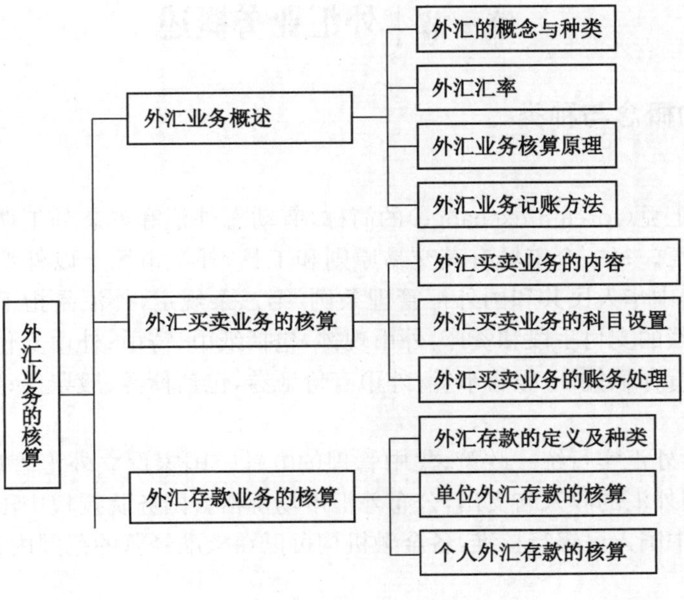

- 外汇贷款业务的核算
  - 外汇贷款概述
  - 现汇贷款的核算
  - 买方信贷外汇贷款的核算
  - 国际贸易融资的核算
- 国际结算业务的核算
  - 国际汇兑业务的核算
  - 托收的核算
  - 信用证结算方式的核算

**思政育人　　海南开展诚信兴商外汇宣传月活动**

近日,2022年诚信兴商外汇宣传月活动在海口正式启动,该活动旨在进一步宣传外汇管理政策法规,弘扬诚信经营文化,提升外汇市场主体合规用汇和汇率避险意识。

本次活动以"倡导诚信兴商理念 护航健康外汇市场"为主题,由国家外汇管理局海南省分局主办、中国光大银行海口分行承办,23家银行共同参与。活动现场设置了"远离地下钱庄""防范跨境赌博""警惕网络炒汇""跨境资金管理"等多个鲜明直观的视频案例展示,提示非法金融活动风险,强化社会公众外汇合规意识。此外,活动还设置有奖问答、盲盒答题抽奖、现场派发宣传折页等互动活动,以轻松有趣的方式普及外汇政策法规和个人用汇常识。

国家外汇管理局海南省分局有关负责人表示,希望通过本次活动促进跨境资金自由流动,有力支持海南自贸港建设一流营商环境,建设外汇改革开放新高地。

外汇业务是各大银行的重要业务之一,在办理外汇业务中应诚信办理、规范办理。那么具体什么是外汇?银行的外汇业务具体如何核算?在这一章,我们将一起学习。

资料来源:李银.海南开展诚信兴商外汇宣传月活动[EB/OL].(2022-11-29)[2022-11-30].http://hnhk.wenming.cn/wmdt/202211/t20221129_7885561.html.

# 第一节　外汇业务概述

## 一、外汇的概念与种类

8-1视频:外汇

### 1. 外汇

外汇是国际汇兑(foreign exchange)的简称,有动态外汇和静态外汇两种含义。本章所称外汇是静态外汇。每一个市场有其交易原则和工具,外汇市场上以外汇作为国际结算的支付手段。根据《中华人民共和国外汇管理条例》第三条规定,外汇是指下列以外币表示的可以用作国际清偿的支付手段和资产:外币现钞,包括纸币、铸币;外币支付凭证或者支付工具,包括票据、银行存款凭证、银行卡等;外币有价证券,包括债券、股票等;特别提款权;其他外汇资产。

目前,我国对外汇实行统一政策、集中管理的方针。国家设立外汇管理局,负责颁布外汇管理法规,管理外汇的收入与支出,公布外汇市场价格。国务院授权中国人民银行管理国家外汇业务。经中国人民银行核准,各金融机构可以在核准经营的范围内开展外汇业务。

外汇业务是指以记账本位币以外的货币进行的款项收付、往来结算等业务。外汇业务作为金融机构尤其是银行业务的重要组成部分，是国家开展对外政治、经济联系的重要手段。外汇业务的开展，有利于扩大国际交往，促进国际贸易的发展；有利于引进外资和先进的技术设备；有利于与国际金融业务接轨，参与国际金融市场竞争等；同时，还可以扩大金融机构的业务范围和客户服务面，促进金融机构"走出去"战略的实施。

**2. 外汇的主要分类**

(1) 根据形态，外汇分为现汇和现钞。现汇又称转账外汇，用于国际汇兑和国际非现金结算的，用以清偿国际债权债务的外汇；现钞是指各种外币钞票、铸币。两者的区别是现汇可以汇往国外，而现钞需兑换成现汇才能汇往国外，现钞可存入和取出，现汇需兑换成现钞才能取出。

8-2 知识拓展：外汇储备

(2) 根据兑换的限制程度，外汇分为自由外汇、有限自由外汇和记账外汇。

(3) 根据来源和用途，外汇分为贸易外汇和非贸易外汇。

(4) 根据外汇交割期限，外汇分为即期外汇和远期外汇。

延伸阅读 8-1

8-3 知识拓展：认识欧元硬币

**金融机构经营外汇业务的有关规定**

(1) 金融机构经营外汇业务须经外汇管理机关批准，领取经营外汇业务许可证。未经外汇管理机关批准，任何单位和个人不得经营外汇业务。经批准经营外汇业务的金融机构，所经营的外汇业务不得超出批准的范围。

(2) 经营外汇业务的金融机构应当按照国家有关规定为客户开立外汇账户，办理有关外汇业务。

(3) 金融机构经营外汇业务，应当按照国家有关规定交存外汇存款准备金，遵守外汇资产负债比例管理的规定，并建立呆账准备金。

(4) 外汇指定银行办理结汇业务所需的人民币资金，应当使用自有资金。外汇指定银行的结算周转外汇实行比例幅度管理，具体幅度由中国人民银行根据实际情况核定。

(5) 金融机构经营外汇业务，应当接受外汇管理机关的检查、监督。经营外汇业务的金融机构应当向外汇管理机关报送外汇资产负债表、利润表以及其他财务会计报表资料。

(6) 金融机构终止经营外汇业务，应当向外汇管理机关提出申请。金融机构经批准终止经营外汇业务的，应当依法进行外汇债权、债务的清算，并缴销经营外汇业务许可证。

## 二、外汇汇率

**1. 汇率的概念与标价方法**

汇率是指一国货币与另一国货币相互折算的比率，也称外汇牌价或汇价。汇率有两种标价方法：直接标价法和间接标价法。

8-4 视频：汇率

以商品买卖为例，如一支铅笔 0.5 元，即通常以货币的数量多少标明一定单位商品的价格，这就是直接标价法；有时候也会反过来标 1 元等于 2 支铅笔，这种以商品的数量多少来标明一定单位货币价格的方法，称为间接标价法。

如果将货币兑换当作货币买卖，则：

USD 1 = RMB 6.355 4 为直接标价法
RMB 1 = USD 0.157 3 为间接标价法

直接标价法是以本币的数量标明一定单位外币的价格，换句话说，是以一定单位的外币为标准，折算为若干单位本币的标价方法。目前除了美国和英国，世界上绝大多数国家和地区都采用直接标价法。间接标价法正好相反，是以外币的数量标明一定单位本币的价格，换句话说，是以一定单位的本币为标准，折算为若干单位外币的标价方法。

**2. 汇率的种类**

汇率可以按照不同的标准进行分类，根据交易方向及外汇载体的不同，可分为汇买价、汇卖价、钞买价、钞卖价和中间价；根据交割期限的不同可分为即期汇率和远期汇率。

汇买价是指银行买入外汇现汇的价格；汇卖价是指银行卖出外汇现汇的价格；钞买价是指银行买入外币现钞的价格；钞卖价是指银行卖出外币现钞的价格；中间价是指汇买价与汇卖价的平均价，在银行内部结算或套汇时使用。

现钞汇率与现汇汇率理论上存在差额，因为银行买入现汇即为买入客户在国外银行的外汇存款，银行可以直接将买进的外汇划拨到其国外银行的账户中并开始计息，而买进外币现钞时，由于外币现钞在本国不流通，银行买进后需库存保留一段时间待达到一定的金额后，将其运往货币发行国，变成在国外银行的外币存款（即现汇）后才开始计息和用于国际结算支付，在此期间，银行要承担汇率风险、资金占用利息及现钞管理费等，支付包装费、运输费及保险费等，将这些费用转嫁给外币现钞的卖主，所以钞买价要低于汇买价。相反，国内不发行外币现钞，银行要卖出外币现钞就必须从货币发行国运进来，同样也会发生一些费用，因此理论上钞卖价要高于汇卖价。

在银行买卖外汇的实务中，钞买价低于汇买价，而钞卖价往往与汇卖价相同。

即期汇率，也称现汇汇率，是买卖双方成交后，在两个营业日之内办理外汇交割时所用的汇率；远期汇率，也称期汇汇率，是买卖双方事先约定的，并在未来的一定日期进行外汇交割的汇率。常用货币信息表如表 8-1 所示。

表 8-1　**常用货币信息表**

| 国别或地区 | 货币名称 | 货币符号 | 货币标志 |
|---|---|---|---|
| 中国 | 人民币 | CNY | ¥ |
| 中国香港 | 港币 | HKD | HK$ |
| 中国澳门 | 澳门元 | MOP | MOP$ |
| 美国 | 美元 | USD | US$ |
| 英国 | 英镑 | GBP | £ |
| 欧洲货币联盟 | 欧元 | EUR | € |
| 澳大利亚 | 澳大利亚元 | AUD | A$ |
| 加拿大 | 加拿大元 | CAD | CAN$ |
| 日本 | 日元 | JPY | JP |
| 韩国 | 韩国元 | KRW | ₩ |
| 新加坡 | 新加坡元 | SGD | S$ |
| 泰国 | 泰铢 | THP | ฿ |

## 三、外汇业务核算原理

银行外汇业务核算应遵循《企业会计准则第19号——外币折算》的规定，外币折算准则着重解决了记账本位币的确定、外汇交易的内容及分类、外币折算的会计处理。

**1. 记账本位币的确定**

记账本位币是指银行经营所处的主要经济环境中的货币。在我国，银行一般以人民币作为记账本位币，但也允许业务收支以人民币以外的货币为主的银行选择其中一种货币作为记账本位币；但是，该银行编报的财务会计报告应当折算为人民币。银行选择的记账本位币一经确定，不得改变，除非经营所处的与确定记账本位币相关的主要经济环境发生了重大变化。

记账本位币以外的货币称为外币。相对于人民币，外汇业务使用外币进行交易，但会计信息的确认、计量和披露却采用记账本位币。外币核算的核心问题就是不同币种之间的会计确认、计量与披露如何保持一致。

**2. 外汇交易的内容及分类**

外汇交易是以外币计价或者结算的交易，主要内容包括：

(1) 买入或者卖出以外币计价的商品和服务。商品可以是有实物形态的固定资产等，也可以是无实物形态的无形资产、债权或股权等。

(2) 借入或者借出外汇资金，这里包括客户向银行借款、银行向中央银行及同业借款、发行以外币计价或结算的债券等。

(3) 其他以外币计价或者结算的交易，如接受外币现金捐赠等。

外汇交易可分为货币性项目和非货币性项目。货币性项目是银行持有的货币和将以固定或可确定金额的货币收取的资产或者偿付的负债。货币性项目分为货币性资产和货币性负债：货币性资产包括库存现金、银行存款、应收账款、应收票据、准备持有至到期的债券投资等；货币性负债包括应付账款、其他应付款、短期借款、应付债券、长期借款、长期应付款等。非货币性项目是货币性项目以外的项目，如长期股权投资、交易性金融资产（股票、基金）、固定资产、无形资产等。

**3. 外币折算的会计处理**

外币折算是指将外汇或外币财务报表折算为记账本位币反映的过程。外汇交易折算会计处理主要涉及两个环节：一是在交易日对外汇交易进行初始确认，将外币金额折算为记账本位币金额；二是在资产负债表日对相关项目进行折算，因汇率变动产生的差额应计入当期损益。

银行对于发生的外汇交易，应当在初始确认时，采用交易发生日即期汇率将外币金额折算为记账本位币金额，或者采用与交易发生日即期汇率近似的汇率折算。

在资产负债表日，对外币货币性项目（货币资金、债券、应付账款等）和外币非货币性项目（股权、长期预付款等）进行不同处理。对于外币货币性项目，采用资产负债表日即期汇率折算，因资产负债表即期汇率与初始确认或者前一资产负债表日即期汇率不同而产生的汇兑损益差，计入当期损益，同时调增或调减外币货币性项目的记账本位币金额。而以历史成本计量的外币非货币性项目，已在交易日按当日即期汇率折算，资产负债表日不改变其记账本位币金额。

## 四、外汇业务记账方法

在我国，外汇业务涉及人民币和多种外币，为了记录和反映人民币资金及外币资金的收付，使人民币和外币之间、外币和外币之间的核算更为合理科学，必须采用专门的记账方法，即外汇分账制和外汇统账制。虽然在外币折算准则中没有提及外汇分账制记账方法，但在外币折算准则应用指南中明确：金融保险企业的外汇交易频繁，涉及外币币种较多，可以采用外汇分账制记账方法进行日常核算。

**1. 外汇分账制**

外汇分账制又称原币记账法或多种货币制，是经营外汇业务银行对外币与记账本位币实行分账核算的一种记账方法，也就是直接以各种原币为记账单位，而不折算为记账本位币进行记账的方法。

1）外汇分账制的内容

采用外汇分账制记账方法的银行，应按业务发生时的各种原币填制凭证、登记账簿、编制会计报表。银行发生结售汇、外汇买卖以及各种货币之间的兑换及账务间的联系均通过“货币兑换”科目，并按业务发生时的汇率记账。

在资产负债表日，银行应将以原币编制的财务会计报表折算为记账本位币。其中，货币性项目按资产负债表日即期汇率折算，非货币性项目按交易发生日即期汇率折算，产生的汇兑差额计入当期损益。

2）外汇分账制的处理方法

按照外币折算准则应用指南的要求，对外汇交易业务可以采取两种方法核算。

(1) 所有外汇交易均通过“货币兑换”科目处理：

第一，银行发生的外汇交易同时涉及货币性项目和非货币性项目的，按相同外汇金额同时记入货币性项目和“货币兑换(外币)”科目。同时，以交易发生日即期汇率折算为记账本位币的金额记入非货币性项目和“货币兑换(记账本位币)”科目。

第二，银行发生的外汇交易仅涉及记账本位币外的一种货币反映的货币性项目的，按照相同币种金额入账，不需要通过“货币兑换”科目核算。如果涉及两种以上货币，按相同币种金额记入相应货币性项目和“货币兑换(外币)”科目。

第三，期末，应将所有以记账本位币以外的货币反映的“货币兑换”科目余额按期末汇率折算为记账本位币金额，并与“货币兑换(记账本位币)”科目余额相比较，其差额转入“汇兑损益”科目。如果为借方差额，借记“汇兑损益”科目，贷记“货币兑换(记账本位币)”科目。如果为贷方差额，借记“货币兑换(记账本位币)”科目，贷记“汇兑损益”科目。结算外币货币性项目产生的汇兑差额，记入“汇兑损益”科目。

(2) 外汇交易的日常核算不通过“货币兑换”科目。外汇交易的日常核算不通过“货币兑换”科目，仅在资产负债表日结转汇兑损益时通过“货币兑换”科目直接以发生的币种进行账务处理。期末，由于所有账户均需折算为记账本位币列报，因此所有以外币反映的账户余额均须折算为记账本位币余额。其中，货币性项目以资产负债表日即期汇率折算，非货币性项目以交易发生日即期汇率折算。折算后，所有账户借方余额之和与所有账户贷方余额之和的差额就是当期汇兑差额，计入当期损益。

**2. 外汇统账制**

外汇统账制又称本位币记账法或本位币统账制，是经营外汇业务的银行对外汇的买卖、收付等都折合成记账本位币，统一用记账本位币进行核算的一种方法。

采用外汇统账制核算的银行，应区分记账本位币和各种外币进行明细核算。银行发生外汇业务时，应将有关外币金额折算为记账本位币记账，并登记外币金额和折算率。除非另有规定，所有与外汇业务有关的账户应采用业务发生时的汇率或业务发生当期的期初汇率折算。所有外币账户金额的增减，一律按外汇牌价折算为记账本位币记账，即采用变动汇率的按业务发生时的外汇牌价（通常采用中间价）作为折算率；采用固定汇率的按业务发生当期的期初汇率作为折算率。

在资产负债表日，银行应将外币账户的外币余额按照期末外汇牌价折算为记账本位币，作为外币账户的期末本位币余额。调整后的各外币账户的本位币余额与原账面余额的差额作为汇兑损益，列为当期损益。

## 第二节 外汇买卖业务的核算

我国现行的外汇管理体制规定，银行对各单位的外汇收入和外汇支出实行结汇、售汇制，即除按规定可以保留的外汇，各单位的外汇收入应卖给外汇指定银行；按规定需要对外支付外汇时，应向外汇指定银行购汇。由此，外汇指定银行办理的外汇业务就需要进行外汇买卖。外汇买卖又称外汇兑换，是指在银行日常业务中，由于使用货币种类的不同，需要把一种货币兑换成另一种货币，这种按一定汇价买入一种货币或卖出一种货币的业务，称为外汇买卖。

**延伸阅读 8-2**

**经常项目外汇的有关管理规定**

(1) 境内机构的经常项目外汇收入必须调回境内，不得违反国家有关规定将外汇擅自存放在境外。

(2) 境内机构的经常项目外汇收入，应当按照国务院关于结汇、售汇及付汇管理的规定卖给外汇指定银行，或者经批准在外汇指定银行开立外汇账户。

(3) 境内机构的经常项目用汇，应当按照国务院关于结汇、售汇及付汇管理的规定，持有效凭证和商业单据向外汇指定银行购汇支付。

(4) 属于个人所有的外汇，可以自行持有，也可以存入银行或者卖给外汇指定银行。

(5) 个人因私用汇，在规定限额以内购汇。超过规定限额的个人因私用汇应当向外汇管理机关提出申请，外汇管理机关认为其申请属实的，可以购汇。

(6) 居住在境内的中国公民持有的外币支付凭证、外币有价证券等形式的外汇资产，未经外汇管理机关批准，不得携带或者邮寄出境。

(7) 驻华机构和来华人员的合法人民币收入，需要汇出境外的，可以持有关证明材料和凭证到外汇指定银行兑付。

(8) 驻华机构和来华人员由境外汇入或者携带入境的外汇，可以自行保存，可以存入银行或者卖给外汇指定银行，也可以持有效凭证汇出或者携带出境。

### 一、外汇买卖业务的内容

银行的外汇买卖业务主要包括自营外汇买卖、代客外汇买卖和临柜业务中的结售汇等。

自营外汇买卖是指银行根据国家外汇管理规定及自身外币资金头寸情况和保值、增值的需要，以自身的外币资金，通过国内外银行进行外币头寸的转换，以期赚取差价利润的业务。该项业务一般集中在总行办理。代客外汇买卖是指银行接受客户委托，代其在国际金融市场上或通过我国外汇交易中心进行的外币或人民币买卖交易。目前，银行对个人客户提供外汇实盘买卖业务，对企业客户提供即期外汇买卖、远期外汇买卖、择期外汇买卖、掉期外汇买卖、外汇期权、利率期权、利率互换、货币互换等业务，已形成一套兼有兑换、保值、投资和综合债务风险管理功能的代客外汇买卖业务体系。临柜业务主要表现为结汇、售汇、结售汇项下外汇/人民币平盘交易、外币兑换和套汇等形式。

**1. 结汇**

我国对经常项目下的外汇收入实行结汇制。国内企事业单位、机关、社会团体和居民个人按国家外汇管理政策的规定，将各类外汇收入按银行挂牌汇率结售给银行；银行购入外汇，付给人民币。结汇有强制结汇、意愿结汇和限额结汇等多种形式。目前，我国对国内企事业单位、机关和社会团体主要实行的是强制结汇制，部分企业客户经批准实行限额结汇制，对国内居民个人实行意愿结汇制，严禁逃汇行为的发生。

延伸阅读 8-3

**逃汇行为及应承担的法律责任**

(1) 违反国家规定，擅自将外汇存放在境外的。

(2) 不按照国家规定将外汇卖给外汇指定银行的。

(3) 违反国家规定将外汇汇出或者携带出境的。

(4) 未经外汇管理机关批准，擅自将外币存款凭证、外币有价证券携带或者邮寄出境的。

(5) 其他逃汇行为。

有以上逃汇行为之一的，由外汇管理机关责令限期调回外汇，强制收兑，并处逃汇金额 30%以上 5 倍以下的罚款；构成犯罪的，依法追究刑事责任。

**2. 售汇**

国内企事业单位、机关、社会团体和居民个人经常项目下的正常用汇，可以持有效凭证，用人民币到银行办理兑付。

**3. 结售汇项下外汇/人民币平盘交易**

结售汇项下外汇/人民币平盘交易是指银行为平盘结售汇敞口而进行的外汇/人民币买卖交易。按照我国现行外汇管理政策，国家对银行的结算周转外汇实行比例幅度管理，各银行结算周转外汇的比例幅度由中央银行根据其资产和外汇结算业务量核定。各银行持有超过其高限比例幅度的结算周转外汇时，必须出售给其他银行或中央银行；持有的结算周转外汇降低到低限比例幅度以下时，应及时从其他银行或中央银行购入补足。

**4. 外币兑换**

外币兑换是指银行从客户手中买入外汇、付给人民币，或者收进人民币、兑出外汇的交易。

**5. 套汇**

由于不同币种间没有直接的汇价，或者客户拥有的某种外币与其支付所需要的币种不一致时，可以要求银行套算兑换。按照外汇买卖对象的不同，套汇可分为两种外币之间的套汇以及现钞与现汇之间的套汇两种。这里的套汇不同于国际金融市场上的套汇，后者是利用不同市场、不同货币和不同的汇率进行投机，通过贱买贵卖以谋取利益或规避汇率风险的行为。

延伸阅读 8-4

**非法套汇行为及应承担的法律责任**

(1) 违反国家规定，以人民币支付或者以实物偿付应当以外汇支付的进口货款或者其他类似支出的。

(2) 以人民币为他人支付在境内的费用，由对方付给外汇的。

(3) 未经外汇管理机关批准，境外投资者以人民币或者境内所购物资在境内进行投资的。

(4) 以虚假或者无效的凭证、合同、单据等向外汇指定银行骗购外汇的。

(5) 非法套汇的其他行为。

有以上非法套汇行为之一的，由外汇管理机关给予警告，强制收兑，并处非法套汇金额 30%以上 3 倍以下的罚款；构成犯罪的，依法追究刑事责任。

## 二、外汇买卖业务的科目设置

如前所述，银行在外汇业务会计核算时，主要使用“货币兑换”科目，它是联系外币账户和人民币账户的桥梁和纽带。除此之外，外汇买卖业务还需要通过“汇兑损益”科目核算。

**1. “货币兑换”科目**

(1)“货币兑换”科目的性质。“货币兑换”科目属于资产负债共同类科目，为一级科目，核算银行发生的外汇买卖及兑换业务。当买入外汇时，银行借记有关科目(外币)，贷记“货币兑换”科目(外币)；相应付出人民币时，借记“货币兑换”科目(人民币)，贷记有关科目(人民币)。当卖出外汇时，银行借记“货币兑换”科目(外币)，贷记有关科目(外币)；相应收入人民币时，借记有关科目(人民币)，贷记“货币兑换”科目(人民币)。在填制会计凭证、编制会计分录、记载账务时，“货币兑换”科目下的外币账户和人民币账户均应完整地加以反映。

在资产负债表日，各分账货币账户余额都要按期末汇率折算为人民币，与以人民币账户反映的“货币兑换”科目余额相比较，计算汇兑损益，结转利润科目。发生汇兑收益，借记“货币兑换”科目(人民币)，贷记“汇兑损益”科目；发生汇兑亏损，借记“汇兑损益”科目，贷记“货币兑换”科目(人民币)。

(2)“货币兑换”科目凭证的使用。“货币兑换”科目凭证分为“货币兑换”科目借方凭证和“货币兑换”科目贷方凭证两种，凭证均为多联套写。其中，主要的两联凭证是“货币兑换”科目外币联和“货币兑换”科目人民币联。凭证的内容主要包括客户名称、货币名称、人民币与外币金额、外汇牌价、款项和业务内容、日期等。由于“货币兑换”科目的凭证是多联套写凭证，外币联与人民币联内容相同，所以记账时凭“货币兑换”科目外币联凭证记账，即在结汇时，银行使用“货币兑换”科目贷方凭证；售汇时，使用“货币兑换”科目借方凭证。

(3)“货币兑换”科目账簿的设置。“货币兑换”科目设置总账和分户账两类账簿。“货币兑换”科目的分户账是一种特定格式的账簿，它把本币和外币金额记在同一账页上，账簿格式由买入、卖出、结余三栏组成，买入、卖出栏内又由外币、汇价和本币三栏组成。在买入栏，外币为贷方，本币(即人民币)为借方；在卖出栏，外币为借方，人民币为贷方；在结余栏，设借或贷外币、借或贷人民币两栏。“货币兑换”科目的格式如表 8-2 所示。

表 8-2　　　　××银行外汇分户账

货币：　　　　　　　　　　　　　　　　　　　　　　　　账户：

| 年 | | 摘要 | 买入 | | | 卖出 | | | 结余 | | | | | |
|---|---|---|---|---|---|---|---|---|---|---|---|---|---|---|
| 月 | 日 | | 外币（贷） | 汇价 | 本币（借） | 外币（借） | 汇价 | 本币（借） | 借或贷 | 外币 | 借或贷 | 本币 | 记账 | 复核 |
| | | | | | | | | | | | | | | |
| | | | | | | | | | | | | | | |
| | | | | | | | | | | | | | | |

买入外币（贷方）× 汇价 ＝ 人民币借方

卖出外币（借方）× 汇价 ＝ 人民币贷方

如果买入外币大于卖出外币，则外币结余以买入外币（贷）项数减去卖出外币（借）项数，余额为外币贷方结余数。在人民币栏，则以买入外币人民币（借）项数减去卖出外币人民币（贷）项数，余额为人民币借方结余数。结余额以外币与人民币同时反映。记账时凭“货币兑换”科目外币联凭证记账。

“货币兑换”科目总账用一般总账格式，按各币种分别设置。营业终了时，根据各货币的“货币兑换”科目日结单借、贷方发生额填记，然后根据上日余额加减本日发生额分别计算出本日余额，记入余额栏。

“货币兑换”科目的余额能够反映银行外币资金头寸余缺状况。银行检查某一外币资金余缺，只需看“货币兑换”科目外币账户余额在哪一方：如果外币账户的余额在贷方，则表明该外币买入大于卖出，即为多头；如果外币账户的余额在借方，则表明该外币卖出多于买入，即空头。银行对外币资金头寸的掌握，直接影响其对风险损失的规避。

**2. “汇兑损益”科目**

“汇兑损益”科目用以核算银行外币货币性项目因汇率变动而形成的收益或损益。该科目借方反映因汇率变动而产生的汇兑损失，贷方反映因汇率变动而产生的汇兑收益。

在资产负债表日，“货币兑换”各外币明细科目的期末余额应按照期末汇率折算为人民币。对于按照期末汇率折算的人民币金额与“货币兑换”科目人民币账户余额之间的差额来说，如为贷方余额，借记“货币兑换”（人民币）科目，贷记本科目；如为借记本科目，贷记“货币兑换”（人民币）科目。期末，应将本科目的余额转入“本年利润”科目，结转后，本科目应无余额。

## 三、外汇买卖业务的账务处理

“货币兑换”科目主要用于核算银行临柜业务经营的结售汇、外币兑换、套汇、自营外汇买卖、结售汇项下外汇/人民币平盘交易等外汇买卖业务。当银行发生上述外汇业务时，应根据当时的汇率和业务类型编制相应的会计分录并填制凭证。下面将着重介绍结汇、售汇和套汇业务的会计核算。

8-5 视频：外汇买卖的核算

**1. 结汇、售汇的核算**

我国中资企业、机关和团体的外汇收入都要按照银行挂牌汇率卖给银行。《外汇指定银行办理结汇、售汇业务管理暂行办法》规定，外汇指定银行应当建立独立的结汇、售汇会计科目，在结汇、售汇会计科目下，应当区分与客户之间的结汇、售汇业务，自营结汇、售汇业务，系统内结汇、售汇头寸平盘及市场结汇、售汇头寸平盘交易，分别核算；外汇指定银行应当建立结汇、售汇单证保留制度，并按照与客户之间的结汇、售汇业务和自营结汇、售汇业务将有关单据分别保存，保存期限不得少于5年。外汇指定银行办理与客户之间的结汇、售汇业务，审核规定的有效凭证和商业单据，按规定在相应的有效凭证和商业单据上签章后留存备查，并根据中央银行每日公布的人民币基准汇率和规定的浮动幅度、公布的挂牌人民币汇价，办理与客户之间的结汇和售汇业务。

(1) 结汇业务核算。结汇业务是指银行买入外币业务。买入外币时，外币金额记入"货币兑换"科目的贷方，与原币有关科目对转，相应的人民币金额记入该科目的借方，与人民币有关科目对转。买入外币(包括结汇及外币兑人民币业务)的会计分录为：

借：库存现金或有关科目　　(外币)
　　贷：货币兑换——汇(钞)买价　　(外币)

借：货币兑换——汇(钞)买价　　(人民币)
　　贷：吸收存款或有关科目　　(人民币)

**【例8-1】** 某人持500美元来银行兑换人民币。设业务发生时，美元现钞买入价为USD 100＝CNY 618.45。

会计分录为：

借：库存现金　　USD 500
　　贷：货币兑换——钞买价　　USD 500

借：货币兑换——钞买价　　CNY 3 092.25
　　贷：库存现金　　CNY 3 092.25

(2) 售汇业务核算。售汇业务是指银行卖出外币业务。卖出外币时，外币金额记入"货币兑换"科目的借方，与原币有关科目对转，相应的人民币金额记入该科目的贷方，与人民币有关科目对转。卖出外币(包括售汇及人民币兑外币业务)的会计分录为：

借：吸收存款(或有关科目)　　(人民币)
　　贷：货币兑换——汇卖价　　(人民币)

借：货币兑换——汇卖价　　(外币)
　　贷：汇出汇款(或有关科目)　　(外币)

**【例8-2】** 某外贸公司向银行购买68 000美元支付进口货款。设业务发生时，美元汇卖价USD 100＝CNY 625.95。

会计分录为：

借：吸收存款——单位活期存款——某外贸公司户　　CNY 425 646
　　贷：货币兑换——汇卖价　　CNY 425 646

借：货币兑换——汇卖价　　USD 68 000
　　贷：汇出汇款(或有关科目)　　USD 68 000

**2. 套汇业务的核算**

由于我国银行没有挂出两种不同外币之间的直接比价，当两种外币进行兑换时，需要通过人民币进行折算。套汇有两种具体情况：一是两种外币之间的套算，即一种外币兑换为另一种外币必须通过人民币进行套汇，也就是先买入一种外币，按买入价折算为人民币数额，再卖出另一种外币，把人民币数额按卖出价折算为另一种外币。二是同种货币之间的套算，包括钞兑汇或汇兑钞，因为在汇率上，同一种外币的现钞价值和现汇价值有所差异，所以必须按套汇方法处理。

(1) 两种外币之间的套算。两种外币之间套算的会计分录为：

借：吸收存款（或有关科目） （A外币）
　　贷：货币兑换——汇（钞）买价 （A外币）

借：货币兑换——汇（钞）买价 （人民币）
　　贷：货币兑换——汇卖价 （人民币）

借：货币兑换——汇卖价 （B外币）
　　贷：汇出汇款（或有关科目） （B外币）

**【例 8-3】** 某单位申请以其美元现汇存款汇往中国香港，以支付其客户的货款34 000港币。设业务发生时，美元汇买价为 USD 100＝CNY 623.45，港币汇卖价为 HKD 100＝CNY 80.67。

会计分录为：

借：吸收存款——外汇活期存款——某单位户 USD 4 399.36
　　贷：货币兑换——汇买价 USD 4 399.36

借：货币兑换——汇买价 CNY 27 427.8
　　贷：货币兑换——汇卖价 CNY 27 427.8

借：货币兑换——汇卖价 HKD 34 000
　　贷：汇出汇款 HKD 34 000

(2) 同种货币之间套算。同种货币之间套算的会计分录为：

借：库存现金 （A外币）
　　贷：货币兑换——钞买价 （A外币）

借：货币兑换——钞买价 （人民币）
　　贷：货币兑换——汇卖价 （人民币）

借：货币兑换——汇卖价 （A外币）
　　贷：吸收存款（或有关科目） （A外币）

**【例 8-4】** 某港商持美元现钞 USD 10 000 要求汇往纽约。设业务发生时，美元钞买价为 USD 100＝CNY 618.45，美元汇卖价为 USD 100＝RMB 625.95。

会计分录为：

借：库存现金 USD 10 000
　　贷：货币兑换——钞买价 USD 10 000

借：货币兑换——钞买价 CNY 61 845
　　贷：货币兑换——汇卖价 CNY 61 845

借：货币兑换——汇卖价　　　　　　　　　　　　　　　　　USD 9 880.18

　　贷：汇出汇款　　　　　　　　　　　　　　　　　　　　　USD 9 880.18

**3. 即期、远期结售汇业务的核算**

即期结售汇业务是指起息日(即交割日)为交易日后第二个工作日的外汇买卖。起息日或交割日就是外汇买卖合同的到期日,在该日买卖双方进行货币交付,完成交易。即期外汇买卖是外汇交易中最基本的交易,可以满足客户对不同货币的需求。即期结售汇业务的核算如上述结售汇业务。

远期结售汇业务是指银行与国内客户签订远期合同,约定将来办理结汇或售汇的外汇币种、金额、汇率和日期,到期时按照合同约定办理结汇或售汇业务。我国企事业单位、国家机关、社会团体、部队等,包括外商投资企业,可以与银行协商签订远期结售汇合同。银行与上述国内客户签订的远期结售汇合同应包括远期结汇或售汇所依据的外汇收入来源或外汇支出的用途以及远期结汇或售汇的币种、金额、汇率和期限。

**延伸阅读 8-5**

**国家外汇管理局就合作办理远期结售汇业务发布通知**

为了提高金融机构为客户提供规避汇率风险服务的能力,国家外汇管理局于 2010 年 12 月 28 日根据《中华人民共和国外汇管理条例》等规定,就合作办理远期结售汇业务的有关问题发布了通知。

通知指出,合作办理远期结售汇业务是指境内不具备经营远期结售汇业务资格的银行及其分支机构与具备经营远期结售汇业务资格的银行及其分支机构合作为客户办理远期结售汇相关业务。通知就合作银行与具备资格银行应具备的条件、合作银行申请合作办理远期结售汇业务的流程、对合作办理远期结售汇业务的考核、申请合作办理远期结售汇业务需提交的材料以及合作银行与具备资格银行在合作办理远期结售汇业务时应遵守的规定等作出了具体要求。

资料来源:佚名.外汇局允许银行合作办理远期结售汇业务[EB/OL].(2010-12-29)[2022-11-30]. http://www.tax168.net/Article/baodao1/201012/Article_250068.html.

即期结售汇业务与远期结售汇业务的区别主要是交割日不同。即期结售汇业务是当天交割,远期结售汇业务是在约定的未来某一天进行交割。因为两者交割的时间不同,进行交割时所使用的汇率也可能不同。由于远期结售汇业务的汇率是事先约定的,所以客户为达到货币保值的作用可以办理此项业务,为将来一段时期的外汇收付提前固定换汇成本,防范汇率风险。

## 第三节　外汇存款业务的核算

### 一、外汇存款的定义及种类

外汇存款是指单位或个人将其所有的外汇资金(国外汇入汇款、外币、外币票据),以外国货币为计量单位存放在商业银行,并于以后随时或按约定期限支取的存款。外汇存款按存款对象分为单位外汇存款和个人外汇存款;按存入资金形态分为现钞存款和现汇存款;按存取方式分为活期存款、定期存款和通知存款等。

其中,现钞存款是指存款人将从境外携入或持有的可自由兑换外币现钞存放在银行形成的存款；现汇存款是指存款人将从境外汇入的外汇或携入的外币票据存入银行形成的存款。对于不能立即付款的外币票据，须经银行办理托收，收妥后方可入账。

外汇存款的币种有美元、英镑、欧元、日元、港币、瑞士法郎、加拿大元、澳大利亚元和新加坡元等。其他可自由兑换外币，可按存入日的外汇牌价兑换成上述货币存入。

## 二、单位外汇存款的核算

单位外汇存款又称甲种外汇存款，是指我国境内的机关、团体、企事业单位、外国驻华机构及境外的中资企业、团体等存放在商业银行的各项外汇资金。单位外汇存款均为现汇账户，包括活期存款、定期存款和通知存款。银行不得为单位开立外币现钞账户。单位可将现钞存入现汇账户和经银行同意按规定支取少量外币现钞，但应按同种货币钞汇之间的套汇进行处理。

**1. 单位外汇活期存款的核算**

单位外汇活期存款分为支票户和存折户，起存金额为 1 000 人民币元的等值外汇。

1）存入款项的核算

（1）以外币现钞存入的核算。以外币现钞存入时，支票户应填制交款单，存折户应填写存款凭条。

① 以同币种外币现钞存入时，按前述同种货币钞兑汇即钞买汇卖业务处理。

**【例 8-5】** 某进出口公司要求中国银行将 10 000 欧元现钞存入其在该银行开立的欧元现汇账户，当日欧元钞买价为 EUR 100＝CNY 842.68，汇卖价为 EUR 100＝CNY 876.50。中国银行的计算过程和编制的会计分录如下：

第一步：将欧元现钞折算成人民币。

$$\text{EUR } 10\ 000 \times 8.4268 = \text{CNY } 84\ 628$$

第二步：将人民币折算成欧元现汇。

$$\text{CNY } 84\ 628 \div 8.765 = \text{EUR } 9\ 614.15$$

中国银行编制的会计分录为：

| | | |
|---|---|---|
| 借：库存现金 | EUR 10 000 | |
| 　　贷：货币兑换 | | EUR 10 000 |
| 借：货币兑换——钞买价 | CNY 84 268 | |
| 　　贷：货币兑换——汇卖价 | | CNY 84 268 |
| 借：货币兑换——汇卖价 | EUR 9 614.45 | |
| 　　贷：吸收存款——单位活期存款——××公司 | | EUR 9 614.45 |

② 以不同币种外币现钞存入时，按前述两种货币之间的套汇业务处理。

（2）以汇入现汇存入的核算。以汇入现汇存入时，商业银行应根据收到的报文、收妥的外币票据等办理存入手续。

① 以汇入同币种现汇存入时，会计分录为：

| | | |
|---|---|---|
| 借：××科目 | （外币） | |
| 　　贷：吸收存款——单位活期存款——××单位 | | （外币） |

② 以汇入不同币种现汇存入时,按前述两种货币之间的套汇业务处理。

2) 支取款项的核算

(1) 支取外币现钞的核算。支取外币现钞时,支票户应签发现金支票并加盖预留银行印鉴,存折户应填写取款凭条。

① 支取同币种外币现钞时,按前述同种货币汇兑钞即汇买钞卖业务处理。

② 支取不同币种外币现钞时,按前述两种货币之间的套汇业务处理。

(2) 以汇出现汇方式支取的核算。以汇出现汇方式支取时,商业银行应根据有关结算凭证办理支取手续。

① 汇出同币种现汇时,会计分录为:

借:吸收存款——单位活期存款——××单位　　(外币)
　　贷:××科目　　(外币)

另收汇费,原则上收取人民币,也可以是等值外币。会计分录为:

借:库存现金(或吸收存款)　　(人民币)
　　贷:手续费及佣金收入——汇款手续费收入　　(人民币)

② 汇出不同币种现汇时,按前述两种货币之间的套汇业务处理。

3) 利息的核算

(1) 单位外汇活期存款的计结息规则。单位外汇活期存款按日计息,按季结息,计息期间遇利率调整分段计息,每季末月 20 日为结息日。结息日结计出的利息于次日以原币主动转入存款单位的外汇活期存款账户。若单位外汇活期存款账户销户的结计应采取利随本清的方法,即于销户时将利息与存款单位结清。

(2) 单位外汇活期存款利息的核算。

① 资产负债表日计提利息的核算。资产负债表日,商业银行对吸收的单位外汇活期存款应按规定计提利息。计提时,如计息期间利率未调整,按计提日挂牌公告的同币种活期存款利率计算利息;如计息期间遇利率调整,应按调整前后的利率分段计算利息。计提利息的会计分录为:

借:利息支出——外汇活期存款利息支出　　(外币)
　　贷:应付利息——外汇活期存款应付利息　　(外币)

② 结息日结计利息的核算。结息日,采用积数计息法计算出本计息期间的利息后,应先将上一计提日至结息日的利息补提,然后将本计息期间所有应付利息于次日以原币结入存款单位的外汇活期存款账户。会计分录为:

结息日补提利息时:

借:利息支出——外汇活期存款利息支出　　(外币)
　　贷:应付利息——外汇活期存款应付利息　　(外币)

结息日次日以原币结入存款账户时:

借:应付利息——外汇活期存款应付利息　　(外币)
　　贷:吸收存款——单位活期存款——××单位　　(外币)

**2. 单位外汇定期存款的核算**

单位外汇定期存款为记名式存单，整存整取，起存金额为 10 000 人民币元的等值外汇，存期分为 1 个月、3 个月、半年、1 年、2 年五个档次。

1）开户存入的核算

（1）活期存款转定期存款的核算。

① 商业银行办理同币种外币活期存款转存定期时，会计分录为：

借：吸收存款——单位活期存款——××单位　　（外币）
　贷：吸收存款——单位定期存款——××单位　　（外币）

② 商业银行办理不同币种外币活期存款转存定期时，按前述两种货币之间的套汇业务处理。

（2）以汇入现汇存定期的核算。商业银行应单位要求以汇入现汇存定期时，商业银行应根据收到的报文、收妥的外币票据等办理定期存款开户存入手续。

① 以汇入同币种现汇存定期时，会计分录为：

借：××科目　　（外币）
　贷：吸收存款——单位定期存款——××单位　　（外币）

② 以汇入不同币种现汇存定期时，按前述两种货币之间的套汇业务处理。

（3）以外币现钞存定期的核算。

① 以同币种外币现钞存定期时，按前述同种货币钞兑汇即钞买汇卖业务处理。

② 以不同币种外币现钞存入时，按前述两种货币之间的套汇业务处理。

2）资产负债表日计提利息的核算

资产负债表日，对约定存期内的单位外汇定期存款，商业银行按存入日挂牌公告的同币种及相应档次定期存款利率计提利息。会计分录为：

借：利息支出——外汇定期存款利息支出　　（外币）
　贷：应付利息——外汇定期存款应付利息　　（外币）

3）到期转出或续存的核算

单位外汇定期存款利息的计算采用逐笔计息法，到期时按存入日挂牌公告的同币种及相应档次定期存款利率计息，利随本清，存期内如遇利率调整，不分段计息。

（1）到期转出的核算。单位外汇定期存款到期后，不能直接从定期户中支取现金，而应以转账方式转入存款单位的活期存款账户。

到期转出时，商业银行采用逐笔计息法计算出定期存款的利息后，应先将上一计提日至到期日的利息补提，然后办理到期转出手续。补提利息的会计分录为：

借：利息支出——外汇定期存款利息支出　　（外币）
　贷：应付利息——外汇定期存款应付利息　　（外币）

① 商业银行办理同币种外币定期存款到期转入活期时，会计分录为：

借：吸收存款——单位定期存款——××单位　　（外币）
　应付利息——外汇定期存款应付利息　　（外币）
　贷：吸收存款——单位活期存款——××单位　　（外币）

② 商业银行办理不同币种外币定期存款到期转入活期时，按前述两种货币之间的套汇业务处理。

(2) 到期续存的核算。存款单位交来到期的定期存单申请办理续存时，银行审核无误后，填制利息计算清单，按本息合计重新填制定期存单。

银行办理到期续存时，应先将上一计提日至续存日的利息补提，补提利息的会计分录略。到期续存的会计分录为：

借：吸收存款——单位定期存款——××单位　　(外币)
　　应付利息——外汇定期存款应付利息　　(外币)
　　贷：吸收存款——单位定期存款——××单位　　(外币)

若存款单位只要求办理本金续存，利息转出时：

借：吸收存款——单位定期存款——××单位　　(外币)
　　贷：吸收存款——单位定期存款——××单位　　(外币)
借：应付利息——外汇定期存款应付利息　　(外币)
　　贷：吸收存款——单位活期存款——××单位　　(外币)

利息转入活期时，若外币币种不同，应进行套汇处理。

4) 提前支取或逾期支取的核算

单位外汇定期存款部分提前支取时，提前支取部分按支取日挂牌公告的同币种活期存款利率计算利息(不分段计息)，未支取部分按原定存期及到期日另开新存单，到期时按原存入日挂牌公告的同币种及相应档次定期存款利率计息；全部提前支取时，按支取日挂牌公告的同币种活期存款利率计算利息(不分段计息)；逾期支取时，对存期内部分按存入日挂牌公告的同币种及相应档次定期存款利率计息，逾期部分按支取日挂牌公告的同币种活期存款利率计算利息(不分段计息)。

商业银行办理单位外汇定期存款提前支取或逾期支取时，可比照前述到期支取进行核算。

## 三、个人外汇存款的核算

**1. 个人外汇存款的种类**

个人外汇存款也称外币储蓄存款，是指商业银行吸收自然人的外汇资金而形成的存款。根据管理和核算的不同要求，个人外汇存款可以采用不同的标准进行分类。

(1) 按存款对象分为乙种外汇存款和丙种外汇存款。乙种外汇存款的存款对象是居住在国外或我国港澳台地区的外国人、外籍华人、华侨、港澳台同胞和短期来华人员，以及居住在中国境内的外国人。其外汇的使用可以汇往中国境内外，可兑换人民币，在存款人出境时，根据存款人的要求，可支取外钞或直接汇出。

丙种外汇存款的存款对象是中国境内的居民，包括归侨、侨眷和港澳台同胞的亲属。该种存款汇往境外的金额较大时，须经国家外汇管理部门批准后方可汇出。

(2) 按存入资金形态分为现汇存款和现钞存款。个人既可以在银行开立现汇账户存入现汇，也可以在银行开立现钞账户存入外币现钞。现汇户可直接支取汇出，现钞户须经钞买汇卖处理方可支取汇出；现钞户可直接支取现钞。

(3) 按存取方式分为活期储蓄存款、定期储蓄存款、定活两便储蓄存款和个人通知存款。外币活期储蓄存款的起存金额，乙种存款为不低于100人民币元的等值外币，丙种存款为不低于20人民币元的等值外币；外币定期储蓄存款的起存金额，乙种存款为不低于500人民币元的等值外币，丙种存款为不低于50人民币元的等值外币；定活两便储蓄存款的起存金额为不低于50人民币元的等值外币；个人七天通知存款的起存金额为不低于50 000人民币元的等值外币。

外币活期储蓄存款为存折户；外币定期储蓄存款为记名式存单，整存整取，存期分为1个月、3个月、半年、1年、2年五个档次。

**2. 外币活期储蓄存款的核算**

1) 开户存入的核算

(1) 以外币现钞存入开立现钞户的核算。以外币现钞存入时，存款人应填写存款凭条，连同外币现钞及有效身份证件(护照、身份证等)一同提交银行。银行审查存款凭条、证件并清点外币现钞无误后，进行现金开户交易处理。交易成功后，打印存折和存款凭证，将存折盖章后连同身份证件交给存款人。会计分录为：

借：库存现金　　　　(外币)
　　贷：吸收存款——个人活期存款——现钞　　　　(外币)

(2) 以汇入现汇存入开立现汇户的核算。以汇入现汇存入时，商业银行应根据收到的报文、收妥的外币票据等办理开户存入手续。会计分录为：

借：××科目　　　　(外币)
　　贷：吸收存款——个人活期存款——现汇　　　　(外币)

2) 续存的核算

存款人续存时，将存折、外币票据或外币现钞交银行。银行审核无误后，打印存款凭条交存款人签字确认办理续存手续。

(1) 以外币现钞续存的核算。

① 以同币种外币现钞存入现钞户时，会计分录与开户相同。

② 以同币种外币现钞存入现汇户时，应按中间价折算计收人民币手续费。会计分录为：

借：库存现金　　　　(外币)
　　贷：吸收存款——个人活期存款——现汇　　　　(外币)

借：库存现金或吸收存款　　　　(人民币)
　　贷：手续费及佣金收入　　　　(人民币)

③ 以不同币种外币现钞存入现钞户或现汇户时，按前述两种货币之间的套汇业务进行处理。

(2) 以汇入现汇续存的核算。

① 以同币种汇入现汇存入现钞户或现汇户时，会计分录为：

借：××科目　　　　(外币)
　　贷：吸收存款——个人活期存款——现钞或现汇　　　　(外币)

② 以不同币种汇入现汇存入现钞户或现汇户时，按前述两种货币之间的套汇业务进行处理。

3）支取款项的核算

(1) 支取外币现钞的核算。存款人支取外币现钞时，将存折交银行并告知取款金额。银行审核无误后，打印取款凭条交存款人签字确认办理取款手续。

① 从现钞户或现汇户支取同币种外币现钞时，会计分录为：

借：吸收存款——个人活期存款——现钞(或现汇)　　(外币)
　贷：库存现金　　(外币)

② 从现钞户或现汇户支取不同币种外币现钞时，按前述两种货币之间的套汇业务进行处理。

(2) 以汇出现汇方式支取的核算。以汇出现汇方式支取时，商业银行应根据有关结算凭证办理支取手续。

① 从现汇户汇出同币种现汇时，会计分录为：

借：吸收存款——个人活期存款——现汇　　(外币)
　贷：××科目　　(外币)

另收汇费，原则上收取人民币，也可以是等值外币。

② 从现钞户汇出同币种现汇时，应按中间价折算计收人民币手续费。

丙种现钞户存款汇出境外金额较大时，须经当地外汇管理局批准。从现钞户汇出同币种现汇的会计分录为：

借：吸收存款——个人活期存款——现钞　　(外币)
　贷：××科目　　(外币)

按中间价折算收取人民币手续费的会计分录为：

借：库存现金(或吸收存款)　　(人民币)
　贷：手续费及佣金收入　　(人民币)

同时，还应另收汇费。会计分录略。

③ 从现钞户或现汇户汇出不同币种现汇时，按前述两种货币之间的套汇业务进行处理。

4）利息的核算

外币活期储蓄存款按季结息，每季末月 20 日为结息日，按结息日挂牌公告的外币活期存款利率计息，计息期间遇利率调整不分段计息。未到结息日清户时，按清户日挂牌公告的外币活期存款利率计息，利息算至清户的前一日止。

外币活期储蓄存款利息的核算，可比照单位外汇活期存款进行处理。结息日次日，将本计息期间所有应付利息以原币结入存款人的外币活期储蓄存款账户时，银行应按规定代扣利息所得税。

借：应付利息——外币活期储蓄存款应付利息　　(外币)
　贷：吸收存款——个人活期存款——现钞(或现汇)　　(外币)
　　应交税费——应交代扣利息税　　(外币)

**【例 8-6】** 客户王静持外汇管理部门的批准证明，从其活期存款美元外汇账户支取 8 000英镑的等值美元，申请用信汇方式汇往伦敦牛津大学以英镑交纳学费。客户按有关要求办妥汇款手续，交中国银行审核无误后，办理汇出汇款。当天的美元汇买价为 USD 100＝

CNY 623.45,英镑汇卖价为 GBP 100=CNY 967.47。会计分录为:

借:吸收存款——个人外汇活期存款——王静户 USD 12 414.4
　　贷:货币兑换——汇买价 USD 12 414.4

借:货币兑换——汇买价 CNY 77 397.6
　　贷:货币兑换——汇卖价 CNY 77 397.6

借:货币兑换——汇卖价 GBP 8 000
　　贷:汇出汇款 GBP 8 000

借:库存现金 CNY 77.4
　　贷:手续费及佣金收入——汇费收入户(1‰) CNY 77.4

**3. 外币定期储蓄存款的核算**

外币定期储蓄存款可比照人民币整存整取定期储蓄存款及前述外汇存款业务进行核算,这里不再展开阐述。

## 第四节　外汇贷款业务的核算

### 一、外汇贷款概述

外汇贷款是商业银行发放的以外币为计量单位的贷款,是商业银行外汇资金运用的主要形式。商业银行发放的外汇贷款,可以按照不同的标准进行分类。

**1. 按贷款期限分**

贷款按贷款期限分为短期外汇贷款和中长期外汇贷款。短期外汇贷款是指期限在 1 年以内(含 1 年)的外汇贷款;中长期外汇贷款是指期限在 1 年以上(不含 1 年)的外汇贷款。

**2. 按贷款发放条件分**

贷款按发放条件分为信用贷款和担保贷款。信用贷款是指仅凭借款人的信誉而发放的贷款;担保贷款是指银行以法律规定的担保方式作为还款保障而发放的贷款。担保贷款依担保方式不同又可以分为保证贷款、抵押贷款和质押贷款。

**3. 按贷款利率形式分**

贷款按利率形式分为浮动利率贷款、固定利率贷款、优惠利率贷款和贴息贷款。浮动利率贷款是由商业银行根据伦敦银行同业拆借利率(LIBOR)加上银行管理费用确定利率,浮动计息,借款企业需承担借款期内利率变动风险;固定利率贷款在贷款期内其利率固定不变;优惠利率贷款的利率低于一般市场利率,比浮动利率贷款优惠,且属于固定利率;贴息贷款是为鼓励企业引进国外先进技术,扶持和发展出口商品,提高出口创汇能力而采取利息贴补方式发放的贷款。

**4. 按贷款资金来源分**

贷款按资金来源分为现汇贷款、"三贷"贷款和银团贷款。现汇贷款即自由外汇贷款,是银行以自主筹措的外汇资金发放的贷款。现汇贷款的币种有美元、英镑、欧元、日元和港币等,原则上以原币偿还和计收原币利息。"三贷"贷款包括买方信贷、政府贷款和混合贷款。银团贷款是国际金融机构贷款的一种形式,亦称辛迪加贷款。"三贷"贷款和银团贷款又称转贷贷款。

## 二、现汇贷款的核算

这里以商业银行发放的短期现汇贷款为例，阐述贷款的发放、计息和收回的核算。

**1. 贷款发放的核算**

借款单位申请现汇贷款时，应填具借款申请书。银行审查同意后，与借款单位订立借款合同，并开立外汇贷款专户。

借款单位根据借款合同在核定的借款额度内，一次或分次使用借款时，应逐笔订立借据，填具借款凭证。银行审核借款凭证有关内容与借款合同规定相符后，根据不同情况进行账务处理。

（1）直接转入借款单位的外汇存款账户时，会计分录为：

借：贷款——短期外汇贷款——××单位　　（外币）
　贷：吸收存款——单位活期存款——××单位　　（外币）

（2）直接使用贷款对外付汇时，会计分录为：

借：贷款——短期外汇贷款——××单位　　（外币）
　贷：存放同业（或其他科目）　　（外币）

若借款单位以非贷款外币对外付汇，则需按前述两种货币之间的套汇业务进行处理。会计分录略。

**2. 贷款利息的核算**

现汇贷款可以采用浮动利率、固定利率或优惠利率。短期现汇贷款一般采用浮动利率，浮动档次有 1 个月浮动、3 个月浮动和 6 个月浮动三种。在浮动期内，无论市场利率有无变动，一律按贷款发放日确定的该档次利率计算利息，在浮动期后，按浮动利率计息。商业银行也可以根据借款单位的要求，将浮动利率掉期为固定利率。

短期现汇贷款采用积数计息法计算利息，计息天数为实际天数，算头不算尾。

1）资产负债表日计提利息的核算

资产负债表日，商业银行对发放的短期现汇贷款应按规定计提利息。计提时，会计分录为：

借：应收利息——短期现汇贷款应收利息　　（外币）
　贷：利息收入——短期现汇贷款利息收入　　（外币）

2）结息日结计利息的核算

短期现汇贷款于每季末月 20 日结息。结息日，采用积数计息法计算出本计息期间的利息后，应先将上一计提日至结息日的利息补提，然后将本计息期间所有应收利息于次日以原币向借款单位计收。

（1）结息日补提利息的会计分录，与资产负债表日计提利息的会计分录相同。

（2）结息日次日以原币计收利息时，区分不同情况进行处理。

① 以外汇存款偿还利息时，会计分录为：

借：吸收存款——单位活期存款——××单位　　(外币)
　贷：应收利息——短期现汇贷款应收利息　　(外币)

② 按合同约定将利息转为贷款本金时，会计分录为：

借：贷款——短期外汇贷款——××单位　　(外币)
　贷：应收利息——短期现汇贷款应收利息　　(外币)

**3. 贷款收回的核算**

现汇贷款到期，银行收回贷款时，按规定计算出利息后，应先将上一计提日至到期日的利息补提，然后办理本息收回手续。

补提利息的会计分录与资产负债表日计提利息的会计分录相同。收回贷款本息时区分不同情况进行处理。

(1) 以外汇存款偿还贷款本息时，会计分录为：

借：吸收存款——单位活期存款——××单位　　(外币)
　贷：贷款——短期外汇贷款——××单位　　(外币)
　　　应收利息——短期现汇贷款应收利息　　(外币)

(2) 以人民币购汇偿还贷款本息时，会计分录为：

借：吸收存款——单位活期存款——××单位　　(人民币)
　贷：货币兑换　　(人民币)

借：货币兑换　　(外币)
　贷：贷款——短期外汇贷款——××单位　　(外币)
　　　应收利息——短期现汇贷款应收利息　　(外币)

若借款单位以非贷款外币偿还贷款本息，则需按前述两种货币之间的套汇业务进行处理。会计分录略。

**【例 8-7】** 某进出口公司 2×22 年 6 月 5 日向开户银行申请 60 万美元贷款，期限半年，贷款直接转入其外汇活期存款账户，12 月 5 日贷款到期后从该存款账户偿还本息。该笔贷款采用 3 个月浮动利率，利息按季结计并转入贷款本金。借款日美元 3 个月浮动利率为 5.35%，6 月 22 日变为 5.43%，8 月 20 日变为 4.57%，9 月 3 日变为 5.68%，11 月 12 日变为 5.54%。

这笔贷款的利率确定为：

6 月 5 日至 9 月 4 日　　5.35%

9 月 5 日至 12 月 4 日　　5.68%

开户银行编制会计分录如下：

(1) 6 月 5 日发放贷款时，会计分录为：

借：贷款——短期外汇贷款——××公司　　USD 600 000
　贷：吸收存款——单位活期存款——××公司　　USD 600 000

(2) 6 月 20 日结计利息。计息期间为 6 月 5 日至 6 月 20 日，利率为 5.35%，利息的计算为：

利息 = USD 600 000 × 16 × 5.35% ÷ 360 = USD 1 426.67

① 6 月 20 日，先计提利息，会计分录为：

借：应收利息——短期现汇贷款应收利息　　USD 1 426.67
　　贷：利息收入——短期现汇贷款利息收入　　USD 1 426.67

② 6 月 21 日，将利息转为贷款本金时，会计分录为：

借：贷款——短期外汇贷款——××公司　　USD 1 426.67
　　贷：应收利息——短期现汇贷款应收利息　　USD 1 426.67

(3) 6 月 30 日，计提贷款利息，利息的计算为：

利息 = (USD 600 000 + USD 1 426.67) × 10 × 5.35% ÷ 360 = USD 893.73

借：应收利息——短期现汇贷款应收利息　　USD 893.73
　　贷：利息收入——短期现汇贷款利息收入　　USD 893.73

(4) 7 月 31 日，计提贷款利息，利息的计算为：

利息 = (USD 600 000 + USD 1 426.67) × 31 × 5.35% ÷ 360 = USD 2 770.74

会计分录略。

(5) 8 月 31 日，计提贷款利息，利息的计算为：

利息 = (USD 600 000 + USD 1 426.67) × 31 × 5.35% ÷ 360 = USD 2 770.74

会计分录略。

(6) 9 月 20 日，结计利息。由于利率变化，需分段计息。利息计算如下：

6 月 21 日至 9 月 4 日，适用利率为 5.35%，计算的利息为：

利息 = (USD 600 000 + USD 1 426.67) × 76 × 5.35% ÷ 360 = USD 6 792.78

9 月 5 日至 9 月 20 日，适用利率为 5.68%，计算的利息为：

利息 = (USD 600 000 + USD 1 426.67) × 16 × 5.68% ÷ 360 = USD 1 518.27

9 月 20 日，利息合计为：

利息合计 = USD 6 792.78 + USD 1 518.27 = USD 8 311.05

9 月 20 日，先补提利息，补提利息的计算为：

补提利息 = USD 8 311.05 − USD 893.79 − USD 2 770.74 − USD 2 770.74 = USD 1 875.78

补提利息的会计分录略。

9 月 21 日，将利息转为贷款本金时，会计分录为：

借：贷款——短期外汇贷款——××公司　　USD 8 311.05
　　贷：应收利息——短期现汇贷款应收利息　　USD 8 311.05

(7) 9 月 30 日，计提贷款利息，利息的计算为：

利息 = (USD 600 000 + USD 1 426.67 + USD 8 311.05) × 10 × 5.68% ÷ 360 = USD 960.23

会计分录略。

(8) 10 月 31 日，计提贷款利息，利息的计算为：

利息 = (USD 600 000 + USD 1 426.67 + USD 8 311.05) × 31 × 5.68% ÷ 360 = USD 2 982.29

会计分录略。

(9) 11 月 30 日，计提贷款利息，利息的计算为：

利息 = (USD 600 000 + USD 1 426.67 + USD 8 311.05) × 30 × 5.68% ÷ 360 = USD 2 886.09

会计分录略。

(10) 12 月 5 日，贷款到期。

9 月 21 日至 12 月 4 日，适用利率为 5.68%，计算的利息为：

利息 = (USD 600 000 + USD 1 426.67 + USD 8 311.05) × 75 × 5.68% ÷ 360 = USD 7 215.23

① 先补提利息，补提利息的计算为：

补提利息 = USD 7 215.23 − USD 962.03 − USD 2 982.29 − USD 2 886.09 = USD 384.42

补提利息的会计分录略。

② 偿还贷款本息时，会计分录为：

| | | |
|---|---|---|
| 借：吸收存款——单位活期存款——××公司 | USD 616 952.95 | |
| 贷：贷款——短期外汇贷款——××公司 | | USD 609 737.72 |
| 应收利息——短期现汇贷款应收利息 | | USD 7 215.23 |

## 三、买方信贷外汇贷款的核算

买方信贷是由出口国银行直接向进口商或进口国银行提供的贷款，用以向出口国购买技术和设备以及支付有关费用。买方信贷分为出口买方信贷和进口买方信贷，一般期限较长（最长可达 10 年），利率较低。目前我国商业银行办理的主要是进口买方信贷，即我国商业银行作为进口国银行，从出口国银行取得并按需要转贷给国内进口单位使用的信贷。进口买方信贷是我国利用外资的重要形式。

**1. 会计科目的设置**

(1) “借入买方信贷款”科目。买方信贷项下向国外银行的借入款，由总行集中开户，集中记账核算。总行设置“借入买方信贷款”科目，核算获得买方信贷后借入款项的数额及到期偿还的情况。该科目属于负债类科目，借入款项时记入该科目贷方，归还款项时记入该科目借方，期末贷方余额反映尚未归还的款项。买方信贷项下向国外借入款的本息，由总行负责偿还。

(2) “买方信贷外汇贷款”科目。各分行对国内进口单位发放买方信贷外汇贷款，由各分行开户，在“贷款”总分类科目下设置“买方信贷外汇贷款”明细科目，核算买方信贷外汇贷款的发放和收回情况。该科目属于资产类科目，发放贷款时记入该科目借方，收回贷款时记入该科目贷方，期末借方余额反映尚未收回的贷款余额。各分行发放的买方信贷外汇贷款的本息，由各分行负责按期收回。总行、分行之间款项的划转，通过行内系统处理。

**2. 买方信贷外汇贷款的核算**

1）对外签订信贷协议

买方信贷总协议由商业银行总行统一对外谈判签订，分协议可由总行对外谈判签订，也可由总行授权分行谈判签订。签订分协议后，经出口国银行批准的贷款限额，总行应通过“买方信贷用款限额”表外科目进行核算，并登记“买方信贷用款限额登记簿”。会计分录为：

收入：买方信贷用款限额　　　　(外币)

使用贷款时，按使用金额逐笔转销表外科目。会计分录为：

付出：买方信贷用款限额　　　　(外币)

2）支付定金

买方信贷外汇贷款的贷款金额一般不得超过贸易合同金额的 85%，其余 15% 由进口单位以现汇支付定金，支付定金后才能使用贷款。贷款应分期按等分金额每半年还本付息一次。进口单位可以直接用现汇支付定金，也可以以人民币购汇或向银行申请现汇贷款支付定金。

(1) 进口单位直接用现汇支付定金，会计分录为：

借：吸收存款——单位活期存款——××进口单位　　　　(外币)
　　贷：存放同业(或其他科目)　　　　(外币)

(2) 若进口单位用以支付定金的现汇为非贷款外币时，需进行套汇处理。会计分录略。

进口单位以人民币购汇支付定金，会计分录为：

借：吸收存款——单位活期存款——××进口单位　　　　(人民币)
　　贷：货币兑换　　　　(人民币)

借：货币兑换　　　　(外币)
　　贷：存放同业(或其他科目)　　　　(外币)

(3) 进口单位向银行申请现汇贷款支付定金，会计分录为：

借：贷款——短期外汇贷款——××进口单位　　　　(外币)
　　贷：存放同业(或其他科目)　　　　(外币)

3）使用贷款

买方信贷项下的进口支付方式，一般使用信用证，商业银行接到国外银行寄来信用证项下有关单据，经审核无误，对外办理支付时，应分别按不同的情况进行处理。

(1) 进口单位无现汇，需向银行取得买方信贷外汇贷款，到期时于进口单位偿还贷款本息。

进口单位在总行营业部开户时，由总行直接发放买方信贷外汇贷款。总行会计分录为：

借：贷款——买方信贷外汇贷款——××进口单位　　　　(外币)
　　贷：借入买方信贷款——××国外银行　　　　(外币)

同时，转销表外买方信贷用款限额，会计分录为：

付出：买方信贷用款限额　　　　(外币)

进口单位在异地分行开户时,由分行发放买方信贷外汇贷款,并通过行内系统发送报文划收总行。分行会计分录为:

借:贷款——买方信贷外汇贷款——××进口单位　　(外币)
　贷:上存系统内款项——上存总行备付金　　(外币)

总行收到异地分行上划报文后,会计分录为:

借:系统内款项存放——××分行备付金　　(外币)
　贷:借入买方信贷款——××国外银行　　(外币)

付出:买方信贷用款限额　　(外币)

(2) 进口单位有现汇,也可以办理买方信贷,进口单位用现汇办理付汇手续;买方信贷资金归银行使用,由银行承担相应的利息。

① 进口单位在总行营业部开户时,总行会计分录为:

借:吸收存款——单位活期存款——××进口单位　　(外币)
　贷:借入买方信贷款——××国外银行　　(外币)

付出:买方信贷用款限额　　(外币)

② 进口单位在异地分行开户时,分行会计分录为:

借:吸收存款——单位活期存款——××进口单位　　(外币)
　贷:上存系统内款项——上存总行备付金　　(外币)

总行收到异地分行上划报文后,会计分录为:

借:系统内款项存放——××分行备付金　　(外币)
　贷:借入买方信贷款——××国外银行　　(外币)

付出:买方信贷用款限额　　(外币)

4) 计提利息

资产负债表日,商业银行总行计提利息支出时,会计分录为:

借:利息支出——买方信贷利息支出　　(外币)
　贷:应付利息——买方信贷应付利息　　(外币)

资产负债表日,发放买方信贷外汇贷款的银行(商业银行总行或分行)计提利息收入时,会计分录为:

借:应收利息——买方信贷应收利息　　(外币)
　贷:利息收入——买方信贷利息收入　　(外币)

5) 偿还贷款本息

买方信贷外汇贷款在资金来源上,商业银行总行是债务人,买方信贷项下借入国外同业的贷款,由其统一偿还本息;在资金运用上,若进口单位向商业银行取得了买方信贷外汇贷款,则商业银行总行是债权人,对国内进口单位发放的贷款应按期收回本息。

(1) 对外偿还贷款本息。商业银行总行对买方信贷项下借入国外同业的贷款,应按协议规定计算利息,并补提上一计提日至偿还日的利息后,办理偿付贷款本息手续。

补提利息的会计分录与资产负债表日计提利息的会计分录相同。商业银行总行对外偿还贷款本息的会计分录为：

借：借入买方信贷款——××国外银行　　(外币)
　　应付利息——买方信贷应付利息　　(外币)
　　贷：存放同业(或其他科目)　　(外币)

(2) 对内收回贷款本息。若进口单位向商业银行取得了买方信贷外汇贷款，商业银行应按借款合同的规定计算利息，并补提上一计提日至收回贷款本息日的利息后，办理收回贷款本息手续。

补提利息的会计分录与资产负债表日计提利息的会计分录相同。商业银行对内收回贷款本息，区分不同情况进行处理。

① 进口单位直接以现汇偿还时，会计分录为：

借：吸收存款——单位活期存款——××进口单位　　(外币)
　　贷：贷款——买方信贷外汇贷款——××进口单位　　(外币)
　　　　应收利息——买方信贷应收利息　　(外币)

② 进口单位以人民币购汇偿还时，会计分录为：

借：吸收存款——单位活期存款——××进口单位　　(人民币)
　　贷：货币兑换　　(人民币)

借：货币兑换　　(外币)
　　贷：贷款——买方信贷外汇贷款——××进口单位　　(外币)
　　　　应收利息——买方信贷应收利息　　(外币)

如借款单位不能按期归还贷款本息，应于到期日将贷款本息转入“短期外汇贷款”明细科目核算，并按短期外汇贷款利率计息。

## 四、国际贸易融资的核算

8-6 知识拓展：中国人民银行 国家外汇管理局关于银行业金融机构境外贷款业务有关事宜的通知

国际贸易融资是指商业银行对进口商或出口商提供的与进出口贸易结算相关的短期融资(不包括短期外汇贷款)或信用便利。针对国际贸易结算业务的不同种类和处理环节，商业银行提供的国际贸易融资方式主要有授信开证、进口押汇、出口押汇、打包贷款、福费廷、买入票据及国际保理等。

**1. 进出口押汇的核算**

押汇是商业银行凭进出口商提供的进出口货物单据向其提供的短期资金融通。押汇实质上是一种短期贷款，分为进口押汇和出口押汇。

1) 进口押汇的核算

进口押汇分为信用证项下进口押汇和进口代收项下进口押汇，是指商业银行在进口信用证或进口代收项下，接受包括货运单据在内的全套进口单据作为抵押，为进口商对外垫付进口款项的短期融资业务。

信用证项下和进口代收项下进口押汇的处理流程为：第一，商业银行收到有关单据后，根据进口商的押汇申请，先行为进口商垫款对外支付。第二，进口商在规定的时间内付款赎单，商业银行收回垫款本息，释放单据；或进口商出具信托收据借出货运单提货，以出售进口货物后所得货款归还商业银行垫款本息。

(1) 承做进口押汇。进口商申请进口押汇时,需填制进口押汇申请书,并提供信托收据、贸易合同和其他有关资料。商业银行审核同意后,办理进口押汇对外付款手续会计分录为:

借:贷款——进口押汇——××进口商　(外币)
　贷:存放同业(或其他科目)　(外币)

(2) 计提进口押汇利息。资产负债表日,计提进口押汇利息收入的会计分录为:

借:应收利息——押汇应收利息　(外币)
　贷:利息收入——押汇利息收入　(外币)

(3) 收回押汇本息。进口商向商业银行偿还进口押汇本息,赎取单据时,商业银行应计自进口押汇日起至进口商赎单还款日止的利息,并补提上一计提日至收回押汇本息日的利息后,办理收回押汇本息手续。

进口押汇利息 = 押汇金额 × 押汇天数 × 年利率 ÷ 360

补提利息的会计分录与资产负债表日计提利息的会计分录相同。商业银行收回押汇本息的会计分录为:

借:吸收存款——单位活期存款——××进口商　(外币)
　贷:贷款——进口押汇　(外币)
　　应收利息——押汇应收利息　(外币)

2) 出口押汇的核算

出口押汇分为信用证项下出口押汇和托收项下出口押汇,是指出口商发运货物后,将全套出口单据提交商业银行,由银行买入单据并按票面金额扣除从出口押汇日起至预计收汇日止的利息及有关手续费,将净额预先付给出口商然后凭全套出口单据向进口商收回垫款本息的短期融资业务。

(1) 承做出口押汇。出口商申请出口押汇时,需填制出口押汇申请书,并与商业银行签订出口押汇总质权书,明确双方的权利和义务。商业银行审核同意后,计算从出口押汇日起至预计收汇日止的利息,办理出口押汇手续。

出口押汇利息 = 押汇金额 × 预计押汇天数 × 年利率 ÷ 360

其中,出口押汇利率按同档次流动资金贷款利率执行,预计押汇天数从押汇日起加开证行或付款行合理工作日数、邮程时间和票据期限。

① 支付原币时,会计分录为:

借:贷款——出口押汇——××出口商(本金)　(外币)
　贷:贷款——出口押汇——××出口商(利息调整)　(外币)
　　手续费及佣金收入——出口押汇手续费收入　(外币)
　　吸收存款——单位活期存款——××出口商　(外币)

② 结汇后支付人民币时,会计分录为:

借：贷款——出口押汇——××出口商(本金)　　(外币)

　贷：贷款——出口押汇——××出口商(利息调整)　　(外币)

　　手续费及佣金收入——出口押汇手续费收入　　(外币)

　　货币兑换　　(外币)

借：货币兑换　　(人民币)

　贷：吸收存款——单位活期存款——××出口商　　(人民币)

(2) 确认出口押汇利息收入。资产负债表日，确认出口押汇利息收入的会计分录为：

借：贷款——出口押汇——××出口商(利息调整)　　(外币)

　贷：利息收入——押汇利息收入　　(外币)

(3) 收回押汇本息。商业银行收到国外联行或代理行发来的已收妥货款的报文时先确认上一资产负债表日至收回押汇本息日的利息收入，然后办理收回押汇本息手续。

① 收回押汇本息日，确认利息收入的处理。实际押汇天数少于或等于预计押汇天数，即实际押汇利息金额小于或等于押汇日扣收利息金额时，会计分录为：

借：贷款——出口押汇——××出口商(利息调整)　　(外币)

　贷：利息收入——押汇利息收入　　(外币)

实际押汇天数多于预计押汇天数，即实际押汇利息金额大于押汇日扣收利息金额时，会计分录为：

借：贷款——出口押汇——××出口商(利息调整)　　(外币)

　应收利息——押汇应收利息　　(外币)

　贷：利息收入——押汇利息收入　　(外币)

② 收回押汇本息的处理。实际押汇天数与预计押汇天数一致，实际押汇利息金额等于押汇日扣收利息金额时，会计分录为：

借：存放同业(或其他科目)　　(外币)

　贷：贷款——出口押汇——××出口商(本金)　　(外币)

实际押汇天数与预计押汇天数不一致，实际押汇利息金额小于押汇日扣收利息金额时，会计分录为：

借：存放同业(或其他科目)　　(外币)

　贷款——出口押汇——××出口商(利息调整)　　(外币)

　贷：贷款——出口押汇——××出口商(本金)　　(外币)

　　吸收存款——单位活期存款——××出口商　　(外币)

实际押汇天数与预计押汇天数不一致，实际押汇利息金额大于押汇日扣收利息金额时，会计分录为：

借：存放同业(或其他科目)　　(外币)

　吸收存款——单位活期存款——××出口商　　(外币)

　贷：贷款——出口押汇——××出口商(本金)　　(外币)

　　应收利息——押汇应收利息　　(外币)

**【例 8-8】** 中国银行广州分行收到环亚进出口公司出口押汇申请书及即期信用证项下全套单据，金额为 USD 100 000，经审核单证、单单完全一致，银行同意作出口押汇，当天按 5.8%的利率扣收 18 天的押汇利息和 USD 200 手续费后，将余额折合为人民币收入该公司人民币存款账户。假设实际押汇天数与预计押汇天数相同，当日美元汇买价为 USD 100＝CNY 633.60。

中国银行广州分行编制会计分录如下：

(1) 承作出口押汇。

出口押汇利息 ＝ USD 100 000 × 18 × 5.8% ÷ 360 ＝ USD 290

| | | |
|---|---|---|
| 借：贷款——出口押汇——环亚进出口公司(本金) | USD 100 000 | |
| 贷：利息收入——押汇利息收入 | | USD 290 |
| 手续费及佣金收入——出口押汇手续费收入 | | USD 200 |
| 货币兑换 | | USD 99 510 |
| 借：货币兑换 | CNY 630 495.36 | |
| 贷：吸收存款——单位活期存款——环亚进出口公司 | | CNY 630 495.36 |

由于押汇期限短，商业银行押汇日扣收的出口押汇利息不通过“贷款——利息调整”科目核算，而直接记入“利息收入”科目。

(2) 收回押汇本息。

| | | |
|---|---|---|
| 借：存放同业(或其他科目)——××境外行 | USD 100 000 | |
| 贷：贷款——出口押汇——环亚进出口公司(本金) | | USD 100 000 |

**2. 打包贷款的核算**

打包贷款又称打包放款，是指商业银行以出口商(受益人)提交的国外银行开立的信用证正本为还款凭据，向出口商提供的一种装船前短期融资。打包贷款属于出口信用证项下的本币流动资金贷款，主要用于出口商购买或生产信用证项下出口商品或支付装船等相关从属费用。

当出口商收到国外进口商开来的信用证，但缺乏本币资金备货时，可凭收到的正本信用证向商业银行申请打包贷款，用于缓解出口商品备货、打包装箱的临时资金周转困难。

与出口押汇相比，打包贷款属于交单前融资，存在出口商违约风险。发放打包贷款时，商业银行应对出口商的资信、贷款偿还能力及出口商品的备货情况认真审查，对信用证项下因货物未能出口而不能偿还的风险，须在借款合同中订立保证归还贷款的条款。

商业银行发放的打包贷款金额不得超过信用证总金额的等值本币；期限为自放款之日起至信用证项下货款收妥或办理出口押汇日止，一般为 3～6 个月，原则上不超过信用证有效期后一个月；利率按照本币同档次流动资金贷款利率执行。

1) 发放打包贷款的核算

出口商申请打包贷款时，需填制打包贷款申请书，连同贸易合同及国外银行开来的信用证正本等有关文件提交商业银行。商业银行审核同意后，与出口商签订打包贷款合同，根据信用证外币金额的一定比例和贷款发放日外汇买入价折合人民币确定发放的打包贷款金额，办理打包贷款发放手续。会计分录为：

借：贷款——打包贷款——××出口商 （人民币）
　贷：吸收存款——单位活期存款——××出口商 （人民币）

2）计提打包贷款利息的核算

资产负债表日，计提打包贷款利息收入的会计分录为：

借：应收利息——打包贷款应收利息 （人民币）
　贷：利息收入——打包贷款利息收入 （人民币）

3）收回打包贷款本息的核算

正常情况下，出口商应以信用证项下出口收汇款作为打包贷款的第一还款来源，也可直接以存款偿还，或转做信用证项下出口押汇还款。

收回打包贷款本息时，商业银行应按规定计算利息，并补提上一计提日至收回打包贷款本息日的利息后，办理收回打包贷款本息手续。补提利息的会计分录与资产负债表日计提利息的会计分录相同。商业银行收回打包贷款本息，应区分不同情况进行处理。

（1）以信用证项下出口收汇款还款时，会计分录为：

借：存放同业（或其他科目） （外币）
　贷：货币兑换 （外币）

借：货币兑换 （人民币）
　贷：贷款——打包贷款——××出口商 （人民币）
　　应收利息——打包贷款应收利息 （人民币）
　　吸收存款——单位活期存款——××出口商 （人民币，还款后剩余金额）

（2）直接以存款偿还时，会计分录为：

借：吸收存款——单位活期存款——××出口商 （人民币）
　贷：贷款——打包贷款——××出口商 （人民币）
　　应收利息——打包贷款应收利息 （人民币）

（3）转做信用证项下出口押汇还款时，会计分录为：

借：贷款——出口押汇——××出口商 （外币）
　贷：货币兑换 （外币）

借：货币兑换 （人民币）
　贷：贷款——打包贷款——××出口商 （人民币）
　　应收利息——打包贷款应收利息 （人民币）
　　吸收存款——单位活期存款——××出口商 （人民币，还款后剩余的金额）

此外，商业银行办理的国际贸易融资业务还有福费廷、买入票据及国际保理等福费廷（forfeiting，含有“放弃权利”之意），又称买断或包买票据，是指商业银行从出口商处无追索权地买断出口商在出口贸易中合法取得的未到期债权的一种贸易融资方式。通常情况下，该债权已由银行承兑、承付或保付。例如，买入由开证行或保兑行承兑的远期汇票、确定的远期债权，或进口商所在地银行担保或保付的远期汇票、远期本票等。

福费廷以开证行承兑金额（即汇票票面金额）或担保行对票据的保付限额作为贴现利息计算的基础，计息期自贴现日起至汇票到期日或开证行承兑到期日止。商业银行按承兑（票

面)金额扣除贴现利息及开证行付款时可能产生的中间行扣费后,将实付贴现金额支付给出口商。具体计算公式如下:

$$贴现利息 = 承兑(票面)金额 \times 天数 \times 年利率 \div 360$$

$$实付贴现金额 = 承兑(票面)金额 - 贴现利息 - 中间行手续费$$

福费廷适用于大宗交易,主要提供中长期贸易融资,利用这一融资方式的出口商应同意向进口商提供期限为6个月至5年甚至更长期限的贸易融资。与中长期贷款比,福费廷利率较低;与出口押汇相比,福费廷具有无追索权买断的优势。

买入票据是指在光票托收等不附带贸易单据的结算业务项下,商业银行以贴现方式购入由其他银行付款的银行即期票据的短期资金融通行为。商业银行买入的即期外币票据,通过"贴现资产"科目进行核算。

国际保理是指在国际贸易中,出口商采用赊销、承兑交单等结算方式时,由商业银行或专业保理商(一般为大银行的附属机构)从出口商处购进以单据表示的对进口商的应收账款,并同时提供资信调查、销售分户账管理、贷款回收和坏账担保等综合性金融服务。出口商可以根据本公司的实际情况要求保理商提供全套服务或部分服务。

## 第五节　国际结算业务的核算

### 一、国际汇兑业务的核算

国际汇兑是银行利用汇票和其他信用工具,通过海外联行或国外代理行相互间款项的划拨代替现金运送,以清算处理在不同国家或地区间的买卖双方债权债务关系或款项授受的一种结算方式。国际汇兑作为国际通用的结算方式,是银行办理外汇业务的主要内容之一,不仅可以取得手续费收入,而且汇款资金在托汇和解付之间有一段时间差,银行可以不付利息运用外币资金。

国际汇兑结算方法有两种:

(1) 汇出法,也称顺汇。汇出法是由汇款人通过银行将款项不付利息运用外币资金汇给国外收款人或债权人以清偿债务的方式,在银行业务中表现为汇款结算方式,常用于非贸易收支结算。

(2) 出票法,也称逆汇。出票法是由收款人向汇款人签发汇票,委托银行代为收款的结算方式,在银行业务中表现为托收结算方式和信用证结算方式,常用于贸易收支结算。这里将围绕汇款结算方式进行介绍。

汇款结算方式按款项授受划分,可分为汇出国外汇款和国外汇入汇款两种,涉及的经济活动主要包括贸易收支结算、劳务收支结算、政府间收支结算和其他非贸易收支结算。

银行以电汇、信汇、票汇办理汇出国外汇款时,通过"汇出汇款"科目核算;以签发旅行信用证办理汇出国外汇款时,通过"开出旅行信用证"科目核算。

**1. 汇出国外汇款的核算**

汇出国外汇款是银行接受汇款人的委托,以电汇、信汇、票汇的方式,将款项汇往国外收款人开户行的汇款方式。接受汇款人委托、汇出款项的银行称为汇出行。汇出国外汇款的会计核算包括受理汇出汇款和汇款解付两个环节。

1）受理汇出汇款的核算

汇款人要求汇款时，应向银行提出申请，填制汇款申请书，并在申请汇款时，按有关汇出汇款的管理规定提供相关部门核准件。银行审核后，结合不同的汇款方式，计算业务手续费，填制不同的汇款凭证，办理汇出汇款手续。

（1）汇款人以现汇存款汇出。汇款人若以现汇存款办理汇出，会计分录为：

借：吸收存款——个人外汇活期存款——××户 （外币）
　　贷：汇出汇款 （外币）

借：库存现金（或吸收存款——单位活期存款——××户） （人民币）
　　贷：手续费及佣金收入——汇费收入户 （人民币）

若汇款人要求汇出款项的货币与现汇存款货币不同时，需按汇买价、汇卖价套汇后办理。

（2）汇款人以人民币购汇汇出，汇款人若以人民币购买外币汇出，会计分录为：

借：库存现金（或吸收存款——单位活期存款——××户） （人民币）
　　贷：手续费及佣金收入——汇费收入户 （人民币）
　　　　货币兑换——汇卖价 （人民币）

借：货币兑换——汇卖价 （外币）
　　贷：汇出汇款 （外币）

2）汇款解付后的核算

国外银行解付汇款后，将已解付汇款的借记报单寄回银行。银行在接到海外联行或国外代理行的借记报单时，即凭报单销账。会计分录为：

借：汇出汇款 （外币）
　　贷：存放境外同业（或有关科目） （外币）

**【例 8-9】** 某包装进出口公司通过银行信汇给美国某商人 50 000 美元，汇费费率为 1‰。设当天美元汇卖价为 USD 100＝CNY 625.95。一周后，银行收到国外某代理行付讫借方报单，办理转账。

（1）受理汇出汇款。会计分录为：

借：吸收存款——单位活期存款——某包装公司户 CNY 313 287.98
　　贷：手续费及佣金收入——汇费收入户（1‰） CNY 312.98
　　　　货币兑换——汇卖价 CNY 312 975

借：货币兑换——汇卖价 USD 50 000
　　贷：汇出汇款 USD 50 000

（2）一周后，银行办理转账处理。会计分录为：

借：汇出汇款 USD 50 000
　　贷：存放境外同业——××代理行户 USD 50 000

若采用旅行信用证办理汇出国外汇款，在会计核算时可参照上述汇出国外汇款办理，但在分录中应将“汇出汇款”科目改为“开出旅行信用证”科目。

**2. 国外汇入汇款的核算**

国外汇入汇款是银行根据与海外联行或国外代理行约定，凭海外联行或国外代理行发的电报或信汇委托书代为解付的汇款。国外汇入汇款通常是汇交我国机关、企事业单位等的贸易或非贸易项下的款项，以及汇交个人或其他团体机构的非贸易汇款，包括华侨、来华外宾、侨民、外交人员等汇款。出口贸易业务中的汇入款项多为预收货款、来料加工费和罚金等。

国外汇入汇款的会计核算主要包括收到汇款资金头寸和解付汇款两个环节。

1）收到汇款资金头寸的核算

银行收到国外汇出行的汇款资金头寸时，应区分两种情况进行处理：

（1）汇款资金头寸由银行直接入账反映。若银行与国外汇出行直接开立账户，则收到汇款资金头寸时可以直接入账反映。会计分录为：

借：存放境外同业（或有关科目）　　（外币）
　　贷：汇入汇款　　（外币）

（2）汇款资金头寸由银行上划总行入账反映。若国外汇出行在总行开立了现汇账户，银行收到汇款头寸时，应通过“清算资金往来”科目，随附境外同业存款等报单上划总行，由总行入账反映。会计分录为：

借：清算资金往来　　（外币）
　　贷：汇入汇款　　（外币）

总行收到上划报单，会计分录为：

借：境外同业存款（或有关科目）　　（外币）
　　贷：清算资金往来　　（外币）

2）解付汇款的核算

解付汇款时，通过“货币兑换”科目办理结汇。会计分录为：

借：汇入汇款　　（外币）
　　贷：货币兑换——汇买价　　（外币）

借：货币兑换——汇买价　　（人民币）
　　贷：吸收存款——单位活期存款——××户　　（人民币）

若汇入款项直接以原币转入收款人外汇存款账户时，会计分录为：

借：汇入汇款　　（外币）
　　贷：吸收存款——个人外汇活期存款——××户　　（外币）

若汇入款项的货币与收款人现汇存款货币不同时，需按汇买价、汇卖价套汇后办理。

**【例 8-10】** 中国银行收到日本东京银行代东洋航运公司电汇某外轮代理公司港口费 90 000 美元，授权借记在总行开立的账户，款项解付转入收款人现汇存款账户。

（1）收到汇款通知。会计分录为：

借：清算资金往来　　USD 90 000
　贷：汇入汇款　　USD 90 000

总行收到上划报单。会计分录为：

借：境外同业存款——日本东京银行户　　USD 90 000
　贷：清算资金往来　　USD 90 000

(2) 汇款解付，转入收款人现汇存款账户。会计分录为：

借：汇入汇款　　USD 90 000
　贷：吸收存款——外汇活期存款——某外轮代理公司户　　USD 90 000

## 二、托收的核算

托收是由出口商开立汇票，委托银行通过海外联行或国外代理行，向进出口商收取货款和劳务费用的一种结算方式。托收是建立在商业信用基础之上的一种结算方式，其基本特征是“收妥付汇，实收实付”。虽然通过银行办理，但出口商与银行的关系是委托与受托的关系，银行仅根据出口商的要求和指示向进口商收取款项，不向出口商提供资信担保，不承担付款的责任，不过问单据的真伪。因此，出口商发运货物后，银行只要履行了其应尽义务，进口商能否按照规定的交单条件付款赎单，完全取决于进口商的资信状况和付款能力。因此，托收对出口商和进口商的资金风险不对等，银行提供的融资也非常有限，但其运作的便利程度和支出成本小于信用证结算方式。当然，在贸易结算中，若进出口双方信用比较了解，进口商为了节约支付银行相关费用和避免预交保证金，可以要求出口商接受托收方式。从发展趋势看，由于网络信息技术平台的建立，进出口双方情况沟通更为便捷，加之出口保险业务的兴起，单一依赖银行信用的情况在逐步减少，而贸易项下的票据又可以进入票据市场流通及贴现，解决了进出口双方的资金问题，因此，托收方式在国际贸易结算中越来越被普遍地采用。

目前，托收主要有光票托收和跟单托收两种形式。光票托收是指出口商仅开立汇票而不附带任何货运单据，委托银行收取款项的一种托收。光票托收主要用于非贸易款项结算。跟单托收是指由出口商开立跟单汇票(即汇票连同一套货运单据)交给银行，委托银行代为收款的托收方式。跟单托收主要用于贸易货款的结算。下面将主要围绕跟单托收进行介绍。

跟单托收的程序一般包括出口商发货交单、出口地银行寄单托收、进口地银行提示单据、进口商承付或承兑、进口地银行付款或承兑交单后偿付、出口地银行收妥结汇等内容。

**1. 出口跟单托收的核算**

出口跟单托收是指出口商根据买卖双方签订的贸易合同规定，在货物运出后，将有关货运单据和以进口商为付款人的汇票交给银行，由银行委托国外代收银行向进口商收取货款的一种结算方式。由于出口跟单托收属于商业信用，收汇风险较大，因此银行在办理出口跟单托收业务时，应审慎选择国外代收银行，明确交单的条件和收款的指示，并在收款过程中取得国外代收银行的协助与配合，以保障出口货款的安全及时收回。

出口跟单托收的会计核算主要包括交单处理和收妥结汇两个环节。

（1）交单处理的核算。出口商委托银行代收货款时，应备妥出口托收单据，填具出口托收申请书，连同出口单据一并送交银行办理托收。银行审单后，根据申请书的要求，填制出口托收委托书，注明货款收妥后的处理办法，连同有关单据寄交国外代收银行委托收款。

银行在寄出托收委托书及有关单据时，为表示代表物权的单据已经寄出、货款尚未收妥对进出口各方的权责关系，应通过“应收出口托收款项”和“出口托收款项”对转科目进行核算，会计分录为：

借：应收出口托收款项　　（外币）
　　贷：出口托收款项　　（外币）

“应收出口托收款项”科目属于资产类科目。凡受出口商委托，代向进口商收取贸易或非贸易项下款项，均可用此科目核算。它表示银行对外拥有的收取票款的权益。

“出口托收款项”科目属于负债类科目。凡受出口商委托，代向进口商收取贸易或非贸易项下款项，均可用此科目核算。它表示银行对出口商所负的责任。

以上两个科目互为对转科目。

（2）收妥结汇的核算。出口跟单托收的款项一律实行收妥结汇。银行接到国外代收银行收妥货款的报单或授权通知书后，与出口商办理结汇。会计分录为：

借：出口托收款项　　（外币）
　　贷：应收出口托收款项　　（外币）

借：存放境外同业或有关科目　　（外币）
　　贷：货币兑换——汇买价　　（外币）

借：货币兑换——汇买价　　（人民币）
　　贷：吸收存款——单位活期存款——××户　　（人民币）

如果出口跟单托收遇到国外进口商拒付时，应核销上述对转科目。

**2. 进口跟单代收的核算**

进口跟单代收是指国外出口商根据贸易合同规定，在货物发运后委托出口地银行寄单，银行凭国外寄来的进口代收单据向进口商收取货款的一种结算方式。

进口跟单代收的会计核算主要包括收到进口代收单据和确认付款两个环节。

（1）收到进口代收单据的核算。银行收到国外寄来的进口代收单据后，应将单据编列顺序号，并缮制进口代收单据通知书，将汇票和单据连同进口代收通知书送进口商审核，请其确认付款。同时，银行应填制有关凭证，进行账务处理。会计分录为：

借：应收进口代收款项　　（外币）
　　贷：进口代收款项　　（外币）

“应收进口代收款项”科目属于资产类科目。凡收到进口代收单据，接受托收行委托代为向进口商收取款项时，均可用此科目核算。它表示银行对进口商拥有收取托收款项的权益。

“进口代收款项”科目属于负债类科目。凡收到进口代收单据，接受托收行委托代为向进口商收取款项时，均可用此科目核算。它表示银行对国外委托人承担付款的责任。

如果进口商不同意承付，应提出拒付理由书，连同单据退还银行，由银行转告国外委托行，同时转销对转科目。如果进口商提出部分拒付，在取得国外委托行同意后，应按实际付款金额办理付款手续，并按部分付款的金额进行相应转账，同时转销对转科目。

（2）确认付款的核算。进口商审核同意承付后，将承付确认书交给银行，通知银行办理结汇并对外付款。远期汇票经进口商承兑后，可将已承兑汇票到期日通知国外委托行，待汇票到期日按即期付款手续处理。进口代收款项收妥后，须按托收委托书上规定的付款办法及付汇路线划转国外托收行。会计分录为：

借：吸收存款——单位活期存款——××户　　（人民币）
　　贷：货币兑换——汇卖价　　（人民币）
借：货币兑换——汇卖价　　（外币）
　　贷：存放境外同业或有关科目　　（外币）

同时，转销对转科目。会计分录为：

借：进口代收款项　　（外币）
　　贷：应收进口代收款项　　（外币）

按照国际惯例，银行应按规定费率计收进口代收手续费。此项费用若由进口商负担，则向进口商计收；若托收委托书上没有明确由谁负担，则从收妥的进口代收款项中扣收等值外汇。出口商如有异议，由交易双方直接交涉，银行无须过问。

## 三、信用证结算方式的核算

信用证是开证银行根据开证申请人（进口商）的要求和指示，向受益人（出口商）开立的一定金额、在一定期限内凭议付银行寄来的规定单据付款或承兑汇票的书面承诺，是银行有条件保证付款的凭证。

8-7视频：信用证

信用证结算方式的特点表现为：以银行信用代替商业信用，即开证银行以自己的信用作为付款保证，承担第一性的、首要的付款责任。信用证是独立的保证文件，它虽以买卖双方交易合同为基础，但不依附于交易合同，开证银行只对信用证负责。信用证业务处理的是代表货物所有权或证明货物已发运的单据，而非货物，其把合同的货物交易转变为只管单证是否相符的单据交易。银行对信用证项下不能控制的一切事故免责，信用证主要起保证作用和资金融通作用。有鉴于此，信用证结算方式是当今国际贸易结算的主要结算方式，也是进口商、出口商进行国际贸易风险较小的一种结算工具。

信用证结算方式的程序一般包括进口商申请开证、开证银行开证、通知银行通知信用证、出口商装货备单、议付银行议付、索汇以及进口商赎单提货等内容。

### 1. 信用证项下出口业务的核算

信用证项下出口业务是指出口商根据国外开证银行开来的信用证，按照合同条款规定备货出运后，将出口单据送交银行，由银行办理审单议付，在向国外开证银行收取外汇后，对出口商办理结汇的一种结算业务。

信用证项下出口业务的会计核算主要包括信用证的受理和通知、交单议付、出口收结汇三个环节。

（1）受理和通知的核算。银行接到国外开证银行开来的信用证时，应对开证银行的资信、资金实力、进口商的偿付能力和保证条款等进行全面审查，并明确表示信用证能否接受或如何修改。对有关贸易条款方面的问题，由出口商根据合同审查，如需修改，由出口商与进口商联系。

信用证经审核无误后，银行应编制信用证通知流水号，并将信用证正本及时通知出口商，以便其备货出运。同时，银行应根据信用证副本缮制"国外开来保证凭信"记录卡并依据各联的不同作用分别处理。这一过程虽未发生资金收付，但已在银行与进、出口商之间形成了一种潜在的权责关系。为了明确这种责任，应进行表外科目记录。会计分录为：

收入：国外开来保证凭信　　（外币）

银行在办理了信用证通知后，应将信用证副本及"国外开来保证凭信"记录卡留底联归档并严格保管，以后有关修改和使用的情况应随时记录，以便查考。

"国外开来保证凭信"表外科目是用以核算海外联行或国外代理行开来委托银行代为通知各信用证受益人的保证凭信。该科目的余额反映了一定时期内银行经办信用证项下出口业务的具体情况，是银行匡算待收外汇资金的依据，也是管理与监督出口商及时备货出运的手段。

(2) 交单议付的核算。国外开证银行履行信用证的付款责任，是以信用证规定的条款为依据，以单证相符、单单一致为前提。若出口商同意接受国外开来的信用证，必须严格按照信用证规定条款办理，备妥一切单证，按期运出商品。

银行接受出口商送来办理议付的信用证项下单据，应及时审核，确保单证相符、单单一致为前提。如果银行发现单据不符，应迅速向出口商反映，以便出口商及时与进口方协商解决。经审核无误后，银行在信用证上批注议付日期及运输方式，并填制"出口寄单议付通知书"，销记表外科目。"出口寄单议付通知书"是银行出口收汇的索偿证书，也是出口收汇和结汇的主要业务凭证。会计分录为：

付出：国外开来保证凭信　　（外币）

借：应收信用证出口款项　　（外币）
　　贷：代收信用证出口款项　　（外币）

"应收信用证出口款项"科目属于资产类科目。凡出口商交来远（即）期信用证项下出口单证，经银行议付寄单时，均可用此科目核算。它表示银行对国外开证银行拥有的收取出口款项的权益。

"代收信用证出口款项"科目属于负债类科目。凡银行议付远（即）期信用证项下出口单证时，均可用此科目核算。它表示银行对出口商所承担的代收出口款项的责任。

以上两个科目为对转科目。

如果信用证规定部分货款托收或按信用证金额超额出口，在议付时，应在出口寄单议付通知书上分别注明信用证议付金额及托收金额，并另行填制出口托收委托书，以便分别核算。

(3) 出口收结汇的核算。出口收结汇是银行办理出口信用证结算的最后环节，是银行在议付单据或代为收妥出口款项后、按当日外汇牌价买入外汇，同时折算成相应的人民币支付给出口商的结算过程。银行接到国外银行付款入账的通知书后，应按当日外汇牌价折算为人民币结汇入账。会计分录为：

借：代收信用证出口款项　（外币）
　　贷：应收信用证出口款项　（外币）

借：存放境外同业或有关科目　（外币）
　　贷：手续费及佣金收入——国外银行费用收入户　（外币）
　　　　货币兑换——汇买价　（外币）

借：货币兑换——汇买价　（人民币）
　　贷：吸收存款——单位活期存款——××户　（人民币）

**【例 8-11】** 1 月 9 日，某分行接到中国香港某联行开来即期信用证一份，用于购买服装，受益人为服装进出口公司，信用证金额为 35 000 港币。2 月 6 日，公司将全套单据向某分行办理议付，单证相符。2 月 16 日，分行收到中国香港该联行的贷记报单，办理结汇转账。设当天港币的买入价为 HKD 100＝CNY 80.37。

（1）1 月 9 日，收到信用证的核算。会计分录为：

收入：国外开来保证凭信　HKD 35 000

（2）2 月 6 日，寄单索汇的核算。会计分录为：

付出：国外开来保证凭信　HKD 35 000

借：应收信用证出口款项　HKD 35 000
　　贷：代收信用证出口款项　HKD 35 000

（3）2 月 16 日，收结汇的核算。会计分录为：

借：代收信用证出口款项　HKD 35 000
　　贷：应收信用证出口款项　HKD 35 000

借：存放海外联行——中国香港某联行户　HKD 35 000
　　贷：货币兑换——汇买价　HKD 35 000

借：货币兑换——汇买价　CNY 28 129.5
　　贷：吸收存款——单位活期存款——某服装进出口公司户　CNY 28 129.5

**2. 信用证项下进口业务的核算**

信用证项下进口业务是指银行根据进口商的开证申请，向国外出口商开立一定金额在一定期限内按规定条件保证付款的信用证，凭国外寄来的按照信用证条款规定的单据对外付款，并向进口商办理结汇的一种结算业务。

信用证项下进口业务的会计核算主要包括开立信用证、修改信用证、审单与付款三个环节。

1）开立信用证的核算

进口商与国外出口商签订贸易合同后，按照合同规定条件，填写开立信用证申请书，并连同有关批件、证明一同交银行申请开立信用证。银行接到开证申请书及相关文件，应核实进口商资质，如是否在工商行政管理部门注册、具有法人资格、实行独立核算、有自营或代理进出口权，把握进口商的资信状况、偿债能力、进口货物的国内外市场情况，以及附属证明文件、进口合同和单据的真实性等。经审核同意后，银行应结合进口商情况酌情收取保证金，并选择信誉高、资本实力雄厚和经营能力强的国外银行作为代理行，向其签发信用证。

进口商以原币交存保证金，会计分录为：

借：吸收存款——外汇活期存款　　（外币）
　　贷：存入保证金——××户　　（外币）

进口商用人民币交存保证金，为避免汇率浮动的风险，通常以开证日外汇牌价购汇交存保证金。会计分录为：

借：吸收存款——单位活期存款——××户　　（人民币）
　　贷：货币兑换——汇卖价　　（人民币）
借：货币兑换——汇卖价　　（外币）
　　贷：存入保证金——××户　　（外币）

随着信用证的签发，银行对外承担了第一性付款责任。不论是即期信用证还是远期信用证，银行均对此办理相应的转账。会计分录为：

借：应收开出信用证　　（外币）
　　贷：开出信用证　　（外币）

"应收开出信用证"科目属于资产类科目。凡银行接受进口商的申请而对外签发信用证，均可用此科目核算。它表示银行对进口商拥有收取信用证所表明款项的权益。

"开出信用证"科目属于负债类科目。凡银行接受进口商的申请而对外签发信用证均可用此科目核算。它表示银行对出口商承担了保证付款的责任。

以上两科目为对转科目。

2）修改信用证的核算

信用证开出后，如因情况变化，进口商提出修改信用证，银行应予同意，但需协助进口商申请用于修改的信用证号码以及修改条款等。然后，银行将修改条款通知海外联行或国外代理行，转送国外出口商。如果国外出口商要求修改原信用证，经进口商同意后，银行也可修改，并将修改内容分别与进、出口商及相关海外联行或国外代理行联系。修改后的增减金额应通过"应收开出信用证"和"开出信用证"科目调整，并在信用证留底账卡上加以批注。

如果修改增额，会计分录为：

借：应收开出信用证　　（外币，增加额）
　　贷：开出信用证　　（外币，增加额）

如果修改减额，会计分录为：

借：开出信用证　　（外币，减少额）
　　贷：应收开出信用证　　（外币，减少额）

3）审单与付款的核算

银行收到国外议付行寄来的单据后，应立即通知进口商，并与原信用证所要求的条款核对，做好收单审单工作。进口商应提交海关申报单、涉外付汇申报单及外管局批文、付汇确认书，经银行审核确认付款后，由银行按信用证条款规定办理付款或承兑。

信用证结算方式的付款方式有即期付款和远期付款两种。其中，即期付款信用证的支付方式可分为国内审单付款、国外审单主动借记、国外审单电报索汇等。

(1) 即期付款信用证。

① 国内审单付款。国内审单付款是指银行接到国外议付行寄来的单据后,立即送交进口商审核,并约定进口商于3日内通知银行对外付款或提出拒付理由办理拒付。银行在进口商确认付款后,即对国外议付行发出付款通知,同时对进口商办理售汇转账手续。如进口商已经交存保证金,则将保证金本息扣抵进口货款外,不足款项通过向银行购汇解决。会计分录为:

借:吸收存款——单位活期存款——××户 (人民币)
　　贷:货币兑换——汇卖价 (人民币)

借:货币兑换——汇卖价 (外币)
　　贷:存入保证金——××户 (外币)(若交存保证金)
　　　　利息支出——××利息支出户 (外币)(若交存保证金)
　　　　存放境外同业(或有关科目) (外币)

同时,转销对转科目。会计分录为:

借:开出信用证 (外币)
　　贷:应收开出信用证 (外币)

**【例8-12】** 某分行受某进口公司委托,于1月23日向中国香港华商公司开出即期信用证一份,金额为35 000港币,用于购买机械器材,信用证由中国香港某银行通知,规定支付方式为"国内审单付款"。2月6日,该分行接到中国香港某银行寄来的全套单据,金额为35 000港币及议付费用300港币,共计35 300港币,随即通知进口公司。该进口公司于2月16日送来确认承付书,全额承付,银行当即办理对外付款手续。设付款当天的港币汇卖价为HKD 100=CNY 80.67。

(1) 1月23日,分行开立信用证。会计分录为:

借:应收开出信用证 HKD 35 000
　　贷:开出信用证 HKD 35 000

(2) 2月16日,分行对外付款。会计分录为:

借:吸收存款——单位活期存款——某进口公司户 CNY 28 476.51
　　贷:货币兑换——汇卖价 CNY 28 476.51

借:货币兑换——汇卖价 HKD 35 300
　　贷:海外联行存款——中国香港某银行户 HKD 35 300

借:开出信用证 HKD 35 000
　　贷:应收开出信用证 HKD 35 000

② 国外审单主动借记。国外审单主动借记是指国外出口商将有关单据交由国外议付行审核后,如单据相符,国外议付行即可主动借记开证行在该行所开立的账户,并将单据连同借记报单一并寄送开证行。在会计核算中,该种方式与上一种方式的差别是账户使用不同。由于开证银行先垫款,进口商应负担自国外议付银行划款日起至其归还开证银行垫款日止的利息。会计分录为:

借：吸收存款——单位活期存款——××户　　(人民币)
　　贷：货币兑换——汇卖价　　(人民币)

借：货币兑换——汇卖价　　(外币)
　　贷：存入保证金——××户　　(外币)(若交存保证金)
　　　　利息支出——××利息支出户　　(外币)(若交存保证金)
　　　　境外同业存款或有关科目　　(外币)
　　　　利息收入——外币垫款利息收入户　　(外币)

同时，银行转销对转科目。会计分录为：

借：开出信用证　　(外币)
　　贷：应收开出信用证　　(外币)

③ 国外审单电报索汇。国外审单电报索汇是指由国外议付行审核单证无误后，并不立即借记开证行账户，而是通过电报先行通知开证行，再由开证行通过电汇或信汇方式汇交议付行款项。该支付方式除付款行为表现为授权或主动借记，其他方面与第一种方式完全一致。其会计分录详见第一种支付方式。

(2) 远期付款信用证。远期付款信用证是指为给进口商提供远期付款的便利，由开证行对国外出口商提供的一种银行担保，保证出口商提交远期跟单汇票时，在单证相符、单单一致的情况下，银行给予承兑，并在信用证到期时付款。通常说来，远期付款信用证分承兑和到期付汇两个阶段。

① 承兑。开证行收到远期信用证项下进口单据后，将单据连同进口信用证单据通知书送交进口商确认到期付款。进口商确认到期付款后，银行即可办理远期汇票的承兑手续，并将已承兑汇票或承兑通知书寄交国外议付行。汇票一经承兑，银行即作为承兑行对国外议付行承担了到期付款的责任，也对进口商拥有了权益，因此应办理承兑时的核算。会计分录为：

借：应收承兑汇票款　　(外币，到期付款金额)
　　贷：承兑汇票　　(外币，到期付款金额)

借：开出信用证　　(外币，开证金额)
　　贷：应收开出信用证　　(外币，开证金额)

“应收承兑汇票款”科目属于资产类科目。凡进口商办理远期信用证项下进口业务委托银行对外结算，汇票经银行承兑，均可用此科目核算。它表示承兑行对进口商拥有的权益。

“承兑汇票”科目属于负债类科目。凡收到寄来的远期信用证项下进口单据，远期汇票经银行承兑，均可用此科目核算。它表示承兑行对国外议付行承担到期付款的责任。

以上两个科目互为对转科目。

② 到期付汇。在远期汇票承兑到期时，银行即可办理对国外出口商付款和对进口商结算手续。会计分录为：

借：承兑汇票　　(外币，到期付款金额)
　　贷：应收承兑汇票款　　(外币，到期付款金额)

除此之外，其余对外付款、对内扣款的手续及分录与即期信用证相同。

【例 8-13】 某分行受某进口公司委托，于 2×21 年 12 月 2 日向美国美洲银行开出不可撤销的远期信用证 30 000 美元，开证条款规定“承兑后 30 天付款”。2×21 年 12 月 20 日，经有关方面同意，信用证修改减额 5 000 美元。分行收到单据后，经审核相符，送该公司确认到期付款，于 2×22 年 1 月 16 日承兑远期汇票，并对美国美洲银行寄发已承兑通知书，通知到期日全额付款。2×22 年 2 月 16 日承兑到期，分行对公司办理售汇、对外付款。设支付日当天的美元汇卖价为 USD 100＝CNY 625.95。

(1) 2×21 年 12 月 2 日，银行开立信用证。会计分录为：

借：应收开出信用证　　USD 30 000
　　贷：开出信用证　　USD 30 000

(2) 2×21 年 12 月 20 日，银行修改信用证。会计分录为：

借：开出信用证　　USD 5 000
　　贷：应收开出信用证　　USD 5 000

(3) 2×22 年 1 月 16 日，银行承兑远期信用证。会计分录为：

借：应收承兑汇票款　　USD 25 000
　　贷：承兑汇票　　USD 25 000

借：开出信用证　　USD 25 000
　　贷：应收开出信用证　　USD 25 000

(4) 2×22 年 2 月 16 日到期付款，银行办理结汇、对外付款。会计分录为：

借：吸收存款——单位活期存款——某进口公司户　　CNY 156 487.5
　　贷：货币兑换——汇卖价　　CNY 156 487.5

借：货币兑换——汇卖价　　USD 25 000
　　贷：存放境外同业——美国美洲银行户　　USD 25 000

借：承兑汇票　　USD 25 000
　　贷：应收承兑汇票款　　USD 25 000

## 本章重要概念

8-8 扫一扫 看课件

外汇汇率　外汇分账制　外汇统账制　外汇存款　外汇贷款　进口押汇　出口押汇　打包贷款　国际汇兑　托收结算方式　信用证

## 本章练习

### 一、单项选择题

1. 银行买入外币现钞时应选用的价格是(　　)。

A. 钞买价　　B. 钞卖价　　C. 汇买价　　D. 汇卖价

2. 单位外汇存款只准开立(　　)账户。

A. 现钞　　B. 现汇　　C. 外币　　D. 本币

3. “货币兑换”科目的性质是(　　)。

A. 资产类科目　　B. 负债类科目

C. 资产负债共同类科目　　D. 损益类科目

4. 一种外币兑换为另一种外币可以通过(　　)方法办理。

A. 结汇　　B. 售汇　　C. 套汇　　D. 卖汇

5. 我国外汇汇率的标价方法是(　　)。

A. 直接标价法　　B. 间接标价法　　C. 美元标价法　　D. 应收标价法

6. 买入外汇时,“货币兑换”科目应(　　)。

A. 借方记外币金额,贷方记人民币金额

B. 借方记外币金额,贷方记外币金额

C. 借方记人民币金额,贷方记外币金额

D. 借方记人民币金额,贷方记人民币金额

7. 以一定单位的本国货币折合若干外国货币来表示外汇汇率的方法是(　　)。

A. 直接标价法　　B. 间接标价法

C. 美元标价法　　D. 人民币标价法

8. “货币兑换”科目的外汇余额在借方,人民币余额在贷方,表示(　　)。

A. 卖出外汇大于买入外汇　　B. 买入外汇大于卖出外汇

C. 结汇大于售汇　　D. 售汇大于结汇

9. 我国商业银行对外汇业务的会计核算,一般采用的记账方法是(　　)。

A. 外汇统账制　　B. 外汇分账制　　C. 本币记账法　　D. 人民币记账法

10. 信用证是开证银行根据开证申请人的要求开立的具有一定金额,并在一定期限内凭规定的单据付款或承兑汇票的书面证明,通常开给(　　)。

A. 出口商　　B. 议付行　　C. 开户行　　D. 进口商

## 二、多项选择题

1. 按照我国外汇管理条例规定,外汇包括(　　)。

A. 外国货币　　B. 外币有价证券

C. 外币支付凭证　　D. 记账本位币

2. 根据国内外汇贷款性质的不同,国内外汇贷款可分为(　　)。

A. 现汇贷款　　B. 票据贴现　　C. 进出口押汇　　D. 打包贷款

3. 外汇分账制的内容主要有(　　)。

A. 人民币和外币分账核算

B. 记账外汇与现汇分账

C. 买入或卖出外汇时使用“货币兑换”科目核算

D. 年终并表编制汇总的人民币决算报表

4. 下列关于开立信用证的表述正确的有(　　)。

A. 可以要求进口商交纳保证金

B. 保证金可以从进口商外汇存款账户收取

C. 开立信用证后拥有了对进口商收款的权利

D. 开立信用证后承担对国外银行付款的义务

## 三、判断题

1. 外汇汇率是指一个国家的货币用另一个国家的货币所表示的价格,也就是用一个国家的货币兑换

成另一个国家的货币时的比率。 ( )

2. 直接标价法是指以一定单位的本国货币为标准,折算为一定数额的外国货币来表示其汇率。 ( )

3. 外汇核算办法分为外汇统账制和外汇分账制,我国目前采用的核算办法是外汇分账制。 ( )

4. 外汇分账制是指以本国货币为记账单位,各种外国货币的收支均按照一定的标准,折合为本国货币后再行入账。 ( )

## 四、简答题

1. 什么是外汇?外汇记账方法有哪些?
2. 简述外汇买卖的核算手续。
3. 简述外汇存款的核算手续。
4. 如何进行出口信用证的会计核算?

## 五、业务题

1. 某客户因出国需要,到中国银行用人民币购买5 000欧元,当日外汇牌价:欧元现汇卖出价EUR 100=CNY 826.4。

要求:请编制该银行对此业务的会计分录。

2. 甲公司到中国银行,从其美元账户中支付50 000美元兑换成港币汇往中国香港的供应商,当日外汇牌价:美元现汇买入价USD 100=CNY 614.3,港币现汇卖出价HKD 100=CNY 79.25。

要求:请编制该银行对此业务的会计分录。

3. 某客户2×22年3月26日持有上年3月1日开立的1年期定期存单(现汇户)USD 3 000到中国银行办理业务,存单标明利率2.25%,逾期部分按活期外汇存款利率0.99%,上年年底提取应付利息USD 55.5。客户要求本金转为定期2年的存款,利息存入活期人民币存款户,同时计算利息。美元汇买价USD 100=CNY 611.4。

要求:请编制该银行对此业务的会计分录。

4. 甲公司向中国工商银行申请贷款50 000美元,期限为8个月,利率6.6%,中国银行经审核办理贷款手续。

要求:编制中国银行对此贷款业务的会计分录。

5. 甲公司向开证行申请开立不可撤销即期信用证,金额HKD1 500 000,向中国香港P公司购买诊疗仪器。开证行向进口商收取开证金额10%的外汇保证金,出口商购汇支付。信用证开出后委托中国香港中国银行通知出口商。中国香港中国银行议付单据后,加收银行费用HKD30 000,向开证行索汇。开证行收到全套进口单据后付款。人民币外汇牌价如表8-3所示。

要求:请作出开立信用证并收取保证金和审单付款的处理。

表8-3 人民币外汇牌价表

| 外币 | 外币单位 | 汇买价 | 汇卖价 | 钞买价 |
|---|---|---|---|---|
| HKD港币 | 100 | 114 | 116 | 112 |

# 第九章　保险公司主要业务的核算



## 内容提要

本章内容主要包括保险公司业务概述、财产保险业务的核算、人身保险业务的核算、再保险业务的核算；同时，结合新准则，对准则的变更及保险合同组相关计量进行阐述。

## 重点难点

本章重点为财产保险业务的核算、人身保险业务的核算、再保险业务的核算；难点为保险业务的核算方法。

## 学习目标

通过本章学习，学生应了解保险的概念和种类，熟悉保险业务的特点；掌握财产保险业务、人身保险业务的核算以及再保险业务的核算方法；能够结合案例着重应用各类保险的核算方法；了解保险合同准则的变更。

## 知识框架

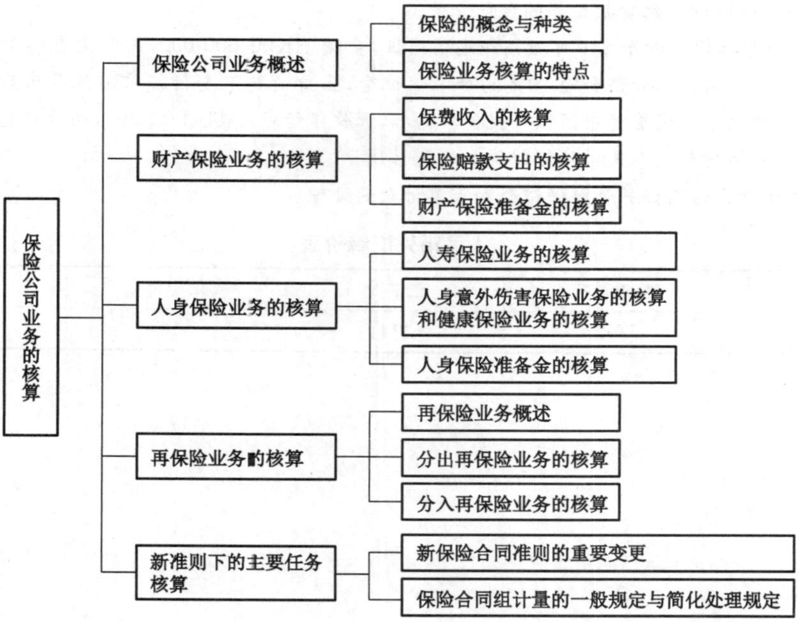

## 思政育人 保险公司要改变“重前端销售轻后端理赔、重业绩轻服务”的不良导向

2022年11月25日下午2点，由中国保险学会指导，中国网财经、中国社会科学院保险与经济发展研究中心联合主办的“2022年度十大温暖理赔案例发布会暨进一步提升保险理赔服务满意度研讨会”成功举办。

在主题演讲环节，清华大学五道口金融学院中国保险与养老金研究中心研究负责人朱俊生表示，保险公司要真正树立客户至上的经营理念，提升消费者权益保护意识，加强对销售行为的管控力度，改变“重前端销售轻后端理赔、重业绩轻服务”的不良导向，将重视理赔与服务作为高质量发展的重要方向。

那么保险是什么呢？保险公司有哪些业务？在我们的社会生活中可能会遇到哪些保险种类呢？保险对于人们生活的改善是否有意义？

资料来源：佚名.清华大学五道口金融学院中国保险与养老金研究中心研究负责人朱俊生：保险公司要改变“重前端销售轻后端理赔、重业绩轻服务”的不良导向[EB/OL].(2022-11-25)[2022-11-30]. https://baijiahao.baidu.com/s?id=1750452479159113876&wfr=spider&for=pc.

# 第一节 保险公司业务概述

国际会计准则理事会分别于2017年5月和2020年6月发布《国际财务报告准则第17号——保险合同》和《对〈国际财务报告准则第17号〉的修订》(以下统称“国际保险合同准则”)，自2023年1月1日起实施。根据中国企业会计准则与国际财务报告准则趋同路线图，我国企业会计准则应与国际财务报告准则保持持续趋同。在此背景下，2020年12月，财政部修订发布了《企业会计准则第25号——保险合同》(以下简称“新保险合同准则”)。

为兼顾我国市场环境和企业实际能力，新保险合同准则在实施范围和实施时间上采取分步到位的办法，即在境内外同时上市的企业，以及在境外上市并采用国际财务报告准则或企业会计准则编制财务报表的企业，自2023年1月1日起执行；其他执行企业会计准则的企业，自2026年1月1日起执行。这意味着，中国人寿、中国人保、中国平安、中国太保、新华保险等A+H股上市保险公司自2023年开始实施新保险合同准则，与国际同步。非上市保险公司的实施日期为2026年，较国际实施日期推后3年。鉴于在此期间新旧两版保险合同准则皆在使用，故本章主要仍围绕原保险合同准则内容进行展开，并在第五节就新保险合同准则的重要变更及与原保险合同准则内容的主要区别进行探讨，并对保险合同组计量的一般规定与简化处理进行阐述。

## 一、保险的概念与种类

**1. 保险的概念**

保险是指投保人根据合同约定，向保险人支付保险费，保险人对于合同约定的可能发生的事故因其发生所造成的财产损失承担赔偿保险金责任，或者当被保险人死亡、伤残疾病或者达到合同约定的年龄、期限等条件时承担给付保险金责任的商业保险行为。

9-1 视频：保险

**2. 保险的种类**

保险可按不同的标准分类。

1) 财产保险、人身保险

财产保险与人身保险根据保险分业经营的原则,我国《中华人民共和国保险法》(以下简称《保险法》)按照保险保障范围的不同将保险分为财产保险、人身保险两大类。

(1) 财产保险是指以财产及其有关利益为保险标的的保险,它是与人身保险相对应的概念。这里指的保险标的,包括以物质形态存在的和以非物质形态存在的财产及其有关利益。财产保险主要包括以下三种:

① 财产损失保险,是指以物质及有关利益为保险标的的保险,是一种狭义的财产保险。具体包括火灾险、货物运输险、工程保险等。

② 责任保险,是指以被保险人对第三者依法应负的赔偿责任为保险标的保险。根据法律规定,被保险人因疏忽或过失,造成他人的人身伤害或财产损失应负的经济赔偿责任,由保险人代为赔偿。

③ 信用保险,是保险人为被保险人向权利人提供的一种信用担保业务。例如,分期付款买卖合同中的销货方担心买方不付款或不能按期付款而要求保险人保险,保证其在遇到上述情况而受到损失时,由保险人给予赔偿。

(2) 人身保险是指以人的身体或寿命作为保险标的,当被保险人在保险期间内因保险事故导致伤、残、死亡或者生存至保险期满时,保险人给付保险金的保险。人身保险按保险内容、保险期限、交费方式、给付方式等标准概括起来大体上分为以下几种:

① 人寿保险,是指以被保险人的生命为保障对象的保险。例如,死亡保险、生存保险、两全保险年金保险等。

② 意外伤害保险,是指保险人对被保险人在保险有效期内遭受严重的意外伤害导致伤残或死亡而给付约定的保险金的保险。

③ 健康保险,是指保险人对被保险人因疾病、分娩等所支出的诊断费、医药费及住院费等,以及对被保险人在治疗、休养期间因不能工作而丧失的收入负责赔偿的保险。

2) 原保险、再保险与共同保险

按照业务承保方式进行分类,保险可分为原保险、再保险、共同保险。

(1) 原保险是指保险人直接承保并与投保人签订保险合同,构成保险人权利和义务的保险。它是由投保人与保险人之间直接签订保险合同而形成的保险关系,即投保人将风险转嫁给保险人。

(2) 再保险也称分保,是指保险公司在直接承保合同的基础上,通过签订分保合同,将其所承保的部分风险和责任向其他保险公司进行保险的行为,即对保险人的保险。

(3) 共同保险也称共保,是由两个或两个以上的保险人同时联合直接承保同一保险标的、同一保险利益、同一保险事故而保险金额之和不超过保险价值的保险。除了上述主要分类,还有自愿保险和强制保险、商业保险和社会保险、团体保险和个人保险等。

## 二、保险业务核算的特点

保险公司的业务有别于一般的工商企业及其他金融企业,因此,其业务的会计核算有以下几个显著的特点。

**1. 按险种分别建账、分别核算损益**

因为各险种类别之间在业务经营期限、币种、赔付方式、收费方式上都存在很大的差别因此,保险公司把财产保险业务和人身保险业务分开经营,分别进行会计核算。

**2. 资产构成的特殊性**

保险公司的流动资产中,实物形态的资产所占比例很小,其收取的保费所形成的保险金,主要以银行存款、债券等形式进行投资。根据《保险法》规定,保险公司应当按照其注册资本总额的20%提取保证金,存入国务院保险监督管理机构指定的银行,除保险公司清算时用于清偿债务,不得动用。

**3. 保险公司年度决算的重点是估算负债**

保险公司的经营风险很大,为了防范风险和保障投保人的权益,必须按《企业会计准则》的要求,计提各种准备金。因此,保险公司的负债除一般的结算性、金融性负债,还包括其为履行未来赔付责任而从所收到的保费中提取的各种准备金所形成的负债。如为尚未终止的非寿险保险责任提取的未到期责任准备金;为非寿险保险事故已发生尚未结案的未决赔款的赔案应提取准备金;为尚未终止的人寿保险责任提取的寿险责任准备金等,这些均形成保险公司独有的负债。

**4. 实行按会计年度和按业务年度两种损益结算方法**

除长期工程险、再保险等业务按业务年度结算损益,其他各类保险业务应按会计年度结算损益。按会计年度结算损益的保险业务,其收支差额计入当期损益;按业务年度结算损益的保险业务,收支差额在非结算损益年度,全额作为长期责任准备金提存,不计入当期损益,并于次年转回,滚存到结算损益年度终了时结算损益。

**5. 保险责任准备金充足性测试**

基于会计信息质量特征中的谨慎性,并考虑成本效益原则,保险公司应当至少于每年年度终了,以掌握的有关资料为依据,选择恰当的方法对保险责任准备金进行充足性测试。如果保险公司按照保险精算重新计算确定的相关保险责任准备金金额超过充足性测试日已确认的相关保险责任准备金余额,应当按照其差额补提相关保险责任准备金;如果保险公司按照保险精算重新计算确定的相关保险责任准备金金额小于充足性测试日已确认的相关保险责任准备金余额的,不调整相关保险责任准备金。

## 第二节 财产保险业务的核算

### 一、保费收入的核算

**1. 保费收入的核算**

1) 原保险合同保费收入的确认条件

原《企业会计准则第25号——原保险合同》第七条规定,原保险合同保费收入同时满足下列条件时,才能予以确认:

(1) 原保险合同成立并承担相应的保险责任。原保险合同成立并承担相应保险责任,是指原保险合同已经签订,保险人在原保险合同生效时开始承担约定的保险责任。保险人和投保人在签订原保险合同时,通常会约定一个保险责任起讫时间。例如,某非寿险原保险合同约定,保险责任起讫时间以保险单载明的时间为准,从保险责任起始日起,每12个月为一个保险年度。又如,某寿险原保险合同约定,保险责任自保险人同意承保并收到首期保费的次日零时开始，至合同列明的终止性保险事故发生时止。如果原保险合同签订日和生效日不是同一天，保险人在合同生效日前收到的款项，不应确认为保费收入，而应确认为一笔负债。

（2）与原保险合同相关的经济利益很可能流入。与原保险合同相关的经济利益很可能流入，是指与原保险合同相关的保费收回的可能性大于不能收回的可能性。保险人在确定保费能否收回时，应当结合以前和投保人交往的直接经验、投保人的信用和财务状况、其他方面取得的信息等因素，综合进行判断。如果投保人信用良好，能够按照合同约定的期限和金额按期支付保费，通常表明相关的经济利益很可能流入；如果投保人破产、死亡，财务状况出现严重困难，或由于其他原因造成投保人的生产或生存环境严重恶化，通常表明相关的经济利益不是很可能流入。在通常情况下，对于一次性收取保费的原保险合同，签订合同时通常会收到保费，即意味着相关的经济利益已经流入；对于分期收取保费的原保险合同，签订合同时通常会收到第一期保费，其他各期保费尚未收到，因此，其他各期保费是否能够收回，需要保险人进行职业判断。

（3）与原保险合同相关的收入能够可靠计量。保险人签发的原保险合同，保费金额通常已经确定，表明保费收入金额能够可靠计量。对于非寿险原保险合同和寿险原保险合同，保险人承担的保险风险性质不同，保费计量依据的假设不同，保费收入的计量方法也各不相同。

延伸阅读9-1

**2017年1～7月财产保险公司保费收入排名**

2017年1～7月原保险保费收入25 267.56亿元，同比增长21.30%。其中，产险公司原保险保费收入6 095.54亿元，同比增长14.11%；寿险公司原保险保费收入19 171.96亿元，同比增长23.78%。

分业务看，产险业务原保险保费收入5 629.27亿元，同比增长13.06%；寿险业务原保险保费收入16 221.46亿元，同比增长28.12%；健康险业务原保险保费收入2 886.44亿元，同比增长5.19%；意外险业务原保险保费收入530.39亿元，同比增长18.91%。

从赔款和给付支出来看，1～7月保险行业赔款和给付支出6 584.43亿元，同比增长8.71%。其中，产险业务赔款2 697.06亿元，同比增长6.27%；寿险业务给付3 116.65亿元，同比增长7.34%；健康险业务赔款和给付650.51亿元，同比增长26.09%；意外险业务赔款120.21亿元，同比增长21.03%。

从资金运用余额来看，1～7月资金运用余额144 264.58亿元，较年初增长7.73%。其中，银行存款19 588.12亿元，占比13.58%；债券49 882.54亿元，占比34.58%；股票和证券投资基金18 412.73亿元，占比12.76%；其他投资5 6381.19亿元，占比39.08%。

从财产保险公司来看，1～7月财产保险公司原保费收入前十公司分别是人保股份、大地财产、出口信用、中华联合、太保财、平安财、华泰、天安、华安和永安。其中人保股份位居榜首。

资料来源：佚名.2017年1～7月财产保险公司保费收入排名：人保股份位居榜首（附榜单）[EB/OL].(2017-09-05)[2022-11-30].http://www.askci.com/news/finance/20170905/114424106971.shtml.

2）相关会计科目设置

（1）“保费收入”科目。“保费收入”科目属于损益类科目，用于核算保险公司确认的保费收入。该科目可按保险合同和险种进行明细核算。期末，应将“保费收入”科目余额转入“本年利润”科目，结转后“保费收入”科目无余额。

（2）“应收保费”科目。“应收保费”科目属于资产类科目，用于核算保险公司按照原保险合同约定应向投保人收取的保费。该科目按照投保人进行明细核算。“应收保费”科目期末借方余额,反映保险公司尚未收回的应收保费;期末如为贷方余额,反映保险公司预收的保费。

(3)“预收保费”科目。“预收保费”科目属于负债类科目,用于核算保险公司收到未满足保费收入确认条件的保险费。该科目按投保人进行明细核算。“预收保费”科目期末贷方余额,反映保险公司预收的保费;期末如为借方余额,反映保险公司尚未转销的保费。

(4)“保户储金”科目。“保户储金”科目属于负债类科目,用于核算保险公司收到投保人以储金本金增值作为保费收入的储金。保险公司应向投保人支付的储金或投资款增值,也在“保户储金”科目核算。该科目可按投保人进行明细核算。保险公司收到投保人缴纳的储金,借记“银行存款”“库存现金”等科目,贷记“保户储金”科目。向投保人支付储金作相反的会计分录。“保户储金”科目期末贷方余额,反映企业应付未付投保人储金。

3) 保费收入的账务处理

(1) 直接缴纳保费的核算。保险公司签发保单时,直接缴纳保费的,会计部门根据业务部门交来的保费日报表、保费收据存根和银行收账通知进行账务处理。按收到的保费借记“库存现金(银行存款)”科目,贷记“保费收入——××险种”科目。

**【例 9-1】** 甲保险公司于 2×22 年 8 月 20 日收到保户缴纳的保费 500 000 元并存入银行,公司于 9 月 5 日起承担保险责任。甲保险公司的会计分录为:

| | | |
|---|---|---|
| 借:银行存款 | 500 000 | |
| 　贷:保费收入 | | 500 000 |

(2) 预收保费的核算。如果发生投保人提前缴费或缴纳保费在前,承担保险责任在后的业务,则应作为预收保费处理,到期再转入保费收入。会计部门根据业务部门交来的保费日报表和保费收据存根,以及银行收账通知进行账务处理。按收到的保费,借记“银行存款”科目,贷记“预收保费——××投保人”科目;保费用收入实现时,借记“预收保费——××投保人”科目,贷记“保费收入——××险种”科目。

**【例 9-2】** 2×22 年 6 月 1 日,甲保险公司与李某签订一份家庭财产保险合同,保险金额为 1 000 000 元,保险期间为 1 年,保费为 1 000 元。合同规定,甲公司自 7 月 1 日零时起开始承担保险责任,合同签订当日,甲公司收到李某缴纳的全部保费并存入银行。会计分录为:

(1) 6 月 1 日,收到保费 1 000 元时:

| | | |
|---|---|---|
| 借:银行存款 | 1 000 | |
| 　贷:预收保费——李某 | | 1 000 |

(2) 7 月 1 日,确认原保费收入 1 000 元时:

| | | |
|---|---|---|
| 借:预收保费 | 1 000 | |
| 　贷:保费收入——家庭财产保险 | | 1 000 |

(3) 分期缴费的保费核算。有些保费按保险合同约定可以分期缴纳。一经签单,全部保费就作为保费收入,未收款的部分则作为应收保费处理,等待下期收款后再冲销。首期收款并发生保费时,按实际收到的保费借记“银行存款”科目,按未收款的部分,借记“应收保费”科目,贷记“保费收入——××险种”科目。

**【例 9-3】** 2×22 年 1 月 1 日，甲保险公司与乙公司签订一份 1 年期工程保险合同，保险金额为 4 000 000 元，保险期间为 2×22 年 1 月 1 日 0 时至 2×23 年 12 月 31 日 24 时；保费总额为 400 元，分 2 年于每年年初等额收取。合同生效当日，甲公司收到第一期保费并存入银行。甲保险公司的会计分录为：

(1) 2×22 年 1 月 1 日，收到保费 2 000 元，确认原保费收入 4 000 元时：

借：银行存款　2 000
　　应收保费——乙公司　2 000
　贷：保费收入——建筑工程保险　4 000

(2) 2×23 年 1 月 1 日，收取保费 2 000 元时：

借：银行存款　2 000
　贷：应收保费——乙公司　2 000

**4. 保户储金收益转作保费收入的核算**

财产保险业务中的家庭财产两全保险是通过储金保险的形式，投保人在投保时按保险金额与保险公司规定的储金比例一次缴纳保险储金，保险公司将该保险储金存入银行或者进行债券投资，将利息收入或投资收益作为保险收入，保险期满，投保人到保险公司足额领回原来交付的保险储金。

**【例 9-4】** 甲保险公司会计部门收到业务部门交来的 3 年期家庭财产两全保险保户储金日报、储金收据和银行储金专户收款凭证 200 000 元，预定年利率 4.0%，3 年后一次还本甲保险公司的会计分录为：

(1) 收到保户储金时：

借：银行存款——储金专户　200 000
　贷：保户储金——家财两全险　200 000

(2) 每年计算利息时：

借：应收利息　8 000
　贷：保费收入——家财两全险　8 000

(3) 第三年还本时：

借：保户储金——家财两全险　200 000
　贷：银行存款——储金专户　200 000

## 二、保险赔款支出的核算

**1. 相关会计科目设置**

(1)“赔付支出”科目。“赔付支出”科目属于损益类科目，用于核算保险公司支付的原保险合同赔付款项和再保险合同赔付款项。保险公司可以单独设置“赔款支出”“满期给付”“年金给付”“死伤医疗给付”“分保赔付支出”等科目。该科目可按保险合同和险种进行明细核算。期末，应将“赔付支出”科目余额转入“本年利润”科目，结转后“赔付支出”科目无余额。

(2)“预付赔付款”科目。“预付赔付款”科目属于资产类科目，用于核算保险公司从事保险业务预先支付的赔付款。该科目按照保险人或受益人进行明细核算。本科目期末借方余额,反映保险公司预付的赔付款;期末如为贷方余额,反映保险公司尚未补付的赔付款。

(3)“损余物资”科目。“损余物资”科目属于资产类科目,用于核算保险公司按照原保险合同约定承担赔偿保险金责任后取得的损余物资成本。该科目可按损余物资种类进行明细核算。损余物资发生减值的,可以单独设置“损余物资跌价准备”科目,比照“存货跌价准备”科目进行处理。“损余物资”科目期末借方余额,反映保险公司承担赔偿保险金责任后取得的损余物资成本。

(4)“应收代位追偿款”科目。“应收代位追偿款”科目属于资产类科目,用于核算保险公司按照原保险合同约定承担赔付保险金责任后确认的代位追偿款。该科目可按被追偿单位(或个人)进行明细核算。“应收代位追偿款”科目期末借方余额,反映保险公司已确认尚未收回的代位追偿款。

**2. 赔款支出的账务处理**

会计部门在接到业务部门的理赔计算书后,应认真审查有关内容,审查无误后,根据不同情况分别处理。

1) 当时结案的核算

对于保险赔案清楚,能及时结案的,应通过“赔付支出”科目核算。会计分录为:

借:赔付支出
　　贷:银行存款

**【例 9-5】** 2×22 年 9 月甲公司投保的一台机器设备出险,承保的平安保险公司的会计部门收到赔款计算书和投保人签章的赔款收据,签发 200 000 元的转账支票给投保人。保险公司的会计分录为:

借:赔付支出　　200 000
　　贷:银行存款　　200 000

2) 预付赔付款的核算

由于赔款的计算和审核工作复杂,往往需要很长时间,保险公司为了使被保险人能及时恢复生产经营活动,经常采取按估计损失的一定比例预付部分赔款的办法,等损失核定后,再补足差额。

(1) 出险后,保险公司预付部分赔款时,会计分录为:

借:预付赔付款
　　贷:银行存款

(2) 损失核定后,保险公司支付剩余赔款,会计分录为:

借:赔付支出
　　贷:预付赔付款
　　　　银行存款

**【例 9-6】** 2×22 年 10 月 5 日甲公司投保的财产综合险出险,由于投保人与保险公司就其实际损失存在争议,尚未及时结算,保险公司预先支付赔款 200 000 元,后经双方协商,确认理赔支出总额为 400 000 元。保险公司在结案后以转账支票 200 000 元补足赔款,保险公司的会计分录为：

（1）预付赔款时：

借：预付赔付款　　200 000

　　贷：银行存款　　200 000

（2）结案后补足赔款时：

借：赔付支出　　400 000

　　贷：预付赔付款　　200 000

　　　　银行存款　　200 000

3）损余物资的核算

保险财产遭受保险事故后，在多种情况下，不是完全灭失，而是部分受损，物资还具有一定程度的利用价值，称为损余物资。损余物资一般应合理作价归被保险人所有，并在赔款中予以扣除。如果被保险人不愿意接受，保险公司应按全损赔付，损余物资归保险公司处理。

保险公司承担赔偿保险金责任后取得的损余物资，应当按照同类或类似资产的市场价格计算确定的金额确认为资产，并冲减当期赔付支出。会计分录为：

借：损余物资

　　贷：赔付支出

日后处置损余物资时，保险公司应当按照实际收到的金额与损余物资账面价值的差额，调整当期赔付支出。会计分录为：

借：银行存款

借或贷：赔付支出

　　贷：损余物资

若损余物资已计提跌价准备的，还应同时予以结转。

**【例 9-7】** ××商场仓库发生火灾，经计算，保险公司应赔付 300 000 元，其中损余物资折价 100 000 元归商场所有。会计分录为：

借：赔付支出　　200 000

　　贷：银行存款　　200 000

**【例 9-8】** 接[例 9-7]，若保险公司取得损余物资，经估价，同类资产的市场价值为 115 000 元，后保险公司将损余物资作价 100 000 元出售。假设损余物资没有发生减值。

（1）赔付款项时，会计分录为：

借：赔付支出　　300 000

　　贷：银行存款　　300 000

（2）取得损余物资时，会计分录为：

借：损余物资　　115 000

　　贷：赔付支出——财产综合险　　115 000

(3) 出售损余物资时,会计分录为:

借:银行存款　　100 000
　　赔付支出　　15 000
　　贷:损余物资　　115 000

4) 应收代位追偿款的核算

应收代位追偿款是指保险人承担赔付保险金责任后,依法向第三者责任人索赔不属于其免责范围所造成的损失而应当取得的赔款。

**【例 9-9】** 2×22 年 10 月 3 日,平安财产保险公司保险标的荣达有限公司的大型运输车发生保险事故,保险公司根据合同约定赔付保险金 120 000 元,并确认为代为追偿款。2 个月后该保险公司从责任方实际收回追偿款 100 000 元。

(1) 10 月 3 日确认代位追偿款时,会计分录为:

借:应收代位追偿款　　120 000
　　贷:赔付支出　　120 000

(2) 收回代位追偿款时,会计分录为:

借:银行存款　　100 000
　　赔付支出　　20 000
　　贷:应收代位追偿款　　120 000

## 三、财产保险准备金的核算

### 1. 财产保险准备金的含义

财产保险准备金是指保险公司为履行其承担的保险责任或者备付未来赔款,从收取的保险费中按规定提存的资金准备,它是保险公司的一种资金积累,包括未到期责任准备金和未决赔款准备金。

### 2. 未到期责任准备金的核算

1) 未到期责任准备金的确认

未到期责任准备金是指保险公司为尚未终止的非寿险保险责任提取的准备金。在保险公司按非寿险原保险合同约定的保费总额确认保费收入的情况下,为了真实地反映保险公司当期已赚取的保费收入,保险公司就有必要在确认保费收入的当期期末,按照保险精算确定的未到期责任准备金金额提取未到期责任准备金,将保费收入调整为已赚取的保费收入,并确认未到期责任准备金负债。从性质上讲,未到期责任准备金属于未赚取的保费收入,确认未到期责任准备金就是确认未赚取的保费收入。随着时间的推移,保险风险在逐渐减少,未赚取的保费收入也随之转化为已赚取的保费收入。因此,通常情况下,对同一尚未终止的非寿险保险责任而言,保险公司在资产负债表日按照保险精算重新计算确定的未到期责任准备金金额应当小于上一资产负债表日已确认的未到期责任准备金余额。为了真实地反映保险公司当期期末未赚取的保费收入,保险公司应当在资产负债表日,按照保险精算重新计算确定的未到期责任准备金金额与已确认的未到期责任准备金余额的差额,对未到期责任准备金余额进行调整。

2) 未到期责任准备金的计量

对未到期责任准备金的计量,目前主要采用百分比估算法,具体包括 1/2 法、1/8 法、

1/24 法和 1/365 法。

（1）1/2 法也称年平均估算法。该法以 1 年作为计算期间，假定每年中的所有保险单是在 365 天中逐日均匀开立的，即每天签单起保收取的保险费大体相等。这样，就可以认为 1 年的保险单在当年还有 50%的有效部分未到期，故应从当年收取的保费中提取 50%作为下一年履行 50%未到期责任的准备金。计算公式为：

$$年末提取未到期责任准备金 = 本年保费收入 \times 50\%$$

由于整个保险期间风险并不是均匀分布的，并且保单生效也不是均匀分布在整个承保年度，因此这种方法虽然简便易行，但不够准确。

（2）1/8 法也称季平均估算法。该法以一个季度作为计算期间，假定每季中的所有保险单是逐日均匀开立的，即在一个季度中每天签单起保收取的保险费大体相等。这样，就可以认为每季度的保险单有半个季度的责任未到期。1 年中有 8 个“半季度”因此，到年末时，对在第一季度投保的保险单应提取的未到期准备金为第一季度所收保费的 1/8，另外 7/8 为已到期保费；对在第二季度投保的保险单应提取的未到期准备金为第二季度所收保费的 3/8，另外 5/8 为已到期保费，依此类推。计算公式为：

$$\begin{aligned}年末提取未到期责任准备金 = &一季度保费收入 \times 1/8 + 二季度保费收入 \times 3/8 + \\ &三季度保费收入 \times 5/8 + 四季度保费收入 \times 7/8\end{aligned}$$

**【例 9-10】** 甲财产保险公司 2×22 年第一季度的保费收入为 150 万元，第二季度的保费收入为 120 万元，第三季度的保费收入为 100 万元，第四季度的保费收入为 140 万元。

甲财产保险公司 2×22 年年末未到期责任准备金为未到期责任准备金＝150×1/8＋120×3/8＋100×5/8＋140×7/8＝248.75(万元)

（3）1/24 法也称月平均估算法，为中国银行保险监督委员会（以下简称“保监会”）①允许选择的方法。该法以 1 个月作为计算期间，假定每月中的所有保险单是逐日均匀开立的，即在 1 个月中每天签单起保收取的保险费大体相等。这样，就可以认为每月的保险单有半个月的责任未到期。1 年可分为 24 个半个月，对 1 年期保险单来说，开立保险单的当月末已到期责任为 1/24，23/24 的保费则是未到期责任准备金。以后每过 1 个月，已到期责任加上 2/24，未到期责任准备金减少 2/24，到年末，1 月份开立保险单的未到期责任准备金为保费的 1/24，2 月份开立保险单的未到期责任准备金为保费的 3/24，依此类推，12 月份开立保险单的未到期责任准备金为保费的 23/24。计算公式为：

$$\begin{aligned}年末提取未到期责任准备金 = &1 月份保费收入 \times 1/24 + 2 月份保费收入 \times 3/24 + \cdots + \\ &12 月份保费收入 \times 23/24\end{aligned}$$

值得注意的是，目前保险公司未到期责任准备金是按月提取，那么每月在计算未到期责任准备金时应相应往前推 12 个月。比如，在 2×22 年 5 月提取未到期责任准备金时，2×21 年 6 月份开立保险单的未到期责任准备金为保费的 1/24，2×21 年 7 月份开立保险单的未到期责任准备金为保费的 3/24，依此类推，2×22 年 5 月份开立保险单的未到期责任准备金为保费的 23/24。按照 1/24 法计提未到期责任准备金，每月开立保险单时，当月按保费

① 2018 年 3 月，中国保险监督委员会撤销，组建中国银行保险监督管理委员会。

的 23/24 计提未到期责任准备金，随着保险责任期限的逐渐缩短而逐月按 2/24 转回，即将大部分保费通过计提准备金的方式事后逐月反映为利润。

(4) 1/365 法也称日平均估算法，为银保监会允许选择的方法，也是最为精确的方法。根据某日保单的第二年有效天数，逐笔计算未到期责任准备金。计算公式为：

$$某日保单未到期责任准备金 = 第二年有效天数 \div 保险期天数 \times 当日保费收入$$

延伸阅读 9-2

**长江财险、大地财险曝准备金提取问题　保监会点名通报**

2016 年 10 月 9 日，长江财产保险公司、大地财产保险公司因准备金提取不足、总公司本级不做业务但留存准备金等问题，被保监会点名通报。

为进一步加强准备金监管，督促各公司严格落实各项非寿险业务准备金监管制度，防范准备金提取不足风险，确保商业车险改革平稳有序推进，保监会公开通报两起财产保险公司准备金提取问题。

长江财产保险公司被曝准备金提取不足问题。该公司 2016 年二季度末回溯结果显示，2015 年年末再保后未决赔款准备金不利发展金额为 3 654 万元，不利偏差比例为 22%。经初步核实，长江财险准备金提取不足的主要原因：一是诉讼案件和人身伤害案件估损不足，二是公司精算人员对公司准备金基础数据质量的掌握不足、评估过程中谨慎性不够。保监会已于 2016 年 7 月 13 日下发监管提示函，要求公司进行整改。

大地财产保险公司存在总公司本级不做业务但留存准备金的问题。经核实，该公司总公司本级未做业务，但截至 2016 年 6 月末，总公司本级仍留存准备金 3.2 亿元，未按规定分摊至各分支机构。保监会已于 2016 年 7 月 13 日向该公司下发监管提示函，要求公司立即纠正上述违规行为。

据悉，保监会将根据准备金监测情况开展专项检查，依法对未按规定提取准备金的公司及相关责任人进行处理。

资料来源：佚名. 长江财险、大地财险因准备金违规被保监会通报[EB/OL].(2016-10-09)[2022-11-30]. https://www.sohu.com/a/115698801_116897.

3）相关会计科目设置

(1)“未到期责任准备金”科目。“未到期责任准备金”科目属于负债类科目，用于核算保险公司提取的非寿险原保险合同未到期责任准备金。再保险接受人提取的再保险合同分保未到期责任准备金，也在“未到期责任准备金”科目核算。该科目可按保险合同进行明细核算。“未到期责任准备金”科目期末贷方余额，反映保险公司的未到期责任准备金。

(2)“提取未到期责任准备金”科目。“提取未到期责任准备金”科目属于损益类科目，用于核算保险公司提取的非寿险原保险合同未到期责任准备金和再保险合同分保未到期责任准备金。该科目可按保险合同和险种进行明细核算。期末，应将“提取未到期责任准备金”科目余额转入“本年利润”科目，结转后“提取未到期责任准备金”科目无余额。

4）账务处理

(1) 未到期责任准备金的主要账务处理：

① 确认原保费收入、分保费收入的当期，应按保险精算确定的未到期责任准备金。

借：提取未到期责任准备金
　　贷：未到期责任准备金

② 资产负债表日，按保险精算重新计算确定的未到期责任准备金与已确认的未到期责任准备金的差额。

借：未到期责任准备金

　　贷：提取未到期责任准备金

③ 原保险合同提前解除的.按相关未到期责任准备金余额。

借：未到期责任准备金

　　贷：提取未到期责任准备金

(2) 提取未到期责任准备金的主要账务处理：

① 确认原保费收入、分保费收入的当期，应按保险精算确定的未到期责任准备金。

借：提取未到期责任准备金

　　贷：未到期责任准备金

② 资产负债表日，应按保险精算重新计算确定的未到期责任准备金与已确认的未到期责任准备金的差额。

借：未到期责任准备金

　　贷：提取未到期责任准备金

③ 原保险合同提前解除的，应按相关未到期责任准备金余额。

借：未到期责任准备金

　　贷：提取未到期责任准备金

**【例 9-11】** 2×22 年 11 月 1 日，甲保险公司确认乙公司投保的丁财产保险合同保费收入 48 000 元；11 月 30 日，甲保险公司的保险精算部门计算确定丁财产保险合同未到期责任准备金金额为 44 000 元；12 月 31 日，甲保险公司保险精算部门计算确定丁财产保险合同未到期责任准备金金额为 40 000 元。甲保险公司的会计分录为：

(1) 11 月 1 日，确认原保费收入 48 000 元时：

| | | |
|---|---|---|
| 借：银行存款 | 48 000 | |
| 　　贷：保费收入 | | 48 000 |

(2) 11 月 30 日，确认未到期责任准备金 44 000 元时：

| | | |
|---|---|---|
| 借：提取未到期责任准备金 | 44 000 | |
| 　　贷：未到期责任准备金 | | 44 000 |

(3) 12 月 31 日，调减未到期责任准备金 4 000 元(44 000－40 000)时：

| | | |
|---|---|---|
| 借：未到期责任准备金 | 4 000 | |
| 　　贷：提取未到期责任准备金 | | 4 000 |

**3. 未决赔款准备金的核算**

1) 未决赔款准备金的确认

保险人与投保人签订原保险合同，向投保人收取保费，同时承担了在保险事故发生时向受益人赔付保险金的责任。对于非寿险原保险合同，在保险事故发生之前，保险人承担的向受益人赔付保险金的责任是一种潜在义务，不满足负债的确认条件，不应当确认为负债。保险事故一旦发生，保险人承担的向受益人赔付保险金的责任变成一种现时义务，满足负债的确认条件，应当确认为负债。因此，保险人应当在非寿险保险事故发生的当期，按照保险精算确定的未决赔款准备金金额，提取未决赔款准备金，并确认未决赔款准备金负债。

未决赔款准备金是指保险人为非寿险保险事故已发生尚未结案的赔案提取的准备金，包括已发生已报案未决赔款准备金、已发生未报案未决赔款准备金和理赔费用准备金。其中，已发生已报案未决赔款准备金，是指保险人为非寿险保险事故已发生并已向保险人提出索赔、尚未结案的赔案提取的准备金。已发生已报案未决赔款准备金的基础数据主要来源于理赔部门，应当反映理赔部门对于理赔模式、赔付支出变化、零赔案、大赔案等问题的经验和判断。已发生未报案未决赔款准备金是指保险人为非寿险保险事故已发生、尚未向保险人提出索赔的赔案提取的准备金。理赔费用准备金是指保险人为非寿险保险事故已发生尚未结案的赔案可能发生的律师费、诉讼费、损失检验费、相关理赔人员薪酬等理赔查勘费用提取的准备金。根据与具体赔案之间的关系，理赔费用准备金可分为直接理赔费用准备金和间接理赔费用准备金。保险人专门设置的理赔部门发生的理赔人员薪酬，通常应当根据与具体赔案之间的关系，分别归属于直接理赔费用准备金和间接理赔费用准备。直接理赔费用准备金是指保险人为直接发生于具体赔案的律师费、诉讼费、损失检验费等提取的理赔费用准备金。间接理赔费用准备金是指保险人为非直接发生于具体赔案的理赔人员薪酬等理赔查勘费用提取的理赔费用准备金。在计算确定间接理赔费用准备金金额时，保险精算部门通常采用比率分摊法进行评估。

2）相关会计科目设置

(1)“保险责任准备金”科目。“保险责任准备金”科目属于负债类科目，用于核算本科目核算保险公司提取的原保险合同保险责任准备金，包括未决赔款准备金、寿险责任准备金、长期健康险责任准备金。再保险接受人提取的再保险合同保险责任准备金，也在“保险责任准备金”科目核算。保险公司也可以单独设置“未决赔款准备金”“寿险责任准备金”“长期健康险责任准备金”等科目。该科目可按保险责任准备金类别、保险合同进行明细核算。“保险责任准备金”科目期末贷方余额，反映保险公司的保险责任准备金。

(2)“提取保险责任准备金”科目。“提取保险责任准备金”科目属于损益类科目，用于核算保险公司提取的原保险合同保险责任准备金，包括提取的未决赔款准备金、提取的寿险责任准备金、提取的长期健康险责任准备金。再保险接受人提取的再保险合同保险责任准备金，也在“提取保险责任准备金”科目核算。保险公司也可以单独设置“提取未决赔款准备金”“提取寿险责任准备金”“提取长期健康险责任准备金”等科目。该科目可按保险责任准备金类别、险种和保险合同进行明细核算。期末，应将“提取保险责任准备金”科目余额转入“本年利润”科目，结转后“提取保险责任准备金”科目无余额。

3）账务处理

(1)“未决赔款准备金”的主要账务处理：

① 投保人发生非寿险保险合同约定的保险事故当期，企业应按保险精算确定的未决赔款准备金。

借：提取未决赔款准备金

　　贷：未决赔款准备金

对保险责任准备金进行充足性测试，应按补提的保险责任准备金。

借：提取未决赔款准备金
　　贷：未决赔款准备金

② 原保险合同保险人确定支付赔付款项金额或实际发生理赔费用的当期，应按冲减的相应未决赔款准备金余额。

借：未决赔款准备金
　　贷：提取未决赔款准备金

(2)"提取未决赔款准备金"的主要账务处理：

① 投保人发生非寿险保险合同约定的保险事故当期，企业应按保险精算确定的未决赔款准备金。

借：提取未决赔款准备金
　　贷：未决赔款准备金

对保险责任准备金进行充足性测试，应按补提的保险责任准备金。

借：提取未决赔款准备金
　　贷：未决赔款准备金

② 原保险合同保险人确定支付赔付款项金额或实际发生理赔费用的当期，应按冲减的相应保险责任准备金余额。

借：未决赔款准备金
　　贷：提取未决赔款准备金

**【例 9-12】** 2×22 年 5 月 31 日，甲保险公司保险精算部门计算确定的某类财产保险合同未决赔款准备金为 100 000 元，其中，已发生已报案未决赔款准备金为 60 000 元，已发生未报案未决赔款准备金为 20 000 元，理赔费用准备金为 20 000 元，6 月 30 日，支付长江公司赔款金额 100 000 元，同时冲减相应的未决赔款准备金余额。甲保险公司的会计分录为：

(1) 提取未决赔款准备金时：

借：提取未决赔款准备金　　100 000
　　贷：未决赔款准备金　　100 000

(2) 支付保险赔付款项时：

借：赔付支出　　100 000
　　贷：银行存款　　100 000

(3) 冲减相应未决赔款准备金余额时：

借：未决赔款准备金　　100 000
　　贷：提取未决赔款准备金　　100 000

## 第三节 人身保险业务的核算

### 一、人寿保险业务的核算

人身保险是以人的生命、身体或劳动能力为保险标的，以被保险人的生死、伤害、疾病为保险事故的保险业务。人身保险具有储蓄性、保险金额定额给付的确定性、保险期限长期性等特点，这些特点决定了人身保险业务核算与财产保险业务核算存在差异，具有自己的特殊性。根据我国《保险法》的规定，人身保险可以分为人寿保险、人身意外伤害保险和健康保险三大类。

人寿保险是一种以人的生死为保险对象的保险，是被保险人在保险责任期内生存或死亡，由保险人根据契约规定给付保险金的一种保险，主要包括定期人寿保险、终身人寿保险、生存保险、生死两全保险等。人寿保险业务主要包括保费收入的核算、保险金给付的核算等内容。

**1. 人寿保险业务保费收入的核算**

人寿保险业务保费收入的确认，应同时满足企业会计准则中所规定的三个确认条件。同时，准则还规定，对于人寿保险原保险合同，分期收取保费的，应当根据当期应收取的保费确定；一次性收取保费的，应当根据一次性应收取的保费确定。为了反映和监督人寿保险业务保费收入的增减变动情况，主要应设置“保费收入”“预收保费”和“应收保费”等科目进行核算。人寿保险业务保费收入的核算包括业务发生时收取保费和预收保费两种情况。

(1) 保险业务发生时收取保费的核算。保险业务发生时，若分期收取保费的，应当根据当期应收取的保费确认保费收入；若一次性收取保费的，应当根据一次性应收取的保费确认保费收入。会计分录为：

借：库存现金（或银行存款、应收保费）
　　贷：保费收入

**【例 9-13】** 某保险公司的会计部门根据业务部门送来的保费日结单及所附收据存根和现金 200 000 元，审查后办理入账。会计分录为：

借：库存现金　　200 000
　　贷：保费收入　　200 000

(2) 预收保费的核算在预收保费的情况下，投保人提前缴纳的保险费，应通过“预收保费”科目核算。会计分录为：

借：库存现金（或银行存款）
　　贷：预收保费

将预收的保费转为已实现的保费收入时，会计分录为：

借：预收保费
　　贷：保费收入

**2. 人寿保险业务保险金给付的核算**

人寿保险业务保险金给付是保险公司对投保人在保险期满或在保险期中支付保险金，以及对保险期内发生保险责任范围的意外事故按规定给付的保险金。人寿保险公司的主要义务就是当被保险人发生保险事故时，根据保险合同的约定给付保险金，因此，给付保险金是人寿保险公司经营业务的重要组成部分。根据人身保险合同的规定，给付保险金分为三种：满期给付、死伤医疗给付、年金给付。人寿保险公司在办理给付保险金时，应由投保人提供有关单证及证明。经业务部门审查核实后，填制满期给付领取收据、死伤医疗给付领取收据等，并由投保人签章后，连同保险分户卡一并送交会计部门。会计人员认真复核后，向投保人支付保险金。

1）满期给付的核算

被保险人生存到保险期满时，保险公司给付的保险金称作满期给付。我国开办的养老保险，当被保险人达到退休年龄或约定的领取年龄，并且缴费期限达到条款规定的年限时，可以办理月领养老金手续。缴费期限不足规定年限者，应办理一次性领取养老金手续。满期给付是综合投保年龄、保险期限、缴费时间和投保份数等因素，根据寿险数学精算出来的。满期给付一般由被保险人本人受领。目前，我国开办的人寿保险满期险种主要有简易人寿保险、团体人寿保险、普通个人生存保险，以及生死两全保险等。为了反映和监督人寿保险业务满期给付的增减变动情况，主要应设置"满期给付"科目进行核算。该科目属于损益类科目，核算保险公司因人寿保险业务的被保险人生存至保险期满，公司按保险合同约定支付给被保险人的满期保险金。其借方登记所发生的满期给付金额，贷方登记按规定冲减的满期给付金额，期末，应将该科目余额转入"本年利润"科目，结转后该科目无余额。该科目可按保险合同和险种进行明细核算。

（1）被保险人生存至期满，按保险条款规定支付保险金时，会计分录为：

借：满期给付
　　贷：银行存款

（2）在满期给付时，如有保户质押贷款本息未还清者，应将其未还清的贷款本息从应支付的保险金中扣除。会计分录为：

| | |
|---|---|
| 借：满期给付 | （应给付金额） |
| 　　贷：保户质押贷款——××户 | （未收到的保户质押贷款本金） |
| 　　　　利息收入——保户质押贷款利息收入户 | （欠息金额） |
| 　　　　银行存款 | （实际支付金额） |

（3）在保险合同规定的缴费宽限期内发生满期给付时，会计分录为：

| | |
|---|---|
| 借：满期给付 | （应给付金额） |
| 　　贷：保费收入 | （投保人未缴保费金额） |
| 　　　　利息收入——保户质押贷款利息收入户 | （欠息金额） |
| 　　　　银行存款 | （实际支付金额） |

（4）期末，将"满期给付"科目的余额转入"本年利润"科目时，会计分录为：

借：本年利润
　　贷：满期给付

**【例 9-14】** 甲投保金额为 50 000 元的两全保险期满，尚有 8 000 元的保单质押贷款未归还，该笔贷款应付利息为 406 元，会计部门将贷款及利息扣除后办理给付。会计分录为：

| | | |
|---|---|---|
| 借：满期给付——两全险 | 50 000 | |
| 　　贷：保户质押贷款——甲户 | | 8 000 |
| 　　　　利息收入——保户质押贷款利息收入户 | | 406 |
| 　　　　银行存款 | | 41 594 |

2）死伤医疗给付的核算

死伤医疗给付分为死亡给付、伤残给付和医疗给付三种。为了反映和监督人寿保险业务死伤医疗给付的增减变动情况，主要应设置“死伤医疗给付”科目进行核算。该科目属于损益类科目，核算保险公司因人寿保险及长期健康保险业务的被保险人，在保险期内发生保险责任范围内的保险事故，公司按保险合同的约定支付给被保险人（或受益人）的保险金。其借方登记所发生的死伤医疗给付金额，贷方登记按规定冲减的死伤医疗给付金额，期末，应将该科目余额转入“本年利润”科目，结转后该科目无余额。该科目可按保险合同和险种进行明细核算。死伤医疗给付的账务处理包括发生和期末结转死伤医疗给付两项内容。同时应考虑是否存在投保人贷款本息未还清和未缴保费的情况。

（1）被保险人在保险期内发生保险责任范围内的死亡、意外伤残、医疗事故而按保险责任支付保险金时，会计分录为：

借：死伤医疗给付
　　贷：银行存款

（2）发生死伤医疗给付时，如有贷款本息未还清者，应将其未还清的贷款本息从应支付的保险金中扣除。会计分录为：

借：死伤医疗给付　　（应给付金额）
　　贷：保户质押贷款——××户　　（未收到的保户质押贷款本金）
　　　　利息收入——保户质押贷款利息收入户　　（欠息金额）
　　　　银行存款　　（实际支付金额）

（3）在保险合同规定的交费宽限期内发生死伤医疗给付时，会计分录为：

借：死伤医疗给付　　（应给付金额）
　　贷：保费收入　　（投保人未交保费金额）
　　　　利息收入——保户质押贷款利息收入户　　（欠息金额）
　　　　银行存款　　（实际支付金额）

（4）期末，将“死伤医疗给付”科目的余额转入“本年利润”科目时，会计分录为：

借：本年利润
　　贷：死伤医疗给付

3）年金给付的核算

年金给付是被保险人生存至规定的年龄，人寿保险公司按保险合同规定支付给被保险人的给付金额。为了反映和监督人寿保险业务年金给付的增减变动情况，主要应设置“年金给付”科目进行核算。该科目属于损益类科目，业务处理同满期给付和死伤医疗给付。

## 二、人身意外伤害保险业务和健康保险业务的核算

### 1. 意外伤害保险业务和健康保险业务的概念

（1）人身意外伤害保险是以被保险人的身体或劳动能力作为保险标的，以被保险人在保险有效期内因遭受意外伤害造成死亡、残疾、支出医疗费、暂时丧失劳动能力为给付保险金条件的人身保险业务健康保险也称疾病保险，是以被保险人的疾病、分娩及其所致残疾、死亡为保险标的，以被保险人在保险有效期内因患病造成死亡、残疾、支出医疗费暂时丧失劳动能力为给付保险金条件的人身保险业务。

(2) 健康保险,按保险期限的长短,可分为短期健康保险和长期健康保险;按保险标的所产生的结果,可分为医疗保险和残疾收入补偿保险等。其中,短期健康保险是指保险期限为1年及1年以下的健康保险;长期健康保险是指保险期限在1年以上的健康保险;医疗保险是指保险人对投保人由于疾病等所用的医疗费用承保的保险;残疾收入补偿保险是指保险人对投保人由于疾病等所致的收入损失承保的保险。

**2. 意外伤害保险业务和健康保险业务的会计处理**

(1) 科目设置。为了反映和监督意外伤害保险业务和健康保险业务的保费收入和保险金给付情况,主要应设置"保费收入""应收保费""赔款支出""死伤医疗给付"等科目进行核算。其中:"赔款支出"科目的设置在"财产保险业务赔款支出的核算"中已述,"死伤医疗给付"科目用于核算长期健康险业务。

(2) 保费收入的核算。意外伤害保险业务和健康保险业务保费收入的确认,也应同时满足原《企业会计准则第25号——原保险合同》中所规定的三个确认条件,并且应当根据原保险合同约定的保费总额确认。投保人向保险公司申办意外伤害保险和健康保险时,应办理投保手续和缴纳保费。每日对外营业结束后,由业务部门汇编"××险保费日结单",连同保费收据存根送交会计部门。会计部门审查后办理入账。其会计分录为:

借:库存现金(或银行存款、应收保费)
　贷:保费收入——××险种

(3) 保险金给付的核算。保险公司应当在确定支付赔付款项或实际发生理赔费用的当期,按照确定支付的赔付款项金额或实际发生的理赔费用金额,计入当期损益;同时,冲减相应的未决赔款准备金、长期健康险责任准备金余额。关于冲减相应的未决赔款准备金余额的核算前已述;保险公司在办理意外伤害保险和健康保险保险金给付时,应由投保人提供有关单证及证明。经业务部门审查核实后,填制"××险给付领取收据",并由被保人签章,连同分户卡送交会计部门。会计部门经审核无误后据以给付投保人保险金。其会计分录为:

借:赔款支出(或死伤医疗给付)
　贷:库存现金(或银行存款等科目)

**【例9-15】** 某长期健康险保单的被保险人发生重大疾病,向保险人提出给付申请,保险人审查后同意给付保险金100 000元,但须扣除宽限期内尚未缴付的保费5 000元和保单质押贷款10 600元(其中利息为600元)。应编制会计分录为:

| | | |
|---|---|---|
| 借:死伤医疗给付——长期健康险 | 100 000 | |
| 　贷:保费收入——长期健康险 | | 5 000 |
| 　　保户质押贷款——某客户 | | 10 000 |
| 　　利息收入——保户质押贷款利息收入户 | | 600 |
| 　　银行存款(或库存现金) | | 84 400 |

## 三、人身保险准备金的核算

在人身保险业务准备金核算中,保险公司对尚未终止的人寿保险责任应提取寿险责任准备金;对尚未终止的长期健康保险责任应提取长期健康险责任准备金;对尚未终止的意外伤害险和健康险非寿险保险责任应提取未到期责任准备金;对非寿险保险事故已发生尚未结案的赔案应提取未决赔款准备金。其中,未到期责任准备金和未决赔款准备金的核算,与财产保险业务中未到期责任准备金和未决赔款准备金的核算基本相同,这里主要介绍寿险责任准备金和长期健康险责任准备金的核算。

**1. 寿险责任准备金的核算**

寿险责任准备金是指保险公司为将来要发生的保险责任而提存的资金。寿险公司80%～90%的负债都为寿险责任准备金负债,而这些准备金大小在精算假设上的轻微变化或在准备金评估方法上的变化都会对某个时期的收入和公司的价值产生极大的影响。

1) 会计科目设置

为了反映和监督寿险责任准备金的增减变动情况,主要应设置"寿险责任准备金"和"提取寿险责任准备金"科目进行核算。

(1) "寿险责任准备金"科目。"寿险责任准备金"科目属于负债类科目,核算保险公司为尚未终止的人寿保险责任提取的准备金。其贷方登记按规定提取、补提的寿险责任准备金,借方登记按规定冲减的寿险责任准备金,期末余额在贷方,反映保险公司的寿险责任准备金。该科目可按保险合同进行明细核算。

(2) "提取寿险责任准备金"科目。"提取寿险责任准备金"科目属于损益类科目,核算保险公司为尚未终止的人寿保险责任提取的准备金。其借方登记按规定提取、补提的寿险责任准备金,贷方登记按规定冲减的寿险责任准备金。期末,应将该科目余额转入"本年利润"科目,结转后该科目无余额。该科目可按险种和保险合同进行明细核算。

2) 账务处理

(1) 寿险责任准备金的计提。保险人在确认寿险保费收入的当期,应按保险精算确寿险责任准备金,会计分录为:

借:提取寿险责任准备金
　　贷:寿险责任准备金

(2) 寿险责任准备金充足性测试。保险人至少应当于每年年度终了,对寿险责任准备金进行充足性测试。保险人按照保险精算重新计算确定的寿险责任准备金金额超过充足性测试日已提取的寿险责任准备金余额的,应当按照其差额补提寿险责任准备金;保险人按照保险精算重新计算确定的寿险责任准备金金额小于充足性测试日已提取的寿险责任准备金余额的,不调整寿险责任准备金。

(3) 寿险责任准备金的冲减。原保险合同保险人确定支付赔付款项金额或实际发生理赔费用的当期,应冲减相应寿险责任准备金余额,会计分录为:

借:寿险责任准备金
　　贷:提取寿险责任准备金

(4) 寿险责任准备金的转销。寿险原保险合同提前解除的,保险人应将相关寿险责任准备金余额予以转销。会计分录为:

借:寿险责任准备金
　　贷:提取寿险责任准备金

(5) 提取寿险责任准备金的期末结转。期末,应将"提取寿险责任准备金"科目的余额结转“本年利润”科目，会计分录为：

借：本年利润
　　贷：提取寿险责任准备金

**2. 长期健康险责任准备金的核算**

长期健康险责任准备金是指保险人为尚未终止的长期健康保险责任提取的准备金。根据规定，保险人应当在确认寿险保费收入当期，按照保险精算确定的金额，提取长期健康险责任准备金，并确认长期健康险责任准备金负债。

1）会计科目设置

为了反映和监督长期健康险责任准备金的增减变动情况，主要应设置“长期健康险责任准备金”“提取长期健康险责任准备金”科目进行核算。

（1）“长期健康险责任准备金”科目。“长期健康险责任准备金”科目属于负债类科目，核算保险公司为尚未终止的长期健康保险责任提取的准备金。其贷方登记按规定提取、补提的长期健康险责任准备金，借方登记按规定冲减的长期健康险责任准备金，期末余额在贷方，反映保险公司的长期健康险责任准备金。该科目可按保险合同进行明细核算。

（2）“提取长期健康险责任准备金”科目。“长期健康险责任准备金”科目属于损益类科目，核算保险公司为尚未终止的长期健康保险责任提取的准备金。其借方登记按规定提取、补提的长期健康险责任准备金，贷方登记按规定冲减的长期健康险责任准备金。期末，应将该科目余额转入“本年利润”科目，结转后该科目无余额。该科目可按险种和保险合同进行明细核算。

2）账务处理

（1）长期健康险责任准备金的计提。保险人在确认寿险保费收入的当期，应按保险精算确定长期健康险责任准备金，会计分录为：

借：提取长期健康险责任准备金
　　贷：长期健康险责任准备金

（2）长期健康险责任准备金充足性测试。保险人至少应当于每年年度终了，对长期健康险责任准备金进行充足性测试。保险人按照保险精算重新计算确定的长期健康险责任准备金金额超过充足性测试日已提取的长期健康险责任准备金余额的，应当按照其差额补提长期健康险责任准备金；保险人按照保险精算重新计算确定的长期健康险责任准备金金额小于充足性测试日已提取的长期健康险责任准备金余额的，不调整长期健康险责任准备金。

（3）长期健康险责任准备金的冲减。原保险合同保险人确定支付赔付款项或实际发生理赔费用的当期，应冲减相应长期健康险责任准备金余额，会计分录为：

借：长期健康险责任准备金
　　贷：提取长期健康险责任准备金

（4）长期健康险责任准备金的转销。寿险原保险合同提前解除的，保险人应将相关长期健康险责任准备金余额予以转销。会计分录为：

借：长期健康险责任准备金
　　贷：提取长期健康险责任准备金

(5) 提取长期健康险责任准备金的期末结转。期末，应将“提取长期健康险责任准备金”科目的余额结转“本年利润”科目，会计分录为：

借：本年利润

　　贷：提取长期健康险责任准备金

## 第四节 再保险业务的核算

### 一、再保险业务概述

**1. 再保险概念**

9-2视频：再保险

再保险又称分保，是指一个保险人(再保险分出人)分出一定的保费给另一个保险人(再保险接受人)，再保险接受人对再保险分出人由原保险合同所引起的赔付成本及其他相关费用进行补偿的保险业务。在再保险业务中，分出保险业务的保险人称为原保险人或再保险分出人，亦即为再保险合同的投保人；接受分保业务的保险人称为再保险人或再保险接受人(分入人)。

在再保险业务中，再保险分出人为了转移风险和责任，将原保险合同中一定比例的保费收入分给再保险接受人，这对再保险分出人而言为分出保费，对再保险接受人而言则为分保费收入。原保险人承保业务和进行经营管理要花费一定的开支，要向再保险人收取一定的分保手续费，称为分保佣金；原保险合同确认的赔付款项及理赔费用，按再保险合同约定应由再保险接受人承担的部分，对再保险接受人而言为分保赔付支出，对再保险分出人而言则为摊回赔付支出。

**2. 再保险业务的种类**

9-3知识拓展：再保险的历史

再保险业务可分为比例再保险和非比例再保险两大类。

1) 比例再保险

比例再保险是指原保险人与再保险人以保险金额为基础，计算比例，分担保险责任限额的再保险。比例再保险又可分为成数再保险和溢额再保险。

(1) 成数再保险是指再保险分出人以保险金额为基础，对每一危险单位按固定比例定成数作为自留额，将其余的一定成数转让给再保险接受人，保险费和保险赔款按同比例分摊的再保险。

(2) 溢额再保险是指再保险分出人以保险金额为基础，规定每一危险单位的一定额度作为自留额，并将其超过自留额的部分(即溢额)分给再保险接受人的再保险。再保险接受人按承担溢额责任占保险金额的比例收取分保费用和分摊分保赔款。

2) 非比例再保险

非比例再保险又称为超额再保险，是一种以赔款为基础，计算自赔限额和分保责任限额的再保险。非比例再保险又可分为超额赔款再保险和超额赔付率再保险。

(1) 超额赔款再保险是指由再保险分出人与再保险接受人签订协议，对每一危险单位损失或一次巨灾事故的累计责任损失规定一个自赔额，自赔额以上至一定限度由再保险接受人负责。

(2) 超额赔付率再保险是指以一定时期(一般为1年)的积累责任赔付率为基础计算责

任限额,当实际赔付率超过约定赔付率时,其超过部分由再保险接受人负责一定限额。

**3. 再保险业务核算的特点**

(1) 再保险业务产生的资产、负债及相关收支单独确认。根据企业会计准则的规定,再保险分出人应单独核算其所持有的再保险合同,不应当将再保险合同形成的资产与有关原保险合同形成的负债相互抵销,也不应当将再保险合同形成的收入或费用与有关原保险合同形成的费用或收入相互抵销。

(2) 再保险业务资金结算方式与原保险业务不同。再保险资金结算是在保险人之间进行,或通过保险经纪人进行,采用的是"风险共担、利益共享"的原则。在再保险分出人发生赔款及手续费、佣金、税金及附加等业务的情况下,再保险接受人不直接向保险受益人支付赔款、向保险代理人或经纪人支付手续费和佣金以及其他相关税费,而是事先由再保险分出人支付赔款和税费,再保险接受人按分保比例事后与再保险分出人核算应负担的份额。因此,对再保险业务应核算摊回分保赔款和摊回分保费用。

(3) 分保账单是再保险业务核算的专用凭证。分保账单是核算再保险业务的专用会计凭证,也是定期清算往来账款的唯一依据。它由再保险分出人编制并送再保险接受人。分保账单一般按季编制,账单中一般载明分保手续费、分保赔款、分保准备金、分保费等内容,会计部门根据账单中借贷方的差额,确定是应收还是应付。

(4) 再保险业务是保险公司间的业务。这种业务不涉及向保险代理人或保险经纪人支付手续费的问题,没有手续费的核算再保险业务分为再保险分出业务的核算和再保险分入业务的核算。

## 二、分出再保险业务的核算

**1. 会计科目设置**

(1) "应收分保账款"科目。"应收分保账款"科目属于资产类科目,用于核算保险公司从事再保险业务应收取的款项。该科目可按再保险分出人或再保险接受人和再保险合同进行明细核算。再保险分出人、再保险接受人结算分保账款时,按应付分保账款金额,借记"应付分保账款"科目,按应收分保账款金额,贷记本科目,按其差额,借记或贷记"银行存款"科目。"应收分保账款"科目期末借方余额,反映企业从事再保险业务应收取的款项。

(2) "应付分保账款"科目。"应付分保账款"科目属于负债类科目,用于核算保险公司从事再保险业务应付未付的款项。该科目可按再保险分出人或再保险接受人和再保险合同进行明细核算。再保险分出人、再保险接受人结算分保账款时,按应付分保账款金额,借记"应付分保账款"科目,按应收分保账款金额,贷记"应收分保账款"科目,按其差额,借记或贷记"银行存款"科目。"应付分保账款"科目期末贷方余额,反映企业从事再保险业务应付未付的款项。

(3) "存入保证金"科目。"存入保证金"科目属于负债类科目,用于核算金融企业收到客户存入的各种保证金,如信用证保证金、承兑汇票保证金、保函保证金、担保保证金等。该科目可按客户进行明细核算。金融企业收到客户存入的保证金,借记"银行存款""存放中央银行款项""应付分保账款"等科目,贷记"存入保证金"科目;向客户归还保证金作相反的会计分录。资产负债表日应按计算确定的存入保证金利息费用,借记"财务费用""利息支出"等科目,贷记"银行存款""存放中央银行款项"等科目。"存入保证金"科目期末贷方余额,反映企业接受存入但尚未返还的保证金。

(4)“分出保费”科目。“分出保费”科目属于损益类科目，用于核算保险公司再保险分出人向再保险接受人分出的保费。该科目可按险种进行明细核算。期末，应将“分出保费”科目余额转入“本年利润”科目，结转后“分出保费”科目无余额。

(5)“应收分保合同准备金”科目。“应收分保合同准备金”科目属于资产类科目，用于核算保险公司再保险分出人从事再保险业务确认的应收分保未到期责任准备金，以及应向再保险接受人摊回的保险责任准备金。保险公司再保险分出人可以单独设置“应收分保未到期责任准备金”“应收分保未决赔款准备金”“应收分保寿险责任准备金”“应收分保长期健康险责任准备金”等科目。该科目可按再保险接受人和再保险合同进行明细核算。“应收分保合同准备金”科目期末借方余额，反映企业从事再保险业务确认的应收分保合同准备金余额。

(6)“摊回保险责任准备金”科目。“摊回保险责任准备金”科目属于损益类科目，用于核算公司再保险分出人从事再保险业务应向再保险接受人摊回的保险责任准备金，包括未决赔款准备金、寿险责任准备金、长期健康险责任准备金。保险公司再保险分出人也可以单独设置“摊回未决赔款准备金”“摊回寿险责任准备金”“摊回长期健康险责任准备金”等科目。该科目可按保险责任准备金类别和险种进行明细核算。期末，应将“摊回保险责任准备金”科目余额转入“本年利润”科目，结转后“摊回保险责任准备金”科目无余额。

(7)“摊回赔付支出”科目。“摊回赔付支出”科目属于损益类科目，用于核算保险公司再保险分出人向再保险接受人摊回的赔付成本。保险公司再保险分出人也可以单独设置“摊回赔款支出”“摊回年金给付”“摊回满期给付”“摊回死伤医疗给付”等科目。该科目可按险种进行明细核算。期末，应将“摊回赔付支出”科目余额转入“本年利润”科目，结转后“摊回赔付支出”科目无余额。

(8)“摊回分保费用”科目。“摊回分保费用”科目属于损益类科目，用于核算保险公司再保险分出人向再保险接受人摊回的分保费用。该科目可按险种进行明细核算。期末，应将“摊回分保费用”科目余额转入“本年利润”科目，结转后“摊回分保费用”科目无余额。

**2. 账务处理**

分出业务的会计处理主要包括应收分保准备金、分出保费及摊回成本费用、预收赔款和存入分保保证金等。

1) 应收分保准备金的核算

再保险分出人应当在确认非寿险原保险合同保费收入的当期，按照相关再保险合同的约定，计算确认相关的应收分保未到期责任准备金资产，并冲减提取未到期责任准备金。再保险分出人应当在提取原保险合同未决赔款准备金、寿险责任准备金、长期健康险责任准备金的当期，按照相关再保险合同的约定，计算确定应向再保险接受人摊回的相应准备金，确认为相应的应收分保准备金资产。

**【例 9-16】** 2×21 年 12 月 2 日，甲保险股份有限公司(以下简称“甲公司”)与 A 保险股份有限公司(以下简称“A 公司”)签订一份成数分保财险再保险合同，将合同规定范围内的原保险业务向 A 公司办理分保。合同约定，分保比例为 10%；分保手续费以分出保费作为计算基础，分保手续费率为 25%；合同起期日为 2×22 年 1 月 1 日，保险责任期间为 1 年。2×22 年1 月 1 日，甲公司就该再保险合同规定业务范围内的×企业财产保险合同确认保费收入 12 万元；1 月 31 日，甲公司就×企业财产保险合同提取未到期责任准备金 11 万元；3 月 18 日，×企业财产保险合同约定的保险事故发生，至 3 月 31 日尚未结案定损，甲公司就该合同提取未决赔款准备金 7 500 万元。甲公司确认应收分保准备金的会计分录为：

（1）2×22 年 1 月 31 日，确认应收分保未到期责任准备金时：

甲公司应确认的对 A 公司应收分保未到期责任准备金 = 11 × 10% = 1.1(万元)

借：应收分保未到期责任准备金　　11 000

　　贷：提取未到期责任准备金　　11 000

（2）2×22 年 3 月 31 日，确认应收分保未决赔款准备金时：

甲公司应确认的对 A 公司应收分保未决赔款准备金 = 7 500 × 10% = 750(万元)

借：应收分保未决赔款准备金　　7 500 000

　　贷：摊回未决赔款准备金　　7 500 000

2）分出保费及摊回成本费用的核算

（1）分出保费、摊回分保手续费、摊回赔付成本的确认。再保险分出人应当在确认原保险合同保费收入的当期，按照相关再保险合同的约定，计算确定分出保费和应向再保险接受人摊回的分保费用，计入当期损益。再保险分出人应当在确定支付赔付款项金额或实际发生理赔费用而冲减原保险合同相应准备金余额的当期，冲减相应的应收分保准备金余额；同时，按照相关再保险合同的约定，计算确定应向再保险接受人摊回的赔付成本，计入当期损益。摊回准备金和摊回赔付成本的区别：摊回准备金是预计由再保险接受人补偿的金额；摊回赔付成本是由再保险接受人实际补偿的金额。因此，在确认摊回赔付成本的同时应冲减相应的摊回准备金。分出保费、摊回分保费用、摊回赔付成本的计算方法因再保险合同种类的不同而不同，具体计量金额一般由保险人业务部门根据再保险合同约定计算确定。

（2）分出保费、摊回分保手续费、摊回赔付成本的调整。再保险分出人对分出保费摊回分保手续费、摊回赔付成本进行调整时，应将调整金额计入调整当期的损益，主要有以下几种情况：

① 再保险分出人应当在原保险合同提前解除的当期，按照相关再保险合同的约定，计算确定分出保费、摊回分保费用的调整金额，计入当期损益。

② 再保险分出人应当在因取得和处置损余物资、确认和收到应收代位追偿款等而调整原保险合同赔付成本的当期，按照相关再保险合同的约定，计算确定摊回赔付成本的调整金额，计入当期损益。

③ 再保险分出人与再保险接受人约定采用浮动（或累进）分保手续费方式下，再保险分出人依据合同规定在能够计算确定实际分保手续费率而调整分保手续费时，应将调整金额计入当期损益。再保险分出人确认入账的分保手续费调整金额应为经再保险接受人确认一致后的金额。

**【例 9-17】** 甲公司与平安保险股份有限公司签订一份成数分保财产再保险合同，将约定的原保险业务向平安公司办理分保。合同约定分保手续费采用浮动分保手续费率制，预付分保手续费率为 30%。假定甲公司对该再保险合同业务年度的业务进行结算时实际计算确定的分保手续费率为 35%，据此计算的分保手续费调整金额为 80 万元并经平安公司确认一致。此时，甲公司调整分保手续费的会计分录为：

借：应收分保账款——平安公司　　800 000

　　贷：摊回分保费用　　800 000

(3) 纯益手续费的处理。再保险分出人应当根据相关再保险合同的约定,在能够计算确定应向再保险接受人收取的纯益手续费时,将该项纯益手续费作为摊回分保费用计入当期损益。纯益手续费只有再保险接受人实际上有"纯益"时才给付。实务中,保险人通常按照业务年度计算纯益,而一个业务年度的再保险业务往往要跨越若干个会计年度才能结算出损益。再保险分出人确认纯益手续费收入主要应考虑其可靠计量问题,只有能够依据相关数据计算确定应向再保险接受人收取的纯益手续费时,即纯益手续费能够可靠计量时,纯益手续费收入才予以确认。

(4) 非比例再保险合同分出保费、摊回赔付成本的处理。对于超额赔款再保险等非比例再保险合同,再保险分出人应当根据再保险合同的约定,计算确定分出保费,计入当期损益。再保险分出人调整分出保费时,应当将调整金额计入当期损益。再保险分出人应当在能够计算确定应向再保险接受人摊回的赔付成本时,将该项应摊回的赔付成本计入当期损益。对于非比例再保险合同,再保险分出人应在能够计算确定应向再保险接受人摊回的赔付成本时,将该项应摊回的赔付成本计入当期损益。

【例 9-18】 2×21 年 12 月 20 日,甲保险公司与平安公司签订一份事故超赔再保险合同,将由台风引发的保险赔款向平安公司办理分保。合同起期日为 2×22 年 1 月 1 日,保险责任期间为 1 年。2×22 年 1 月 3 日,甲保险公司向平安公司发出的分保业务账单中标明的一次性预付保费金额为 2 280 万元。2×22 年 12 月 31 日,由台风引起的索赔案件基本结案定损,甲保险公司计算出应向平安公司摊回的赔款金额为 4 560 万元,同时按照实际年度毛净保费计算出应向平安公司支付的实际保费金额为 2 500 万元。甲保险公司相关会计分录为:

(1) 2×22 年 1 月 3 日,确认分出保费时:

| | | |
|---|---|---|
| 借:分出保费 | 22 800 000 | |
| 贷:应付分保账款——平安公司 | | 22 800 000 |

(2) 2×22 年 12 月 31 日,调整预付保费时:

| | | |
|---|---|---|
| 借:分出保费 | 2 200 000 | |
| 贷:应付分保账款——平安公司 | | 2 200 000 |

(3) 确认摊回赔款时:

| | | |
|---|---|---|
| 借:应收分保账款——平安公司 | 45 600 000 | |
| 贷:摊回赔付支出 | | 45 600 000 |

3) 预收赔款和存入分保保证金的核算

(1) 预收赔款的处理。再保险分出人在发生大额索赔的情况下有可能会垫付很大金额的再保险份额的赔款。为了避免这种情况,有些再保险合同约定再保险分出人承保的每一张保险单项下或每一次事故的估计损失达到或超过合同约定的限额时,再保险分出人可根据已决赔款或预付赔款的结付金额向再保险接受人发出现金赔款通知书及相关理赔资料,要求再保险接受人预先支付分保份额相对应的现金赔款;再保险分出人收到该现金赔款后视为已决赔款,在当季度账单中进行冲销。在这种情况下,分保业务账单的贷方栏中会增加"现金赔款(冲销)"等类似项目。再保险分出人收到再保险接受人预付的现金赔款时,借记"银行存款"科目,贷记"预收赔付款"科目,发出分保业务账单时,按照账单中转销的现金赔款金额，借记“预收赔付款”科目，贷记“应收分保账款”科目。

（2）存入分保保证金的处理。分保保证金是再保险分出人从应付给再保险接受人的分保费中以一定比例扣存，作为再保险接受人履行分保未了责任的保证金。该保证金留存期一般为12个月，至次年同期归还，归还时要支付利息。分保保证金从性质上属于再保险接受人的预付款。当再保险接受人无力履行分保赔付责任时，扣存的分保保证金给再保险分出人提供了一定安全保障。在再保险合同约定再保险分出人扣存分保保证金的情况下，相关分保业务账单借方栏中会增加“扣存分保保证金”项目，贷方栏中会增加“转回上年度扣存的分保保证金”“分保保证金利息”等项目。因再保险分出人扣存分保保证金的交易具体体现在分保业务账单中，再保险分出人应当在发出分保业务账单时，依据账单标明的相关金额进行会计处理。再保险分出人对于存入分保保证金，应当按期计提利息。

## 三、分入再保险业务的核算

### 1. 会计科目设置

（1）“分保费用”科目。“分保费用”科目属于损益类科目，用于核算保险公司再保险接受人向再保险分出人支付的分保费用。该科目可按险种进行明细核算。期末，应将“分保费用”科目余额转“本年利润”科目，结转后“分保费用”科目无余额。

（2）“存出保证金”科目。“存出保证金”科目属于资产类科目，用于核算金融企业因办理业务需要存出或缴纳的各种保证金款项。该科目可按保证金的类别以及存放单位或交易场所进行明细核算。金融企业存出保证金，借记“存出保证金”科目，贷记“银行存款”“存放中央银行款项”“结算备付金”“应收分保账款”等科目；减少或收回保证金时作相反的会计分录。“存出保证金”科目期末借方余额，反映企业存出或缴纳的各种保证金余额。

### 2. 账务处理

（1）分保费收入及分保费用的核算。保险公司在确认分保费收入的当期，应按再保险合同约定计算确定的分保费用金额，借记分保费用科目，贷记“应付分保账款”科目。收到分保业务账单，按账单标明的金额对分保费用进行调整，借记或贷记分保费用科目，贷记或借记“应付分保账款”科目。计算确定应向再保险分出人支付的纯益手续费的，应按再保险合同约定计算确定的纯益手续费借记分保费用科目，贷记“应付分保账款”科目。

（2）纯益手续费的处理。因纯益手续费计算的特殊性，再保险接受人应当根据相关再保险合同的约定，在能够计算确定应向再保险分出人支付的纯益手续费时，将该项纯益手续费作为分保费用，计入当期损益。再保险接受人确认入账的纯益手续费支出金额应为经双方确认一致后的金额。

（3）分保赔付成本。再保险接受人确认分保赔付成本的会计处理与保险人确认原保险合同赔付成本的会计处理相类似，即再保险接受人应当在收到分保业务账单的当期，按照账单标明的分保赔付款项金额，作为分保赔付成本，计入当期损益；同时，冲减相应的分保准备金余额。

（4）预付赔款的处理。再保险接受人向再保险分出人预付的现金赔款，应当在支付预付赔款时，借记“预付赔付款”科目，贷记“银行存款”科目；收到分保业务账单时，按照账单上转销的赔款，借记“应付分保账款”科目，贷记“预付赔付款”科目；存出分保保证金的处理，再保险接受人应当在收到分保业务账单时，依据账单标明的相关金额进行存出分保保证金的会计处理。再保险接受人对存出的分保保证金，应当按期计提利息。

**【例 9-19】** 2×21 年 12 月 22 日，甲保险股份有限公司（以下简称“甲公司”）与乙保险股份有限公司（以下简称“乙公司”）签订一份成数再保险合同，接受乙公司分出的原保险业务。合同约定的分保比例为 40%，分保手续费率为 35%。合同起期日为 2×22 年 1 月 1 日，保险责任期间为 1 年。甲公司经验、技术等方面比较成熟，采用预估方法确认每期的分保费收入。假定甲公司预估 2×22 年第一季度各月份与乙公司再保险合同项下的分保费收入金额为：1 月份 680 万元，2 月份 730 万元，3 月份 600 万元。甲公司于 5 月 20 日收到乙公司发来的第一季度的分保业务账单，账单标明的分保费为 2 100 万元，分保手续费为 735 万元。甲公司相关会计分录为：

（1）2×22 年 1 月：

| | | |
|---|---|---|
| 借：应收分保账款——乙公司 | 6 800 000 | |
| 贷：保费收入单 | | 6 800 000 |
| 借：分保费用 | 2 380 000 | |
| 贷：应付分保账款——乙公司 | | 2 380 000 |

（2）2×22 年 2 月：

| | | |
|---|---|---|
| 借：应收分保账款——乙公司 | 7 300 000 | |
| 贷：保费收入 | | 7 300 000 |
| 借：分保费用 | 2 555 000 | |
| 贷：应付分保账款——乙公司 | | 2 555 000 |

（3）2×22 年 3 月：

| | | |
|---|---|---|
| 借：应收分保账款——乙公司 | 6 000 000 | |
| 贷：保费收入 | | 6 000 000 |
| 借：分保费用 | 2 100 000 | |
| 贷：应付分保账款——乙公司 | | 2 100 000 |

（4）2×22 年 4 月预估确认分保费收入和分保费用的会计分录略。

（5）2×22 年 5 月 20 日，收到账单时调整第一季度确认的分保费收入和分保费用时：分保费收入调整金额＝2 100－（680＋730＋600）＝90（万元）

分保手续费调整金额 ＝ 735 －（238 ＋ 255.5 ＋ 210）＝ 31.5（万元）

| | | |
|---|---|---|
| 借：应收分保账款——乙公司 | 900 000 | |
| 贷：保费收入 | | 900 000 |
| 借：分保费用 | 315 000 | |
| 贷：应付分保账款——乙公司 | | 315 000 |

此例中，若甲公司不具备对分保费收入进行预估确认的条件，则甲公司应在 2×22 年 5 月 20 日收到分保业务账单时：

| | | |
|---|---|---|
| 借：应收分保账款——乙公司 | 21 000 000 | |
| 贷：保费收入 | | 21 000 000 |
| 借：分保费用 | 7 350 000 | |
| 贷：应付分保账款款——乙公司 | | 7 350 000 |

# 第五节 新准则下的主要业务核算

本节依据 2020 年 12 月财政部修订发布《企业会计准则第 25 号——保险合同》(以下简称“新保险合同准则”)，对比新旧两版保险合同准则的差异，对新保险合同准则的重要变更进行明确，并就一般规定与简化处理规定两种保险合同计量模型下的主要业务核算进行介绍。

## 一、新保险合同准则的重要变更

新保险合同准则在保险合同的确认、合并与拆分，保险服务收入确认，保险合同负债计量等方面作了较大修改。修订的主要内容如下。

### (一) 完善保险合同定义和合同合并分拆

首先，根据原保险合同准则对于保险合同的定义，保险合同是指保险人和投保人之间约定保险义务和权利的关系，保险人需要承担来自投保人保险风险的合同协议。而对于保险风险对保单持有人影响、保险风验所具体包含的内容等问题，原保险合同准则并未作出明确要求。新保险合同准则完善了俣险合同的定义，只有在指定保险事项对保单持有人产生“不利影响”并且“重大保险风险得到转移”这两项条件同时满足时，才与保险合同的概念契合。此外，新保险合同准则还明确指出，保险风险是指从投保人之处转移到合同签发人的，不包括金融风险之外的其余风险，从概念的源头上将保险和金融投资相关的因素进行了剥离。

其次，原保险合同准则中并没有对企业确认保险合同的时点有明确的规定。而新保险合同准则规定了保险合同的确认时间以保险责任期的开始之日、企业接受首次支付的货款日或者是投保人第一次支付货款的到期之日三个日期中时间较早者。

最后，在原保险合同准则的要求下，当保险人和投保人签署的协议中包含保险风险又存在其他风险时，如果保险风险部分和其他风险部分能够区分，并且可以单独计量的，需要将两者进行分拆：保险风险部分确定为原保险合同，其他风险部分则不确定为原保险合同。如果上述条件不能够同时成立的话，那么应当将整个合同确定为原保险合同。

而在新保险合同准则中，对于保险合同的分拆，则进行了更加严格且明确的规定，以反映保险合同的商业实质。按照以下三项判定，依次判断组成部分是否包括符合金融工具确认的概念的嵌入衍生类工具，是否存在可明确区分的投资成分，是否包括可与保险服务明确进行分辨的商品、或者包括与非保险合同服务相关的承诺，并进行合理拆分。经上述分拆后的剩余部分，才能够按照保险合同准则进行后续的核算。具体的对比如表 9-1 所示：

表 9-1 **新保险合同准则下保险合同分拆思路**

| 判断点 | 判定结果 | 适用准则 |
|---|---|---|
| 是否含可明确区分的嵌入式衍生工具 | 是 | 《企业会计准则第 22 号——金融工具确认与计量》 |
| | 否 | 继续下一步判断 |
| 是否含可明确区分的投资成分 | 是 | 《企业会计准则第 22 号——金融工具确认与计量》 |
| | 否 | 继续下一步判断 |

（续表）

| 判断点 | 判定结果 | 适用准则 |
|---|---|---|
| 是否含可明确区分的实物或非保险服务 | 是 | 《企业会计准则第14号——收入》 |
| | 否 | 新保险合同准则 |

**【例9-20】** 2×21年，甲保险公司与乙公司签订了一份保险合同，约定以250万元作为起赔点，由乙公司自行承担其雇员当年在250万元以下的医疗费用，超过250万元的部分，甲公司提供100%的保险保障服务。同时，甲公司于2×21年内为乙公司的雇员提供理赔服务，无论乙公司员工医疗赔付是否超过起赔点250万元，甲公司均负责代表乙公司处理雇员的医疗赔付，且对该理赔服务单独收费田公司注意到市场上有企业单独提供类似的代表客户处理理赔事务的服务，但不含任何保险保障成分。甲公司对理赔服务的收费与市场价格一致。

[例9-20]中，甲公司在判断是否应当将该理赔服务作为可明确区分的服务进行分拆时，考虑了如下因素：

(1)乙公司从甲公司提供的理赔服务中获得的利益独立于保险保障服务。如果甲公司不提供该项服务，乙公司需要自行处理雇员的医疗赔付或者雇佣其他服务供应商提供该项服务。(2)理赔服务的相关现金流量与保险保障服务的现金流量不是高度关联的，且甲公司未提供整合理赔服务和保险成分的重大服务。

综合分析上述因素，甲公司提供的理赔服务是可明确区分的服务，甲公司应当从该保险合同中分拆出该项理赔服务，并根据《企业会计准则第14号——收入》进行会计处理。

### （二）引入保险合同组概念

鉴于原保险合同准则对保险合同的计量单元未作明确要求，为更好地反映保险合同风险及盈亏水平等相关信息，新保险合同准则引入了保险合同组合和合同组的概念，要求保险公司将具有相似风险且统一管理的保险合同归类为一个保险合同组合，并以盈利水平等为基础，将合同组合细分为合同组，确认和计量均以合同组为基础单元。将合同组合进一步细分为获利组、亏损组和剩余组，有效避免由于不同保险合同盈亏相抵，从而错误地反映实体当期业绩的情形，同时也更真实地反映保险合同的风险实质和商业实质。新保险合同准则还要求保险公司不得将签发时间间隔超过一年的合同归入同一合同组，以更好地体现保险服务业绩，避免不同时期签订的保险合同因盈亏相抵而不恰当地影响各期损益。

### （三）调整保险服务收入确认原则

原准则规定只有保险与非保险部分能够区分且可单独计量时，才能对保险合同进行分拆，否则在通过重大保险风险测试的情形下，应当将该合同整体作为保险合同处理，对应的保费计入保险服务收入。上述规定导致保险公司确认的收入中包含了无论保险事项是否发生均须偿还给保单持有人的金额，即具有保户储蓄性质的投资成分，与新收入准则下确认收入的原则不符。新保险合同准则要求，保险公司必须分拆保险合同中可明确区分的投资成分和其他非保险服务成分，对于不可分拆的投资成分，其对应的保费也不得计入保险服务收入。

表 9-2　　新保险合同准则实施后保险公司各类业务收入确认的准则适用

| 签发主体 | 签发的产品 | 具体产品 | | 适用准则 |
|---|---|---|---|---|
| 保险公司签发 | 保险合同（含分入合同） | 不具有直接参与分红特征的保险合同 | 纯保障产品、普通保险、万能险、分红险 | 新保险合同准则 |
| | | 具有直接参与分红特征的保险合同 | 投连险、分红险 | |
| | 投资合同 | 具有相机参与分红特征的投资合同 | 无保障功能的分红型储蓄计划 | |
| | | 不具有相机参与分红特征的投资合同 | 无保障功能的其他长期储蓄产品 | 金融工具相关会计准则 |
| | 保险合同中拆出的嵌入衍生工具、可明确区分的投资成分 | | | |
| | 保险合同中拆出的可明确区分的商品或非保险合同服务的承诺 | | | 企业会计准则第14号——收入 |
| 再保险分入人签发 | 分出再保险合同 | | | 新保险合同准则 |

（四）完善保险合同计量模型

原保险合同准则区分寿险合同和非寿险合同，针对保险合同准备金和保险合同收入的计量方法进行明确规定。新保险合同准则不再区分保险业务类型，而是以保险合同组基于组内各合同权利和义务估计的未来现金流量按照当前可观察折现率折现后的现值为基础，考虑非金融风险影响和未赚利润，计量保险合同负债，作为保险合同计量的一般模型。

此外，针对具有直接参与分红特征的保险合同，新保险合同准则考虑其合同实质，提供了浮动收费法的特殊计量要求；针对亏损合同，新保险合同准则提供了亏损部分的特殊处理规定；针对1年以内的短期险合同或满足其他规定条件的保险合同，新保险合同准则提供了保费分配法的简化处理；针对分出再保险合同，新保险合同准则提出了减少分出再保险合同与对应的保险合同会计错配的相关处理规定。

（五）改进合同服务边际计量方式

原保险合同准则未明确合同服务边际在初始确认后如何反映未来提供服务的变化，新保险合同准则要求保险公司在保险合同组初始确认时确定合同服务边际，且合同服务边际应在每个资产负债表日根据未来提供服务的变化进行调整，在后续提供服务的期间内摊销。

新保险会计准则中设计了新的核算体系，其中最重要的概念之一就是“合同服务边际”。新保险合同准则在第二十条定义了“合同服务边际”，即企业因未来提供保险服务而将于未来确认的未赚利润。这一规定与收入准则中的原则形成了自洽，即只有保险服务控制权的转移，才能作为收入和利润的确认标准。同时，出于保险合同中要求的期初缴费与后续提供保险部分，保险公司的收入与利润并不能够在收到客户缴纳的保险费之后一次性确认，而要随着保险服务的提供而逐渐释放，而这部分收入中对应的利润部分，应当于未来确认，而在当期仅可以确认为一项保险合同负债——合同服务边际。

（六）规范分出再保险合同的会计处理

原保险合同准则区别分入业务和分出业务，对再保险合同作出了不同于原保险合同的会计处理规定。新保险合同准则统一了原保险合同和再保险合同的会计处理，明确规定除了准则特别规定的关于合同服务边际确认等少数差异，再保险合同适用与原保险合同相同的会计处理原则。同时，为保持分出再保险合同与对应的保险合同的会计匹配，新保险合同准则规定在计量分出再保险合同的履约现金流量和合同服务边际时，需要考虑与对应的保险合同的关联性，以更好地体现分出再保险合同用于弥补对应的保险合同未来赔付的商业实质。

（七）保险服务收入与费用的确认与计量

保险服务收入是新保险合同准则发布的重点。在原保险合同准则中，保费收入仅是当期确认的保单形成的签约保费，其还需要减去保险公司内部精算师评估的未到期责任准备金提转差，才能得到保险行业当年真正的业务收入，即已赚保费。已赚保费再扣除相应的业务费用后，得到保险的业务利润，即承保利润。基于配比原则的要求与过去收入准则的制定方向，新保险合同准则对收入进行了重新的定义，构建的新的评估体系。保险公司的主营业务收入不再是当期确认的保单对应的保费，而是以保险服务控制权的转移作为确认标准。即保险服务收入应当是当期发生的费用、当期已发生赔付以及当期的风险边际和合同服务边际的释放之和，如果存在亏损，则可以将当期增加的亏损纳入到保险服务收入中，而将后期的亏损冲减，纳入到保费收入与利润的评估体系中。

而对于费用方面，新保险合同准则给予了保险公司在可归属于保险合同组的费用是否递延的选择权，而旧准则要求所有的费用不得递延。此外，对于保险合同获取费用，在未确认保单时，可以形成相应的保险获取现金流量资产。即费用的确认也需要以控制权的转移作为标准。此外，新保险合同准则不再单独要求拆分首日费用和利用不包含首日费用的未赚保费评估保费不足准备金，而是将整个体系都纳入到计量模型中，这意味着保险公司在费用确认方式这一会计政策上可能会存在一定的会计弹性。

保险公司合同的收入是按照保险合同组在确认时的假设进行计量的，而费用支出则是按照实际发生进行计量的，即两者之间的差额即为当期保险服务形成的利润。同时，结合保险合同的确认分组、保险合同的合同服务边际的确认与计量可知，新保险合同准则可以由此实现利润从保单组、投资成分、嵌入金融工具、假设变动等方面的利润分拆，真正为财务报表使用者提供保险公司的利源分析信息，从而增加财务报表的决策有用性。

## 二、保险合同组计量的一般规定与简化处理规定

（一）保险合同组计量的一般规定

**1. 一般规定的适用条件**

一般规定是默认为适合所有保险合同的计量模型（不包括具有直接分红特征的保险合同）。在通用模型下，保险合同负债由履约现金流（其中包括未来现金流的估计、折现率、对于非金融风险的调整）和合同服务边际两个模块组成，为了调整排除在未来现金流量估计之外的相关金融风险和货币的时间价值，保险企业应当采用适当的折现率对履约现金流量进行折现，本质上是一种公允价值计量。

**2. 一般规定下的计量**

（1）初始确认。企业应当以合同组为计量单元，在合同组初始确认时按照履约现金流量与合同服务边际之和对保险合同负债进行初始计量。履约现金流量包括与履行保险合同

直接相关的未来现金流量的估计、货币时间价值及金融风险调整和非金融风险调整。履约现金流量的估计不考虑企业自身的不履约风险。合同服务边际是指企业因在未来提供保险合同服务而将于未来确认的未赚利润。

企业应当在合同组初始确认时计算下列各项之和：

① 履约现金流量。

② 在该日终止确认保险获取现金流量资产以及其他相关资产或负债对应的现金流量。

③ 合同组内合同在该日产生的现金流量。

上述各项之和反映为现金净流入的，企业应当将其确认为合同服务边际；反映为现金净流出即合同组在初始确认时发生首日亏损的，企业应当将上述各项之和计入当期损益，即亏损保险合同损益同时，将该亏损部分增加未到期责任负债账面价值。初始确认时亏损合同组的保险合同负债账面价值等于其履约现金流量，合同服务边际为零。

在原保险合同准则的规定下，初始确认时，保险合同准备金又可以细分为未到期责任准备金、未决赔款准备金、寿险和长期健康险责任准备金四大类，通过预计未来净现金流、风险边际以及剩余边际进行核算。然而在财务报表中，绝大多数公司却只列报这四类准备金的金额之和，这使得财报使用者难以清晰了解其组成架构，也为保险公司进行利润操纵提供了较大的空间。而在新保险合同准则中，保险合同准备金变更为保险合同负债，并且要求分为未到期责任负债和已发生赔付负债两类分别列示，其中未到期责任负债的金额，等于履约现金流量以及合同服务边际两者之和，包含与履约现金流相关的现金流估计、对货币时间价值进行调整而带来的变化以及非金融风险调整部分。已发生责任负债则等于已发生赔付所产生的履约现金流。与原保险合同准则相比，存在着不少的差异：

首先，“履约现金流量”中“与履约相关的现金流估计”在概念上与原来的“预计未来净现金流”基本对应。按照定义来看，必须是与保险服务有关的现金流入和流出，才应该要计入到净现金流的计算中来，这一理念与新保险合同准则下，损益表表中保险和投资服务的业绩需要区列示的要求也是相呼应的。

其次，针对原保险合同准则中“风险边际”部分，新保险合同准则进行了进一步的细化分类，将风险溢价分为“金融风险”以及“非金融风险”部分，从而更加准确直观地反映保险风险和相关支出的不确定性。其中，金融风险应该反映在对履约现金流进行折现的过程中，折现率需要体现货币时间价值和在未来现金流量估计中的反映的有关金融风险。而折现率具体的数据，先需要选取一种与保险合同具有一样现金流量特征的金融工具，并根据其当前可观察市场数据来进行确定。而风险调整的部分不考虑金融风险，即不考虑这些现金流的折现率的不确定性带来的影响，仅仅是非金融风险部分的体现。

最后，“合同服务边际”作为新出现的概念，是指企业因在未来提供保险合同服务而将于未来确认的未赚利润，其基本的逻辑概念与原来的“剩余边际”在某些方面是类似的，但是后续的计算摊销方式是不一致的。在初始计量中，合同服务边际作为保险人未来提供保险服务而赚取的利润，会随着时间的推移而逐渐释放，并计入释放期内的当期损益。

按照收到款项：

借：银行存款等

　　贷：保险合同负债——未来现金流现值

根据精算结果调整保险合同负债：

借：保险合同负债——未来现金流现值
　　贷：保险合同负债——风险调整
　　　　　　　　　——合同服务边际

**【例 9-21】** 甲公司签发了 100 份责任期为 3 年的保险合同，这些合同构成了一个保险合同组。责任期从保险合同签发时开始。甲公司预计在初始确认后能立即收到保费 1 800 元，且对每年末发生的现金出情况进行了估计。市场上反映上述现金流量特征的折现率为 5% 保险合同初始确认时，甲公司估计非金融风险调整为 120 元。假设甲公司预计未来每年末现金流出为 400 元，总计 1 200 元。假设不考虑其他因素。

甲公司初始计量保险合同组的相关计算如表 9-3 所示。

表 9-3　　**甲公司初始计量保险合同组的相关计算**　　单位：元

| 项目 | 金额 |
|---|---|
| 未来现金流入现值的估计① | 1 800 |
| 未来现金流出现值的估计② | [400÷(1+5%)+400÷(1+5%)$^2$+400÷(1+5%)$^3$]=(1 089) |
| 未来现金流量现值的估计③=①+② | 711 |
| 非金融风险调整④ | (120) |
| 履约现金流量⑤=③+④ | 591 |
| 合同服务边际⑥=－Max(⑤,0) | (591) |
| 初始确认时的保险合同负债⑦=⑤+⑥ | — |

① 初始确认时：

借：未到期责任负债未来现金流量现值　　711
　　贷：保险合同负债——非金融风险调整　　120
　　　　保险合同负债——合同服务边际　　591

② 收到保费时：

借：银行存款　　1 800
　　贷：保险合同负债——未来现金流量现值　　1 800

(2) 后续计量。企业应当在资产负债表日通过未到期责任负债与已发生赔款负债对保险合同组进行后续计量。未到期责任负债包括资产负债表分摊至保险合同组的、与未到期责任有关的履约现金流量和当日该合同组的合同服务边际。已发生赔款负债包括资产负债表日分摊至保险合同组的、与已发生赔案及其他相关费用有关的履约现金流量。

新保险合同准则在合同服务边际中后续计量中，提出变动金额应当包括当期归入该合同组的合同、当期计提的相应利息、与未来服务有关的履约现金流流量的变动金额但不包括导致的亏损部分、汇兑差异以及当期摊销的金额。

① 赔付支出时的会计分录为：

借：保险支出——赔付支出
　贷：保险合同负债——履约现金流量

借：保险合同负债——履约现金流量
　贷：银行存款

借：保险合同负债——履约现金流量
　贷：保险业务收入——预期理赔

② 费用支出时的会计分录为：

借：保险支出——实际直接费用
　贷：保险合同负债——履约现金流量

借：保险支出——其他实际非直接归属的费用
　贷：应付往来科目

借：应付往来科目
　贷：银行存款

借：保险合同负债——履约现金流量
　贷：保险业务收入——预期直接费用

③ 后续计量中合同服务边际与风险边际释放形成收入的会计分录为：

借：保险合同负债——合同服务边际
　保险合同负债——风险边际
　贷：保险业务收入——合同服务边际释放
　　保险业务收入——风险边际释放

④ 后续计量中履约现金流发生变化导致合同服务边际变化时会计分录为：

借：保险合同负债——合同服务边际
　贷：保险合同负债——履约现金流量

由此得到保险业务收入与保险支出以及各明细科目，汇总后即可得到收入与费用的当期发生值，从而得到保险利润。

（二）保险合同组计量的简化处理

**1. 简化处理的适用条件**

符合下列条件之一的，企业可以简化处理即采用的保费分配法简化合同组的计量：①企业能够合理预计采用与未采用保费分配法计量合同计量：未到期责任负债的结果无重大差异。如果企业预计履约现金流量在赔案发生前将发生重大波动，表明该合同组不符合本条件。一般情况下，合同组的责任期越长，履约现金流量的波动性越大履约现金流量的波动性还可能随保险合同中嵌入衍生工具的影响而增大。②该合同组内各项合同的责任期不超过一年。

企业在判断合同组是否符合上述条件时，应当根据该合同组中每项合同开始时的情况进行判断。

企业对其签发的保险合同采用保费分配法时，在没有相关事实和情况表明其存在亏损时，不必评估该合同是否存在亏损，即假设初始确认时该合同并非亏损合同。

**2. 简化处理下的计量**

(1) 初始计量。

企业采用保费分配法计量合同组的,初始确认时未到期责任负债账面价值等于已收保费减去初始确认时发生的保险获取现金流量(选择在发生时计入当期损益的除外),减去或加上在合同组初始确认时终止确认的保险获取现金流量资产以及其他相关资产或负债金额。

借:银行存款
　　贷:保险合同负债——未到期责任负债

企业采用保费分配法时,合同组内各项合同初始确认时的责任期均不超过一年的,可以选择在保险获取现金流量发生时将其确认为费用,计入当期损益。

借:待结转支出
　　贷:银行存款

借:保险合同赔付和费用
　　贷:待结转支出

(2) 后续计量。

资产负债表日未到期责任负债账面价值等于期初账面价值加上当期已收保费,减去当期发生的保险获取现金流量(选择在发生时计入当期损益的除外),加上当期确认为保险服务费用的保险获取现金流量摊销金额和针对融资成分的调整金额,减去因当期提供保险合同服务而确认为保险服务收入的金额和当期已付或转入已发生赔款负债中的投资成分。

借:保险合同负债——未到期责任负债
　　贷:保险服务收入

合同组内的合同中存在重大融资成分的,企业应当按照合同组初始确认时确定的折现率,对未到期责任负债账面价值进行调整以反映货币时间价值及金融风险的影响。合同组初始确认时,如果企业预计提供保险合同服务每一部分服务的时点与相关保费到期日之间的间隔不超过一年,可以不考虑合同中存在的重大融资成分。

在责任期内的任一时点,如果相关事实和情况表明合同组存在亏损,企业应当将该日与未到期责任相关的履约现金流量超过未到期责任负债账面价值的金额确认为亏损,并计入当期亏损保险合同损益,同时增加未到期责任负债账面价值。其中,如果企业未对已发生赔款负债进行调整以反映货币时间价值及金融风险的影响,对与未到期责任相关的履约现金流量也不应进行调整以反映货币时间价值及金融风险的影响。

借:保险合同赔付和费用
　　贷:保险合同负债——已发生赔款负债

企业应当根据与已发生赔案及其他相关费用有关的履约现金流量计量已发生赔款负债。相关履约现金流量预计在赔案发生后一年内支付或收取的,企业可以不考虑货币时间价值及金融风险的影响如果企业对已发生赔款负债进行调整以反映货币时间价值及金融风险的影响,应当采用资产负债表日根据本准则第二十五条确定的折现率。

**【例 9-22】** 2×21 年 7 月 1 日,甲公司签发了一组保险合同,组内保险合同的责任期均为10个月,即从2×21年7月1日至2×22年4月30日。2×21年7月1日,甲公司初始确认该合同组的同时收到趸缴保费1 320元,支付保险获取现金流量20元。2×21年7月1日至2×21年12月31日期间,发生赔付700元,与赔付相关的非金融风险调整为36元;2×22年1月1日至2×22年6月30日的报告期内将发生赔付500元,与赔付相关的非金融风险调整为24元;2×22年8月31日,甲公司最终确定赔付金额1 270元并于当日支付。

假设该保险合同组符合保费分配法的适用条件,初始确认时及责任期内的事实和情况均未表明该保险合同组是亏损的。甲公司对合同组采用保费分配法进行计量。

甲公司预计提供保险合同服务每一部分服务的时点与相关保费到期日之间不超过一年,而且相关赔款均在赔案发生后一年内支付,甲公司选择不对未到期责任负债和已发生赔款负债的账面价值进行调整以反映货币时间价值及金融风险的影响。甲公司选择将保险获取现金流量在发生时一次性确认为费用。甲公司编制半年度和年度财务报告。假设责任期内该合同组没有合同失效,风险预计在责任期内随时间流逝释放。不考虑其他履约现金流量(包括投资成分)等其他因素。

甲公司未到期责任负债和保险服务收入如表9-4所示。

表9-4 **甲公司未到期责任负债和保险服务收入** 单位:元

| 未到期责任负债 | 初始确认时 | 初始确认后<br>至2×21年12月31日 | 2×22年1月1日<br>至2×22年6月30日 |
|---|---|---|---|
| 期初余额①=上期⑤ | — | (1 320) | (528) |
| 当期收到的保费② | (1 320) | — | — |
| 保险服务收入③=-④×赚取比例 | | 792 | 528 |
| 未确认的保险服务收入④<br>=上期[③+④]+本期② | (1 320) | (1 320) | (528) |
| 期末余额⑤=①+②+③ | (1 320) | (528) | — |

注:计量未到期责任负债时未考虑保险获取现金流量,因为甲公司选择将保险获取现金流量在发生时一次性确认为费用,本例中赚取比例为收取的保费随时间流逝在责任期内分摊的比例。

各相关时间点保险合同组的保险合同负债如表9-5所示。

表9-5 **各相关时间点保险合同组的保险合同负债** 单位:元

| 保险合同负债 | 初始确认时 | 2×21年12月31日 | 2×22年6月30日 |
|---|---|---|---|
| 未到期责任负债 | (1 320) | (528) | — |
| 已发生赔款负债 | — | (736) | (1 260) |
| 保险合同负债 | (1 320) | (1 264) | (1 260) |

甲公司账务处理如下:

① 甲公司收到保费:

借:银行存款　　1 320

　　贷:保险合同负债——未到期责任负债　　1 320

② 支付保险获取现金流量：

借：待结转支出 20
　　贷：银行存款 20

根据费用分摊结果，一次性确认为费用

借：保险合同赔付和费用 20
　　贷：待结转支出 20

③ 2×21 年下半年发生赔案：

借：保险合同赔付和费用 700
　　贷：保险合同负债——已发生赔款负债 700

期末评估赔付相关的非金融风险调整

借：保险合同赔付和费用 36
　　贷：保险合同负债——已发生赔款负债 36

④ 确认 2×21 年下半年保险服务收入：

借：保险合同负债——未到期责任负债 792
　　贷：保险服务收入 792

⑤ 2×22 年上半年发生赔案：

借：保险合同赔付和费用 500
　　贷：保险合同负债——已发生赔款负债 500

期末评估赔付相关的非金融风险调整

借：保险合同赔付和费用 24
　　贷：保险合同负债——已发生赔款负债 24

⑥ 确认 2×22 年上半年保险服务收入：

借：保险合同负债——未到期责任负债 528
　　贷：保险服务收入 528

⑦ 2×22 年下半年确定赔款最终金额：

借：保险合同赔付和费用 10
　　贷：保险合同负债——已发生赔款负债 10

⑧ 2×22 年下半年支付赔款：

借：保险合同负债——已发生赔款负债 1 270
　　贷：银行存款 1 270

## 本章重要概念

9-4 扫一扫 看课件

财产保险　人身保险　健康保险　意外伤害险　再保险　保险合同组

# 本章练习

## 一、单项选择题

1. 下列保险公司的会计科目中,不属于保险公司专用的是(　　)科目。

A.“应收保费”　　B.“其他业务收入”

C.“寿险责任准备金”　　D.“保费收入”

2. 寿险公司设置(　　)科目,用于核算保险公司在保险责任生效前向投保人预收的保费。

A.“应收保费”　　B.“应付保费”

C.“预收保费”　　D.“预付保费”

3. 下列属于财产保险的是(　　)。

A. 意外伤害保险人身保险　　B. 健康保险

C. 人身保险　　D. 信用保险

4. 下列陈述不属于保险业务特点的是(　　)。

A. 分业经营　　B. 实行会计制度和业务年度损益的核算

C. 重点是估算负债　　D. 实行混业经营

5. 下列描述正确的是(　　)。

A. 再保险业务没有手续费　　B. 再保险中的投保人可以是个人

C. 再保险业务结算与原保险相同　　D. 再保险属于共同保险业务

## 二、多项选择题

1. 财产保险主要包括(　　)。

A. 财产损失保险　　B. 责任保险　　C. 信用保险　　D. 再保险

2. 分出再保险会计科目包括(　　)科目。

A.“应收分保账款”　　B.“存入保证金”

C.“应付分保账款”　　D.“分出保费”

3. 给付保险金分为三种包括(　　)。

A. 满期给付　　B. 死伤医疗给付

C. 年金给付　　D. 中间给付

4. 再保险业务可分为(　　)。

A. 比例再保险　　B. 非比例再保险

C. 超额赔款保险　　D. 超额赔付率保险

5. 人寿保险主要包括(　　)。

A. 定期人寿保险　　B. 终身人寿保险

C. 超额赔款保险　　D. 生死两全保险

## 三、判断题

1.“预收保费”科目属于资产类科目,用于核算保险公司收到未满足保费收入确认条件的保险费。(　　)

2.“存出保证金”科目属于资产类科目,用于核算金融企业因办理业务需要存出或缴纳的各种保证金款项。(　　)

3. 成数再保险是指再保险分出人以保险金额为基础,规定每一危险单位的一定额度作为自留额,并将其超过自留额的部分。(　　)

4. "长期健康险责任准备金"科目属于损益类科目,核算保险公司为尚未终止的长期健康保险责任提取的准备金。（ ）

5. "未到期责任准备金"科目属于负债类科目,用于核算保险公司提取的非寿险原保险合同未到期责任准备金。（ ）

## 四、简答题

1. 简述保险公司业务核算的特点。

2. 简述未到期责任准备金的确认。

## 五、业务题

1. 以下为平安公司财产保险业务的有关资料:

(1) 1月1日,支付定额备用金5 000元。

(2) 5月20日,行政部发生3 000元费用,到财务报销。

(3) 收到业务部门送交的财产险日报表,保费收据及银行收账通知,共计80 000元,该签单已生效。

(4) 收到业务部门交来的财险保费日报表,保费收据及银行收账通知,共计30 000元,该项业务自下月2日起生效。

(5) A公司投保财产综合险,总保费为1 000 000元,首期收到保费600 000元,其余保费分2期等额收取。

(6) B公司投保的财产综合险出险,由于双方就财产损失额存在争议,尚未及时结案,保险公司预付赔款800 000元,后经双方协商,确认理赔支出总额为1 200 000元,保险公司在结案后补足赔款。

(7) 年末计提未决赔款准备金,其中,已决未付赔款按当年已提出的保险赔款30 000 000元计提;对已发生未报告的未付赔款,按当年实际赔款支出额10 000 000元的4%计提;同时转回上年提存的未决赔款准备金2 000 000元。

要求:根据上述资料,编制相关的会计分录。

2. 以下为平安人身保险业务的有关资料。

(1) 会计部门收到业务部门送交的个人险日结单及有关收据,以及现金30 000元,经审查入账。

(2) 会计部门5月10日收到A公司投保团体险的预交保费500 000元经过核保,保险公司同意承保。保险公司于5月15日将预收保费转为保费收入。

(3) 李某投保金额为200 000元的家财两全险满期,经核查,该保户有尚未偿还保单质押贷款本金20 000元,贷款利息1 000元,同时,该保户尚未缴纳当年保费4 000元。

(4) 长期健康保险的投保人王某,因交通事故导致肢体残疾,王某提出死伤医疗给付申请,经核查,公司同意给付保险费80 000元,由于王某尚未缴纳当年保费200元,会计部门以现金支付余额。

(5) 年末,公司提存寿险责任准备金50 000 000元,转回上年提存寿险责任准备金40 000 000元年末,提存未到期责任准备金3 000 000元,转回上年提存的未到期责任准备金2 400 000元。

要求:根据上述资料,编制有关会计分录。

# 第十章　证券公司主要业务的核算



## 内容提要

本章主要讲解了证券公司业务概述、证券经纪业务的核算、证券自营业务的核算、证券承销业务的核算。

## 重点难点

本章重点为自营证券业务的种类和财务核算、代理买卖证券、代理兑付证券等证券经纪业务的会计核算，全额承购包销、余额承购包销和代销方式承购证券业务的会计核算；难点为买入返售业务和卖出回购业务的核算。

## 学习目标

通过本章学习，学生应了解证券公司的主要业务、证券业务的种类及证券业务核算的特点；熟悉证券业务的会计科目及分类；掌握自营证券业务的种类和财务核算，掌握代理买卖证券、代理兑付证券等证券经纪业务的会计核算，掌握全额承购包销、余额承购包销和代销方式承购证券业务的会计核算。

## 知识框架

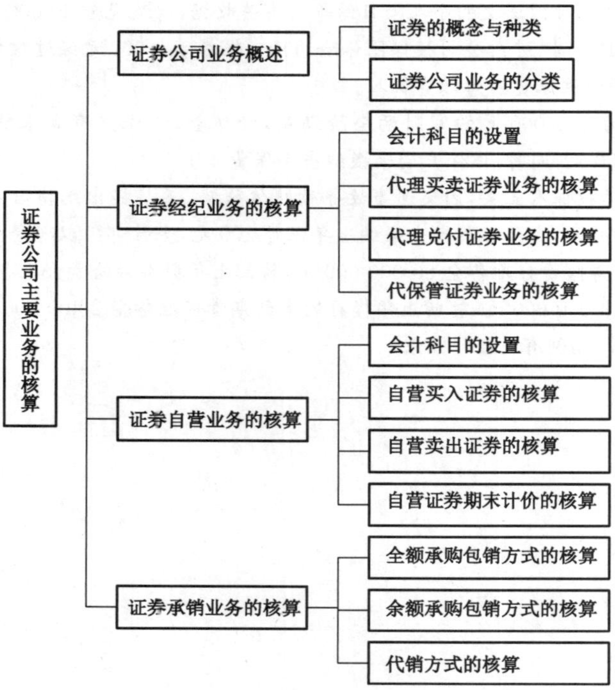

## 思政育人　东北证券被吉林证监局责令改正 会计核算两宗违规

2022 年 6 月，上海证券交易所发布关于对东北证券股份有限公司采取责令改正措施的决定（吉证监决〔2022〕5 号）。经查，东北证券股份有限公司（简称"东北证券"，000686. SZ）存在以下行为：一是在部分证券交易单元租用协议未明确约定提供研究成果义务的情况下，将部分证券交易席位租赁收入确认为投资咨询业务收入；二是未在 2021 年年报中披露投资咨询业务收入变动异常的原因。

上述行为不符合《关于证券公司会计核算有关问题的通知》（会计部函〔2010〕1 号）《证券公司年度报告内容与格式准则》《证券公司监督管理条例》第六十九条和《证券公司内部控制指引》第二十二条的规定。根据《证券公司监督管理条例》第七十条的规定，证监局决定对东北证券采取责令改正的行政监管措施。东北证券应对上述问题予以整改，并于收到决定之日起 1 个月内向吉林证监局提交书面整改报告。

企业的财务信息是利益相关者的决策依据，因此在进行会计核算时，企业应遵守准则要求，依法核算。会计核算要符合企业实际情况，一方面从企业内部来看，需要会计人员自觉遵守会计准则、公司规章制度及执行规范的内部控制措施；另一方面企业应该加强外部监管，及时发现错误，纠正错误，降低影响。

资料来源：佚名. 东北证券被吉林证监局责令改正 会计核算两宗违规[EB/OL]. (2022-06-29)[2022-11-15]. http://finance.ce.cn/stock/gsgdbd/202206/29/t20220629_37815790.shtml.

# 第一节　证券公司业务概述

## 一、证券的概念与种类

### 1. 证券的概念

证券是以证明或设定权利为目的而形成的书面凭证，用以表明持有人有权依照凭证所载内容取得应有的权益，或证明其曾经发生的行为。证券分为无价证券和有价证券。

10-1 视频：证券

无价证券也称凭证证券，是指具有证券的某一特定功能，但不能作为财产使用的书面凭证。无价证券可分为证据证券和资格证券。证据证券是单纯证明某一特定事实的书面凭证，如借据、收据等；资格证券是表明证券持有人具有行使一定权利资格的书面凭证，如各种类型的资格证券及机票、车船票、电影票等。无价证券不能在市场上广泛流通，持券人无法通过流通转让取得收益。

有价证券是指具有一定票面金额，证明持券人有权按期取得一定收入，并可自由转让和买卖的所有权或债权凭证。有价证券有狭义和广义之分。狭义的有价证券仅指资本证券，广义的有价证券则包括商品证券、货币证券和资本证券。商品证券是证明持券人享有商品请求权的书面凭证，如提单、仓单等；货币证券是证明持券人享有货币请求权的书面凭证，如银行卡、汇票、本票、支票等信用支付工具；资本证券是证明持券人享有资本所有权或债权的书面凭证，持券人对一定本金带来的收益享有请求权，主要包括股权证券（所有权证券）和债权证券，如各种股票、债券等。《中华人民共和国证券法》（以下简称《证券法》）所规范的证券仅为资本证券，资本证券也是人们通常所说的证券或有价证券。本章以下所阐述的证券均指资本证券。

### 2. 证券的种类

目前我国证券市场上发行和流通的证券为资本证券，主要包括股票、债券、基金券以及经国务院依法认定的其他证券。

股票是股份公司为筹集资金而发行给股东作为持股凭证并借以取得股息和红利的有价证券。目前，我国发行的股票按照投资主体，可分为国家股、法人股、内部职工股和社会公众个人股；按照股东权益和风险大小，可分为普通股、优先股及普通和优先混合股；按照认购股票投资者身份和上市地点，可分为境内上市内资股（A股）、境内上市外资股（B股）和境外上市外资股（H股、N股、S股）三类。其中，A股是指人民币普通股票，是由中国境内注册公司发行，在境内上市，以人民币标明面值，供境内机构、组织或个人（2013年4月1日起，境内港澳台居民可开立A股账户）以人民币认购和交易的普通股股票；B股是指以人民币标明面值，以外币认购和买卖，在沪、深交易所上市交易，供港澳台及境外投资者买卖的外资股（2001年2月19日，中国证监会发布决定允许境内居民交易B股）；H股、N股、S股是指注册地在中国内地，上市地分别在中国香港、纽约、新加坡的外资股。股票具有权利性、非返还性、风险性和流通性等特点。

债券是发行人依照法定程序发行的、约定在一定期限还本付息的有价证券。根据发行人的不同，债券可分为企业（公司）债券、金融债券、政府债券。其中，企业（公司）债券是指一般企业和公司依照法定程序发行的、按约定还本付息的有价证券；金融债券是指依法在境内设立的金融机构法人为筹集资金补偿流动资金的不足而在全国银行间债券市场发行的、按约定还本付息的有价证券；政府债券是指政府或政府授权的代理机构基于财政或其他目的而发行的、按约定还本付息的有价证券，包括国库券、财政债券、建设公债、特种国债、保值公债等。债券具有偿还性、流通性、安全性和收益性等特点。

基金券也称基金受益凭证，是证券投资基金发起人向社会公众发行的，表明持有人对基金享有收益分配权和其他相关权利的有价证券。投资者按其所持基金券在基金中所占比例分享基金盈利和分担基金亏损。基金券的市场价格波动风险较股票低，但比债券尤其是政府债券高。

此外，我国证券市场还发行过认股权证。认股权证是股份有限公司给予持证人的无限期或在一定期限内，以确定价格购买一定数量普通股份的权利凭证。认股权证本身不是股权证书，而是持证人认购公司股票的一种长期选择权，可以依法转让，风险高。

## 二、证券公司业务的分类

证券公司是指依照《公司法》和《证券法》规定设立的经营证券业务的有限责任公司或者股份有限公司。设立证券公司，必须经国务院证券监督管理机构审查批准。未经国务院证券监督管理机构批准，任何单位和个人不得经营证券业务。

我国对证券公司分为综合类证券公司和经纪类证券公司两种。综合类证券公司是指可以经营证券经纪业务、自营证券业务、证券承销业务和经国务院证券监督管理机构核定的其他证券业务的证券公司。经纪类证券公司是指只能从事单一的经纪业务的证券公司。

证券公司的业务主要有以下几种：

（1）证券经纪业务又称代理买卖证券业务，是指证券公司接受投资者（客户）委托代投资者（客户）买卖有价证券的行为，是证券公司最基本的一项业务。证券经纪业务应当按照代理买卖证券业务、代理兑付证券业务、代保管证券业务分类核算。

10-2 视频：证券经纪业务

代理买卖证券业务是公司代理客户进行证券买卖的业务。证券公司收到客户的代理买卖证券款，须存入指定的商业银行（存款银行）的资金专户，在“银行存款”科目下单设明细科目核算，不能与本公司的存款混淆。证券公司按规定收取的手续费及佣金，在与客户办理买卖证券款项清算时确认为手续费及佣金收入。

代理兑付证券业务是公司接受证券发行人的委托对其发行的证券到期进行证券兑付的业务。证券公司接受客户（国家或企业等债券发行单位）的委托兑付到期的国债、企业债券及金融债券等，并向发行单位收取手续费。

代保管证券业务是公司代理其他各方保管有价证券的业务。证券公司接受客户委托，代客户保管证券并收取手续费或免费代为保管。

（2）自营证券业务是指证券公司以自己的名义，使用公司自有资金和依法筹集的资金买卖证券以达到获利目的的业务。自营证券业务包括自营买入证券业务和自营卖出证券业务。从国际上看，证券公司的自营业务按交易场所分为场外（如柜台）自营买卖和场内（交易所）自营买卖。场外自营买卖是指证券公司通过柜台交易等方式，与客户直接洽谈成交的证券交易。场内自营买卖是证券公司自己通过集中交易场所（证券交易所）买卖证券的行为。我国的证券自营业务一般是指场内自营买卖业务。

10-3 视频：证券自营业务

（3）证券承销业务是指证券公司接受证券发行人的委托，代发行人发行证券的活动。证券承销业务应按照全额包销方式的承销业务、余额包销方式的承销业务和代销方式的承销业务分类核算。

10-4 视频：证券承销业务

全额承购包销是指证券公司与发行单位签订合同，由证券公司按合同确定的价格将证券从发行单位购进，并即向发行单位支付全部款项，然后按一定价格在证券一级市场发售给投资者的方式。

余额承购包销是指证券公司与发行单位签订合同，由证券公司代理发行证券，在发行期内未售出的证券由证券公司按合同确定的价格认购，并按约定时间向发行单位支付全部款项的方式。

（4）其他证券业务是指公司经批准在国家许可的范围内进行的除经纪业务、自营业务和承销业务的与证券有关的业务，主要包括买入返售证券业务和卖出回购证券业务两种。

## 第二节 证券经纪业务的核算

### 一、会计科目的设置

**1.“代理买卖证券款”科目**

“代理买卖证券款”科目属于负债类科目，用于核算证券公司接受客户委托，代理客户买卖股票、债券和基金等有价证券而收到的款项。证券公司代理客户认购新股的款项、代理客户领取的现金股利和债券利息、代理客户向证券交易所支付的配股款等，也在“代理买卖证券款”科目核算，该科目可按客户类别等进行明细核算。“代理买卖证券款”科目期末贷方余额，反映企业接受客户存放的代理买卖证券资金。

**2.“代理兑付证券”科目**

“代理兑付证券”科目属于资产类科目，用于核算证券公司、银行等接受委托代理兑付到期的证券。该科目可按委托单位和证券种类进行明细核算。“代理兑付证券”科目期末借方余额，反映企业已兑付但尚未收到委托单位兑付资金的证券金额。

**3. “代理兑付证券款”科目**

“代理兑付证券款”科目属于负债类科目，用于核算证券公司、银行等接受委托代理兑付证券收到的兑付资金。该科目可按委托单位和证券种类进行明细核算。“代理兑付证券款”科目期末贷方余额，反映企业已收到但尚未兑付的代理兑付证券款项。

**4. “手续费及佣金收入”科目**

“手续费及佣金收入”科目属于损益类科目，用于核算金融企业确认的手续费及佣金收入，包括办理结算业务、咨询业务、担保业务、代保管等代理业务以及办理受托贷款及投资业务等取得的手续费及佣金，如结算手续费收入、佣金收入、业务代办手续费收入、基金托管收入、咨询服务收入、担保收入、受托贷款手续费收入、代保管收入等收入，代理买卖证券、代理承销证券、代理兑付证券、代理保管证券、代理保险业务等代理业务以及其他相关服务实现的手续费及佣金收入等。该科目可按手续费及佣金收入类别进行明细核算。金融企业确认的手续费及佣金收入，按应收的金额，借记“应收手续费及佣金”“代理承销证券款”等科目，贷记“手续费及佣金收入”科目。实际收到手续费及佣金，借记“存放中央银行款项”“银行存款”“结算备付金”“吸收存款”等科目，贷记“应收手续费及佣金”等科目。期末，应将“手续费及佣金收入”科目余额转入“本年利润”科目，结转后“手续费及佣金收入”科目无余额。

**5. “手续费及佣金支出”科目**

“手续费及佣金支出”科目属于损益类科目，用于核算金融企业发生的与其经营活动相关的各项手续费、佣金等支出。该科目可按支出类别进行明细核算。金融企业发生的与其经营活动相关的手续费、佣金等支出，借记“手续费及佣金支出”科目，贷记“银行存款”“存放中央银行款项”“存放同业”“库存现金”“应付手续费及佣金”等科目。

期末，应将“手续费及佣金支出”科目余额转入“本年利润”科目，结转后“手续费及佣金支出”科目无余额。

延伸阅读 10-1

**红塔证券冲刺上市拓宽“补血”路径**

随着近年来网上委托、移动证券等非现场交易方式的普及、A股账户“一人一户”政策限制的放开、互联网金融的快速发展，证券经纪业务佣金费率呈现下滑态势。

数据显示，2014—2016年度，我国证券市场股票、基金平均佣金费率分别为0.66‰、0.50‰、0.38‰。而红塔证券同期佣金率却分别为1.10‰、0.93‰和0.76‰，均高于行业平均值。

红塔证券也意识到了这一问题。其在招股书中表示，随着证券公司分支机构设立数量和区域限制的放开、客户非现场开户规范的实施以及各种创新业务模式的涌现，传统经纪业务竞争的区域边界已逐渐被打破，西部地区经纪业务的竞争将进一步加剧，从而使公司经纪业务面临盈利空间被压缩的风险。

实际上，在以净资本为核心的监管体系下，净资本水平的高低决定了公司各项业务规模的大小。红塔证券2014—2016年净资本分别为45亿元、87亿元和96亿元。偏小的资本规模无法满足公司业务扩张的需要，对公司改善业务结构、拓展业务范围和业务规模产生了一定的制约。因此，公司拟通过公开发行股票，募集资金扩大资本规模，缓解资本规模对公司业务发展的掣肘。

资料来源：闫军. 红塔证券优势遭受蚕食 冲刺上市拓宽补血路径[EB/OL]. (2017-09-30)[2022-11-30]. https://www.sohu.com/a/195592502_463925.

## 二、代理买卖证券业务的核算

### 1. 企业接受客户委托通过证券交易所代理买卖证券

(1) 如果买入证券成交总额大于卖出证券成交总额,按买卖证券成交价的差额,加代扣代交的印花税费和应向客户收取的佣金等费用,借记“代理买卖证券款”科目,贷记“结算备付金”“银行存款”等科目;同时,按企业应负担的交易费用,借记“手续费及佣金支出”科目,按企业应向客户收取的手续费及佣金,贷记“手续费及佣金收入”科目,按企业应向客户收取的佣金与企业应负担的交易费用的差额,借记“结算备付金”“银行存款”科目。会计分录为:

借:代理买卖证券款——××客户

(买卖证券成交价的差额+代扣代交的相关税费+应向客户收取的佣金等)

贷:结算备付金——××清算代理机构——客户

同时,

借:手续费及佣金支出——代买卖证券手续费支出 (公司应负担的交易费用)

结算备付金——××清算代理机构——自有

贷:手续费及佣金收入——代买卖证券手续费收入 (应向客户收取的佣金等)

(2) 如果卖出证券成交总额大于买入证券成交总额,按买卖成交价的差额,减代扣代交的相关税费和应向客户收取的佣金等后的余额,借记“结算备付金客户”科目,贷记“代理买卖证券款”科目;同时,按企业应负担的交易费用,借记“手续费及佣金支出”科目,按应向客户收取的佣金及手续费,贷记“手续费及佣金收入”科目,按企业应向客户收取的佣金与企业应负担的交易费用的差额,借记“结算备付金”“银行存款”等科目。会计分录为:

借:结算备付金——××清算代理机构——客户

(买卖证券成交价的差额-代扣代交的相关税费-应向客户收取的佣金等)

贷:代理买卖证券款——××客户

同时,

借:手续费及佣金支出——代买卖证券手续费支出 (公司应负担的交易费用)

结算备付金——××清算代理机构——自有

贷:手续费及佣金收入——代买卖证券手续费收入 (应向客户收取的佣金等)

**【例 10-1】** 某证券公司接受客户华宇公司委托,通过证券交易所代理买卖证券,2×22年1月与客户清算时,买入证券成交金额大于卖出证券成交金额 5 000 000 元,代扣代缴的交易税费 20 000 元,向客户收取的手续费 15 000 元,证券公司负担手续费及佣金支出 10 000 元。根据交易所传来的证券交易一级清算表、营业部出具的证券交易二级清算表、清算银行出具的资金清算单等凭证,会计分录为:

| | | |
|---|---|---|
| 借:代理买卖证券款 | 5 035 000 | |
| 贷:结算备付金——华宇公司 | | 5 035 000 |

同时,

| | | |
|---|---|---|
| 借:手续费及佣金支出 | 10 000 | |
| 结算备付金——自有 | 5 000 | |
| 贷:手续费及佣金收入 | | 15 000 |

**【例 10-2】** 接[例 10-1]，若卖出与买入成交差价为 5 000 000 元，其他数据不变，作会计分录为：

借：结算备付金——华宇公司　　4 965 000
　贷：代理买卖证券款　　4 965 000

同时，

借：手续费及佣金支出　　10 000
　结算备付金——自有　　5 000
　贷：手续费及佣金收入　　15 000

**2. 企业代理客户认购新股**

企业代理客户认购新股，收到客户认购款项，借记"银行存款"科目，贷记"代理买卖证券款"科目；将款项划付交易所，借记"结算备付金"科目，贷记"银行存款"科目。客户办理申购手续，按实际支付的价款，借记"代理买卖证券款"科目，贷记"结算备付金"科目；证券交易所完成中签认定工作，将未中签资金退给客户，借记"结算备付金"科目，贷记"代理买卖证券款"科目；企业将未中签的款项划回，借记"银行存款"科目，贷记"结算备付金"科目；企业将未中签的款项退给客户，借记"代理买卖证券款"科目，贷记"银行存款"科目。

（1）收到客户交来的认购款项时，会计分录为：

借：银行存款——客户
　贷：代理买卖证券款——××客户

（2）将款项划付证券登记结算公司时，会计分录为：

借：结算备付金——××清算代理机构——客户
　贷：银行存款——客户

（3）客户办理申购手续，证券公司与证券交易所清算时，按实际支付的金额，编制会计分录：

借：代理买卖证券款——××客户
　贷：结算备付金——××清算代理机构——客户

（4）证券交易所完成中签认定工作，将未中签资金退给客户时，会计分录为：

借：结算备付金——××清算代理机构——客户
　贷：代理买卖证券款——××客户

（5）证券公司将未中签的款项划回时，会计分录为：

借：银行存款——客户
　贷：结算备付金——××清算代理机构——客户

（6）证券公司将未中签的款项退给客户时，会计分录为：

借：代理买卖证券款——××客户
　贷：银行存款——客户

**【例 10-3】** 某证券公司代理客户华宇公司认购新股，收到客户认购款项30 000 000 元，为客户办理申购手续。完成中签认定工作，将未中签资金 29 000 000 元退给客户。中签交付的认股款项为 1 000 000 元，手续费率为 1.5%，由发行公司支付并已收到。其会计分录为：

（1）收到客户认购款项时：

借：银行存款——华宇公司　　30 000 000
　　贷：代理买卖证券款　　30 000 000

（2）将款项划付交易所时：

借：结算备付金——华宇公司　　30 000 000
　　贷：银行存款　　30 000 000

（3）客户办理申购手续在证券公司与证券交易所清算时：

借：代理买卖证券款　　30 000 000
　　贷：结算备付金——华宇公司　　30 000 000

（4）证券交易所完成中签认定工作并将未中签款项划回证券公司时：

借：银行存款　　29 000 000
　　贷：结算备付金——华宇公司　　29 000 000

（5）证券公司将未中签的资金退给客户时：

借：代理买卖证券款　　29 000 000
　　贷：银行存款　　29 000 000

（6）收到证券交易所转来发行公司支付的发行手续费时：

借：结算备付金——自有　　1 500
　　贷：续费及佣金收入　　1 500

**3. 企业代理客户办理配股业务**

（1）采用当日向证券交易所交纳配股款的，在客户提出配股要求时，会计分录为：

借：代理买卖证券款——××客户
　　贷：结算备付金——××清算代理机构——客户

（2）采用定期向证券交易所交纳配股款的，在客户提出配股要求时，会计分录为：

借：代理买卖证券款——××客户
　　贷：其他应付款——应付客户配股款

与证券交易所清算配股款时，按配股金额，编制会计分录：

借：其他应付款——应付客户配股款
　　贷：结算备付金——××清算代理机构——客户

**【例 10-4】** 某证券公司代理华宇公司办理配股业务，2×22 年 3 月 1 日证券公司向证券交易所解交配股款 54 000 000 元，2×22 年 5 月与交易所清算配股款。

若 3 月 1 日为证券公司向证券交易所解交配股款的时间，客户此时提出配股要求，会计分录为：

借：代理买卖证券款　　54 000 000
　　贷：结算备付金——华宇公司　　54 000 000

若3月1日为证券公司定期向证券交易所解交配股款的时间，客户此时提出配股要求时，会计分录为：

借：代理买卖证券款　　54 000 000
　　贷：其他应付款——应付华宇公司配股款　　54 000 000

若与证券交易所清算配股款，会计分录为：

借：其他应付款——应付华宇公司配股款　　54 000 000
　　贷：结算备付金——华宇公司　　54 000 000

**4. 企业代理客户领取现金股利和利息**

证券公司代理客户领取现金股利和利息，借记“结算备付金”科目，贷记“代理买卖证券款”科目。企业按规定向客户统一结息时，借记“利息支出”“应付利息”科目，贷记“代理买卖证券款”科目。会计分录为：

借：结算备付金——××清算代理机构——客户
　　贷：代理买卖证券款——××客户

## 三、代理兑付证券业务的核算

**1. 证券公司兑付证券**

1）证券公司兑付无记名证券

证券公司接受委托代国家或企业兑付到期的无记名（实物券形式）债券时，收到委托单位的兑付资金，借记“银行存款”科目，贷记“代理兑付证券款”科目；收到客户交来的证券，按兑付金额，借记“代理兑付证券”科目，贷记“库存现金”“银行存款”等科目，公司向委托单位交回已兑付的证券，借记“代理兑付证券款”科目，贷记“代理兑付证券”科目。

（1）收到委托单位划来的兑付资金时，会计分录为：

借：银行存款
　　贷：代理兑付证券款——××委托单位

（2）收到客户交来的实物券，按兑付金额（证券本息）予以兑付时，会计分录为：

借：代理兑付证券——××委托单位　　（本金＋利息）
　　贷：库存现金（或银行存款）

（3）兑付期结束，将已兑付的证券集中交给委托单位，并与委托单位办理结算时，会计分录为：

借：代理兑付证券款——××委托单位
　　贷：代理兑付证券——××委托单位

（4）证券公司代理兑付证券，若委托单位尚未拨付兑付资金而由公司垫付的，证券公司在收到客户交来的证券，按兑付金额予以兑付时，会计分录为：

借：代理兑付证券——××委托单位　　（本金＋利息）
　　贷：银行存款（或有关科目）

向委托单位交回已兑付的证券并收回垫付的资金时，会计分录为：

借：银行存款(或有关科目)
　　贷：代理兑付证券

**【例10-5】** 证券公司代理华宇公司兑付其到期的无记名债券(实物券)，2×22年1月2日收到华宇公司的兑付资金10 050 000元。截至1月底，代理兑付的债券共计10 000 000元。

(1) 收到华宇公司的兑付资金，会计分录为：

借：银行存款　　10 050 000
　　贷：代理兑付证券款　　10 050 000

(2) 收到证券持有人交来的实物券，按兑付金额的会计分录为：

借：代理兑付证券　　10 000 000
　　贷：银行存款　　10 000 000

(3) 向华宇公司交回已兑付的实物券，会计分录为：

借：代理兑付证券款　　10 000 000
　　贷：代理兑付证券　　10 000 000

2) 代理兑付记名证券

证券公司收到委托单位的兑付资金时，其会计处理与代理兑付无记名证券相同。证券公司收到客户交来的证券，兑付证券时，按兑付金额，借记“代理兑付证券款”科目，贷记“银行存款”等科目。

(1) 收到委托单位划来的兑付资金时，会计分录为：

借：银行存款
　　贷：代理兑付证券款——××委托单位

(2) 收到客户交来的证券，按兑付金额(证券本息)予以兑付时，会计分录为：

借：代理兑付证券款——××委托单位(本金＋利息)
　　贷：库存现金(或银行存款)

**【例10-6】** 某证券公司代理华宇公司兑付其到期的记名债券，2×22年4月2日收到华宇公司的兑付资金10 050 000元。截至4月底，代理兑付的证券共计10 000 000元。

(1) 收到华宇公司的兑付资金会计分录为：

借：银行存款　　10 050 000
　　贷：代理兑付证券款　　10 050 000

(2) 兑付债券本息，会计分录为：

借：代理兑付证券　　10 000 000
　　贷：银行存款　　10 000 000

(3) 交回证券及余款，会计分录为：

借：代理兑付证券款　　10 050 000
　　贷：代理兑付证券　　10 000 000
　　　　银行存款　　50 000

**2. 代兑付证券手续费收入**

证券公司收取的代兑付证券手续费收入，如果向委托单位单独收取时，按应收或已收取的手续费，借记“银行存款”“应收手续费及佣金”等科目，贷记“手续费及佣金收入”科目。如果手续费与兑付款一并汇入时，在收到款项时，按实际收到的金额，借记“银行存款”“结算备付金”等科目，按应兑付的金额，贷记“代理兑付证券款”科目，按事先取得的手续费，贷记“其他应付款”科目。待兑付证券业务完成后确认手续费收入，借记“其他应付款”科目，贷记“手续费及佣金收入”科目。

（1）向委托单位单独收取代理兑付证券手续费的，按应收或已收取的手续费金额，编制会计分录：

借：应收手续费及佣金（或银行存款）
　　贷：手续费及佣金收入——代兑付证券手续费收入

（2）手续费与兑付款一并汇入的，在收到款项时，会计分录为：

| | |
|---|---|
| 借：银行存款 | （实际收到的金额） |
| 　　贷：代理兑付证券款——××委托单位 | （应兑付的金额） |
| 　　　　其他应付款——预收代兑付证券手续费 | （手续费金额） |

兑付证券业务完成后，确认手续费收入，会计分录为：

借：其他应付款——预收代兑付证券手续费
　　贷：手续费及佣金收入——代兑付证券手续费收入

**【例 10－7】** 证券公司在代理华宇公司完成证券兑付业务时，单独收取手续费160 000元，会计分录为：

| | | |
|---|---|---|
| 借：银行存款 | 160 000 | |
| 　　贷：手续费及佣金收入——代理兑付证券手续费及佣金收入 | | 160 000 |

如果华宇公司将160 000元的手续费和10 050 000元的兑付款一并汇入，会计分录为：

| | | |
|---|---|---|
| 借：银行存款 | 10 210 00 | |
| 　　贷：代理兑付证券款 | | 10 050 000 |
| 　　　　其他应付款——预收代理兑付证券手续费 | | 160 000 |

兑付证券业务完成后，确认手续费及佣金收入，会计分录为：

| | | |
|---|---|---|
| 借：其他应付款——预收代理兑付证券手续费 | 160 000 | |
| 　　贷：手续费及佣金收入——代理兑付证券手续费及佣金收入 | | 160 000 |

## 四、代保管证券业务的核算

代保管证券业务是证券公司为方便客户开展的一项服务性项目。目前，证券公司代保管的证券主要是债券。由于代保管的有价证券不属于证券公司的财产，证券公司在收到代保管的证券时，不将其纳入表内核算，而只在专设的备查账簿中设置“代保管证券”这一表外科目记录代保管证券的情况。预先收取的手续费，作为预收账款处理，待日后代保管服务完成后再确认为收入。公司代客户保管的证券如果不收取手续费，则只需在备查账簿中进行登记。

# 第三节 证券自营业务的核算

## 一、会计科目的设置

**1. “结算备付金”科目**

“结算备付金”科目属于资产类科目，用来核算证券公司为证券交易的资金清算与交收而存入指定清算代理机构的款项。本科目下设置“自有”和“客户”两个明细科目。“自有”明细科目核算公司为进行证券自营交易等业务的资金清算与交收而存入指定清算代理机构的款项。

**2. “交易性金融资产”科目**

“交易性金融资产”科目属于资产类科目，用来核算证券公司为交易目的持有的债券投资、股票投资、基金投资、权证投资等交易性金融资产的公允价值。证券公司持有的直接指定以公允价值计量且其变动计入当期损益的金融资产，也在该科目核算。

**3. “其他权益工具投资”科目**

“其他权益工具投资”科目属于资产类科目，用来核算证券公司持有的其他权益工具投资的公允价值，包括股票投资、债券投资等金融资产。

**4. “投资收益”科目**

“投资收益”科目为损益类，用来核算证券公司证券自营业务确认的投资收益或投资损失。债券投资期间取得的利息收入，可在“利息收入”科目核算。

**5. “资产减值损失”科目**

“资产减值损失”科目。该科目为损益类，用来核算证券公司根据资产减值等准则计提各项资产减值准备所形成的损失。

**延伸阅读 10-2**

**“成败皆自营”：东方证券谋转型**

2017 年 8 月 28 日，东方证券发布 2017 年半年报表示，2017 年上半年公司实现营业收入 46.28 亿元，同比增长 59.98%；归属于母公司所有者的净利润 17.55 亿元，同比增长 36.76%。

值得注意的是，与 2016 年全年相比，公司自营业务占比大幅提升，经纪业务占比有所下滑。2016 年，公司全年经纪业务占总收入的 60.4%、自营业务占比 14.43%，2016 年上半年自营业务占比 6%。与之相比，2017 年半年报显示，2017 年上半年其业务结构中，经纪业务占总收入的 45.52%、自营业务占比 39.98%、资管业务占比 21.85%、投行业务占比 15.75%，其他占比−23.10%。

东方证券在业内一直以自营高收入为特色，其自营业务一度影响东方证券的“战绩”。2014 年、2015 年其自营业务占比一直居高不下，但到了 2016 年，受市场环境影响自营收入大幅缩水拖累了东方证券的整体业绩。2014 年全年自营业务收入占总收入的 41.18%、2015 年上半年自营收入占比 59.52%、2015 年全年自营业务收入占比 52.19%，与之形成鲜明对比。

资料来源：尹靖霏.“成败皆自营”：东方证券谋转型[EB/OL].(2017-08-28)[2022-11-30]. https://www.yicai.com/news/5337110.html.

## 二、自营买入证券的核算

证券公司买入证券后，应根据《企业会计准则第 22 号——金融工具确认和计量》的规定，对取得的证券根据持有意图进行分类。

证券公司的买入证券可以被划分为以公允价值计量且其变动计入当期损益的金融资产和其他权益工具投资。以公允价值计量且其变动计入当期损益的金融资产包括交易性金融资产和指定以公允价值计量且其变动计入当期损益的金融资产。

**（一）买入时划分为交易性金融资产的核算**

金融资产满足下列条件之一的，应当划分为交易性金融资产：

第一，其取得该金融资产的目的主要是近期内出售或回购。

第二，其属于进行集中管理的可辨认金融工具组合的一部分，且有客观证据表明企业近期采用短期获利方式对该组合进行管理。

第三，其属于衍生工具，但是被指定且为有效套期工具的衍生工具、属于财务担保合同的衍生工具、与在活跃市场中没有报价且其公允价值不能可靠计量的权益工具投资挂钩并须通过交付该权益工具结算的衍生工具除外。

（1）向清算代理机构存入资金。进行自营证券的买卖，需要通过清算代理机构进行结算。公司将自有资金存入清算代理机构时，按实际存入金额入账。其会计分录为：

借：结算备付金——自有
　　贷：银行存款

从清算代理机构收回资金，作相反的会计分录。

（2）初始确认。证券公司取得交易性金融资产，在初始确认时，按照公允价值入账，发生的相关交易费用直接计入当期损益。支付的价款中如果有已宣告但尚未发放的现金股利或已到付息期但尚未领取的利息，则作为应收股利或应收利息反映。按照实际支付的金额，减少结算备付金的余额。其会计分录为：

借：交易性金融资产——成本
　　投资收益
　　应收股利（或应收利息）
　　贷：结算备付金——自有

（3）收到属于取得交易性金融资产支付价款中包含的已宣告发放的现金股利或债券利息时，其会计分录为：

借：结算备付金——自有
　　贷：应收股利或应收利息

（4）将交易性金融资产持有期间被投资单位宣告发放的现金股利，或在资产负债表日按分期付息、一次还本债券投资的票面利率计算的利息确认为投资收益时，其会计分录为：

借：应收股利（或应收利息）
　　贷：投资收益

（5）实际收到现金股利或应收利息时，其会计分录为：

借：银行存款
　　贷：应收股利或应收利息

（6）交易性金融资产公允价值变动形成的利得或损失，在资产负债表日计入当期损益。

① 交易性金融资产的公允价值高于其账面余额的，按其差额作会计分录：

借：交易性金融资产——公允价值变动
　　贷：公允价值变动损益

② 交易性金融资产的公允价值低于其账面余额的，按其差额作相反的会计分录。

**【例 10-8】** 某证券公司 2×22 年 3 月 7 日购入华宇公司面值为 1 元的股票 30 000 股，购买价为 1.8 元/股，其中已经宣告但尚未发放的股利为 6 000 元，交易费为 1 000 元。该证券公司将其划分为交易性金融资产。其会计分录为：

| | | |
|---|---|---|
| 借：交易性金融资产——成本 | 54 000 | |
| 　　投资收益 | 1 000 | |
| 　　应收股利 | 6 000 | |
| 　　贷：结算备付金——自有 | | 61 000 |

若 2×22 年 3 月 18 日收到华宇公司发放的现金股利，会计分录为：

| | | |
|---|---|---|
| 借：银行存款 | 6 000 | |
| 　　贷：应收股利 | | 6 000 |

若 6 月 30 日股票涨到 2 元/股，会计处理为：

| | | |
|---|---|---|
| 借：交易性金融资产——公允价值变动 | 6 000 | |
| 　　贷：公允价值变动损益 | | 6 000 |

**（二）买入时划分为其他权益工具投资的核算**

（1）初始确认。证券公司取得其他权益工具投资时，以其他权益工具投资的公允价值与交易费用之和作为初始入账金额，支付的价款中包含的已宣告但尚未发放的现金股利，应单独确认为应收项目。按照实际支付的金额，减少结算备付金的金额。其会计分录为：

借：其他权益工具投资——成本
　　应收股利
　　贷：结算备付金——自有

如果其他权益工具投资为债券投资，则由于债券票面利率和实际利率存在差异，债券的公允价值与面值不相等。因此，在会计处理上，一方面在"其他权益工具投资——成本"科目中反映债券的面值，另一方面应用"其他权益工具投资——利息调整"科目将面值调整为公允价值。对支付价款中包含的已到付息期但尚未领取的债券利息，应确认为应收利息，按照实际支付的金额，减少结算备付金的金额。在初始确认时，会计分录为：

借：其他权益工具投资——成本
　　应收利息
借或贷：其他权益工具投资——利息调整
　　贷：结算备付金——自有

（2）证券公司收到其他权益工具投资支付价款中已宣告发放的现金股利或债券利息时，其会计分录为：

借：结算备付金——自有
　　贷：应收股利或应收利息

（3）证券公司取得的其他权益工具在持有期间被投资单位宣告发放现金股利时，证券公司按应享有的份额确认收益，其会计分录为：

借：应收股利
　　贷：投资收益

（4）证券公司取得的其他权益工具在持有期间计提的利息，应当确认为投资收益。证券公司应当按照摊余成本和实际利率计算投资收益。

① 在资产负债表日，其他权益工具为分期付息、一次还本债券投资的，按票面利率计算确定的应收未收利息，借记“应收利息”科目；按其他权益工具的摊余成本和实际利率计算确定的利息收入，贷记“投资收益”科目；按其差额，借记或贷记“其他权益工具投资——利息调整”科目。会计分录为：

借：应收利息
借或贷：其他权益工具投资——利息调整
　　贷：投资收益

② 其他权益工具为一次还本付息债券投资的，应于资产负债表日按票面利率计算确定的应收未收利息，借记“其他权益工具投资——应计利息”科目；按其他权益工具的摊余成本和实际利率计算确定的利息收入，贷记“投资收益”科目；按其差额，借记或贷记“其他权益工具投资——利息调整”科目。其会计分录为：

借：其他权益工具投资——应计利息
借或贷：其他权益工具投资——利息调整
　　贷：投资收益

③ 对已确定发生减值损失的其他权益工具投资，在资产负债表日应按减值其他权益工具投资的摊余成本和实际利率计算确定的利息收入，借记“其他权益工具投资减值准备”科目，贷记“投资收益”科目。同时，将按合同本金和合同利率计算确定的应收利息金额进行表外登记。其会计分录为：

借：其他权益工具投资减值准备
　　贷：投资收益
收入：应收未收利息——××户

（5）实际收到现金股利或应收利息时，其会计分录为：

借：银行存款
　　贷：应收股利或应收利息

（6）在资产负债表日，其他权益工具投资应当以公允价值计量，且公允价值变动应计入资本公积中的其他资本公积。

在资产负债表日，其他权益工具投资的公允价值高于其账面余额的，按其差额作会计分录：

借：其他权益工具投资——公允价值变动
　　贷：资本公积——其他资本公积

其他权益工具投资的公允价值低于其账面余额的，按其差额作相反的会计分录。

## 三、自营卖出证券的核算

### (一) 出售交易性金融资产的核算

出售交易性金融资产时，其公允价值与账面余额之间的差额应确认为投资收益；同时，将原计入该交易性金融资产的公允价值变动转出，计入投资收益。其会计分录为：

借：结算备付金——自有
借或贷：投资收益
　　贷：交易性金融资产

同时，

借或贷：公允价值变动损益
　　　　贷或借：投资收益

### (二) 出售其他权益工具投资的核算

出售其他权益工具投资时，将取得的价款与该金融资产账面价值之间的差额，计入投资收益；同时，将原直接计入所有者权益的公允价值变动累计额对应出售部分的金额转出，计入投资收益。其会计分录为：

借：结算备付金——自有
借或贷：投资收益
　　贷：其他权益工具投资

同时，

借或贷：资本公积——其他资本公积
　　　　贷或借：投资收益

出售自营证券需要转出证券的账面余额，并且将记入“公允价值变动损益”和“资本公积——其他资本公积”明细科目的金额转入投资收益。实际成本结转时，主要采用先进先出法、加权平均法、个别计价法等方法计算出应结转的证券账面余额。

**【例 10-9】** 某证券公司的自营证券中，W 股票被作为交易性金融资产进行核算和管理，年初结存的数量为 60 万股，成本账户余额为 6 500 000 元。公允价值变动账户余额为 20 000 元，本月 6 日购进 20 万股，支付实际价款 2 200 000 元；本月 15 日购进 20 万股，支付价款 2 300 000 元；本月 28 日售出 70 万股，获取价款 8 300 000 元。

解：

出售证券时，自营证券成本结转的会计分录为：

| | |
|---|---|
| 借：结算备付金——自有 | 8 300 000 |
| 　　贷：交易性金融资产——成本 | 7 600 000 |
| 　　　　交易性金融资产——公允价值变动投资收益 | 20 000 |
| 　　　　投资收益 | 680 000 |

| | |
|---|---|
| 借：公允价值变动损益 | 20 000 |
| 　　贷：投资收益 | 20 000 |

**【例 10-10】** 承[例 10-9]，本月 28 日售出股票 100 万股，获取价款 12 000 000 元，其他情况不变。其会计分录为：

借：结算备付金——自有　　12 000 000
　贷：交易性金融资产——成本　　11 000 000
　　交易性金融资产——公允价值变动　　20 000
　　投资收益　　980 000

借：公允价值变动损益　　20 000
　贷：投资收益　　20 000

## 四、自营证券减值准备的核算

证券公司应当在资产负债表日对以公允价值计量且其变动计入当期损益的金融资产以外的金融资产的账面价值进行检查，有客观证据表明该金融资产发生减值的，应当确认减值损失。其他权益工具投资发生减值的，在确认减值损失时，应当将原直接计入所有者权益的公允价值下降形成的累计损失一并转出，计入减值损失。

确定其他权益工具投资发生减值的，按应减记的金额，借记“资产减值损失”科目；按应从所有者权益中转出原计入资本公积的累计损失金额，贷记“资本公积——其他资本公积”科目；按其差额，贷记“其他权益工具投资——公允价值变动”科目。

对于已确认减值损失的其他权益工具投资，在随后会计期间公允价值已上升且客观上与确认原减值损失事项有关的，原确认的减值损失应当予以转回，计入当期损益。但是，转回后的账面价值不应超过假定不计提减值准备情况下该金融资产在转回日的摊余成本。其会计分录为：

借：其他权益工具投资——公允价值变动
　贷：资产减值损失

但其他权益工具投资为股票等权益工具投资的（不含在活跃市场上没有报价、公允价值不能可靠计量的权益工具投资），借记“其他权益工具投资——公允价值变动”科目，贷记“资本公积——其他资本公积”科目。

# 第四节　证券承销业务的核算

## 一、全额承购包销方式的核算

全额承购包销方式下，证券公司向发行单位承购证券的价格由双方在合同中确定，发售价格由证券公司确定，与发行单位无关。证券公司主要是从中赚取证券买卖的差价。承销期结束后，如有未售出的证券，应按自营证券进行核算与管理。

以全额承购包销方式进行承销业务的证券公司，应在按承购价格购入待发行的证券时，确认为一项资产。证券公司将证券转售给投资者时，按发行价格进行价款结算，按已发行证券的承销价格结转代发行证券的成本并确认投资收益。发行期结束后，将未售出的证券余额转为自营证券或长期投资。

**1. 证券公司认购全部证券**

证券公司认购全部证券，按承销价向委托单位支付全部证券款项，会计分录为：

借：交易性金融资产（或可供出售金融资产）
　　贷：银行存款

**2. 证券公司将证券向市场发售或转售给投资者**

证券公司将证券向市场发售或转售给投资者，按发行价格办理结算。同时按照承购价格结转售出证券的成本，差额确认为投资收益，会计分录为：

借：银行存款或结算备付金——××清算代理机构——自有
　　贷：交易性金融资产（或可供出售金融资产）
　　　　投资收益

发行期结束，将未售出的证券余额转为自营证券或长期投资，按照自营证券或长期股权投资有关规定进行会计核算。

**【例 10-11】** 证券公司接受华宇公司委托，采用全额承购包销的方式代发行其股票3 000万股，承购价为每股2元，发行价为每股2.5元。发行结束后，共售出2 600万股，证券公司支付上网费80 000元，按照合同规定，将未售出证券转为自营证券（交易性金融资产）。收到股票时，证券公司将其划分为交易性金融资产，其会计分录为：

全额认购股票时：

| | |
|---|---|
| 借：交易性金融资产——华宇公司 | 60 000 000 |
| 　　贷：银行存款 | 60 000 000 |

发售股票时：

| | |
|---|---|
| 借：银行存款 | 64 920 000 |
| 　　贷：交易性金融资产——华宇公司 | 52 000 000 |
| 　　　　投资收益 | 12 920 000 |

按承购价将未售出的证券转为自营证券时：

| | |
|---|---|
| 借：交易性金融资产——证券公司 | 8 000 000 |
| 　　贷：交易性金融资产——华宇公司 | 8 000 000 |

## 二、余额承购报销方式的核算

采用余额承购包销方式承销证券的证券公司，收到委托单位委托发行的证券时，应在备查簿中记录承销证券的情况。备查簿中登记代销证券的发行单位、承销价格、承销数量、承销期限等有关项目。证券承销期内，按承销价格销售证券。承销期结束后，如有未发售完的证券，按规定由证券公司认购代发行证券收取的手续费，应于发行期结束后，与发行单位结算发行价款时确认为手续费及佣金收入。

**1. 承销记名证券的核算**

（1）通过证券交易所上网发行的，在证券上网发行日根据承销合同确认的证券发行总额，按承销价款，在备查簿中记录承销证券的情况。

（2）与证券交易所交割清算，按实际收到的金额入账，会计分录为：

借：结算备付金——××清算代理机构——自有
　　贷：代理承销证券款——××委托单位

（3）承销期结束，将承销证券款项交付委托单位并收取承销手续费，按承销价款，借记“代理承销证券款”科目，按应收取的承销手续费，贷记“手续费及佣金收入”科目，按实际支付给委托单位的金额，贷记“银行存款”等科目。会计分录为：

借：代理承销证券款——××委托单位
　　贷：手续费及佣金收入
　　　　银行存款

（4）承销期结束，将未出售的证券，按合同规定由企业认购，应按承销价格，借记“交易性金融资产”“可供出售金融资产”等科目，贷记“代理承销证券款”科目。会计分录为：

借：交易性金融资产（或可供出售金融资产）
　　贷：代理承销证券款——××委托单位

**2. 承销无记名证券的核算**

（1）证券公司收到委托单位委托发行的证券时，在备查簿中记录承销证券的情况。

（2）在约定的期限内售出证券时，按实际收到的金额入账。会计分录为：

借：银行存款
　　贷：代理承销证券款——××委托单位

（3）承销期结束，将承销证券款项交付委托单位并收取承销手续费，按承销价款，借记“代理承销证券款”科目，按应收取的承销手续费，贷记“手续费及佣金收入”科目，按实际支付给委托单位的金额，贷记“银行存款”等科目。会计分录为：

借：代理承销证券款——××委托单位
　　贷：手续费及佣金收入
　　　　银行存款

（4）承销期结束，将未出售的证券，按合同规定由企业认购，应按承销价格，借记“交易性金融资产”“可供出售金融资产”等科目，贷记“代理承销证券款”科目。同时冲销备查簿中登记的承销证券。会计分录为：

借：交易性金融资产（或可供出售金融资产）
　　贷：代理承销证券款——××委托单位

**【例 10-12】** 证券公司与华宇股份公司签订合同，约定证券公司以余额承购包销的方式承销公司发行的无记名证券，承购价共计 8 500 万元。证券公司在约定的期限内售出该证券的 90%，按发行价的 2%收取手续费。发行结束后，依据合同规定，将未售出的债券转为交易性金融资产并将所集资金返还给华宇公司。

（1）收到华宇公司的证券时，在备查簿中登记承销证券的情况。

（2）售出证券时，会计分录为：

借：银行存款　　　　　　　　　　　　76 500 000
　　贷：代理承销证券款　　　　　　　　　　76 500 000

(3) 按承购价将未售出的证券转为交易性金融资产时,会计分录为:

借: 交易性金融资产 8 500 000

贷: 代理承销证券款 8 500 000

(4) 返还所集资金和收取手续费时,会计分录为:

借: 代理承销证券款 85 000 000

贷: 银行存款 83 300 000

手续费及佣金收入——代发行证券手续费及佣金收入 1 700 000

延伸阅读 10-3

**中国证监会修订发布《证券发行与承销管理办法》**

2017 年 9 月 8 日,中国证监会修订发布了《证券发行与承销管理办法》(以下简称《办法》),即日起可转债及可交换债券按新规执行。新规的具体变化梳理如下:

(1) 明确养老基金作为优先配售的主体。为保障养老金参与二级市场及维护二级市场稳定的积极性,《办法》第九条增加"养老基金"作为优先配售的主体,明确养老金也享受同公募基金、社保基金相同的优先配售待遇。

(2) 新股、可转换公司债券与可交换公司债券获配售后都应按时足额缴付认购资金。为进一步约束网上投资者获配后不缴款的失信行为,《办法》第十三条统一了首发新股、可转换公司债券、可交换公司债券,获得配售后都应当按时足额缴付认购资金,并对网上投资者参与信用申购的违约次数进行合并计算。

(3) 网上和网下投资者缴款认购的可转换公司债券数量合计不足本次公开发行数量的 70%时可以中止发行。为了便于承销商管理承销风险,借鉴现行首次公开发行股票做法,《办法》第十三条规定网上和网下投资者缴款认购的可转换公司债券数量合计不足本次公开发行数量的 70%时可以中止发行。

(4) 网上投资者申购可转换公司债券和可交换公司债券时无需交付申购资金。为消除可转换公司债券和可交换公司债券发行过程中产生的较大规模申购资金冻结对货币市场的影响。《办法》第十九条对可转换公司债券等申购方式进行了调整,明确了网上投资者在申购可转换公司债券和可交换公司债券时无需交付申购资金,其中,对可交换公司债券的发行申购方式由中国证券登记结算有限责任公司与沪、深交所的业务规则作出调整。

资料来源:鲁东东. 证监会修订发布《证券发行与承销管理办法》[EB/OL]. (2017-09-14)[2022-11-30]. http://mt.sohu.com/20170914/n511751246.shtml.

## 三、代销方式的核算

证券公司采用代销方式承销证券,收到代销证券、承销期内发售证券、承销期结束划转销售款项及收取手续费的账务处理与采用余额承购包销方式承销证券相同,只是在承销期结束后如有未发售完的证券,应退还给发行单位,并冲销备查簿中登记的承销证券。

**【例 10-13】** 证券公司接受华宇公司的委托,采用代销方式通过证券交易所上网发行其记名股票 400 万股,承销价格为 6 元/股,网上发行期内共发行 350 万股。在与交易所进行结算时,公司代垫上网费 30 000 元,手续费率为发行额的 2%。

(1) 收到华宇公司的证券时,在备查簿中登记承销证券的情况。

(2) 售出证券时,会计分录为:

借：银行存款　　21 000 000

　　贷：代理承销证券款　　21 000 000

（3）返还所集资金和收取手续费时，会计分录为：

借：代理承销证券款　　21 000 000

　　贷：银行存款　　20 958 000

　　　　手续费及佣金收入——代发行证券手续费及佣金收入　　42 000

（4）退还华宇公司未售出股票时，会计分录为：

借：代理承销证券款　　30 000 000

　　贷：交易性金融资产　　30 000 000

10-5 扫一扫看课件

## 本章重要概念

证券　证券公司　证券经纪业务　证券自营业务　证券承销业务　代理买卖证券业务　卖出回购证券业务　买入返售证券业务　证券经纪商

## 本章练习

### 一、单项选择题

1. 下列不属于经纪业务所使用会计科目的是（　　）科目。

A. “结算备付金”　　B. “代理兑付证券”

C. “代理业务资产”　　D. “银行存款”

2. 下列承销方式属于代销和包销相结合方式的是（　　）。

A. 全额承购报销　　B. 余额承购报销

C. 代销　　D. 其他

3. 海通证券公司于2×22年1月10日从证券市场购入华能公司发行在外的股票30 000股作为可出售金额资产，每股支付价款10元，另支付相关费用6 000元。2×22年12月31日，这部分股票的公允价值为320 000元，海通证券公司2×22年12月31日计入公允价值变动损益科目的金额为（　　）元。

A. 0　　B. 收益20 000

C. 收益14 000　　D. 损失20 000

4. 2×22年6月1日，太平洋证券公司将持有至到期投资分类为可供出售金融资产，分类日公允价值为50万元，账面价值为48万元；2×22年6月20日，公司将该可供出售的金融资产出售，所得价款为53万元，则出售时确认的投资收益为（　　）万元。

A. 3　　B. 2　　C. 5　　D. 8

### 二、多项选择题

1. 证券业务核算的主要特点有（　　）。

A. 针对性强　　B. 价值变动频繁

C. 清算关系复杂　　D. 业务核算单一

2. 下面描述中属于证券公司经纪业务的有（　　）。

A. 代保管业务　　B. 代理买卖业务

C. 代理兑付业务　　D. 回购业务

3. 证券承销的方式有(　　)。

A. 全额承购包销　　B. 余额承购包销

C. 代销　　D. 赊销

4. 下列选项中属于证券其他业务的有(　　)。

A. 经纪业务　　B. 自营业务

C. 买入返售业务　　D. 卖出回购业务

## 三、简答题

1. 证券经纪业务包括哪些内容?

2. 什么是证券自营业务?包括哪些内容?

3. 什么是证券承销业务?简述证券承销的三种方式。

4. 什么是买入返售证券业务和卖出回购证券业务?

## 四、业务题

1. A证券公司于2×21年6月10日从证券市场上购入B公司发行在外的股票10万股作为交易性金融资产,每股支付价款5元;2×21年12月31日,该股票公允价值为53万元;2×22年1月12日,A公司将上述股票对外出售,收到款项65万元存入银行。

要求:编制A证券公司的有关会计分录。

2. 2×21年2月1日A证券公司从二级市场购入B公司股票150万股,作为交易性金融资产,取得时公允价值每股为6.3元,含已宣告但尚未发放的现金股利为每股0.8元,另支付交易费用15万元。其他资料如下:

(1) 2×21年4月16日,收到最初支付价款中所含现金股利。

(2) 2×21年12月31日,该股票公允价值为每股7元。

(3) 2×22年2月5日,A公司宣告发放的现金股利每股为0.6元。

(4) 2×22年4月15日,收到现金股利。

(5) 2×22年12月31日,该股票公允价值为每股6元。

(6) 2×23年1月22日,将该股票全部处置,每股6.2元,交易费用为10万元。

要求:编制A证券公司有关会计分录。

3. 2×21年5月6日,甲证券公司支付价款10 160 000元(含交易费用10 000元和已宣告但尚未发放的现金股利150 000元),购入乙公司发行的股票2 000 000股,占乙公司有表决权股份的0.5%。甲证券公司将其划分为可供出售金融资产。其他资料如下:

(1) 2×21年5月10日,甲证券公司收到乙公司发放的现金股利150 000元。

(2) 2×21年6月30日,该股票市价为每股5.2元。

(3) 2×21年12月31日,甲证券公司仍持有该股票;当日,该股票币价为每股5元。

(4) 2×22年5月9日,乙公司宣告发放股利40 000 000元。

(5) 2×22年5月13日,甲证券公司收到乙公司发放的现金股利。

(6) 2×22年5月20日,甲证券公司以每股4.9元的价格将该股票全部转让。

要求:编制甲证券公司的有关会计分录。

4. 2×20年5月1日,A证券公司从股票二级市场以每股15元(含已宣告发放但尚未领取的现金股利0.2元)的价格购入XYZ公司发行的股票2 000 000股,占XYZ公司有表决权股份的5%,对XYZ公司无重大影响,A证券公司将该股票划分为可供出售金融资产。其他资料如下:

(1) 2×20年5月10日,A证券公司收到XYZ公司发放的上年现金股利400 000元。

(2) 2×20 年 12 月 31 日,该股票的市场价格为每股 13 元。A 证券公司预计该股票的价格下跌是暂时的。

(3) 2×21 年,XYZ 公司因违反相关证券法规,受到证券监管部门查处受此影响,XYZ 公司股票的价格发生下挫。至 2×21 年 12 月 31 日,该股票的市场价格下跌到每股 6 元。

(4) 2×22 年,XYZ 公司整改完成,加之市场宏观面好转。股票价格有所回升,至 12 月 31 日,该股票的市场价格上升到每股 10 元。

要求:假设 2×21 年和 2×22 年均未分派现金股利,不考虑其他因素的影响,编制 A 证券公司的有关会计分录。

5. A 证券公司 2×22 年 12 月 5 日通过网上自营认购新股 300 万股,新股发行价为每股 3.80 元,中签 5 万股。A 证券公司将中签的新股划分为交易性金融资产。

要求:编制 A 证券公司的有关会计分录。

6. 三峡公司因急需资金拓展经营业务,拟发行股票 1 000 万股,每股面值 1 元,委托华友证券公司全额承购包销,合同规定承购价为每股 6 元,承购价款于收到股票时一次付清。华友证券公司以每股 7.20 元的价格售出承购的股票 900 万股,已与证券交易所交割清算。华友证券公司将收到的股票划分为以公允价值计量且其变动计入当期损益的金融资产。

要求:编制华友证券公司的有关会计分录。

# 第十一章　其他非银行金融机构业务的核算



## 内容提要

本章主要内容包括租赁公司的业务的核算、信托投资公司业务的核算、基金管理公司业务的核算、互联网金融公司业务的核算、财务公司业务的核算。

## 重点难点

本章的重点为租赁公司的业务核算、信托投资公司的业务核算以及基金管理公司的业务核算;本章的难点为信托投资公司的业务核算,以及办理信托业务的注意事项、证券投资基金的相关关系人。

## 学习目标

通过本章学习,学生应掌握租赁公司的业务种类,以及租赁公司主要业务的核算流程;了解证券投资基金的分类,明确证券投资基金相关当事人之间的关系;了解租赁公司的业务种类。

## 知识框架

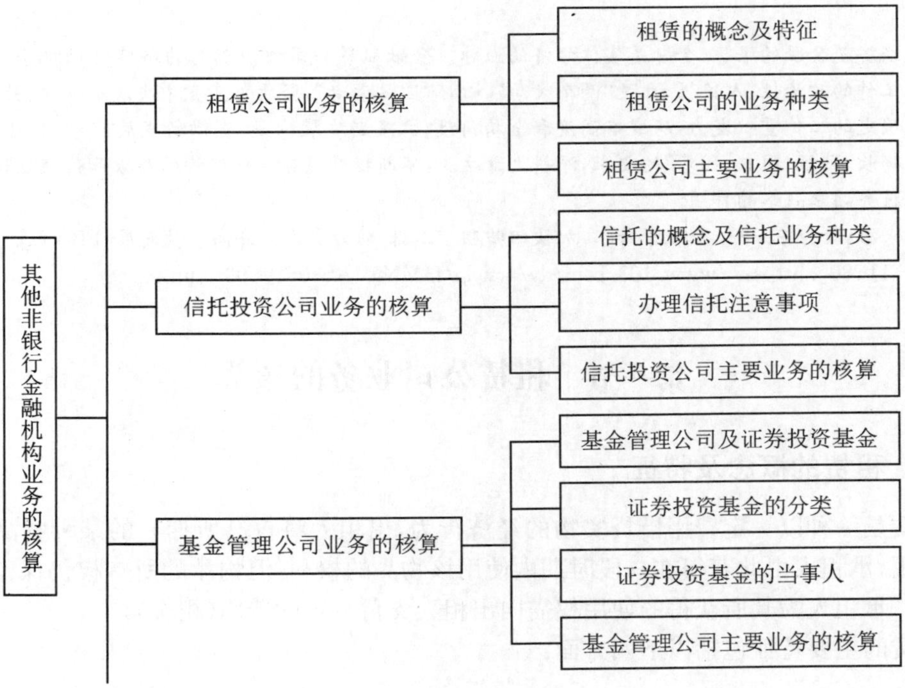

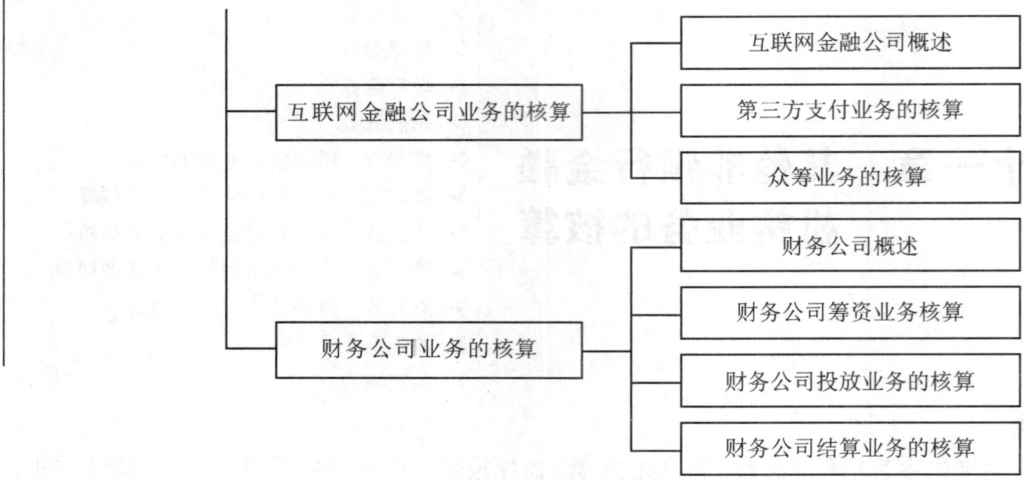


**思政育人** **中信金租于秀东:加快回归租赁本源 助力实体经济高质量发展**

习近平总书记在二十大报告中明确指出,建设现代化产业体系,坚持把发展经济的着力点放在实体经济上,推进新型工业化,加快建设制造强国、质量强国、航天强国、交通强国、网络强国、数字中国。融资租赁作为现代金融的重要组成部分,在服务实体经济融资需求中可以发挥重要作用。金融租赁公司通过加快回归以融物为核心的租赁业务本源,有望成为金融助力实体经济高质量发展的排头兵。

实体经济是我国现代产业体系的基础,是人民生存与发展的命脉,是中国式现代化的关键支撑,是构筑国际竞争力的重要抓手。在迈上全面建设社会主义现代化国家新征程、向第二个百年奋斗目标进军的关键时刻,习近平总书记再次强调,要把发展经济的着力点放在实体经济上,体现了我们党保持稳中求进的坚定信心和应对复杂形势的战略定力。不断做实、做强、做优实体经济,对全面建设社会主义现代化国家具有战略意义。

实体经济是金融的根基,金融是实体经济的血脉。金融租赁公司作为重要的持牌金融机构,应当始终牢记金融工作的政治性、人民性,立足"两个大局",心怀"国之大者",坚决落实党中央决策部署,紧紧围绕党的二十大确定的工作重心发力,从战略高度和全局角度,立足新发展阶段、贯彻新发展理念、构建新发展格局,按照"扬长、补短、固本、强基"的要求,深耕主责主业,不断提升服务实体经济的质效和价值创造力,充分发挥金融服务国家战略的作用。

资料来源:于秀东. 中信金租于秀东:加快回归租赁本源 助力实体经济高质量发展[EB/OL]. (2022-11-21)[2022-11-30]. https://www.163.com/dy/article/HMN5VAS40519C99L.html.

## 第一节 租赁公司业务的核算

### 一、租赁的概念及特征

租赁是一种以一定费用借贷实物的经济行为,出租人将自己所拥有的某种物品交与承租人使用,承租人由此获得在一段时期内使用该物品的权利,但物品的所有权仍保留在出租人手中。承租人为其所获得的使用权需向出租人支付一定的费用(租金)。

租赁的主要特征包括以下四方面:

(1) 租赁一般采用融通设备使用权的租赁方式，以达到融通资产的目的。对出租人来说，它是一种金融投资的新手段，对承租人来说，它是一种筹措设备的新方式。

(2) 租赁设备的使用限于工商业、公共事业和其他事业，排除个人消费用途。

(3) 租金是融通资金的代价，具有贷款本息的性质。

(4) 租期内，设备的所有权归出租人，使用权归承租人。

11-1 视频：租赁

延伸阅读 11-1

**普通租赁的起源和历史**

中国的租赁历史悠久，起源可追溯到原始社会。当时产品的剩余产生了产品的交换，而在很多场合下人们需要频繁交换闲置物品，用后再归还，而不必让渡该物品与对方。这种仅仅涉及物品使用权的交换，是最原始形态的租赁。在中国历史上，文献记载的租赁可追溯到西周时期。《卫鼎(甲)铭》记载，邦君厉把周王赐给他的五田，出租了四田。据历史学家们考证，涉及租赁叛乱的诉讼，在西周中期以后已经很常见了。

后来，以“融物”代替“融资”使租赁开始兴起。租赁是指按照达成的契约协定，出租人把拥有的特定财产(包括动产和不动产)在特定时期内的使用权转让给承租人，承租人按照协定支付租金的交易行为。

租赁的产生与发展源远流长。最初的租赁物主要是土地、建筑物等不动产。1952 年，世界上第一家专业租赁公司——美国租赁公司正式成立。其后租赁范围逐步扩展到以企业生产、加工、包装、运输、管理所需的机器设备等动产领域。租赁业已经成为一个充满生机和活力的产业。据美国租赁协会统计，1989 年该国租赁契约金额为 1 224 亿美元，占当年全部资本投资的 33%，可见租赁业在资本投资中所占的重要地位。

现代租赁就是在企业需要机器设备时，由租赁公司直接购入该项设备之后再转租给企业，以“融物”代替“融资”，为企业开辟了一条获取机器设备的新途径。

资料来源：沙泉. 中国租赁业概况[EB/OL]. (2007-01-16)[2017-10-30]. http://www.chinaleasing.org/zlbl/china.htm.

## 二、租赁公司的业务种类

### 1. 按照租赁的性质分为融资租赁和经营租赁

1) 融资租赁

11-2 视频：租赁公司

融资租赁又称设备租赁或现代租赁，是指实质上转移与资产所有权有关的全部或绝大部分风险和报酬的租赁。资产的所有权最终可以转移，也可以不转移。

融资租赁的主要特征是：租赁物件的所有权只是出租人为了控制承租人偿还租金的风险而采取的一种形式所有权，在合同结束时最终有可能转移给承租人，因此租赁物件的购买由承租人选择，维修保养也由承租人负责，出租人只提供金融服务。

融资租赁的特征一般归纳为五个方面：

(1) 租赁标的物由承租人决定，出租人出资购买并租赁给承租人使用，并且在租赁期间内只能租给一个企业使用。

(2) 承租人负责检查验收制造商所提供的设备，对该设备的质量与技术条件出租人不向承租人作出担保。

(3) 出租人保留设备的所有权，承租人在租赁期间支付租金而享有使用权，并负责租赁期间设备的管理、维修和保养。

(4) 租赁合同一经签订，在租赁期间任何一方均无权单方面撤销合同。只有设备毁坏或被证明为已丧失使用价值的情况下方能中止执行合同，无故毁约则要支付相当重的罚金。

（5）租期结束后，承租人一般对设备有留购、续租和退租三种选择，若要留购，购买价格可由租赁双方协商确定。

延伸阅读 11-2

**融资租赁业务分类**

根据融资租赁业务重点不同，还可以有如下分类：

（1）直接融资租赁。由承租人指定设备及生产厂家，委托出租人融通资金购买并提供设备，由承租人使用并支付租金，租赁期满由出租人向承租人转移设备所有权。它以出租人保留租赁物所有权和收取租金为条件，使承租人在租赁期内对租赁物取得占有、使用和收益的权利。这是一种最典型的融资租赁方式。

（2）经营性租赁。由出租人承担与租赁物相关的风险与收益。使用这种方式的企业不以最终拥有租赁物为目的，在其财务报表中不反映为固定资产。企业为了规避设备风险或者需要表外融资，或需要利用一些税收优惠政策，可以选择经营租赁方式。

（3）出售回租。出售回租，有时又称售后回租、回租租赁等，是指物件的所有权人首先与租赁公司签订买卖合同，将物件卖给租赁公司，取得现金。然后，物件的原所有权人作为承租人，与该租赁公司签订回租合同，将该物件租回。承租人按回租合同还完全部租金，并付清物件的残值以后，重新取得物件的所有权。

（4）转租赁。以同一物件为标的物的多次融资租赁业务。在转租赁业务中，上一租赁合同的承租人同时又是下一租赁合同的出租人，称为转租人。转租人向其他出租人租入租赁物件再转租给第三人，转租人以收取租金差为目的。租赁物品的所有权归第一出租人。

（5）委托租赁。出租人接受委托人的资金或租赁标的物，根据委托人的书面委托，向委托人指定的承租人办理融资租赁业务。在租赁期内租赁标的物的所有权归委托人，出租人只收取手续费，不承担风险。

（6）分成租赁。一种结合投资的某些特点的创新性租赁形式。租赁公司与承租人之间在确定租金水平时，是以租赁设备的生产量与租赁设备相关收益来确定租金，而不是以固定或者浮动的利率来确定租金，设备生产量大或与租赁设备相关的收益高，租金就高，反之则少。

资料来源：申艳玲．国际贸易理论与实务[M]．北京：清华大学出版社，2008.

2）经营租赁

经营租赁又称为业务租赁，是为了满足经营使用上的临时或季节性需要而发生的资产租赁。经营租赁是一种短期租赁形式，它是指出租人不仅要向承租人提供设备的使用权，还要向承租人提供设备的保养、保险、维修和其他专门性技术服务的一种租赁形式。

经营租赁的特点一般包括三个方面：

（1）经营租赁可撤销。合同期间，承租人可中止合同，退回设备，以租赁更先进的设备。

（2）经营租赁存在不足支付的现象。基本租期内，出租人只能从出租中收回设备的部分垫支资本，需通过该项设备以后多次出租给多个承租人使用，方能补足未收回的那部分设备投资外加其应获得利润。

（3）租赁机构不仅提供融资便利，还提供维修管理等项专门服务，对出租设备的适用性、技术性能负责，并承担过时风险，负责购买保险。

**2. 按照租赁形式分为直接租赁、转租赁、回租租赁和杠杆租赁**

（1）直接租赁是指出租人用自有资金或在资金市场上筹措到的资金购进设备，直接出租给承租人的租赁，即“购进租出”。

习惯上也把直接融资租赁简称为直接租赁。具体而言，直接融资租赁是指租赁公司用自有资金、银行贷款或招股等方式，在国际或国内金融市场上筹集资金，向设备制造厂家购进用户所需设备,然后再租给承租企业使用的一种主要融资租赁方式。这种直接租赁方式,是由租赁当事人直接见面,对三方要求和条件都很具体、很清楚。直接租赁方式没有时间间隔,出租人没有设备库存,资金流动加快,有较高的投资效益。

它是由出租人使用在资金市场上筹措的资金,向制造厂商支付货款,购进设备后直接出租给用户(承租人)。这种租赁的租约一般包括两个合同:出租人与承租人签订一项租赁合同;出租人按照承租人的订货要求,与厂商签订一项买卖合同。

直接融资租赁的条件除必须具备融资租赁的特点,直接融资租赁还必须满足以下两个附加条件:出租人向承租人收取的租金(最低租赁得款额)确有保证且可合理的预计;不存在影响出租人成本补偿的重大不确定因素。此项不确定因素包括出租人向承租人承诺为租赁资产提供广泛的服务,或排除租赁资产过时或陈旧的保证等。租赁开始日,这种租赁所涉及的租赁资产账面价值,等于其公允价值。

(2) 转租赁是指承租人在租赁期内将租入资产出租给第三方的行为。原出租人的会计处理:若原承租人将租赁资产转给第三方,原出租人和原承租人之间的租约仍属有效,转租对原出租人的会计毫无影响,其原有会计处理不变。新承租人的会计处理:新承租人和原出租人及原租约无任何直接联系,应根据和原承租人(即新出租人)所订租约规定的条件,作出相应的会计处理。

(3) 回租租赁是指设备的所有者先将设备按市场价格卖给出租人,然后又以租赁的方式租回原来设备的一种方式。

回租租赁的优点在于:一是承租人既拥有原来设备的使用权,又能获得一笔资金;二是所有权不归承租人,租赁期满后根据需要决定续租还是停租,从而提高承租人对市场的应变能力;三是回租租赁后,使用权没有改变,承租人的设备操作人员、维修人员和技术管理人员对设备很熟悉,可以节省时间和培训费用。

设备所有者可将出售设备的资金大部分用于其他投资,把资金用活,而少部分用于缴纳租金。回租租赁业务主要用于已使用过的设备。

(4) 杠杆租赁是融资租赁的一种特殊方式,又称平衡租赁或减租租赁,即由贸易方政府向设备出租者提供减税及信贷刺激,而使租赁公司以较优惠条件进行设备出租的一种方式。它是目前较为广泛采用的一种国际租赁方式,是一种利用财务杠杆原理组成的租赁形式。

杠杆租赁又称为第三者权益租赁、融资租赁,其乃是介于承租人、出租人及贷款人间的三边协定;是由出租人(租赁公司或商业银行)本身拿出部分资金,然后加上贷款人提供的资金,以便购买承租人所欲使用的资产,并交由承租人使用;而承租人使用租赁资产后,应定期支付租赁费用。通常出租人仅提供其中20%～40%的资金,贷款人则提供60%～80%的资金。

**3. 按照是否享有税收优惠分为节税租赁和非节税租赁**

(1) 节税租赁在美国被称为真实租赁,即出租人有资格获得加速折旧、投资优惠等税收优惠,并以降低租金的方式向承租人转让部分税收优惠,承租人支付的租金可当作费用从应纳税利润中扣除。这种节税好处是承租人以租赁方式筹措设备比以贷款购买方式的成本低。

(2) 非节税租赁又被称为销售式租赁,如厂商以促销为目的,承租方最终拥有租赁设备所有权的租赁方式,这种形式上类似于分期付款。

这类销售式租赁在考虑租赁以税收为基础的国家的税法上通常被当作分期付款交易来对待。一些国家(如我国、日本)的租赁业务不是以税收为基础的,即租赁双方不能从税务方面获得特别的好处，只是将租赁作为一种融资的手段而已，因此，这些国家的租赁交易往往都是销售式租赁，即租赁期满，承租人以名义货价留购租赁物并取得所有权。

## 三、租赁公司主要业务的核算

**1. 融资租赁业务的会计核算**

1）出租人的核算

（1）主要会计科目的设置。

①“融资租赁资产”科目。该科目为资产类性质科目，核算租赁公司为开展融资租赁业务取得资产的成本。可按承租人、租赁资产类别和项目进行明细核算。当租赁公司购入和以其他方式取得融资租赁资产时，借记本科目在租赁开始日，按融资租赁资产的公允价值（最低租赁收款额与未担保余值的现值之和），贷记本科目。本科目期末借方余额，反映租赁公司融资租赁资产的成本。

②“长期应收款”科目。该科目为资产类性质科目，核算租赁公司采用融资租赁方式租出资产产生的应收款项等，可按债务人进行明细核算。出租人融资租赁产生的应收租赁款，在租赁期开始日，应按租赁开始日最低租赁收款额与初始直接费用之和，借记本科目以后各期收到租金时，贷记本科目。本科目的期末借方余额，反映租赁公司尚未收回的长期应收款。

③“未担保余值”科目。该科目为资产类性质科目，核算租赁公司采用融资租赁方式租出资产的未担保余值。可按承租人、租赁资产类别和项目进行明细核算。未担保余值发生减值的，可单独设置“未担保余值减值准备”科目。出租人在租赁期开始日，在确认应收租赁款的同时，按未余值，借记本科目。租赁期限届满，承租人行使了优惠购买选择权，且租赁资产存在未担保余值的，按未担保余值借记租赁收入，贷记本科目。承租人未行使优惠购买选择权的，出租人收到承租人交还租赁资产，存在未担保余值的，借记融资租赁资产，贷记本科目。

资产负债表日，确定未担保余额发生减值的，按应减记的金额，借记“资产减值损失”科目，贷记“未担保余值减值准备”科目。未担保余值价值以后又得以恢复的，应在原已计提的未担保余值减值准备金额内，按恢复增加的金额，借记“未担保余值减值准备”科目，贷记“资产减值损失”科目。本科目借方余额，反映租赁公司融资租出资产的未担保余值。

④“未实现融资收益”科目。该科目为资产类性质科目，核算租赁公司分期计入租赁收入的未实现融资收益。可按未实现融资收益项目进行明细核算。

出租人在租赁期开始日，应按租赁开始日最低租赁收款额与初始直接费用之和，借记“长期租应收款”科目。按未担保余值，借记“未担保余值”科目，按融资租赁资产的公允价值（最低租赁收款额的现值和未担保余值的现值之和），贷记“融资租赁资产”科目，按融资租赁资产的公允价值和账面价值的差额，借记“营业外支出”科目或贷记“营业外收入”科目，发生的费用，贷记“银行存款”等科目，按其差额，贷记本科目。

按实际利率法计算确定的融资收入，借记本科目，贷记“租赁收入”科目。

本科目期末贷方余额，反映租赁公司尚未转入当期收益的未实现融资收益。

⑤“租赁收入”科目。该科目为损益类性质科目，核算租赁公司确认的租赁收入。可按租赁资产类别进行明细核算。租赁公司确认的租赁收入，借记“未实现融资收益”等科目，贷记本科目；取得或有租金，借记“银行存款”等科目，贷记本科目。期末，应将本科目余额转入“本年利润”科目，结转后本科目无余额。

(2) 出租人的基本账务处理。

① 租赁开始日，出租人将租赁资产租给承租人时，会计分录如下：

借：长期应收款　　　　　　　　　　（租赁开始日最低租赁收款额与初始直接费用之和）
　　未担保余值
　　贷：融资租赁资产　　　　　　　　（最低租赁收款额的现值和未担保余值的现值之和）
　　　　银行存款等　　　　　　　　　　　　　　　　　　　　　　（初始直接费用）
　　　　营业外收入（或借：营业外支出）
　　　　未实现融资收益

② 每期收到租金时，会计分录如下：

借：银行存款
　　贷：长期应收款

③ 确认租赁收入时，会计分录如下：

借：未实现融资收益
　　贷：租赁收入

**2. 承租人的核算**

1) 主要会计科目的设置

(1) “长期应付款——应付融资租赁款”科目。该科目为负债类性质科目，核算企业除长期借款和应付债券的其他各种长期应付款项，包括应付融资租入固定资产的租赁费，以分期付款方式购入固定资产等发生的应付款项等。可按长期应付款的种类和债权人进行明细核算。企业融资租人的固定资产，在租赁期开始日，按最低租赁付款额，贷记本科目按期支付租金，借记本科目，贷记“银行存款”等科目。

(2) “固定资产——融资租入固定资产”科目。该科目为资产类性质科目，核算企业以融资性租赁方式租入的固定资产，对于融资租入固定资产的原始价值的确定、安装费用和维修费用，都比照自有资产处理。在租赁开始日，承租人按应计入固定资产成本的金额（租赁开始日租赁资产公允价值与最低租赁付款额现值两者中较低者，加上初始直接费用），借记“在建工程”科目或本科目。租赁期届满，企业取得该项固定资产的所有权，应将该项固定资产从“融资租入固定资产”明细科目转入有关明细科目。

(3) “累计折旧——融资租入固定资产折旧”科目。该科目为资产类性质科目，核算企业对融资租入的固定资产所提的折旧。计提时，借记有关成本费用科目，如制造费用等，贷记“累计折旧——融资租入固定资产折旧”科目，若期满时承租人支付买价，则结转租入资产折旧，借记本科目，贷记“累计折旧”科目。

(4) “未确认融资费用”科目。该科目为负债类性质科目，核算企业应当分期计入利息费用的未确认融资费用。可按摊余价值和长期应付款项目进行明细核算。

企业融资租入的固定资产，在租赁期开始日，按应计入固定资产成本的金额，借记“在建工程”或“固定资产——融资租入固定资产”科目，按最低租赁付款额，贷记“长期应付款”科目，按发生的初始直接费用，贷记“银行存款”等科目，按其差额，借记本科目。采用实际利率法分期摊销未确认融资费用，借记“财务费用”“在建工程”等科目，贷记本科目。本科目期末借方余额，反映企业本确认融资费用的摊余价值。

2) 承租人的基本账务处理

(1) 承租人租入设备时,会计分录如下:

借:固定资产——融资租入固定资产(或在建工程)(租赁开始日租赁资产公允价值与最低租赁付款额现值两者中较低者,加上初始直接费用)

　　未确认融资费用

　　贷:长期应付款——应付融资租赁款

　　　　银行存款等　　　　　　(初始直接费用)

(2) 承租人每期支付租金时,会计分录如下:

借:长期应付款——应付融资租赁款

　　贷:银行存款　　　　　　(最低租赁付款额)

(3) 确认利息费用时,会计分录如下:

借:财务费用

　　贷:未确认融资费用

(4) 计提折旧时,会计分录如下:

借:制造费用(或其他费用类科目)

　　贷:累计折旧——融资租入固定资产折旧

(5) 租赁期满取得资产所有权时,会计分录如下:

借:固定资产

　　贷:固定资产——融资租入固定资产

【例 11-1】　某生产型企业采用融资租赁方式租入生产设备一台,按照租赁合同的规定双方确定的租赁资产公允价值为 10 000 000 元。为了方便计算,假定租赁期限为 3 年,租赁利率为 10%,租金总额为 11 698 455.24 元,自起租日起每隔 3 个月于季末支付租金 974 871.27元。期满所有权转移,购买价为 100 元。该企业在采用融资租赁方式租入生产设备时,支付手续费、公证费、印花税等各项费用为 500 000 元(其他费用暂不探讨)。

(1) 计算租赁开始日最低租赁付款额的现值,确定租赁资产入账价值:

最低租赁付款额＝各期租金之和＋行使优惠购买选择权支付的金额
＝974 871.27×12＋100
＝11 693 555.24(元)

最低租赁付款额现值＝974 871.27×$PA$(12, 2.5%)＋100×$PV$(12, 2.5%)
＝974 871.27×10.257 8＋100×0.743 6
＝10 000 108.87(元)＞10 000 000(元)

根据准则的孰低原则,租赁资产的入账价值应为资产公允价值 10 000 000 元。

(2) 计算未确认融资费用:

未确认融资费用＝最低租赁付款额－租赁开始日租赁资产的入账价值
＝11 698 555.24－10 000 000
＝1 698 555.24(元)

(3) 计算租赁资产最终的入账价值:

租赁资产最终的入账价值＝资产公允价值＋初始直接费用
＝10 000 000＋500 000
＝10 500 000(元)

(4) 未确认融资费用在租赁期内各个期间的分摊：

最低租赁付款额现值 ＝ 10 000 108.87(元) ≈ 10 000 000(元)

所以[例 11-1]中内涵利率＝合同利率＝10％

未确认融资费用分摊表如表 11-1 所示。

表 11-1 未确认融资费用分摊表

| 租金期次 | 租金金额 A | 其中:利息 B=D×2.5％ | 其中:本金 C=A−B | 剩余本金 D |
|---|---|---|---|---|
| | | | | 10 000 000 |
| 1 | 974 871.27 | 250 000 | 724 871.27 | 9 275 128.73 |
| 2 | 974 871.27 | 231 878.22 | 742 993.05 | 8 532 135.68 |
| 3 | 974 871.27 | 213 303.39 | 761 567.88 | 7 770 567.80 |
| 4 | 974 871.27 | 194 264.20 | 780 607.07 | 6 989 960.73 |
| 5 | 974 871.27 | 174 749.02 | 800 122.25 | 6 189 838.48 |
| 6 | 974 871.27 | 154 745.96 | 820 125.31 | 5 369 713.17 |
| 7 | 974 871.27 | 134 242.83 | 840 628.44 | 4 529 084.73 |
| 8 | 974 871.27 | 113 227.12 | 861 644.15 | 3 667 440.58 |
| 9 | 974 871.27 | 91 686.01 | 883 185.26 | 2 784 255.32 |
| 10 | 974 871.27 | 69 606.38 | 905 264.89 | 1 878 990.43 |
| 11 | 974 871.27 | 46 974.76 | 927 896.51 | 951 093.92 |
| 12 | 974 871.27 | 23 777.35 | 951 093.92 | 0 |
| 合计 | 11 698 455.24 | 1 698 455.24 | 10 000 000 | |

会计分录如下：

(1) 租赁期开始日：

借：固定资产——融资租入固定资产　　10 500 000
　　未确认融资费用　　1 698 555.24
　贷：长期应付款——应付融资租赁款　　11 698 555.24
　　　银行存款　　500 000

(2) 付第一期租金时：

借：长期应付款——应付融资租赁款　　974 871.27
　贷：银行存款　　974 871.27

借：财务费用　　250 000
　贷：未确认融资费用　　250 000

(3) 假定该设备预计使用年限为 10 年，在不考虑净残值的情况，采用直线法计提折旧，每年计提的固定资产折旧为 1 050 000 元。

借：制造费用或其他　　1 050 000
　　贷：累计折旧　　1 050 000

（4）租赁期末，以优惠购买该机器的所有权，同时将“融资租入固定资产”转为“自有固定资产”明细科目。

借：长期应付款——应付融资租赁款　　100
　　贷：银行存款　　100

借：固定资产——××设备　　10 500 000
　　贷：固定资产——融资租入固定资产　　10 500 000

**2. 经营租赁业务的会计核算**

1）出租人的会计处理

出租人应当按资产的性质，将用作经营租赁的资产包括在资产负债表中的相关项目内。例如，若是固定资产则用“固定资产”科目进行核算。

对于经营租赁的租金，出租人应当在租赁期内各个期间按照直线法确认为当期损益，其他方法更为合理的，也可以采用其他方法。当确认租金收入时，借记“应收账款”科目，贷记“租赁收入”科目，实际收到租金时，借记“银行存款”科目，贷记“应收账款”科目。

出租人发生的初始直接费用，应当计入当期损益，发生时借记“业务及管理费用”科目，贷记“银行存款”科目。

对于经营租赁资产中的固定资产，出租人应当采用类似资产的折旧政策计提折旧，计提时借记“业务及管理费用”科目，贷记“累计折旧”科目对于其他经营租赁资产，应当采用系统合理的方法进行摊销。若有或有租金应当在实际发生时计入当期损益。

2）承租人的会计处理

在经营租赁中，由于与租赁资产所有权有关的风险和报酬并未发生转移，而是由出租人承担，所以，承租人的会计处理比较简单。

承租人对于经营租赁的租金应当在租赁期内各个期间按照直线法计入相关资产成本或当期损益，借记“制造费用”或“管理费用”等科目，贷记“银行存款”等科目。

承租人发生的初始直接费用、或有租金等，应当在实际发生时计入当期损益。

**【例 11-2】** 假设出租人 2×22 年 2 月购入一批经营用租赁资产，单位价值 25 万元，总值 500 万元。该批资产的使用年限为 10 年，出租人采用直线法折旧，年折旧率为 10%。3 月 5 日租出其中 5 台设备，租期 10 天，月租金 3 000 元。根据以上资料，出租人的会计分录为：

购入经营用租赁资产时：

借：经营租赁资产——未出租资产　　5 000 000
　　贷：银行存款　　5 000 000

3 月 5 日出租 5 台设备时：

借：经营租赁资产——已出租资产　　1 250 000
　　贷：经营租赁资产——未出租资产　　1 250 000

3 月份计提折旧 12.5 万元：

借：销售费用　　125 000
　　贷：经营租赁资产折旧　　125 000

收到租金 3 000 元：

借：银行存款　　3 000
　　贷：租赁收益　　3 000

到期收回出租资产：

借：经营租赁资产——未出租资产　　1 250 000
　　贷：经营租赁资产——已出租资产　　1 250 000

延伸阅读 11-3

**融资租赁租赁物品的处理**

《中华人民共和国合同法》第二百三十七条规定，融资租赁合同是出租人根据承租人对出卖人和租赁物的选择，向出卖人购买租赁物，提供给承租人使用，承租人支付租金的合同。

融资租赁通常的做法是出租人出资购买承租人选定的技术设备或其他物资，作为租赁物出租给承租人，承租人按合同约定取得租赁物的长期使用权，在承租期间，按合同约定的期限支付租金，租赁期满按合同约定的方式处置租赁物。融资租赁合同对租赁物的处理有下列三种形式：

(1) 退租法。租赁合同期满，承租人按租赁合同约定的要求将租赁物退还给出租人，由出租人自行处理出租物，由于租赁物在出租期满内一般均已达到使用期限，出租人收回后难以再租或转让，所以，对租赁物期限届满后的处理，一般不采用这种方法。

(2) 续租法。在租赁合同期间届满前的合理时间内，承租人应通知出租人，就租赁物的继续租用进行协商，确定续租期限、租金等内容，在融资租赁合同期间届满时签订续租合同。

(3) 留购法。承租人支付名义货价后获得出租物的所有权，承租人获得租赁物的所有权，进行固定资产投资，这种方法对出租人和承租人均有利，所以，融资租赁合同期间届满后，对租赁物的处理一般多采用这种方法。

资料来源：佚名. 融资租赁的三种处理形式[EB/OL]. (2018-07-23)[2022-11-23]. https://www.maxlaw.cn/l/20180723/920509510411.shtml.

# 第二节　信托投资公司业务的核算

## 一、信托的概念及信托业务的种类

### 1. 信托的概念

信托是指委托人基于对受托人的信任，将其财产委托给受托人，由受托人按委托人的意愿以自己的名义，为收益人的利益或者特定目的进行管理或者处分的行为。

信托是社会经济发展到一定阶段的产物，是随着商品货币关系的发展而发展的。它是以资产为核心，以信任为基础，以委托为方式的财产管理制度。

信托有广义和狭义之分，广义信托包括商品信托和金融信托，狭义信托就是指金融信托。金融信托是一种具有融资和融物以及融资与财产管理相结合的金融性质的信托业务，是金融业的一个重要组成部分，标的物主要是委托人的资金或财产等。

信托有“信用”与“委托”的双重含义。它是以信用接受委托，按照委托人的意愿以自己的名义，为受益人的利益或者特定目的，对委托人的资产进行管理或者处分的行为。信托是多边信用关系，信托行为的确立必须具备委托人、受托人和受益人三方当事人。其中：委托人是信托资产的所有者，是信托要求的提出者；受托人是有经营能力的信托机构，代为经营管理信托资产；受益人是与信托资产有关的经济利益的受益者，其可以是委托人自身，也可以是委托人指定的第三者或不确定的多数人，或者同时为委托人和第三者，其是信托行为的终点。

11-3 视频：信托

**2. 信托业务的种类**

(1) 按性质不同，可以分为信托业务和代理业务。

(2) 按信托受益对象不同，可以分为私益信托和公益信托。

(3) 按信托服务对象不同，可以分为个人信托和法人信托。

(4) 按信托财产种类不同划分，可以分为资金信托、实物信托、债权信托和经济事务信托。

11-4 视频：信托业务

(5) 按信托是否跨国划分，可以分为国内信托和国际信托。

## 二、办理信托注意事项

由于近年经济市场环境的变化，信托产品越来越受到个人投资者的追捧，因而信托产品的种类也越来越繁多。办理信托业务需要注意：

首先，应考察信托项目的风险控制措施。风险控制主要包括担保措施和结构化设计。投资者要查看担保措施是否完备，万一项目出现问题，原先预设的担保措施是否能及时有效地补偿信托本息。现在很多信托产品会采取双重甚至三重担保措施，以提高信托产品的信用等级。而结构化设计要关注优先级与劣后级之间的比例，看劣后级本息能否很好地覆盖优先级本息。

其次，投资者应根据自己的风险承受能力选择相应风险的信托理财产品。一般而言，投资于房地产、证券市场的信托项目风险略高，但其收益也相对较高；而投资于基础设施的信托项目比较稳定，现金流量明确，安全性好但收益相对较低。因此，有条件的投资者，最好购买低风险、收益适中的信托产品。

再次，投资者应考察信托产品的盈利前景。目前市场上推出的信托产品大多为集合资金信托计划，即事先确定信托资金的具体投向。因此，投资者在购买信托理财产品时要关注信托项目的好坏，如信托项目所处的行业、运作过程中现金流是否稳定可靠、项目投产后是否有广阔的市场前景等。这些都隐含着信托项目的成功率，关系着投资者的本金及收益是否能够到期按时获取。

最后，投资者应了解信托投资公司的资信情况。其中包括信托投资公司的资产状况、组织结构、诚信度、内部管理水平和历史业绩等。投资者应选择信誉好、选择资金实力强、诚信度高、资产状况良好、人员素质高和历史业绩好的信托公司。

## 三、信托投资公司主要业务的核算

**1. 信托存款的核算**

信托存款是在特定的资金来源范围内，由金融机构办理的存款。吸收信托存款的资金来源一般是指那些游离于生产和流通环节之外的非经营性资金，而且委托人对其有自主支配权，并非生产和流通领域的暂时闲置资金和预算内资金。例如，财政部门可以有偿使用的预算外资金，各企业主管部门可自主支配和有偿使用的资金，劳动保险机构的劳保基金，科研单位的科研基金，各种学会、基金会的基金等。信托存款一般为定期 1 年以上的定期存款。

1）会计科目设置

(1)“代理业务负债——信托存款”科目。本科目属负债类科目，核算企业不承担风险的代理业务收到的款项，包括受托投资资金和受托贷款资金等。

(2)“应付利息”科目。本科目属负债类科目，贷方反映应计提的存款利息，借方反映实际支付的存款利息，期末贷方余额反映应付未付利息，本科目应按存款客户设置明细科目。

(3)“利息支出——信托存款利息支出”科目。本科目属损益类科目，借方反映预提的应付利息或实际支付的各项利息，会计期末应将本科目借方发生额从贷方转入“本年利润”科目借方，期末无余额，本科目应按存款客户设置明细科目。

2）信托存款的账务处理方式

(1) 开户。信托公司接受客户委托，为客户开立信托存款账户时，其会计分录为：

借：银行存款（或存放中央银行款项或吸收存款）
　　贷：代理业务负债——××单位信托存款户

(2) 计息。信托存款是定期存款，原则上在期满后利随本清，但在存款期内根据权责发生制原则定期计算应付利息。其会计分录为：

借：营业费用——××信托存款利息支出户
　　贷：应付利息——××单位户

(3) 到期支取。存款单位在信托存款期满后，凭信托存款单向信托机构提取存款，并结清利息。如果存款单位因各种客观原因，与信托机构协商后，可提前支取，但利率按银行同期活期存款利率计算。其会计分录为：

借：代理业务负债——××单位信托存款户
　　应付利息——××单位户
　　营业费用——××信托存款利息支出户
　　贷：银行存款

**2. 信托贷款的核算**

信托贷款是指信托机构运用自有资金、信托存款或筹集的其他资金，对自行审定的企业和项目，自主发放贷款的业务。

1）会计科目设置

信托贷款的会计科目最主要的是“贷款——信托贷款”科目。本科目属资产类科目，本科目核算信托项目管理运用、处分信托财产而持有的各项贷款。借方登记信托机构发放的信托贷款本金，贷方登记收回的信托贷款本金，期末借方余额表示发放的信托贷款的余额，具体分为期限不超过 1 年的短期信托贷款和 1 年期以上的长期信托存款，本科目应按贷款单位进行明细核算。信托贷款的会计科目还包括“应收利息”科目和“利息收入”科目。

2）信托贷款的账务处理

（1）开户。经信托投资公司审核，发放贷款时，会计分录为：

借：贷款——××单位信托贷款户
　　贷：银行存款

（2）计息。按季向借款单位收取信托贷款利息时，会计分录为：

借：银行存款（或应收利息）
　　贷：利息收入

（3）收回。信托贷款到期，收回本金时，会计分录为：

借：银行存款
　　贷：贷款——××单位信托贷款户

延伸阅读 11-4

**如何选择信托产品**

由于市场环境的变化，信托产品越来越受到个人投资者的追捧，信托产品的种类也越来越繁多。面对着市场上眼花缭乱的信托产品，如何选择适合的信托产品就成为许多人探讨的话题。其实选择信托产品并不难，只要注意以下几点，就可以找对适合自己的信托产品。

首先，要选择优质的信托公司。它们会更注重产品的安全性，相当于是帮你对产品进行了一次严格的筛选。

其次，要选择好的信托资金投向。从资金投向上看，主要投向有房地产领域、金融领域、工商企业、工矿企业、基础设施、能源、交通、电力以及其他领域。从投资形式上看，有债券、股权、权益、贷款、组合或其他投资方式。

再次，要选择可靠的担保方式。好的信托产品都有可靠的担保方式，如土地、房产抵押、上市公司股权质押、上市公司担保还款等。特别是土地、房产的担保方式，购买时要主要看它是几成质押率，这个尤为重要。

最后，要根据资金情况进行自主选择。现在信托产品的收益起点越来越高，100 万元的产品也很难买到，也有少数的小额信托产品，更是供不应求，但因为金额小，可能投入的时候看不到具体的资金投向，但只要选择了优质的信托公司，购买小的信托产品也是非常安全稳妥的。如果你有 300 万元以上，那么投资产品的选择就比较多了。

资料来源：佚名.四招教你如何选择信托产品[EB/OL].(2013-11-26)[2017-11-23]. https://www.doc88.com/p-1126844938568.html.

## 第三节　基金管理公司业务的核算

### 一、基金管理公司及证券投资基金

**1. 基金管理公司**

基金管理公司是指依据有关法律、法规设立的对基金的募集、基金份额的申购和赎回、基金财产的投资、收益分配等基金运作活动进行管理的公司。证券投资基金的依法募集由基金管理人承担。基金管理人由依法设立的基金管理公司担任。担任基金管理人应当经国务院证券监督管理机构核准。

根据《中华人民共和国证券投资基金法》的规定,设立基金管理公司,应当具备下列条件:

(1) 有符合《中华人民共和国证券投资基金法》和《公司法》规定的章程。

(2) 注册资本不低于人民币1亿元,且必须为实缴货币资本。

(3) 主要股东应当具有经营金融业务或者管理金融机构的良好业绩、良好的财务状况和社会信誉,资产规模达到国务院规定的标准,最近3年没有违法记录。

(4) 取得基金从业资格的人员达到法定人数。

(5) 董事、监事、高级管理人员具备相应的任职条件。

(6) 有符合要求的营业场所、安全防范设施和基金管理业务有关的其他设施。

(7) 有良好的内部治理结构、完善的内部稽核监控制度、风险控制制度。

(8) 法律、行政法规规定的和经国务院批准的国务院证券监督管理机构规定的其他条件。

**2. 证券投资基金**

证券投资基金(securities investment fund)是指通过发售基金份额募集资金,由基金托管人托管,由基金管理人管理和运作资金,为基金份额持有人的利益,以资产组合方式进行证券投资的一种利益共享、风险共担的集合投资方式。

## 二、证券投资基金的分类

**1. 按基金的组织方式分类**

1) 契约型基金

契约型基金又称为单位信托基金,是指把投资者、管理人、托管人三者作为基金的当事人,通过签订基金契约的形式,发行受益凭证而设立的一种基金。契约型基金起源于英国,后在中国香港、新加坡、印度尼西亚等国家和地区十分流行。

契约型基金是基于契约原理而组织起来的代理投资行为,没有基金章程,也没有董事会,而是通过基金契约来规范三方当事人的行为。基金管理人负责基金的管理操作。基金托管人作为基金资产的名义持有人,负责基金资产的保管和处置,对基金管理人的运作实行监督。

2) 公司型基金

公司型基金是按照《公司法》以公司形态组成的,该基金公司以发行股份的方式募集资金,一般投资者则为认购基金而购买该公司的股份,也就成为该公司的股东,凭其持有的股份依法享有投资收益。这种基金要设立董事会,重大事项由董事会讨论决定。

公司型基金的特点是:基金公司的设立程序类似于一般股份公司,基金公司本身依法注册为法人,但不同于一般股份公司的是,它是委托专业的财务顾问或管理公司来经营与管理;基金公司的组织结构也与一般股份公司类似,设有董事会和持有人大会,基金资产由公司所有,投资者则是这家公司的股东,承担风险并通过股东大会行使权利。

3) 契约型基金与公司型基金的区别

(1) 法律依据不同。契约型基金是依照基金契约组建,信托法是其设立的依据,基金本身不具有法律资格。公司型基金是按照公司法组建的,具有法人资格。

(2) 资金的性质不同。契约型基金的资金是通过发行基金份额筹集起来的信托财产;公司型基金的资金是通过发行普通股票筹集的公司法人的资本。

(3) 投资者的地位不同。契约型基金的投资者购买基金份额后成为基金契约的当事人之一，投资者既是基金的委托人，即基于对基金管理人的信任，将自己的资金委托给基金管理人管理和营运，又是基金的受益人，即享有基金的受益权；公司型基金的投资者购买基金的股票后成为该公司的股东。因此，契约型基金的投资者没有管理基金资产的权利，而公司型基金的股东通过股东大会享有管理基金公司的权利。

(4) 基金的营运依据不同。契约型基金依据基金契约营运基金；公司型基金依据基金公司章程营运基金。

由此可见，契约型基金和公司型基金在法律依据、组织形态以及有关当事人扮演角色上是不同的。但对投资者来说，投资于公司型基金和契约型基金并无多大区别，它们的投资方式都是把投资者的资金集中起来，按照基金设立时所规定的投资目标和策略，将基金资产分散投资于众多的金融产品上，获取收益后再分配给投资者。

**2. 按基金运作方式分类**

1) 封闭式基金

封闭式基金又称为固定型投资基金。封闭式基金是指基金的发起人在设立基金时，限定了基金单位的发行总额，筹集到这个总额后，基金即宣告成立，并进行封闭，在一定时期内不再接受新的投资。基金单位的流通采取在证券交易所上市的办法，投资者日后买卖基金单位都必须通过证券经纪商在二级市场上进行竞价交易。

封闭式基金的期限是指基金的存续期，即基金从成立起到终止之间的时间。决定基金期限长短的因素主要有两个：一是基金本身投资期限的长短，如果基金目的是进行中长期投资（如创业基金）的，其存续期就可长一些；反之，如果基金目的是进行短期投资（如货币市场基金），其存续期可短一些。二是宏观经济形势，一般经济稳定增长，基金存续期可长一些，若经济波浪起伏，则应相对地短一些。当然，在现实中，存续期还应考虑基金发起人和众多投资者的要求来确定。基金期限届满即为基金终止，管理人应组织清算小组对基金资金进行清产核资，并将清产核资后的基金净资产按照投资者的出资比例进行公正合理地分配。

2) 开放式基金

开放式基金是指基金管理公司在设立基金时，发行基金单位的总份额不固定，可视投资者的需求追加发行。投资者也可根据市场状况和各自的投资决策，或者要求发行机构按现期净资产值扣除手续费后赎回股份或受益凭证，或者再买入股份或受益凭证，增持基金单位份额。为了应付投资者中途抽回资金，实现变现的要求，开放式基金一般都从所筹资金中拨出一定比例，以现金形式保持这部分资产。这虽然会影响基金的盈利水平，但作为开放式基金来说，这是必需的。

3) 封闭式基金与开放式基金的区别

(1) 期限不同。封闭式基金通常有固定的封闭期，通常在 5 年以上，一般为 10 年或 15 年，经受益人大会通过并经主管机关同意可以适当延长期限。而开放式基金没有固定期限，投资者可随时向基金管理人赎回基金单位。

(2) 发行规模限制不同。封闭式基金在招募说明书中列明其基金规模，在封闭期限内未经法定程序认可不能再增加发行。开放式基金没有发行规模限制，投资者可随时提出认购或赎回申请，基金规模就随之增加或减少。

(3) 基金单位交易方式不同。封闭式基金的基金单位在封闭期限内不能赎回，持有人只能寻求在证券交易场所出售给第三者。开放式基金的投资者则可以在首次发行结束一段时间(多为3个月)后,随时向基金管理人或中介机构提出购买或赎回申请,买卖方式灵活,除极少数开放式基金在交易所作名义上市,通常不上市交易。

(4) 基金单位的交易价格计算标准不同。封闭式基金与开放式基金的基金单位除了首次发行价都是按面值加一定百分比的购买费计算,以后的交易计价方式不同。封闭式基金的买卖价格受市场供求关系的影响,常出现溢价或折价现象,并不必然反映基金的净资产值。开放式基金的交易价格则取决于基金每单位净资产值的大小,其申购价一般是基金单位资产值加一定的购买费,赎回价是基金单位净资产值减去一定的赎回费,不直接受市场供求影响。

(5) 投资策略不同。封闭式基金的基金单位数不变,资本不会减少,因此基金可进行长期投资,基金资产的投资组合能有效在预定计划内进行。开放式基金因基金单位可随时赎回,为应付投资者随时赎回兑现,基金资产不能全部用来投资,更不能把全部资本用来进行长线投资,必须保持基金资产的流动性,在投资组合上需保留一部分现金和高流动性的金融商品。

**3. 按投资目标分类**

(1) 成长型基金。成长型基金是基金中最常见的一种,它追求的是基金资产的长期增值。为了达到这一目标,基金管理人通常将基金资产投资于信誉度较高、有长期成长前景或长期盈余的所谓成长公司的股票。成长型基金又可分为稳健成长型基金和积极成长型基金。

(2) 收入型基金。收入型基金主要投资于可带来现金收入的有价证券,以获取当期的最大收入为目的。收入型基金资产成长的潜力较小,损失本金的风险相对也较低,一般可分为固定收入型基金和股票收入型基金。固定收入型基金的主要投资对象是债券和优先股,因而尽管收益率较高,但长期成长的潜力很小,而且当市场利率波动时,基金净值容易受到影响。股票收入型基金的成长潜力比较大,但易受股市波动的影响。

(3) 平衡型基金。平衡型基金将资产分别投资于两种不同特性的证券上,并在以取得收入为目的的债券及优先股和以资本增值为目的的普通股之间进行平衡。这种基金一般将25%～50%的资产投资于债券及优先股,其余的投资于普通股。平衡型基金的主要目的是从其投资组合的债券中得到适当的利息收益,与此同时又可以获得普通股的升值收益。投资者既可获得当期收入,又可得到资金的长期增值,通常是把资金分散投资于股票和债券。平衡型基金的特点是风险比较低,缺点是成长的潜力不大。

**4. 按投资标的分类**

(1) 债券基金。债券基金以债券为主要投资对象,债券比例须在80%以上。由于债券的年利率固定,因而这类基金的风险较低,适合于稳健型投资者。

通常债券基金收益会受货币市场利率的影响,当市场利率下调时,其收益就会上升;反之,若市场利率上调,则基金收益率下降。除此以外,汇率也会影响基金的收益,管理人在购买非本国货币的债券时,往往还在外汇市场上做套期保值。

(2) 股票基金。股票基金以股票为主要投资对象,股票比例须在60%以上。股票基金的投资目标侧重于追求资本利得和长期资本增值。基金管理人拟定投资组合,将资金投放到一个或几个国家,甚至是全球的股票市场,以达到分散投资、降低风险的目的。

投资者之所以钟爱股票基金,原因在于其有不同的风险类型供选择,而且可以克服股票市场普遍存在的区域性投资限制的弱点。此外,股票基金还具有变现性强、流动性强等优点。由于股票基金聚集了巨额资金,几只甚至一只基金就可以引发股市动荡,各国政府对股票基金的监管都十分严格,不同程度地规定了基金购买某一家上市公司的股票总额不得超过基金资产净值的一定比例，防止基金过度投机和操纵股市。

(3) 货币市场基金。货币市场基金是以货币市场工具为投资对象的一种基金。货币市场基金通常被认为是无风险或低风险的投资。其投资对象一般期限在 1 年内，包括银行短期存款、国库券、公司债券、银行承兑票据及商业票据等。通常，货币基金的收益会随着市场利率的下跌而降低，与债券基金正好相反。

(4) 混合型基金。混合型基金主要从资产配置的角度看，股票、债券和货币的投资比例没有固定的范围。

**5. 按投资理念分类**

(1) 主动型基金。一般主动型基金以寻求取得超越市场的业绩表现为目标。其基金管理者一般认为证券市场是无效的，存在着错误定价的股票。

(2) 被动型基金(指数型基金)。一般被动型基金选取特定的指数成分股作为投资的对象，不主动寻求超越市场的表现，而是试图复制指数的表现。其投资管理者认为，市场是有效的，投资者不可能超越市场。

**6. 按资本来源和流向分类**

(1) 国内基金。它是基金资本来源于国内并投资于国内金融市场的投资基金。一般而言，国内基金在一国基金市场上应占主导地位。

(2) 国际基金。它是基金资本来源于国内但投资于境外金融市场的投资基金。由于各国经济和金融市场发展的不平衡性，因而在不同国家会有不同的投资回报，通过国际基金的跨国投资，可以为本国资本带来更多的投资机会以及在更大范围内分散投资风险，但国际基金的投资成本和费用一般也较高。国际基金有国际股票基金、国际债券基金和全球商品基金等种类。

(3) 离岸基金。它是基金资本从国外筹集并投资于国外金融市场的基金。离岸基金的特点是两头在外。离岸基金的资产注册登记不在母国，为了吸引全球投资者的资金，离岸基金一般都在素有“避税天堂”之称的地方注册，如卢森堡、开曼群岛等，因为这些国家和地区对个人投资的资本利得、利息和股息收入都不收税。

(4) 海外基金。它是基金资本从国外筹集并投资于国内金融市场的基金。利用海外基金通过发行受益凭证，把筹集到的资金交由指定的投资机构集中投资于特定国家的股票和债券，把所得收益作为再投资或作为红利分配给投资者，它所发行的受益凭证则在国际著名的证券市场挂牌上市。海外基金已成为发展中国家利用外资的一种较为理想的形式，一些资本市场没有对外开放或实行严格外汇管制的国家可以利用海外基金。

除了上述几种类型的基金，证券投资基金还可以按募集对象不同分为公募基金和私募基金；按投资货币种类不同分为美元基金、英镑基金、日元基金等；按收费与否分为收费基金和不收费基金；按投资计划可变更性分为固定型基金、半固定型基金、融通型基金；还有专门支持高科技企业、中小企业的风险基金；因交易技巧而著称的对冲基金、套利基金以及投资于其他基金的基金中基金，等等。

**7. 其他特殊类型**

(1) 指数基金(被动型基金)。指数基金是 20 世纪 70 年代以来出现的新的基金品种。为了使投资者能获取与市场平均收益相接近的投资回报，产生了一种功能上近似或等于所编制的某种证券市场价格指数的基金。它的投资组合等同于市场价格指数的权数比例，收益随着当期的价格指数上下波动。当价格指数上升时基金收益增加,反之收益减少。基金因始终保持当期的市场平均收益水平,收益不会太高,也不会太低。指数基金的优势是:第一,费用低廉,指数基金的管理费较低,尤其交易费用较低。第二,风险较小。由于指数基金的投资非常分散,可以完全消除投资组合的非系统风险,而且可以避免由于基金持股集中带来的流动性风险。第三,在以机构投资者为主的市场中,指数基金可获得市场平均收益率,可以为股票投资者提供更好的投资回报。第四,指数基金可以作为避险套利的工具。对于投资者尤其是机构投资者来说,指数基金是他们避险套利的重要工具。指数基金由于其收益率的稳定性和投资的分散性,特别适用于社保基金等数额较大、风险承受能力较低的资金投资。

(2) 交易型开放式指数基金。交易型开放式指数基金(exchange traded funds, ETF)属于开放式基金的一种特殊类型,它综合了封闭式基金和开放式基金的优点,投资者既可以向基金管理公司申购或赎回基金份额,同时,又可以像封闭式基金一样在证券市场上按市场价格买卖 ETF 份额,不过,申购赎回必须以一揽子股票换取基金份额或者以基金份额换回一揽子股票。由于同时存在证券市场交易和申购赎回机制,投资者可以在 ETF 市场价格与基金单位净值之间存在差价时进行套利交易。套利机制的存在,使 ETF 避免了封闭式基金普遍存在的折价问题。

(3) 上市型开放式基金。上市型开放式基金(listed open-ended fund, LOF)发行结束后,投资者既可以在指定网点申购与赎回基金份额,也可以在交易所买卖该基金。不过投资者如果是在指定网点申购的基金份额,想要上网抛出,须办理一定的转托管手续;同样,如果是在交易所网上买进的基金份额,想要在指定网点赎回,也要办理一定的转托管手续。根据深圳证券交易所已经开通的基金场内申购赎回业务,在场内认购的 LOF 不需办理转托管手续,可直接抛出。

(4) QDII 基金。合格的境内机构投资者(qualified domestic institutional investors, QDII)制度由中国香港政府部门最早提出,与 CDR(预托证券)、合格的境外机构投资者认定制度(qualified foreign institutional investors, QFII)一样,将是在外汇管制下中国内地资本市场对外开放的权宜之计,以容许在资本项目未完全开放的情况下,境内投资者往海外资本市场进行投资。

(5) 黄金基金。黄金基金是指以黄金或者其他贵金属及其相关产业的证券为主要投资对象的基金。其收益率一般随贵金属的价格波动而变化。

(6) 衍生证券基金。衍生证券基金是指以衍生证券为投资对象的证券投资基金,主要包括期货基金,期权基金和认购权证基金。由于衍生证券一般是高风险的投资品种,因此,投资这种基金的风险较大,但预期的收益水平比较高。

## 三、证券投资基金的当事人

基金参与主体一般包括三类,即基金当事人、市场服务机构、行业监管自律组织,其中基金当事人是证券投资过程中最重要的参与主体。

**1. 基金当事人组成**

基金当事人包括基金份额持有人(即投资者)、基金管理人和基金托管人(一般为商业银行)。

基金份额持有人是指依基金合同和招募说明书持有基金份额的自然人和法人，也就是基金的投资人。他们是基金资产的实际所有者，享有基金信息的知情权、表决权和收益权。基金的一切投资活动都是为了增加投资者的收益，一切风险管理都是围绕保护投资者利益来考虑的。因此，基金份额持有人是基金一切活动的中心。

基金管理人（基金管理公司），是指凭借专门的知识与经验，运用所管理基金的资产，根据法律、法规及基金章程或基金契约的规定，按照科学的投资组合原理进行投资决策，谋求所管理的基金资产不断增值，并使基金持有人获取尽可能多收益的机构。基金管理人在不同国家（地区）有不同的名称。例如，在英国称投资管理公司，在美国称基金管理公司，在日本多称投资信托公司，在我国台湾称证券投资信托事业，但其职责都是基本一致的，即运用和管理基金资产。

基金托管人是投资人权益的代表，是基金资产的名义持有人或管理机构。为了保证基金资产的安全，基金应按照资产管理和保管分开的原则进行运作，并由专门的基金托管人保管基金资产。

**2. 基金当事人之间的关系**

基金持有人是指基金投资人，即基金单位或受益凭证的持有人。基金持有人可以是自然人，也可以是法人。基金持有人的权利包括本金受偿权、收益分配权、剩余财产分配权及参与持有人大会表决等。基金管理人是指负责管理和运作基金资产的机构，根据《中华人民共和国证券投资基金法》的规定，证券投资基金的管理人由基金管理公司担任。基金托管人指依据“管理与保管分开”的原则对基金管理人进行监督和保管基金资产的机构，在我国通常由取得托管资格的商业银行担任。

基金当事人之间的相互关系建立在信托关系基础上：持有人与管理人之间的关系是委托人、受益人与受托人的关系；管理人与托管人之间的关系是委托人和受托人的关系；持有人与托管人之间的关系在公司型基金中是委托人与受托人的关系，在契约型基金中是收益人与受托人的关系。

## 四、基金管理公司主要业务的核算

**1. 证券投资基金发行及增减变动的会计处理**

证券投资基金发起人要设立或者扩募基金，必须向中国证监会提出申请，经批准后才能办理基金发行，发行时的会计分录如下。

1）封闭式基金

借：银行存款
　　贷：实收基金
　　　　其他收入

2）开放式基金

借：银行存款
　　贷：实收基金

（1）开放式基金申购时，计算基金单位资产净值、申购费用、净申购金额和申购份数，在申购确认日，编制如下会计分录：

借：应收申购款　　　　　　　　　　　　　　　　　　　　　　　　（基金申购款）
　　贷：实收基金　　　　　　　　　　　　　　　　　　（申购款中基金单位发行总额）
　　　　未实现利得　　　　　　　　　　　　　　　　　（申购款中含有的未实现利得）
　　　　损益平准金　　　　　　　　　　　　　　　　　（申购款中含有的未分配收益）

（2）在与证券交易所交割时，会计分录如下：

借：银行存款
　　贷：应收申购款

（3）开放式基金赎回时，要计算赎回总额、赎回费用和赎回金额，在基金赎回确认日编制如下会计分录：

借：实收基金
　　未实现利得
　　损益平准金
　　贷：应付赎回款　　　　　　　　　　　　　　　　　　　　（应付投资人赎回款）
　　　　其他收入——赎回费　　　　　　　　　　　　　（赎回费中属于基金所有的部分）
　　　　应付赎回费　　　　　　　　　　　　　　　　（赎回费中属于销售机构所有的部分）

（4）款项交割时，会计分录如下：

借：应付赎回款
　　贷：银行存款

**【例 11-3】** 2×22 年 3 月 2 日，某投资者向 A 证券投资基金管理公司申购开放式基金 2 100 万元，当日该基金单位资产净值为 2 元，申购费为 100 万元。按照契约规定，高于基金单位的部分在扣除费用后，将 3/5 作为未实现利得，2/5 作为未分配收益。其核算过程如下：

计算投资者用 2 100 万元可以买到的基金单位：

净申购金额＝申购金额－申购费用
＝21 000 000－1 000 000
＝20 000 000（元）

可申购份数＝净申购金额／申购当日基金单位资产净值
＝20 000 000/2
＝10 000 000（份）（每基金单位为 1 元）

根据计算结果，编制基金申购环节的会计分录如下：

借：应收申购款　　　　　　　　　　　　　　　　　　　　　　20 000 000
　　贷：实收基金　　　　　　　　　　　　　　　　　　　　　　10 000 000
　　　　未实现利得　　　　　　　　　　　　　　　　　　　　　　6 000 000
　　　　损益平准金　　　　　　　　　　　　　　　　　　　　　　4 000 000

**2. 证券投资基金投资业务的会计处理**

1）股票投资的会计处理

（1）当购入股票时，会计分录如下：

借：股票投资　　（股票成交总额＋相关费用）
　　贷：证券清算款
　　　　应付佣金

资金交割时，会计分录如下：

借：股票投资
　　贷：结算备付金

（2）当卖出股票时，会计分录如下：

借：证券清算款
借或贷：股票差价收入
　　贷：股票投资
　　　　应付佣金

资金交割时，会计分录如下：

借：结算备付金
　　贷：证券清算款

（3）当基金管理公司因持有股票而获取现金股利时，宣告分配股利时，会计分录如下：

借：应收股利
　　贷：股利收入

实际收到股利时，会计分录如下：

借：结算备付金
　　贷：应收股利

（4）基金管理公司因持有股票而获得股票股利时，不能反映公司股票投资资产或收入增加，只能在备查簿上登记股票数量，不作任何会计处理。

（5）基金管理公司因持有股票而享受的配股权，从配股除权日起到配股确认日止，按市价高于配股价的差额逐日进行估值，会计分录如下：

借：配股权证
　　贷：未实现利得

向证券交易所确认配股时，会计分录如下：

借：股票投资
　　贷：证券清算款

同时，将配股权的估值冲减为零，会计分录如下：

借：未实现利得
　　贷：配股权证

资金交割日，实际支付配股款时，会计分录如下：

借：证券清算款
　　贷：结算备付金

如果在配股期限内没有向证券交易所确认配股而放弃配股权的，应将配股权的估值冲减为零，会计分录如下：

借：未实现利得
　　贷：配股权证

**【例 11-4】** 2×22 年 6 月 2 日，投资者申请赎回 D 证券投资基金管理公司开放式基金 50 万份，当日该基金单位资产净值为 1.002 9 元，赎回费率为 0.5%，应付给代为办理赎回业务的某商业银行 300 元，同时按照契约规定，结转未实现利得 1 454.25 元，损益平准金为 −4.25元，有关会计分录如下：

计算投资者赎回总额和扣除费用之后的赎回金额：

赎回总额＝赎回份数×赎回当日基金单位净值
＝500 000×1.002 9
＝501 450(元)

赎回费用＝赎回总额×赎回费率
＝501 450×0.5%
＝2 507.25(元)

赎回金额＝赎回总额－赎回费用
＝501 450－2 507.25
＝498 942.75(元)

其会计分录如下：

| | | |
|---|---|---|
| 借：实收基金 | 500 000.00 | |
| 　　未实现利得 | 1 454.25 | |
| 　　损益平准金 | −4.25 | |
| 　　贷：应付赎回款 | | 498 942.75 |
| 　　　　其他收入——赎回费 | | 2 207.25 |
| 　　　　应付赎回费——某商业银行 | | 300.00 |

款项交割时作会计分录如下：

| | | |
|---|---|---|
| 借：应付赎回款 | 498 942.75 | |
| 　　贷：银行存款 | | 498 942.75 |

2) 债券投资的会计处理

(1) 当基金管理公司买入债券时，成交日会计分录如下：

借：债券投资
　　应收利息　　（债券起息日或上次除息日至购买日止的利息）
　　贷：证券清算款　　（应支付的金额）

资金交割时，会计分录如下：

借：证券清算款
　　贷：结算备付金

(2) 当基金管理公司卖出债券时，成交日会计分录如下：

借:证券清算款
借或贷:债券差价收入
　　贷:应收利息
　　　　债券投资

资金交割时,会计分录如下:

借:结算备付金
　　贷:证券清算款

(3) 对证券投资估值增、减值的会计处理

估值日,对基金管理公司持有的股票、债券估值时,如为估值增值,会计分录如下:

借:投资估值增值　　　　(所估值与上一日所估价值的差额)
　　贷:未实现利得

若为估值减值,则会计分录同上相反。

延伸阅读 11-5

**如何挑选合适的基金**

面对纷杂的基金,新手该怎么挑选呢?首先需要确认自己的风险承受能力和理财目标,进而确定投资的基金类型。风险从高到低排列,基金有如下几种类型:股票型基金、平衡型基金(股票与债券)、债券型基金、货币基金。当然风险越大的基金类型,可能获得的收益越高。

首先,要看基金经理经验。通过了解这只基金的基金经理的历史业绩,可以看出基金经理的管理水平的高低。一般来说,如果基金经理能够做到一只基金连续3年都在同类基金中排名前1/3,那么这个基金经理实力应该还是可以信得过。

其次,要看基金公司。了解下这个基金公司旗下的所有基金的过往收益情况,基本上可以判断出这只基金的前景。如果基金公司在相当长的一段时间内都为投资者实现了持续性的回报,那基金公司应该还是不错的。

最后,要看基金的业绩表现。看一下基金的近几年的年收益波动情况,以及相关的风险系数情况。一般通常是以标准差、贝塔系数和夏普指数三个指标来衡量。标准差越小越好,波动风险小;贝塔系数小于1,风险越小;夏普指数越高越好,代表基金在考虑风险因素后的回报越高。

资料来源:佚名.新手怎么选基金?[EB/OL].(2017-11-14)[2017-11-22]. https://fund.cngold.org/gl/c5467725.html.

# 第四节　互联网金融公司业务的核算

## 一、互联网金融公司概述

### 1. 互联网金融

互联网金融(ITFIN)是指传统金融机构与互联网企业利用互联网技术和信息通信技术实现资金融通、支付、投资和信息中介服务的新型金融业务模式。

互联网金融不是互联网和金融业的简单结合,而是在实现安全、移动等网络技术水平上,被用户熟悉接受后(尤其是对电子商务的接受),自然而然为适应新的需求而产生的新模

式及新业务，是传统金融行业与互联网技术相结合的新兴领域。

**2. 互联网金融的特点**

1）成本低

互联网金融模式下，资金供求双方可以通过网络平台自行完成信息甄别、匹配、定价和交易，无传统中介、无交易成本、无垄断利润。一方面，金融机构可以避免开设营业网点的资金投入和运营成本；另一方面，消费者可以在开放透明的平台上快速找到适合自己的金融产品，削弱了信息不对称程度，更省时省力。

2）效率高

互联网金融业务主要由计算机处理，操作流程完全标准化，客户不需要排队等候，业务处理速度更快，用户体验更好。如阿里小贷依托电商积累的信用数据库，经过数据挖掘和分析，引入风险分析和资信调查模型，商户从申请贷款到发放只需要几秒钟，日均可以完成贷款1万笔，成为真正的“信贷工厂”。

3）覆盖广

互联网金融模式下，客户能够突破时间和地域的约束，在互联网上寻找需要的金融资源，金融服务更直接，客户基础更广泛。此外，互联网金融的客户以小微企业为主，覆盖了部分传统金融业的金融服务盲区，有利于提升资源配置效率，促进实体经济发展。

4）发展快

依托于大数据和电子商务的发展，互联网金融得到了快速增长。以余额宝为例，余额宝上线18天，累计用户数达到250多万人次，累计转入资金达到66亿元。据报道，余额宝规模500亿元，成为规模最大的公募基金。

5）管理弱

一是风控弱。互联网金融还没有接入中国人民银行征信系统，也不存在信用信息共享机制，不具备类似银行的风控、合规和清收机制，容易发生各类风险问题，已有众贷网、网赢天下等P2P网贷平台宣布破产或停止服务。二是监管弱。互联网金融在中国处于起步阶段，还没有监管和法律约束，缺乏准入门槛和行业规范，整个行业面临诸多政策和法律风险。

6）风险大

现阶段中国信用体系尚不完善，互联网金融的相关法律还有待配套，互联网金融违约成本较低，容易诱发恶意骗贷、卷款跑路等风险问题。特别是P2P网贷平台由于准入门槛低和缺乏监管，成为不法分子从事非法集资和诈骗等犯罪活动的温床。2016年以来，淘金贷、优易网、安泰卓越等P2P网贷平台先后曝出“跑路”事件。

**3. 互联网金融模式的分类**

通过对业内相应商业模式、商业现象进行深度剖析，可以将互联网金融分为六大模式：第三方支付、P2P网贷、大数据金融、众筹、信息化金融机构、互联网金融门户。

1）第三方支付

第三方支付狭义上是指具备一定实力和信誉保障的非银行机构，借助通信、计算机和信息安全技术，采用与各大银行签约的方式，在用户与银行支付结算系统间建立连接的电子支付模式。

11-5 视频：第三方支付

根据中央银行2010年在《非金融机构支付服务管理办法》中给出的非金融机构支付服务的定义，从广义上讲第三方支付是指非金融机构作为收、付款人的支付中介所提供的网络支付、预付卡、银行卡收单以及中国人民银行确定的其他支付服务。第三方支付已不仅仅局限于最初的互联网支付,而是成为线上线下全面覆盖,应用场景更为丰富的综合支付工具。

自2011年以来到2013年7月份,中国人民银行已发放250张第三方支付牌照。目前,除了大家熟知的中国银联和支付宝,具有代表性的第三方支付机构还有财付通、快钱支付、易宝支付、汇付天下等。而从发展路径与用户积累途径来看,市场上第三方支付公司的运营模式可以归为两大类:一类是以支付宝、财付通为首的依托于自有B2C、C2C电子商务网站,提供担保功能的第三方支付模式;另一类就是以快钱为典型代表的独立第三方支付模式。

2) P2P网贷

P2P网贷英文名称为peer-to-peer lending,即点对点信贷,国内又称"人人贷"。P2P网贷是指通过P2P公司搭建的第三方互联网平台进行资金借、贷双方的匹配,是一种"个人对个人"的直接信贷模式,即由具有资质的网站(第三方公司)作为中介平台,借款人在平台发放借款标的,投资者进行竞标向借款人放贷的行为。网络借贷指的是借贷过程中,资料与资金、合同、手续等全部通过网络实现,它是随着互联网的发展和民间借贷的兴起而发展起来的一种新的金融模式,这也是未来金融服务的发展趋势之一。

我国P2P网贷平台可以从三个角度来进行分析。根据借贷流程的不同,P2P网贷可以分为纯平台模式和债权转让模式两种。在纯平台模式中,借贷双方借贷关系的达成是通过双方在平台上直接接触,一次性投标达成;而在债权转让模式中,则通过平台上的专业放贷人介入借贷关系之中。根据用户开发、信用审核、合同签订到贷款催收等整个业务流程对互联网的运用程度,P2P网贷平台的运营模式也可以分为纯线上模式和线上线下相结合模式。根据是否提供担保,P2P网贷平台分为无担保模式和有担保模式,有担保模式中又包含第三方担保模式和平台自身担保模式两类。

3) 大数据金融

大数据金融是指依托于海量、非结构化的数据,通过互联网、云计算等信息化方式对其数据进行专业化的挖掘和分析,并与传统金融服务相结合,创新性开展相关资金融通工作的统称。

大数据金融扩充了金融业的企业种类,不再是传统金融独大,并创新了金融产品和服务,扩大了客户范围,降低了企业成本。大数据金融按照平台运营模式,可分为平台金融和供应链金融两大模式。两种模式的代表企业分别为阿里金融和京东金融。

4) 众筹

众筹(crowd funding)是指项目发起人通过利用互联网和SNS传播的特性,发动公众的力量,集中公众的资金、能力和渠道,为小企业、艺术家或个人进行某项活动或某个项目或创办企业提供必要的资金援助的一种融资方式。

相比于传统的融资方式,众筹的精髓就在于小额和大量。融资门槛低且不再以是否拥有商业价值作为唯一的评判标准,为新型创业公司的融资开辟了一条新的路径。从此,其融资渠道不再局限于银行、股权投资机构(PE/VC机构)。

众筹项目种类繁多,不单单包括新产品研发、新公司成立等商业项目,还包括科学研究项目、民生工程项目、赈灾项目、艺术设计、政治运动等。经过几年的迅速发展,众筹已经逐步形成奖励制众筹、股份制众筹、募捐制众筹和借贷制众筹等多种运营模式,典型平台包括点名时间、大家投、积木网等。

5) 信息化金融机构

信息化金融机构是指通过广泛运用以互联网为代表的信息技术，在互联网金融时代，对传统运营流程、服务产品进行改造或重构，实现经营、管理全面信息化的银行、证券和保险等金融机构。

互联网金融时代，信息化金融机构的运营模式相对于传统金融机构运营模式发生了很大的变化，目前信息化金融机构主要运营模式可分为以下三类：传统金融业务电子化模式、基于互联网的创新金融服务模式、金融电商模式。

传统金融业务电子化模式主要包括网上银行、手机银行、移动支付和网络证券等形式；基于互联网的创新金融服务模式包括直销银行、智能银行等形式及银行、券商、保险等创新型服务产品；金融电商模式就是以建行"善融商务"电子商务金融服务平台、泰康人寿保险电商平台为代表的各类传统金融机构的电商平台。

6) 互联网金融门户

互联网金融门户是指利用互联网提供金融产品、金融服务信息汇聚、搜索、比较及金融产品销售并为金融产品销售提供第三方服务的平台。

从相关互联网金融门户平台的服务内容及服务方式，互联网金融门户可以分为第三方资讯平台、垂直搜索平台以及在线金融超市三大类。第三方资讯平台是提供全方位、权威的行业数据及行业资讯的门户网站，典型代表为网贷之家、和讯网等。垂直搜索平台是聚焦于金融产品的垂直搜索门户，消费者在门户上可以快速地搜索到相关的金融产品信息，典型代表为融360、安贷客等。而线上金融超市的业务形态是在线导购，提供直接的购买匹配，因此该类门户集聚着大量金融类产品，利用互联网进行金融产品销售，并提供与之相关的第三方服务，典型代表为大童网、格上理财、91金融超市以及软交所科技金融超市等。

## 二、第三方支付业务的核算

### 1. 第三方支付业务概述

第三方支付主要是指通过互联网传递支付指令，完成从用户到商户的在线货币支付、资金结算、查询统计等一系列过程。从事第三方支付的非银行机构一般称为第三方支付企业，主要服务于电子商务，是电子商务交易中重要的支付手段。按照《非金融机构支付服务管理办法》的规定，非金融机构支付服务，是指非金融机构在收付款人之间作为中介机构提供货币资金转移服务，第三方支付属于其中的网络支付，因此，所称第三方支付为非金融机构互联网支付。随着电子商务的快速发展，企业通过第三方支付平台进行支付结算的资金量不断增大，支付结算业务呈现多元化发展态势。目前我国有支付牌照的第三方支付平台包括：支付宝、财富通、快钱、汇付天下、YEEPAY、贝宝、网银在线、环迅IPS、首信易、云网、银联支付等，其中支付宝市场交易份额最大，占据市场份额的近50%。此处以支付宝为例分析第三方支付结算业务的会计处理。

### 2. 第三方支付业务的会计处理

1) 货款会计账户的选择

在涉及第三方支付平台的电子商务交易中，买卖双方都需要在第三方支付平台上注册一个自己的虚拟网络账户，它对应着买卖双方自己的银行账户。这个账户中的资金性质既不属于企业的库存现金，也不是企业直接存在银行的银行存款，因此不能直接放在“库存现金”或“银行存款”科目中核算。因该资金可以随时与用户资深银行账户的资金相互划拨，流动性强，属于流动资产，并具有其他货币资金的属性，因此买卖双方都可以将涉及第三方支付平台的资金在“其他货币资金——虚拟存款”科目进行核算。

2）具体会计核算

（1）不附退货承诺的销售确认。由于在买方确认收货前，买方可以随时退货，商品的主要风险和报酬仍然在卖方，因此卖方应该在买方确认收货后再去确认相应的收入和结转成本。因此，在买方下订单时，买方将预先支付货款到第三方支付平台的账户上，第三方支付平台收到买方支付的货款后，会计分录如下：

借：其他货币资金——虚拟存款

　　贷：应付账款——卖方

（2）附退货承诺的销售确认。目前的《企业会计准则》规定附有销售退回条件的商品销售采用退货率估计法，若企业不能合理估计退货率，则应在退货期满时确认收入，因此建议在不违背谨慎性和及时性的原则下，卖方等退货期满时再确认相关收入，结转相关成本。

第三方支付平台在买方确认收货时就将货款转到卖方的虚拟账户，会计分录如下：

借：应付账款——卖方

　　贷：其他货币资金——虚拟存款

如发生退货，第三方支付平台收到卖方退回的货款，将所退货款返还给买方，会计分录如下：

借：其他货币资金——虚拟存款

　　贷：预付账款

## 三、众筹业务的核算

### 1. 众筹业务概述

众筹，即大众投资，由发起人、跟投人、平台构成。众筹具有低门槛、多样性、依靠大众力量、注重创意的特征，是指一种向群众募资，以支持发起的个人或组织的行为。群众募资被用来支持各种活动，包含灾害重建、民间集资、竞选活动、创业募资、艺术创作、自由软件、设计发明、科学研究以及公共专案等。

现代众筹指通过互联网方式发布筹款项目并募集资金。相对于传统的融资方式，众筹更为开放，能否获得资金也不再是由项目的商业价值作为唯一标准。只要是网友喜欢的项目，都可以通过众筹方式获得项目启动的第一笔资金，为更多小本经营或创作的人提供了无限的可能。

众筹的基本特征可以概括如下：

（1）低门槛。无论身份、地立、职业、年龄、性别，只要有想法有创造能力都可以发起项目。

（2）多样性。众筹的方向具有多样性，在国内的众筹网站上的项目类别包括设计、科技、音乐、影视、食品、漫画、出版、游戏、摄影等。

(3) 依靠大众力量。支持者通常是普通的草根民众，而非公司、企业或是风险投资人。

(4) 注重创意。发起人必须先将自己的创意(设计图、成品、策划等)达到可展示的程度，才能通过平台的审核，而不单单是一个概念或者一个点子，要有可操作性。

**2. 众筹业务的会计处理**

我国目前开展的众筹业务既不是传统的股权融资方式，也不是传统的债务融资方式，但众筹业务实质上还是融资业务，所以相关会计处理如下。

(1) 企业在处理众筹业务时，会计分录为：

借：银行存款(或其他货币资金)
　　贷：长期应付款——××众筹款

(2) 企业将来给予支持者产品回报时，会计分录为：

借：长期应付款——××众筹款
　　财务费用
　　贷：主营业务收入
　　　　应交税费——应交增值税(销项税额)

同时，

借：主营业务成本
　　贷：库存商品

(3) 企业将来给予支持者回报时，会计分录为：

借：长期应付款——××众筹款
　　财务费用
　　贷：主营业务收入
　　　　应交税费——应交增值税(销项税额)

【例 11-5】 2×22 年 6 月 17 日 A 公司在点名时间发布某电影众筹项目，目标资金 138 万元，8 月 1 日成功筹集资金 158 万元，支付平台佣金 10%，实际募集资金 142.2 万元，对支持者的回报为电影票、海报等物品，假设其实际市场售价 212 万元(含税)，企业最终会以邮寄的方式发给出资者。"营改增"后增值税税率为 6%。

A 公司的会计分录如下：

8 月 1 日：

| | | |
|---|---|---|
| 借：银行存款(或其他货币资金——支付宝存款) | 1 422 000 | |
| 　　财务费用 | 158 000 | |
| 　　贷：长期应付款——电影众筹款 | | 1 580 000 |

企业将来回报支持者电影票、海报等物品时：

| | | |
|---|---|---|
| 借：长期应付款——电影众筹款 | 1 580 000 | |
| 　　财务费用 | 540 000 | |
| 　　贷：主营业务收入 | | 2 000 000 |
| 　　　　应交税费——应交增值税(销项税额) | | 120 000 |

# 第五节　财务公司业务的核算

## 一、财务公司概述

**1. 财务公司的概念**

财务公司又称金融公司，是为企业技术改造、新产品开发及产品销售提供金融服务，以中长期金融业务为主的非银行机构。各国财务公司的名称不同，业务内容也有差异，但多数是商业银行的附属机构，主要用以吸收存款。中国的财务公司不是商业银行的附属机构，是隶属于大型集团的非银行金融机构。

**2. 财务公司的特点**

（1）业务范围广泛，但以企业集团为限。财务公司是企业集团内部的金融机构，其经营范围只限于企业集团内部，主要是为企业集团内的成员企业提供金融服务。财务公司的业务包括存款、贷款、结算、担保和代理等一般银行业务，还可以经人民银行批准，开展证券、信托投资等业务。

（2）资金来源于集团公司，月于集团公司，对集团公司的依附性强。财务公司的资金来源主要有两个方面：一是由集团公司和集团公司成员投入的资本金，二是集团公司成员企业在财务公司的存款。财务公司的资金主要用于为本集团公司成员企业提供资金支持，少量用于与本集团公司主导产业无关的证券投资方面。由于财务公司的资金来源和运用都限于集团公司内部，财务公司对集团公司的依附性强，其发展状况与其所在集团公司的发展状况相关。

（3）接受企业集团和人民银行的双重监管。财务公司是企业集团内部的金融机构，其股东大都是集团公司成员企业，因而其经营活动必然受到集团公司的监督。同时，财务公司所从事的是金融业务，其经营活动必须接受银监局监管。

（4）坚持服务与效益相结合、服务优先的经营原则。财务公司作为独立的企业法人，有其自身的经济利益，但由于财务公司是企业集团内部的机构，且集团公司成员企业大都是财务公司的股东，因此，财务公司在经营中一般都应较好地处理服务与效益的关系，在坚持为集团公司成员企业提供良好金融服务的前提下，努力实现财务公司利润的最大化。

财务公司的业务范围较广，下面我们主要讲解财务公司的筹资、投放及结算业务。

## 二、财务公司筹资业务的核算

**1. 吸收存款业务的核算**

设立财务公司的意义是为了加强资金的集中管理，将整个集团的资金集中到总部，由总部统一协调、统一管理和统一运用，以实现企业集团资金均衡、高效的流动。因此，财务公司的存款业务是其服务成员单位最基础的一项主要职能。与一般商业银行比较，财务公司的存款业务具有特殊性，因其“吸收成员单位的本外币存款”，仅限于本集团成员单位。

1）会计科目的设置

财务公司一般设置“吸收存款”的一级会计科目来核算集团成员企业存入集团的存款。该科目底下可以依需要设置二级科目。由于财务公司兼具银行和企业的双重身份，对成员企业来说具有银行的性质，对银行来说，具有企业的性质，因此财务公司通常可视本公司为企业,设置"银行存款"科目,或者视本公司为非银行金融企业,设置"存放同业"科目。

2) 成员单位存入款项的核算

成员单位可直接存现金或交给财务公司转账支票,将款项存入其在财务公司开立的账户。

(1) 交存现金。财务公司收到成员单位交存现金的,进行如下会计分录:

借:库存现金
　　贷:吸收存款——××成员单位

(2) 转账支票。成员单位若交来的是转账支票,则会计分录如下:

借:银行存款(或存放同业)
　　贷:吸收存款——××成员单位

3) 成员单位使用存款的核算

当开户成员单位向财务公司提取现金时,财务公司应填写现金支票交银行提取现金,存根联作借方凭证记账,然后开户成员单位填写财务公司印制的内部现金支票,交由财务公司审核后支付现金,会计分录为:

借:吸收存款——××成员单位
　　贷:库存现金

当成员单位通过财务公司办理付款、委托付款或使用转账支票等转账时,会计分录如下:

借:吸收存款——××成员单位
　　贷:银行存款(或存放同业)

**2. 发行债券业务的核算**

财务公司除了通过吸收存款筹措资金还可以通过发行债券筹措资金,财务公司发行债券与其他公司发行债券的会计处理基本相同。

## 三、财务公司投放业务的核算

财务公司的投放业务主要指的是财务公司的贷款业务。财务公司的贷款业务与商业银行及其他金融机构的贷款业务相较而言,既有共性也有一定的差异。一方面,财务公司属于非银行金融机构,是从事金融业务的企业法人,属于金融企业成员,因此在从事信贷业务时,应遵守商业银行及其他金融机构的信贷政策和原则。另一方面,财务公司贷款业务的服务对象主要是集团成员,因此其贷款业务有一定的特殊性。财务公司的贷款业务是为集团成员单位提供金融服务的一项主要业务,也是财务公司的一项重要职能,对企业战略发展、降低财务费用等方面有重大意义。

**1. 会计科目的设置**

财务公司对贷款业务的会计处理,按照贷款的形式区分,分为自营贷款和委托贷款。对于自营贷款,与商业银行和其他金融机构核算企业贷款的账户设置相同,通常设置"贷款"科目进行核算;对于委托贷款,即受成员单位委托将其委托款贷给其他成员单位,由于款项不属于财务公司自筹资金,专门设置"代理业务负债"和"代理业务资产"科目进行核算。

**2. 发放贷款的核算**

对自营贷款财务公司与借款人双方签订合同后即可办理款项的提取，基本会计分录如下：

借：贷款——贷款人
　　贷：吸收存款——贷款人

对委托贷款，委托人与财务公司签订委托合同，同时财务公司与借款单位鉴定贷款合同后，贷款单位即可办理贷款，财务公司则作为被委托方收取相应的手续费，基本会计分录如下：

委托单位委托存款增加时：

借：吸收存款——委托人
　　贷：代理业务负债——委托人

财务公司委托贷款增加时：

借：代理业务资产——借款单位
　　贷：吸收存款——借款单位

**3. 贷款利息的核算**

财务公司应按照一定的利率定期结计利息。根据计算的利息金额确认为当期利息收入，编制凭证，并记入“应收利息”科目。会计分录为：

借：应收利息
　　贷：利息收入

同时编制一式三联贷款利息通知单，通知借款人，并办理转账，会计分录为：

借：吸收存款——借款人
　　贷：应收利息

**4. 贷款收回的核算**

贷款到期，一般由借款单位主动归还本息，或者由财务公司与借款单位协定，从借款人的存款户中扣收。会计分录为：

借：吸收存款——借款单位
　　贷：贷款——借款单位

**5. 贷款展期和逾期贷款**

借款单位在贷款期间发生暂时的资金周转困难，致使不能按期偿还贷款本金，符合展期规定的条件下可以提出展期申请。财务公司综合考虑贷款收益、借款单位还款管理和其他相关情况确定展期期限。展期申请书附在原借款合同后面一并保管，无需办理转账手续。

借款单位未按借款合同约定期限返还贷款且没有提前申请展期或展期申请未被批准，则按逾期贷款处理，转入该公司的逾期贷款账户。其会计分录为：

借：逾期贷款——借款单位
　　贷：贷款——借款单位

转入逾期贷款账户的贷款，必须按照规定支付逾期利息。如贷款逾期超过 90 天仍未归还，则应将本金及应收利息转入“非应计贷款”账户。会计分录为：

借：贷款——非应计贷款——借款单位
　　贷：贷款——逾期贷款——借款单位

## 四、财务公司结算业务的核算

**1. 结算业务的特点**

财务公司的存在是为企业集团服务的，因此其结算业务同银行的结算业务相比，具有以下特点：

（1）财务公司只对成员单位办理结算业务。

（2）财务公司办理结算业务时，需要通过挂靠行办理清算，其结算方式属于代理结算方式。

（3）财务公司面向集团内部，结算范围较窄，因此业务量较银行少。

（4）财务公司可以根据客户的需求为客户提供形式多样的结算服务，方便集团的资金调度和成员单位的资金运用，较好地体现了财务公司的金融服务功能。

**2. 结算业务核算**

财务公司的结算业务主要包括对外资金结算和内部转账结算。

1）对外资金结算

对外资金结算包括对外支付结算和委托收款。

对外支付结算是指成员企业使用票据、汇兑等结算方法，通过财务公司向外部账户进行货币给付及资金清算的行为。

委托收款是指成员企业委托财务公司向付款人收取款项的方式。

其基本会计分录为：

（1）通过财务公司向外部账户付款时：

借：吸收存款——付款人
　　贷：银行存款（或存放同业）

（2）通过财务公司向外部账户收款时：

借：银行存款（或存放同业）
　　贷：吸收存款——收款人

2）内部转账结算

内部转账结算是指成员企业之间发生商品交易、劳务服务和其他资金往来等经济事项，通过财务公司办理资金清算和划转的行为和过程。通过财务公司进行内部结算时，付款单位或收款单位应先向财务公司提交相关资料，财务公司审查合格后进行款项划转和账务处理。其会计分录为：

借：吸收存款——付款人
　　贷：吸收存款——收款人

## 本章重要概念

11-6 扫一扫看课件

非银行金融机构　融资租赁　基金管理人　信托投资　经营租赁

# 本章练习

## 一、单项选择题

1. （　　）是基金管理公司最核心的一项业务。

A. 证券投资基金业务　　B. 受托资产管理业务

C. 企业年金管理　　D. 投资咨询服务

2. 在信托法中关于请求报酬的权利是针对（　　）而言的。

A. 委托人　　B. 受托人　　C. 受益人　　D. 管理人

3. 信托机构最基本的职能是（　　）。

A. 取得收益　　B. 委托代理

C. 财产事务管理　　D. 规避风险

4. 在租赁设备的总成本（即本金）一定的情况下，影响租金的最重要因素是（　　）。

A. 利率　　B. 租赁期限

C. 付租方式　　D. 起租日与计息日

5. 国际基金中完全投资于外国证券的叫（　　）。

A. 全球基金　　B. 区域基金　　C. 海外基金　　D. 环球基金

## 二、多项选择题

1. 在租赁业务中，与资产所有权有关的风险包括（　　）。

A. 由于经营情况变化造成相关收益的减少

B. 由于资产增值而实现的收益

C. 由于资产闲置造成的损失

D. 未实现或有租金

E. 由于技术陈旧等造成的损失

2. 承租人在计算最低租赁付款额的现值选择折现率时，应考虑的因素有（　　）。

A. 出租人租赁内含利率　　B. 租赁合同规定的利率

C. 同期银行贷款利率　　D. 同期银行存款利率

E. 承租人租赁内含利率

3. 承租人应在财务会计报告中披露与融资租赁有关的事项包括（　　）。

A. 未确认融资费用的余额

B. 分摊未确认融资费用所采用的方法

C. 承租人担保余值的金额

D. 各类租入固定资产的期初和期末原价、累计折旧额

E. 资产负债表日后连续3个会计年度每年将支付的最低租赁付款额，以及以后年度将支付的最低租赁付款额总额

4. 租赁业务中，下列应于实际发生时计入当期损益的有（　　）。

A. 融资租赁中的未确认融资费用

B. 融资租赁中承租人发生的初始直接费用

C. 经营租赁中承租人发生的初始直接费用

D. 融资租赁中的或有租金

E. 经营租赁中出租人发生的初始直接费用

5. 如果承租人有购买租赁资产的选择权，所订立的购价预计将远低于行使选择权时租赁资产的公允

价值，则最低租赁付款额应包括(　　)。

A. 购买价格

B. 承租人应支付或可能被要求支付的各种款项

C. 未担保余值

D. 或有租金

E. 担保余值

## 三、简答题

1. 请简述什么是信托财产。

2. 请分析直接租赁的主要内容。

3. 请简述什么是基金管理人。

## 四、业务题

2×21 年 3 月 1 日，大连北方信托投资公司收到 A 公司存入的信托存款 500 万元，存期 1 年，年利率 3%，采取利随本清的结息方式，2×22 年 3 月 1 日，A 公司前来支取存款本金。写出信托投资公司的会计分录。

## 五、案例题

甲公司为集地产、物业管理、餐饮娱乐等多项投资管理的集团公司，乙公司为甲公司下属全资子公司，从事房地产开发业务。2×22 年 1 月，某信托公司(以下简称“信托公司”)与乙公司签署增资协议，协议约定：信托公司向乙公司增资 10 亿元(增资完成后占乙公司 40%的股权)，投资期为 10 年；乙公司应在自工商登记手续办理完毕之日起 30 个工作日内向信托公司签发股权证明。信托公司增资后可向乙公司派出一名董事(董事会有 5 名成员)，但不参与乙公司日常经营活动。

同日，信托公司与甲公司签署了股权回购协议，协议规定：甲公司同意自信托公司与乙公司签署《增资协议》后的第 8 年、第 9 年和第 10 年按信托公司增资价格回购信托公司所持乙公司股权的 30%、30%和 40%。此外，甲公司增资后每年 5 月 20 日和 11 月 20 日向信托公司支付当期对价款，当期对价款＝(信托公司对乙公司投资总额－甲公司已支付的股权回购款)×6.8%/360×该支付期内实际天数。股东权利让渡期间内，乙公司在弥补亏损和提取盈余公积金后所余税后利润(如有)，全部归甲公司所有，信托公司不再主张任何权利。

请思考：基于甲公司合并财务报表和乙公司单体财务报表的角度，上述股权信托融资应作为负债还是权益进行会计处理？

# 第十二章　金融企业损益的核算



## 内容提要

本章主要讲解金融企业收入的核算、成本费用的核算、利润及利润分配的核算。

## 重点难点

本章重点为金融企业营业收入的构成、确认、核算，以及金融企业利润的组成、核算。本章难点为金融企业成本费用确认、核算。

## 学习目标

通过本章的学习，学生应掌握收入的基本概念，能够对收入进行恰当的分类，明确金融企业营业收入的构成，如何确认金融企业营业收入，掌握不同类别收入的核算方法；明确费用的概念及确认原则，掌握对不同类别费用的会计核算；明确利润的组成部分，掌握利润组成部分的核算。

## 知识框架

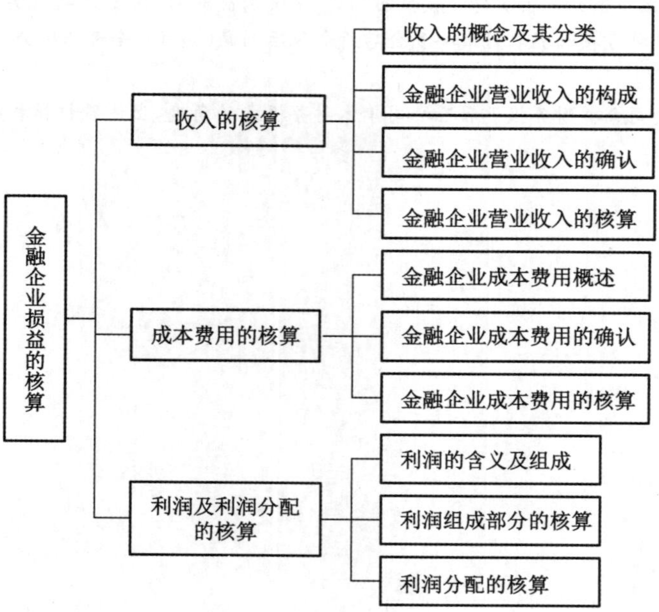

## 思政育人　东北证券因收入核算"是非不分"遭监管处罚

2022年6月29日,东北证券收到中国证券监督管理委员会吉林监管局《关于对东北证券股份有限公司采取责令改正措施的决定》。

经查,东北证券存在以下行为:一是在部分证券交易单元租用协议未明确约定提供研究成果义务的情况下,将部分证券交易席位租赁收入确认为投资咨询业务收入。二是未在2021年年报中披露投资咨询业务收入变动异常的原因。

金融企业对收入、费用、利润核算应该合法合规,才能提供真实可靠的财务信息。那么金融企业应如何进行损益的核算?通过本章学习,你会有所了解。

资料来源:陈靖. 竟将1.5亿证券交易席位租赁收入计入投资咨询业务,东北证券被监管责令改正[EB/OL]. (2022-06-30)[2022-11-27]. http://finance.sina.com.cn/stock/relnews/cn/2022-06-30/doc-imizirav1242709.shtml.

# 第一节　收入的核算

## 一、收入的概念及其分类

### 1. 收入的概念

收入是指企业在日常活动中形成的、会导致所有者权益增加的、与所有者投入资本无关的经济利益的总流入。

金融企业在日常活动中形成的经济利益为营业收入,包括主营业务取得的收入和其他业务取得的收入(含投资取得的收入);在日常活动以外取得的经济利益为利得,即营业外收入。

### 2. 收入的分类

由于金融企业各项财务收入在内容上和纳税上存在着差异,为避免人为地虚增收入或转移收入和逃税,金融企业必须严格区分各项财务收入的范围,分别对利息收入、手续费收入、保费收入、分保费收入、租赁收入、公允价值变动收益、汇兑收益、其他业务收益、投资收益和营业外收入等进行核算,正确反映各项收入的不同来源,确保各项收入和应纳税额计算的真实完整。

## 二、金融企业营业收入的构成

金融企业的营业收入是指金融企业在一定期间内对外提供劳务或对外提供特殊商品而取得的收入。按照金融企业经营业务的主次,金融企业营业收入可分为主营业务收入和其他业务收入。一般来说,主营业务收入占金融企业营业收入的比重较大,会对金融企业经济效益产生较大的影响。

新《企业会计准则》规定,金融企业提供金融商品或服务所取得的营业收入,主要包括利息收入、手续费及佣金收入、租赁收入、其他业务收入、汇兑损益、公允价值变动损益、投资收益等。

(1) 利息收入是指金融企业根据收入准则确认的利息收入,包括发放的各类贷款(含银团贷款、贸易融资、贴现和转贴现融出资金、协议透支、信用卡透支和垫款等)、与其他金融机构(包括中央银行、同业等)之间发生资金往来业务、买入返售金融资产等所取得的利息收入等。

(2) 手续费及佣金收入是金融企业根据收入准则确认的手续费收入,包括办理结算业务、咨询业务、担保业务、代保管等代理业务以及办理受托贷款及投资业务等取得的手续费。

(3) 租赁收入是指金融企业根据租赁准则确认的租赁收入。

(4) 其他业务收入是指金融企业根据收入准则确认的除主营业务的其他经营活动实现的收入,包括出租固定资产、出租无形资产等实现的收入。

(5) 汇兑损益是指金融企业的外币货币性项目因汇率变动而形成的收益或损失。

(6) 公允价值变动损益是指金融企业在初始确认时划分为以公允价值计量且其变动计入当期损益的金融资产或金融负债(包括交易性金融资产或金融负债和直接指定为以公允价值计量且其变动计入当期损益的金融资产或金融负债),以及采用公允价值模式计量的衍生工具、套期业务中公允价值变动形成的应计入当期损益的利得或损失。

(7) 投资收益是指金融企业根据长期股权投资准则确认的投资收益或投资损失。

## 三、金融企业营业收入的确认

金融企业一项经济利益的流入要被确认为收入,必须具备以下几个方面的条件:

(1) 收入是从金融企业的日常活动中产生的,而不是从偶发的交易或事项中产生,这是营业收入与营业外收入的最大区别。金融企业收入只能从金融企业日常经营过程中产生,其他一些偶然发生的事件,虽然也可以为金融企业带来一定经济利益的流入,但只要这种经济利益的流入不是金融企业日常经营活动带来的,就不能属于金融企业的营业收入。例如,金融企业的利息收入是其为客户提供贷款这一日常活动中产生的,而不是从处置固定资产等非正常活动中产生的。

(2) 收入可能表现为资产的增加,如增加金融企业财务往来、应收手续费等;也可能表现为负债的减少,如以手续费收入抵偿债务;或者两者兼而有之,如手续费收入款项中部分抵偿债务,部分收取现金。

(3) 收入能导致企业所有者权益的增加。金融企业确认收入的前提是经济利益的流入,因此,收入能增加资产或减少负债或两者兼而有之。因此,根据"资产=负债+所有者权益"的公式,金融企业取得收入一定能增加所有者权益。

(4) 收入只包含金融企业自身经济利益的流入,不包括为第三方或客户代收款项。收入作为金融企业日常经营活动中所形成的经济利益的总流入,其归根结底是属于金融企业自身的,最终将增加金融企业的所有者权益,而代收款项不符合这样的性质,如金融企业代理委托贷款企业收取利息。代收的款项,一方面增加金融企业的资产,另一方面增加金融企业的负债,因此,其不增加金融企业的所有者权益,也不属于金融企业的经济利益,不能作为金融企业的收入。

(5) 收入是一个与成本费用相对应的概念。金融企业的收入是与一定的费用紧密联系的,是金融企业先期垫付费用的回报。可以说,金融企业在经营过程中的各项耗费是为获得收入而支付的,任何一项收入都是以一定成本费用支出为前提的。

## 四、金融企业营业收入的核算

### 1. 利息收入的核算

1）“利息收入”科目

利息收入是指发放各种贷款、存款、贴现和转贴现融出资金、信用卡透支、与其他金融机构资金往来等业务实现的利息收入，具体包括贷款利息收入、银行存款利息收入、金融企业往来利息收入、贴现利息收入等。利息收入应按让渡资金使用权的时间和适用利率计算确定。

“利息收入”的明细科目可设置为“存放同业利息收入”“存放中央银行利息收入”“发放贷款及垫款利息收入”“买入返售金融资产利息收入”“其他利息收入”等。

2）利息收入的账务处理

为了核算金融企业确认的利息收入，应设置“利息收入”科目，并按业务类别进行明细核算。在资产负债表日，金融企业按合同利率计算确定的应收未收利息，借记“应收利息”等科目；按摊余成本和实际利率计算确定的利息收入，贷记“利息收入”科目；按其差额，借记或贷记相关科目；期末，应将“利息收入”科目余额转入“本年利润”科目，结转后“利息收入”科目无余额。

（1）贷款利息收入。贷款利息收入是指金融企业发放的各项贷款，按贷款本金、规定的利率及计息期限计算的应收利息。它是利息收入中的主要部分。

金融企业发放的贷款，应按期计提利息并确认收入。发放贷款到期（含展期，下同）90 天及以上尚未收回的，其应计利息停止计入当期利息收入，纳入表外核算；已计提的贷款应收利息，在贷款到期 90 天后仍未收回的，或在应收利息逾期 90 天后仍未收到的，冲减原已计入损益的利息收入，转作表外核算。上述停止计提或冲减的应计利息，应在实际收到款项时确认为当期的利息收入。

**【例 12-1】** 某工商银行向市电机厂贷款，2×22 年第一季度贷款利息 40 000 元，季末收到利息，应作会计分录如下：

借：应收利息——市电机厂应收利息户　　40 000
　贷：利息收入——贷款利息收入　　40 000

同时：

借：吸收存款——单位活期存款——市电机厂户　　40 000
　贷：应收利息——市电机厂应收利息户　　40 000

若在 90 天后仍没有收到利息，其会计分录为：

借：利息收入——贷款利息收入　　40 000
　贷：应收利息——市电机厂应收利息户　　40 000

同时，在表外登记：

收入：应收未收贷款利息收入——市电机厂　　40 000

待实际收回该笔贷款利息时，其会计分录为：

借：吸收存款——单位活期存款——市电机厂户　　40 000
　贷：利息收入——贷款利息收入　　40 000

同时，在表外登记：

付出：应收未收贷款利息收入——市电机厂　　40 000

（2）金融企业往来利息收入。金融企业往来利息收入是指金融企业的系统内资金往来、金融企业之间的同业资金往来以及金融企业与中央银行之间资金往来而发生的利息收入。金融企业往来收入，应按让渡资金使用权的时间和适用利率计算确定。

金融企业往来利息收入也在“利息收入”科目核算，并在该科目下设置“存放中央银行款项利息收入”“存放同业利息收入”“拆放同业利息收入”“调拨资金利息收入”等明细科目。

① 存放中央银行款项利息收入，是指金融企业在中央银行的准备金存款、向中央银行缴存存款而向中央银行收取的利息收入。存放在中央银行各项存款取得利息收入，根据有关凭证编制借方、贷方记账凭证，编制如下会计分录：

借：存放中央银行款项
　　贷：利息收入——存放中央银行款项利息收入户

② 存放同业利息收入，是指各金融企业之间存放或拆借资金而收取的利息收入。存放同业利息收入，根据有关凭证，编制如下会计分录：

借：存放同业——××行户
　　贷：利息收入——存放同业利息收入户

拆借给同业系统和其他金融企业的资金，取得利息收入时，根据有关凭证编制借、贷方记账凭证。编制如下会计分录：

借：存放同业——××行户
　　贷：利息收入——拆放同业利息收入户

③ 系统内往来利息收入，是指金融企业系统内机构相互之间资金往来而收取的利息收入。系统内往来调拨资金利息收入，本企业上下级之间相互占用业务资金取得利息收入时，根据有关凭证编制借方、贷方记账凭证，编制如下会计分录：

借：系统内存放款项——××行户
　　贷：利息收入——调拨资金利息收入户

（3）贴现利息收入。贴现利息收入是金融企业办理商业汇票等票据贴现业务收到的贴现利息收入。贴现利息收入，应按让渡资金使用权的时间和适用利率计算确定。

办理票据贴现业务取得利息收入时，根据有关凭证编制借方、贷方记账凭证。编制如下会计分录：

借：贴现资产——××单位贴现申请户
　　贷：存放中央银行款项（或银行存款）
　　　　贴现资产——利息调整

资产负债表日，按计算确定的贴现利息收入的会计分录为：

借：贴现资产——利息调整
　　贷：利息收入

(4) 银行存款利息收入。银行存款是指银行业日常用于公杂费等财务开支，而在本行营业部门开立的存款，以及非银行金融企业存在银行中的款项。它们与其他单位存放在银行的款项一样，也应计息。收到银行存款利息收入时，借记“银行存款”科目，贷记“利息收入”科目。

**2. 手续费及佣金收入的核算**

手续费及佣金收入主要是指金融企业在提供服务时向客户收取的费用，包括办理结算业务、咨询业务、担保业务、代保管等代理业务以及受托贷款及投资业务等取得的手续费及佣金收入，如结算手续费收入、佣金收入、业务代办手续费收入、基金托管收入、咨询服务收入、担保收入、受托贷款手续费收入、代保管收入，代理买卖证券、代理承销证券、代理兑付证券、代理保管证券、代理保险业务等代理业务以及其他相关服务实现的手续费及佣金收入。手续费及佣金收入，应当在向客户提供相关服务时确认收入。

1) “手续费及佣金收入”科目

金融企业应设置“手续费及佣金收入”科目，属于损益类科目，核算企业确认的手续费及佣金收入，该科目可按手续费及佣金收入类别进行明细核算。企业确认的手续费及佣金收入，按应收的金额，借记“应收手续费及佣金”“代理承销证券款”等科目，贷记“手续费及佣金收入”科目。实际收到手续费及佣金，借记“存放中央银行款项”“银行存款”“结算备付金”“吸收存款”等科目，贷记“应收手续费及佣金”等科目。期末，应将“手续费及佣金收入”科目余额转入“本年利润”科目，结转后“手续费及佣金收入”科目无余额。

手续费及佣金收入的明细科目可设置为“结算手续费收入”“佣金收入”“业务代办手续费收入”“基金托管收入”“咨询服务收入”“担保收入”“受托贷款手续费收入”等科目。

2) 手续费及佣金收入的账务处理

金融企业收取手续费及佣金的时间根据具体情况而定，既可定期，也可逐笔向有关单位和个人收取。收取手续费及佣金的方式有现金和转账结算两种。

(1) 确认手续费及佣金收入时，其会计分录如下：

借：应收账款(或代理承销证券款等科目)

　贷：手续费及佣金收入——××收入户

(2) 实际收到手续费及佣金收入时，其会计分录如下：

借：库存现金(或存放中央银行款项或结算备付金或××活期吸收存款等科目——××户)

　贷：应收账款等科目

期末余额结转利润时，其会计分录如下：

借：手续费及佣金收入——××收入户

　贷：本年利润

**3. 投资收益的核算**

投资收益是指金融企业对外投资取得的收益，包括对外投资的利息收入、证券出售及转让的净收益、分得的股利收入等。

(1) 金融企业取得交易性金融资产、持有至到期投资、可供出售金融资产期间取得投资收益以及处置交易性金融资产、交易性金融负债、指定为以公允价值计量且其变动计入当期损益的金融资产或金融负债、持有至到期投资、可供出售金融资产实现的损益，比照“交易性金融资产”“持有至到期投资”“可供出售金融资产”等科目的相关规定进行处理。

（2）长期股权投资采用成本法核算的，企业应按被投资单位宣告发放的现金股利或利润中属于本企业的部分，编制会计分录为：

借：应收股利
　　贷：投资收益

属于被投资单位在取得本企业投资前实现的净利润分配额，应作为投资成本的回收额。编制会计分录为：

借：应收股利
　　贷：长期股权投资

（3）长期股权投资采用权益法核算的，应根据被投资单位实现的净利润或经调整的净利润计算应分享的份额，编制会计分录为：

借：长期股权投资——损益调整
　　贷：投资收益

被投资单位发生亏损的，作相反的会计分录。

（4）处置长期股权投资时，按实际取得的收益或损失，记入“投资收益”科目的贷方或借方。

处置采用权益法核算的长期股权投资，除上述规定，还应结转原记入资本公积的相关金额，借记或贷记“资本公积”科目，贷记或借记“投资收益”科目。

**4. 汇兑收益的核算**

汇兑收益是指金融企业因外币兑换、汇率变动等原因而产生的收益，是汇兑损益的一个方面。汇兑损益包括交易损益和折算损益。

1）“汇兑损益”科目

（1）交易损益。交易损益是指不同货币兑换时，由金融企业买卖价差而产生的汇兑损益，如金融企业结汇时，银行要以低于中间价的买入价购入外汇；而售汇时，银行要以高于中间价的卖出价卖出外汇。买入价或卖出价与中间价的差额就是因交易产生的汇兑损益，从银行角度来说是汇兑收益，从其他金融企业来说是汇兑损失。

（2）折算损益。折算损益是指金融企业的各项外币资产和负债由于期末汇率和记账汇率不同而产生的折算为记账本位币的差额，即各个外币资产和负债科目的外币期末余额按期末市场汇率折合为记账本位币的金额与原账面记账本位币金额的差额。当期末汇率高于记账汇率时，这个差额对于外币资产来说是汇兑收益，对于外币负债来说是汇兑损失；当期末汇率低于记账汇率时，对于外币负债来说是汇兑收益，对于外币资产来说是汇兑损失。

金融企业发生的汇兑收益通过“汇兑损益”科目核算，同时按外汇买卖币种分设明细账。发生汇兑收益时，应借记“货币兑换”科目，贷记“汇兑损益”科目；期末结转利润时，则应借记“汇兑损益”科目，贷记“本年利润”科目。

2）汇兑损益的账务处理

（1）期末，按照期末汇率折合的记账本位币金额与“货币兑换——记账本位币”科目余额之间的差额，如为贷方余额，发生收益时，其会计分录如下：

借：货币兑换——记账本位币
　　贷：汇兑损益——××收益户

如为借方余额，发生损失时，其会计分录如下：

借：汇兑损益——××收益户
　　贷：货币兑换——记账本位币

（2）期末结转利润时，其会计分录如下：

借：汇兑损益——收益户　　（本币）
　　贷：本年利润　　（本币）

**5. 其他业务收入的核算**

其他业务收入是指金融企业除了上述各项收入的其他营业性收入。我国金融企业目前实行分业经营、分业管理，因此某项具体业务在一个金融企业可能是主营业务，而在另一个金融企业则可能是非主营业务。金融企业在核算业务收入时应依据自身业务特点，区分主营业务和非主营业务进行核算。

对于其他业务收入的核算，金融企业应设置“其他业务收入”科目，并按其他业务收入的种类设置明细账。发生其他业务收入时，应借记“银行存款”等有关科目，贷记“其他业务收入”科目；期末结转利润时，则借记“其他业务收入”科目，贷记“本年利润”科目。

# 第二节　成本费用的核算

## 一、金融企业成本费用概述

费用是指企业在日常活动中发生的、会导致所有者权益减少的、与向所有者分配利润无关的经济利益的总流出。

金融企业在从事业务经营活动中，不仅吸收资金需要支付相应的利息，而且还需要支付业务经营和管理人员的工资等费用，同时耗费一定的物品，所有这些耗费以货币价值形式表现出来，就构成了成本和费用。

成本和费用是两个并行使用的概念，两者之间既有联系也有区别。成本是按一定对象所归集的费用，即按所发生的特定业务归集的费用，是对象化了的费用。也就是说，成本是相对于一定的业务而言所发生的费用，是按照企业所发生的业务等成本计算对象对当期发生的费用进行归集而形成的。而费用是资产的耗费，它与一定的会计期间相联系，与发生哪种业务无关；成本与所发生的一定种类和数量的业务相联系，而不论发生在哪一个会计期间。

金融企业的营业支出是指在业务经营过程中发生的与业务经营有关的支出。

## 二、金融企业成本费用的确认

金融企业应遵循权责发生制和收入费用配比原则确认经营费用。依据权责发生制，凡属本期发生的费用，无论其款项是否支付，均确认为本期费用；反之，不属于本期发生的费用，即使其款项在本期支付，也不能确认为本期的费用。因此，金融企业必须分清本期经营费用和下期经营费用，不得任意预提和摊销费用。所谓配比原则，是根据收入与费用的内在联系，要求将一定时期内的收入与取得该收入所发生的费用在同一期间进行确认和计量。因此，金融企业经营费用的确认是与经营收入密切相关的。根据收入与费用的相关程度，费用可以分为以下三类：

第一，直接费用。直接费用是指直接为取得营业收入而发生的费用，即与当期的营业收入有直接因果关系的费用，如利息支出、手续费支出等。在确认营业收入的当期，企业就可以直接确认这些营业费用。

第二，期间费用。期间费用是指那些仅仅有助于当期营业收入的实现，或者数额不大，不便于或不值得在各期分配的费用，如业务招待费等。期间费用在发生时即可确认为费用，与当期的营业收入相配比。

第三，跨期费用。跨期费用是指受益期限在一个会计期间以上的费用，即应当按照配比原则，按规定方法在受益期间进行分配的费用，如固定资产折旧费等。跨期费用发生后不能直接确定为当期费用，要采用系统而合理的方法，将资产成本在各受益期内进行分摊，计入各期费用，从各期收入中得到补偿。

## 三、金融企业成本费用的核算

### 1. 利息支出的核算

利息支出是指金融企业发生的各项利息支出，包括吸收的各种存款（单位存款、个人存款、信用卡存款、特种存款、转贷款资金等）、其他金融机构（中央银行、同业等）之间发生的资金往来业务、卖出回购金融资产等产生的利息支出。

1）“利息支出”科目

金融企业为了核算利息支出，设置“利息支出”科目，并按支出项目设置明细科目。期末，应将该科目余额转入“本年利润”科目，结转后该科目无余额。

利息支出的明细科目为“同业存放利息支出”“向中央银行借款利息支出”“吸收存款利息支出”“卖出回购金融资产利息支出”“发行债券利息支出”科目及其他利息支出等。

2）利息支出的账务处理

（1）吸收各种存款的利息支出。利息支出的核算应按照权责发生制进行，以实现各期利息收支的正确配比。

资产负债表日，企业应按摊余成本和实际利率计算确定的利息费用金额，借记“利息支出”科目；按合同利率计算确定的应付未付利息，贷记“应付利息”科目；按其差额，借记或贷记“吸收存款——利息调整”等科目。

实际利率与合同利率差异较小的，也可以采用合同利率计算确定利息费用。

（2）金融企业往来利息支出。金融企业往来利息支出是各金融企业系统内以及金融企业与中央银行、同业之间资金往来发生的利息支出，包括金融企业介入中央银行款项利息支出、同业拆入、同业存放款项利息支出、系统内存放款项利息支出等。

金融企业往来利息支出，也在“利息支出”科目核算，并按支出项目设置明细账。金融企业往来利息支出的核算一般有以下几种情况：

① 金融企业向中国人民银行借款的利息支出，应作如下会计分录：

借：利息支出——向中央银行借款利息支出

　　贷：存放中央银行款项

② 同业拆入款项利息支出，因同业拆入资金是通过中央银行进行的，向同业支付拆入资金利息，同样也必须经过中央银行办理支付手续，应作如下会计分录：

借：利息支出——同业拆入利息支出
　　贷：存放中央银行款项

③ 同业存放款项利息支出，应作如下会计分录：

借：利息支出——同业存放款项利息支出
　　贷：同业存放

④ 系统内往来利息支出，应作如下会计分录：

借：利息支出——系统内存放款项利息支出(或系统内借入资金利息支出)
　　贷：系统内有关科目

**2. 手续费及佣金支出的核算**

手续费及佣金支出是指金融企业发生的与其经营活动相关的各项手续费、佣金等支出。

1)“手续费及佣金支出”科目

为了核算手续费及佣金等支出，金融企业应设置“手续费及佣金支出”科目。该科目可按支出类别进行明细核算。期末，应将该科目余额转入“本年利润”科目，结转后该科目无余额。

“手续费及佣金支出”科目的明细科目可设置为“手续费支出”“佣金支出”“证券经纪业务支出”科目及其他支出等。

2) 手续费及佣金支出的账务处理

金融企业发生手续费及佣金支出时，借记“手续费及佣金支出”科目，贷记“银行存款”“存放中央银行款项”“存放同业”“库存现金”“应付手续费及佣金”等科目。

(1) 发生手续费及佣金支出时，其会计分录如下：

借：手续费及佣金支出——××手续费支出户
　　贷：存放中央银行款项(或存放同业或现金或应付账款等科目)

(2) 期末按“手续费及佣金支出”科目余额结转时，其会计分录如下：

借：本年利润
　　贷：手续费及佣金支出——××手续费支出户

**3. 税金及附加的核算**

根据税法的规定，金融企业应向国家税务机关缴纳各种税金，包括消费税、城市维护建设税、资源税、教育费附加及房产税、土地使用税、车船使用税、印花税等相关税费。

金融企业需缴纳的上述各种税金通过“税金及附加”科目核算。当金融企业发生有关消费税、城市维护建设税、资源税、教育费附加的纳税义务时，借记“税金及附加”科目，贷记“应交增值税附加”科目；期末转入本年利润，结转后无余额。当发生有关房产税、土地使用税、车船使用税和印花税的纳税义务时，借记“税金及附加”科目，贷记“应交其他税费”科目；期末转入本年利润，结转后无余额。

**4. 业务及管理费的核算**

业务及管理费是指金融企业在业务经营及管理工作中发生的各项费用，包括固定资产折旧、业务宣传费、业务招待费、电子设备运转费、钞币运送费、安全防卫费、邮电费、劳动保护费、外事费、印刷费、低值易耗品摊销、职工工资及福利费、差旅费、水电费、职工教育经费、工会经费、会议费、诉讼费、公证费、咨询费、房产税、车船税、城镇土地使用税、印花税、无形资产摊销、长期待摊费用摊销、取暖降温费、聘请中介机构费、技术转让费、绿化费、董事会费、财产保险费、劳动保险费、待业保险费、住房公积金、物业管理费、研究费用、提取保险保障基金等。

金融企业的业务及管理费与利息支出、金融机构往来支出及手续费支出有很明显的区别,因为这种费用与金融企业的业务处理过程没有直接联系,但它又是金融企业经营及管理中必不可少的,为银行进行金融活动提供了条件。

金融企业应设置“业务及管理费”科目归集发生的各种业务及管理费,同时按费用项目进行明细核算。发生各项费用时,借记“业务及管理费”科目,贷记“库存现金”“应付职工薪酬”“其他应付款”等有关科目;期末将业务及管理费结转利润,借记“本年利润”科目,贷记“业务及管理费”科目。下面对主要项目作简要说明:

(1) 固定资产折旧费。金融企业固定资产每月应按规定的折旧方法和折旧范围计提折旧,并计入业务及管理费。

**【例 12-2】** 某商业银行 2×22 年 2 月按规定计提固定资产折旧费 50 000 元。会计分录为:

| | | |
|---|---|---|
| 借:业务及管理费——折旧费 | 50 000 | |
| 　贷:累计折旧 | | 50 000 |

(2) 无形资产摊销费。金融企业的无形资产每月应按直线摊销法在一定的期限内摊销,并计入业务及管理费。

**【例 12-3】** 某商业银行 2×22 年 2 月按规定摊销无形资产 30 000 元。会计分录为:

| | | |
|---|---|---|
| 借:业务及管理费——无形资产摊销 | 30 000 | |
| 　贷:无形资产 | | 30 000 |

(3) 业务宣传费。这是指金融企业开展业务宣传活动所支付的费用。业务宣传费在营业收入(扣除金融机构往来利息收入)的规定比例内掌握使用,应一律据实列支,不得预提。

**【例 12-4】** 某商业银行 2×22 年 1 月为了宣传住房贷款业务,发生业务宣传费 900 元,用现金支付。会计分录为:

| | | |
|---|---|---|
| 借:业务及管理费——业务宣传费 | 900 | |
| 　贷:库存现金 | | 900 |

**延伸阅读 12-1**

**区分业务宣传费、业务招待费、业务管理费**

(1) 业务宣传费。金融企业为了更好地开展业务,必须做好宣传工作,以吸引客户。如设置定点宣传栏、印发宣传资料、配合有关业务不定期上街宣传等,在这些活动中发生的业务宣传费实行比例控制。

(2) 业务招待费。业务招待费是金融企业业务经营的合理需要而发生的公关费用。业务招待费实行分档次按比例控制,必须当期如实列支,不得预提。

(3) 业务管理费。业务管理费是金融企业在业务管理工作中发生的各项费用。业务管理费包含的内容很多,一般根据费用的具体项目设置更详细的明细账进行核算。

(4) 职工工资、职工福利费、工会经费和职工教育经费。职工工资是指在职职工工资、奖金、津贴和补贴。职工工资的核算设置“应付职工薪酬”科目，每月月初按照规定的开支渠道，将本月应发放的工资按不同的开支项目或来源进行分配。

职工福利费是指用于金融企业职工福利方面的费用。职工福利费的核算也在“应付职工薪酬”科目中，按职工所在的岗位据实列支。

**【例 12-5】** 某金融企业 2×22 年 2 月分配工资费用 100 000 元，职工福利费 14 000 元，计入业务及管理费。会计分录为：

| | | |
|---|---|---|
| 借：业务及管理费——职工工资 | 100 000 | |
| ——职工福利费 | 14 000 | |
| 贷：应付职工薪酬——职工工资 | | 100 000 |
| ——职工福利费 | | 14 000 |

工会经费是指金融企业按工资总额 2%计提的拨交工会使用的经费。计提工会经费时，会计分录为：

借：业务及管理费——工会经费
　　贷：应付职工薪酬——工会经费户

职工教育经费是指按金融企业职工工资总额的 1.5%计提的用于职工教育方面的开支。计提职工教育经费时，会计分录为：

借：业务及管理费——职工教育经费
　　贷：应付职工薪酬——工教育经费

(5) 劳动保险费。这是指离退休职工的退休金、价格补贴、医药费(含离退休人员参加医疗保险的医疗保险基金)、职工退职金、6 个月以上病假人员工资、抚恤费、按规定支付给离休干部的各项经费以及实行社会统筹办法的金融企业按规定提取的退休统筹基金。金融企业缴纳退休统筹基金或发生各项劳动保险费支出时，作如下会计分录为：

借：业务及管理费——劳动保险费
　　贷：吸收存款——单位活期存款等

(6) 待业保险费。这是为了解决职工在待业期间的基本生活需要而建立的职工待业保险基金。金融企业按照国家规定缴纳的待业保险基金由开户银行代为扣缴，在接到开户行扣缴通知时，作如下会计分录为：

借：业务及管理费——待业保险费
　　贷：吸收存款——单位活期存款等

**5. 资产减值损失的核算**

资产减值损失是指银行按规定提取(或转回)的贷款损失和其他各项资产损失，包括计提的贷款损失准备、各项金融资产减值准备、长期股权投资减值准备、无形资产减值准备、固定资产减值准备、在建工程减值准备、抵债资产减值准备等。

按照我国《企业会计准则》的规定，在利润表中，要单独反映各项资产损失对利润总额的影响，为此应专门设置“资产减值损失”科目，将金融企业计提的各项减值损失都通过该科目核算，并按各项减值损失分设明细账。

（1）贷款损失。银行计提贷款损失准备的资产，是指银行承担风险和损失的贷款（含抵押、质押、保证、无担保贷款）、银行卡透支、贴现、信用垫款（如银行承兑汇票垫款、启用证垫款、担保垫款等）、进出口押汇等。

提取的贷款损失准备计入当期损益。如果发生贷款损失，应冲减已计提的贷款损失准备。其具体核算方法已在前面作了详细介绍，这里不再赘述。

（2）其他资产减值损失。其他资产减值损失是指对各项金融资产、长期股权投资、固定资产、在建工程、无形资产、抵债资产等按规定计提的资产损失。

期末计提其他资产减值准备时，其会计分录为：

借：资产减值损失
　　贷：××资产减值准备

期末结转利润时：

借：本年利润
　　贷：资产减值损失

## 第三节　利润及利润分配的核算

### 一、利润的含义及组成

**1. 利润的含义**

利润是指金融企业在一定会计期间的经营成果，主要包括收入减去费用后的净额、直接计入当期利润的利得和损失等。它是金融企业经营成果的综合反映，是衡量金融企业经营管理的重要综合指标。它反映了金融企业在一定会计期间的经营业绩和获利能力，反映了金融企业的投入产出效率和经济效益，有助于金融企业投资者和债权人据此进行盈利预测，评价金融企业经营绩效，作出正确的决策。利润分配是通过确定的利润分配原则，对金融企业实现的利润按一定程序进行分配，或对亏损进行弥补。

**2. 利润的组成**

根据新《企业会计准则》的规定，金融企业利润由营业利润、利润总额和净利润组成。

（1）营业利润是金融企业主要的利润来源，它是金融企业日常经营活动所产生的利润，是利润总额的主要组成部分，能够比较清楚地反映经营者的经营业绩。金融企业的营业利润是营业收入减去营业成本和业务及管理费用加上公允价值变动净收益、投资净收益和汇兑净收益后的净额，用公式表示为：

营业利润 ＝ 营业收入 － 营业成本 － 业务及管理费用 ＋ 公允价值变动净收益 ＋ 投资净收益 ＋ 汇兑净收益

营业利润包括公允价值变动净收益、投资净收益和汇兑净收益，这是金融企业与非金融企业的主要区别。由于金融企业是进行资金融通的特殊企业，所经营的是特殊商品——货币，使外汇业务、投资业务成为金融企业的重要业务之一，其收益属于金融企业正常经营收入，在金融企业利润组成中占到较大的比重。因此，金融企业的公允价值变动净收益、投资净收益和汇兑净收益应该被包括在营业利润里，公允价值变动净收益、投资净收益和汇兑净收益也在损益表中的营业收入项目内反映。

(2) 利润总额是指营业利润减去税金及附加，加上营业外收入，减去营业外支出后的金额。用公式可以表示为：

利润总额 = 营业利润 − 税金及附加 + 营业外收入 − 营业外支出

这里的营业外收入和营业外支出，是指金融企业发生的与经营业务活动无直接关系的各项收入和各项支出。这些收入或支出是金融企业日常经营活动以外偶然发生的，而且各项收入和支出之间彼此独立，没有相互对应关系。营业外收支虽然不是金融企业经常发生的经济利益的流动，但它是金融企业利润的组成部分，对金融企业的利润总额和净利润都有一定影响。

(3) 净利润是指扣除资产损失后的利润总额减去所得税后的余额。其公式表示如下：

净收益 = 利润总额 − 资产减值损失 − 所得税

所得税是指金融企业应计入当期损益的所得税费用。

## 二、利润组成部分的核算

### 1. 营业外收入与支出的核算

1) 营业外收入的核算

金融企业营业外收入是指与其业务经营无直接联系的各项收入，包括固定资产利得、处置无形资产利得、罚款罚没收入、出纳长款收入、政府补助利得等。

(1) 处置固定资产利得。处置固定资产利得是指金融企业在固定资产不需用或不适用时将其处置所得的净收益，其会计分录为：

借：固定资产清理

　　贷：营业外收入——处置固定资产利得

(2) 处置无形资产利得。处置无形资产利得是指金融企业在出售无形资产时，按实际取得的转让收入扣除该无形资产账面余额和相关税费后所得的净收益，其会计分录为：

借：银行存款

　　贷：无形资产

　　　　营业外收入——处置无形资产利得

　　　　应交税费——应交增值税

(3) 罚款、罚没收入。罚款、罚没收入是指金融企业在有关方面违反合同、协议或纪律的规定时间向其收取的各种形式的罚款收入。金融企业按照有关规定处以罚金，在收取违纪方的罚金时，其会计分录为：

借：吸收存款(或库存现金)

　　贷：营业外收入——罚款收入户

(4) 出纳长款收入。出纳长款即多出账面记载的现金。出纳长款发生时，应及时查明退还原主，如当天未能查明，经会计主管批准，填制现金收入凭证，按以下会计分录先行入账：

借：库存现金

　　贷：其他应付款——待处理出纳长款

经过查找，确实无法退还的出纳长款，经过一定审批手续，转为金融企业收益，会计分录为：

借：其他应付款——待处理出纳长款

　　贷：营业外收入——出纳长款收入

（5）接受政府补助利得。接受政府补助利得时，会计分录为：

借：银行存款

　　递延收益

　　贷：营业外收入

2）营业外支出的核算

营业外支出是指与金融企业经营物无直接关系的各项支出，包括固定资产盘亏、损毁、报废和出售净损失，以及出纳短款、非常损失、公益救济性捐赠支出、违约和赔偿支出等。

（1）固定资产盘亏、毁损、报废和出售净损失。盘亏要通过"待处理财产损溢"科目核算。发生固定资产盘亏时，按照原价扣除累计折旧后的差额入账，报经批准后转为营业外支出。其会计分录为：

借：营业外支出——固定资产盘亏

　　贷：待处理财产损溢——待处理固定资产损溢

固定资产毁损、报废和出售净损失发生时，"固定资产清理"科目表现为借方余额，结转固定资产清理净损失时，会计分录为：

借：营业外支出——固定资产清理损失

　　贷：固定资产清理

（2）出纳短款。在出纳工作中发生短款事故，应认真组织力量查找，力争挽回损失。在当天未能查清和找回时，经过一定审批手续，填制应收款现金付出凭证，按下列会计分录处理账务：

借：其他应收款——应收出纳短款

　　贷：库存现金

经调查确认属责任事故的短款并确实无法找回时，按规定的审批权限，转为金融企业损失，会计分录为：

借：营业外支出——出纳短款

　　贷：其他应收款——应收出纳短款

（3）非常损失。非常损失是指非正常的出乎意外的自然灾害造成的各项资产的净损失，即被毁坏的资产扣除保险公司赔偿及废料残值的差额，计入金融企业的损失。损失发生时，报经批准后，应将扣除残料价值和过失人、保险公司赔款后的净损失记为金融企业损失，会计分录为：

借：营业外支出——非常损失
　　贷：待处理财产损溢——待处理流动资产损溢等

（4）公益救济性捐赠支出。公益救济性捐赠支出是指国内重大救灾或慈善事业的救济性捐赠支出。金融企业发生救济性捐赠支出时，会计分录为：

借：营业外支出——救济性捐赠支出
　　贷：库存现金
　　　　银行存款等

（5）违约和赔偿支出。违约和赔偿支出是指金融企业因未履行经济合同、协议而向其他单位支付的赔偿金、违约金、罚息等罚款性支出。发生违约和赔偿支出时，会计分录为：

借：营业外支出——违约金赔偿金
　　贷：银行存款

**2. 所得税费用的核算**

所得税是根据企业应纳税所得额的一定比例上交的一种税。企业在计算确定的当期所得税以及递延所得税费用（或收益）的基础上，应将两者之和确认为利润表中的所得税费用（或收益）。计算公式如下：

所得税费用（或收益）＝当期所得税＋递延所得税费用（－递延所得税收益）
递延所得税费用＝递延所得税负债增加额＋递延所得税资产减少额
递延所得税收益＝递延所得税负债减少额＋递延所得税资产增加额

（1）当期所得税的计算。应纳税所得额是在企业税前利润（即利润总额）的基础上调整确定的。计算公式如下：

应纳税所得额＝税前会计利润＋纳税调整增加额－纳税调整减少额

纳税调整增加额主要包括税法规定允许扣除项目中，企业已计入当期费用但超过税法规定扣除标准的金额（如超过税法规定标准的业务招待费支出），以及企业已计入当期损失但税法规定不允许扣除项目的金额（如税收滞纳金、罚款、罚金）。

纳税调整减少额主要包括按税法规定允许弥补的亏损和准予免税的项目，如前 5 年内的未弥补的亏损和国债利息收入等。

企业当期所得税的计算公式如下：

应交所得税＝应纳税所得额×所得税税率

（2）所得税费用的会计处理。金融企业应根据会计准则的规定，对当期所得税加以调整计算后，据以确认应从当期利润总额中扣除的所得税费用。

**【例 12-6】** 假如甲金融企业当期应交所得税为 2 500 000 元，递延所得税负债年初数为 400 000 元，年末数为 500 000 元；递延所得税资产年初数为 250 000 元，年末数为 200 000 元。甲金融企业作会计处理如下：

（1）金融企业所得税费用的计算：

递延所得税费用＝（500 000－40 000）＋（250 000－200 000）
　　　　　　　＝150 000（元）
所得税费用＝当期所得税＋递延所得税费用
　　　　　＝2 500 000＋150 000＝2 650 000（元）

(2) 甲金融企业的会计分录为：

借：所得税费用　　2 650 000
　　贷：应交税费——应交所得税　　2 500 000
　　　　递延所得税负债　　100 000
　　　　递延所得税资产　　50 000

**3. 本年利润的核算**

为了核算金融企业年度内实现的利润总额(或亏损总额),应设置“本年利润”科目。期末,将“利息收入”“手续费及佣金收入”“其他业务收入”“汇兑收益”“营业外收入”“投资收益”各收益科目的发生额转入“本年利润”科目,即借记各项收益类科目,贷记“本年利润”科目;同时将“利息支出”“手续费及佣金支出”“业务及管理费”“税金及附加”“其他业务成本”“营业外支出”“所得税费用”各支出科目的发生额转入“本年利润”科目,即借记“本年利润”科目,贷记各支出类科目。转账后,“本年利润”科目如为贷方余额,反映本年度自年初开始累计实现的净利润;如为借方余额,反映本年自年初开始累计发生的净亏额。

年度终了,应将“本年利润”科目的全部累计余额,转入“利润分配”科目,如为净利润,借记“本年利润”科目,贷记“利润分配——未分配利润”科目;为净亏损,作相反会计分录。年度结账后,“本年利润”科目无余额。

**【例 12-7】** 华夏股份制商业银行在 2×22 年度决算时,各损益账户的本期发生额如下:

| 科目名称 | 本期发生额 |
|---|---|
| 利息收入 | 43 000 000 |
| 手续费及佣金收入 | 900 000 |
| 其他业务收入 | 500 000 |
| 汇兑损益 | 150 000 |
| 投资收益 | 1 000 000 |
| 营业外收入 | 40 000 |
| 利息支出 | 29 000 000 |
| 手续费及佣金支出 | 550 000 |
| 业务及管理费 | 7 500 000 |
| 税金及附加 | 900 000 |
| 其他业务成本 | 13 000 |
| 营业外支出 | 7 000 |
| 所得税费用 | 2 300 000 |

根据上述资料,银行作会计处理如下:

(1) 将本期所有的银行收入从借方转入“本年利润”科目的贷方。

借：利息收入　　43 000 000
　　手续费及佣金收入　　900 000
　　其他业务收入　　500 000
　　汇兑损益　　150 000
　　投资收益　　1 000 000
　　营业外收入　　40 000
　　贷：本年利润　　45 590 000

(2) 将本期所有的银行支出从贷方转入“本年利润”账户借方。

| | |
|---|---|
| 借：本年利润 | 40 270 000 |
| 　贷：利息支出 | 29 000 000 |
| 　　手续费及佣金支出 | 5 50 000 |
| 　　业务及管费用 | 7 500 000 |
| 　　税金及附加 | 900 000 |
| 　　其他业务成本 | 13 000 |
| 　　营业外支出 | 7 000 |
| 　　所得税费用 | 2 300 000 |

通过上述账务处理,“本年利润”科目余额 5 320 000 元即为本期形成的净利润。

## 三、利润分配的核算

**1. 金融企业利润分配的顺序**

金融企业当年实现的净利润,加上年初未分配利润(或减去年初未弥补亏损)和盈余公积补亏后的余额,为可供分配的利润。应按以下顺序进行分配:弥补以前年度亏损(税后弥补部分);提取法定盈余公积;提取一般风险准备金。

可供分配利润在提取了法定盈余公积、一般风险准备金后即可向投资者分配利润。

对于股份有限公司制的金融企业来说,应作如下分配:提取任意盈余公积;应付普通股股利;转作股本的普通股股利。

可供分配利润经过上述分配后的剩余部分即为未分配利润,未分配利润可以留待以后年度进行分配。金融企业如发生亏损,可按规定由以后年度利润进行弥补。

**2. 利润分配的账务处理**

为了反映利润分配的过程和结果,应设置“利润分配”科目。该科目核算金融企业按规定分配的利润或应弥补的亏损和历年分配(或弥补亏损)后的结余情况。该科目应设置“盈余公积补亏”“提取法定盈余公积”“提取任意盈余公积”“提取一般风险准备”“应付利润(或应付普通股股利)”“转作股本的普通股股利”“未分配利润”等明细科目,对不同分配内容进行核算。

1) 盈余公积的提取

盈余公积是指按规定从净利润中提取的积累资金,包括法定盈余公积和任意盈余公积。

(1) 提取法定盈余公积。法定盈余公积是指根据国家法律规定,必须从净利润中提取的公积金。按公司法规定其提取比例为 10%,当提取的法定盈余公积当期结存数额达到金融企业注册资本 50%时不再提取。金融企业按一定比例提取法定盈余公积时,会计分录为:

借:利润分配——提取法定盈余公积
　贷:盈余公积——法定盈余公积

**【例 12-8】** 2×22 年度华夏商业银行税后利润为 5 320 000 元,按 10%的比例提取法定盈余公积,则会计处理如下:

法定盈余公积 = 5 320 000 × 10% = 532 000(元)

借:利润分配——提取法定盈余公积　　532 000
　　贷:盈余公积——法定盈余公积　　532 000

(2) 提取任意盈余公积。任意盈余公积是指金融企业出于实际需要或是采取谨慎经营方针,由股东会决定从税后利润中提取的一项公积金。与法定盈余公积相比,两者计提的依据不同,法定盈余公积是依国家法律、法规规定必须计提的,具有强制性;任意盈余公积是否计提、计提多少均由股东会决定。在发行有优先股的股份有限公司制金融企业中,持有优先股的股东不享有表决权,所以有关法规规定,任意盈余公积要在支付优先股股利后提取。任意盈余公积提取的核算可比照法定盈余公积进行。

2) 盈余公积的主要用途

(1) 弥补亏损。按现行制度规定,金融企业发生的以前年度亏损5年内用税前利润延续弥补,5年内仍弥补不了的,用税后利润弥补。用盈余公积补亏时,作如下会计分录:

借:盈余公积——法定盈余公积
　　贷:利润分配——盈余公积补亏

(2) 增加资本。经股东会同意可将盈余公积转增资本,但转增资本时先要办理增资手续,而且转增后留存的盈余公积不得低于注册资本的25%。金融企业转增资本应按原股东持股比例办理,作如下会计分录。

借:盈余公积
　　贷:实收资本(或股本)

(3) 分配股利。经股东会特别决议也可用盈余公积分配股利,但应注意:企业如有未弥补亏损,必须先用盈余公积补亏,补亏后盈余公积的数额仍符合配股利条件的,方可进行分配;用盈余公积分配股利的股利率不得超过股票面值6%;分配股利后,法定盈余公积不得低于注册资本的25%。用盈余公积分配现金股利或利润时,作如下会计分录:

借:盈余公积
　　贷:应付股利

**3. 从净利润中提取一般风险准备**

为防范金融风险按照国家有关法律、法规的规定,金融企业还要从净利润中计提一般风险准备。

为了达到稳健经营的目的,金融企业所提取的准备可分为两类:一类是根据不良贷款内在损失程度计提的贷款损失准备。由于其与已基本形成的特定资产损失相关,所以将其作为一项费用计入当期损益,以抵减纳税所得,此类准备前面已作了介绍。另一类是按一定比例从净利润中计提的一般风险准备。和贷款损失准备不同,一般风险准备与特定资产的损失无关,它是为了避免贷款损失准备不足,对金融企业资本过度侵蚀而设立的准备金,具有资本的性质,可作为附属资本参加资本充足率的计算。因而一般风险准备除特殊情况,不免征所得税,而作为一项利润分配,从净利润中提取。

金融企业提取一般准备时,应作会计分录为:

借:利润分配——提取一般风险准备
　　贷:一般风险准备

用一般风险准备弥补亏损时，应作会计分录为：

借：一般风险准备
　　贷：利润分配——一般风险准备补亏

**4. 分配股利(或利润)**

金融企业在弥补亏损、提取各种公积金之后所余的利润，即为可供投资者分配的利润，由金融企业根据其股利政策进行分配。一般金融企业按股东出资比例分配；股份有限公司制金融企业按股东所持股份比例分配。股利分配的形式主要有现金股利和股票股利两种。

一般金融企业宣告分配利润时，会计分录为：

借：利润分配——向投资者分配利润
　　贷：应付利润

股份有限公司制金融企业发放现金股利时，会计分录为：

借：利润分配——应付普通股股利
　　贷：应付股利

实际支付现金股利时，会计分录为：

借：应付股利
　　贷：银行存款

股份有限公司制金融企业经批准分配股票股利时的会计分录为：

借：利润分配——转作股本的普通股股利
　　贷：股本

**5. 未分配利润**

未分配利润是金融企业留待以后年度进行分配的累计结存利润。相对于所有者权益的其他部分来说，未分配利润的使用和分配更具有自主性。它有两层含义：一是留待以后年度处理的利润；二是未指定特定用途的利润。从数量上讲，年末未分配利润可用下列公式计算：

$$\begin{matrix}\text{年末未分}\\\text{配利润}\end{matrix}=\begin{matrix}\text{年初未分配利润}\\\text{(或未弥补亏损)}\end{matrix}+\begin{matrix}\text{本年净利润}\\\text{(或亏损)}\end{matrix}-\begin{matrix}\text{本年已分配利润}\\\text{(或盈余公积补亏)}\end{matrix}$$

上式中，本年已分配利润包括本年提取的各项盈余公积、一般风险准备以及分给企业所有者的利润，括号中的内容应以负数表示。

为了核算未分配利润，应在“利润分配”科目下设置“未分配利润”明细科目。金融企业在经营过程中取得的收入和发生的成本费用年终通过“本年利润”科目进行配比，计算出当年实现的净利润(或亏损)转入“利润分配——未分配利润”科目的贷方，然后将“利润分配”科目下其他各明细科目(包括“提取法定盈余公积”“提取一般风险准备”“提取任意盈余公积”“应付普通股股利”“转作股本的普通股股利”“盈余公积补亏”等科目)的余额，转入“利润分配——未分配利润”明细科目的借方。结转后，“利润分配”科目只有“未分配利润”明细科目有余额。若余额在贷方表示年末尚未分配的利润；如余额在借方表示尚未弥补的亏损。在年终资产负债表上保留在该项目下，作为所有者权益的一部分。

【例 12-9】 华夏商业银行 2×22 年初未分配利润为 250 000 元，本年实现净利润 5 320 000元，提取法定盈余公积 532 000 元，提取一般风险准备金 1 000 000 元，提取任意盈余公积 1 500 000 元，分派普通股现金股利 1 200 000 元。有关的账务处理如下：

（1）结转本年实现的利润：

借：本年利润　　5 320 000
　　贷：利润分配——未分配利润　　5 320 000

（2）结转全年利润分配数：

借：利润分配——未分配利润　　4 232 000
　　贷：利润分配——提取法定盈余公积　　532 000
　　　　　　　　——提取一般风险准备金　　1 000 000
　　　　　　　　——提取任意盈余公积　　1 500 000
　　　　　　　　——应付普通股股利　　1 200 000

$$年末未分配利润 = 250\ 000 - 5\ 320\ 000 - 4\ 232\ 000 = 1\ 338\ 000(元)$$

通过上述会计处理后，“利润分配——未分配利润”科目贷方余额 1 338 000 元，表示到年末尚未分配的利润。

12-1 扫一扫看课件

## 本章重要概念

收入的概念和确认　营业收入　费用　金融企业往来利息支出　手续费及佣金支出　业务及管理费　资产减值损失　利润　未分配利润

## 本 章 练 习

### 一、单项选择题

1. 下列税、费计算后，应在“其他应付款”科目列账的是(　　)。
A. 营业税　　B. 城市维护建设税
C. 教育费附加　　D. 所得税

2. 所得税是以(　　)与所得税利率相乘而计算缴纳的。
A. 账面利润　　B. 利润总额
C. 应纳税所得额　　D. 营业利润

3. 利润分配科目的“未分配利润”明细账户的年末余额反映的是(　　)。
A. 应分而未分配给股东的利润　　B. 当年尚未分配的利润
C. 应上缴国家的利润　　D. 历年积存的未分配利润

4. (　　)不在营业外支出中列出。
A. 固定资产盘亏　　B. 计提无形资产的减值准备
C. 短期投资跌价准备　　D. 出纳短款损失

5. 商业银行当期实现的收入，即使没有实际收到，也应确认为当期的收入；不属于当期实现的收入，即使实际收到，也不应确认为当期的收入，这符合的会计原则是(　　)。
A. 配比原则　　B. 权责发生制原则
C. 一贯性原则　　D. 重要性原则

6. 某银行在本会计期间贷款利息 80 000 元，与中央银行往来收入 60 000 元，与商业银行往来收入 180 000元，发生长期投资收益 50 000 元，发生查无着落的出纳长款 600 元，该期银行营业收入为(　　)元。

A. 320 000　　B. 370 000　　C. 320 600　　D. 240 000

7. 商业银行应按期计提各项贷款利息并确认收入，按规定对已计提的应收利息，冲减原已计入损益的利息收入，转作表外核算的，是在贷款到期后(　　)天仍未收回的。

A. 60　　B. 50　　C. 90　　D. 100

8. 以下不属于商业银行成本项目的是(　　)。

A. 利息支出　　B. 金融机构往来支出

C. 手续费支出　　D. 出纳短款支出

9. 对基本建设人员发放的工资应当计入的科目是(　　)科目。

A. “在建工程”　　B. “销售费用”

C. “营业支出”　　D. “非营业支出”

## 二、多项选择题

1. 营业收入是指企业在(　　)日常活动中所形成的经济利益总流入。

A. 销售商品　　B. 提供劳务

C. 让渡资产使用权　　D. 为第三方代收款项

E. 以资金对外投资

2. 商业银行的收入主要包括(　　)。

A. 金融机构往来收入　　B. 手续费收入

C. 贴现利息收入　　D. 汇兑收益

E. 营业外收入

3. “金融机构往来收入”科目核算的内容为(　　)。

A. 存放同业款项利息收入　　B. 拆放同业资金的利息收入

C. 商业银行代理发行证券业务的收入　　D. 下级行上缴管理费收入

E. 银行发放贷款取得的利息收入

## 三、判断题

1. 汇兑收益是办理汇兑结算业务的收入。(　　)

2. 销售费用采用间接列账的，会计部门可向行政部门拨付周转金，并为行政部门开立存款户，开支各项费用时，从该存款户列支，定期向会计部门报销，年底将周转金划还会计部门。(　　)

3. 法定盈余公积金按规定比例从税前利润中提取。(　　)

4. 利润分配后，将“利润分配”科目各明细账户逐户转入“本年利润”科目。(　　)

5. 利润分配各账户结转后，“利润分配”账户只有“未分配利润”账户有余额，该账户贷方余额为未分配利润，借方余额为未弥补的亏损。(　　)

6. 以前年度发生的亏损连续 3 年在所得税后弥补而未弥补完的部分，从当年税前利润中弥补。(　　)

7. 商业银行的所得税应在“税金及附加”科目进行核算。(　　)

## 四、业务题

1. 工商银行提取第一季度贷款利息收入 78 000 元。

要求：写出会计分录。

2. 某工商银行收到人民银行收账通知系人民银行支付给本行代办业务的手续费 80 000 元。

要求：写出会计分录。

3. 某工商银行向企业收取结算业务手续费 7 400 元。

要求：写出会计分录。

4. 工商银行支付给企业单位存款利息 84 000 元。

要求：写出会计分录。

5. 工商银行支付人民银行借款利息 7 800 元。

要求：写出会计分录。

6. 工商银行总务部门购买办公用品发生的费用支出 880 元。

要求：写出会计分录。

# 第十三章　金融企业财务会计报告

- 内容提要
- 重点难点
- 学习目标
- 知识框架
- 第一节　财务会计报告概述
- 第二节　资产负债表
- 第三节　利润表和所有者权益变动表
- 第四节　现金流量表
- 本章重要概念
- 本章练习

## 内容提要

本章内容包括财务会计报告概述、资产负债表、利润表和所有者权益变动表、现金流量表。

## 重点难点

本章重点为资产负债表的内容与格式、利润表的内容与格式以及现金流量表的格式和内容；本章难点为资产负债表的编制、利润表的编制、所有者权益变动表的编制以及现金流量表的编制。

## 学习目标

通过本章学习，学生应掌握财务会计报告的含义及内容、资产负债表的内容与格式、资产负债表的编制、利润表的内容与格式、利润表的编制、现金流量表的格式和内容、现金流量表的编制；了解财务会计报告的意义、财务会计报告的编制要求、所有者权益变动表的编制。

## 知识框架

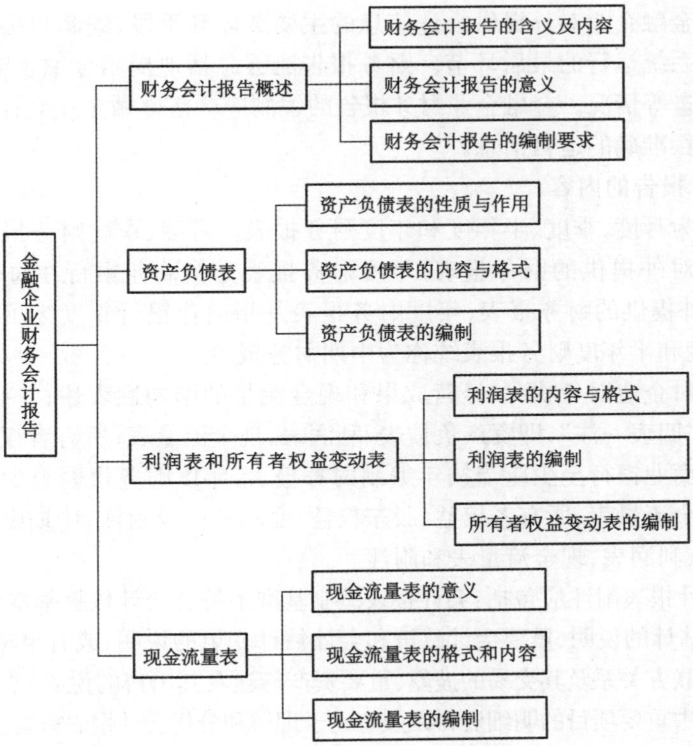

## 思政育人　　银行财报里的绿色金融

2021 年是“十四五”规划的开局之年，也是碳中和元年。金融是推动绿色发展的重要支柱，大力发展绿色金融，是实现碳中和的重要保障。因此，一年一度财报季，绿色金融相关数据也备受关注。

据统计，截至 2022 年 4 月 1 日，已有 23 家 A 股上市银行公布了 2021 年年报，共 16 家银行公布了绿色贷款、绿色债券、碳减排支持贷款等绿色金融相关数据情况。其中，12 家银行绿色贷款余额突破千亿，增幅达到了 30%以上；两家银行绿色债券规模突破千亿。此外，6 家国有大行碳减排贷款总和为 1 664.39 亿元，占碳减排贷款总额的 76.38%，占总额七成以上。

结合上述内容，请大家思考金融企业财务报表有哪些？银行财务报表应如何编制？

资料来源：李德尚玉，赵宇心. 银行财报里的绿色金融：12 家上市银行绿色贷款破千亿 6 大行碳减排贷款占七成以上[N]. 21 世纪经济报道，2022-04-07(7).

# 第一节　财务会计报告概述

## 一、财务会计报告的含义及内容

### 1. 财务会计报告的含义

财务会计报告（以下简称“财务报告”）是指企业对外提供的，反映企业某一特定日期财务状况和某一会计期间经营成果、现金流量等会计信息的文件。财务报告包括财务报表和其他应当在财务报告中披露的相关信息和资料，由于财务报表是财务报告中最重要的组成部分，以下内容亦主要讲解财务报表。

财务报告是金融企业对外提供会计信息的主要载体和手段，编制和报送财务报告是会计作为一个信息系统运行的最后环节。财务报告能够总括地揭示金融企业的财务状况、经营成果和现金流量等情况。金融企业财务报告的编制应严格遵循企业会计准则和相关规定的要求，提供及时、准确的运营信息。

### 2. 财务会计报告的内容

财务报表分为月度、季度、半年度和年度财务报表。月度、季度财务报表是指商业银行月度和季度终了对外提供的财务报表；年度财务报表是指商业银行在每个会计年度的前 6 个月结束后对外提供的财务报表；年度财务报表是指商业银行年度终了对外提供的财务报表。月度、季度和半年度财务报表统称为中期财务报表。

财务报表是对企业财务状况、经营成果和现金流量的结构性表述。一套完整的财务报表至少应当包括“四表一注”，即资产负债表、利润表、现金流量表、所有者权益（股东权益）变动表以及附注。商业银行至少应当按年编制财务报表，年度财务报表至少应当包括资产负债表、利润表、现金流量表、所有者权益（股东权益）变动表以及附注；中期财务报表至少应当包括资产负债表、利润表、现金流量表和附注。

金融企业会计报表附注应包括：会计报表编制基准不符合会计核算基本前提的说明、重要会计政策和会计估计的说明、重要会计政策和会计估计变更的说明、或有事项和资产负债表日后事项的说明、关联方关系及其交易的披露、重要资产转让及其出售的说明、金融企业合并、分立的说明、会计报表中重要项目的明细资料以及有助于理解和分析会计报表需要说明的其他事项。

## 二、财务会计报告的意义

企业编制财务报告的目标，是向财务报告使用者提供与企业财务状况、经营成果和现金流量等有关的会计信息，反映企业管理层受托责任的履行情况，有助于财务报告使用者作出经济决策。财务报告使用者通常包括投资者、债权人、政府及其有关部门和社会公众等。

认真、准确、及时地编制财务报告，对于提高银行经营管理水平，向监管者、投资者、债权人等社会公众提供准确、真实、完整的财务会计信息，有效发挥银行的职能作用，具有重要意义。

**1. 全面总结核实会计核算工作，提高银行的会计工作质量**

银行会计部门在编制财务报告中，要对全年的业务活动和财务活动等进行全面的核实和整理，根据核实结果，发现异常，查明原因，进行调整，使会计记录与实际相一致。在此基础上，形成数字真实和内容完整的财务报告。因此，企业通过编制财务报告，可以发现日常会计核算中存在的问题，进一步提高会计工作的质量。

**2. 综合考核银行经营效益，促进银行提高经营管理水平**

企业通过编制财务会计报告，可以了解银行经营活动的全貌，掌握银行资产、负债及所有者权益的状况，分析资金的运用效果，为银行管理者提供可靠的数据。财务报告可以汇总反映银行全年的经营成果，考核其各项经济指标完成情况和经营效益，便于总结经验，吸取教训，及时采取措施，促进银行改善经营管理水平。

**3. 为宏观经济决策提供及时准确的经济信息**

银行是国民经济的综合部门，是全国信贷、结算、货币发行、外汇收支额中心，是社会资金往来的枢纽。银行会计日常记录的各项业务活动信息，是国民经济各部门各单位经济活动的综合反映。财务会计报告可以将这些日常资料进行核实、整理，并以报表的形式汇总，更加集中、系统地反映出整个国民经济资金活动情况，为宏观经济决策提供准确、及时的经济信息。

## 三、财务会计报告的编制要求

商业银行应当以持续经营为基础编制财务报表。以持续经营为基础不再合理的，应当采用其他基础编制财务报表，并在附注中进行披露。商业银行编制财务报表时应遵守以下基本要求。

**1. 真实性**

商业银行应当根据实际发生的交易和事项，按照企业会计准则的规定进行确认和计量，在此基础上编制财务报表，保证财务报表所提供的信息真实可靠，数据正确。商业银行不应以附注披露代替确认和计量。

**2. 完整性**

财务报表中的资产项目和负债项目的金额、收入项目和费用项目的金额，除准则另有规定，不得相互抵销。

当期财务报表的列报，除准则另有规定，至少应当提供所有列报项目上一可比会计期间的比较数据，以及与理解当期财务报表相关的说明。

商业银行应当在财务报表的显著位置至少披露编报商业银行的名称、资产负债表日或财务报表涵盖的会计期间、人民币金额单位。若为合并财务报表，应当予以标明。

**3. 一致性**

财务报表项目的列报应当在各个会计期间保持一致，不得随意变更，但下列情况除外：

（1）会计准则要求改变财务报表项目的列报。

（2）商业银行经营业务的性质发生重大变化后，变更财务报表项目的列报能够提供更可靠、更相关的会计信息。

财务报表项目的列报发生变更，在切实可行的情况下，应当对列报的上一可比会计期间的比较数据，按照当期的列报要求进行调整，并在附注中披露调整的原因、性质及金额；在不切实可行的情况下，应当在附注中披露不能调整的原因。

**4. 重要性**

财务报表是通过对大量的交易和事项进行处理而生成的，为了使财务报表具有可理解性，应将各项交易和事项按性质或功能汇总归类，形成财务报表列报的项目。

对于性质或功能不同的项目，应当在财务报表中单独列报，但是对于不具有重要性的项目可以合并列报。例如，长期股权投资和固定资产在性质和功能上都有本质的区别，且都具有重要性，必须分别在资产负债表上单独列报。

对于性质或功能类似的项目，可以合并列报，但是对于具有重要性的类别，应当按其类别在财务报表中单独列报。例如，贷款、贸易融资、信用卡透支等项目在性质上类似，其所属类别为“发放贷款和垫款”，该类别具有重要性，必须将这一类别在资产负债表上单独列报。

重要性是相对的，对某项目重要性的评价，在很大程度上取决于会计人员的职业判断。一般而言，若财务报表某项目的省略或错报会影响会计信息使用者据此作出经济决策，则该项目具有重要性。重要性应当根据商业银行所处的环境，从项目的性质和金额大小两方面予以判断。判断项目性质的重要性时，应考虑该项目是否属于商业银行日常活动等因素；判断项目金额大小的重要性时，应通过单项金额占资产总额、负债总额、所有者权益总额、营业收入总额、营业成本总额、净利润等直接相关项目金额的比重加以确定。

本章将会在下列三节中对商业银行财务报表的编制加以详细介绍。

## 第二节　资产负债表

### 一、资产负债表的性质与作用

资产负债表是总括反映商业银行某一特定日期（即月末、季末、半年末和年末，称资产负债表日）的全部资产、负债和所有者权益的报表。资产负债表日，符合确认条件的各项资产、负债、所有者权益均应按照规定的计量方法和格式，在资产负债表中列报。

资产负债表是根据“资产＝负债＋所有者权益”的基本会计等式，按照一定的要求编制而成，反映金融企业资产、负债、所有者权益财务状况的会计报表。从资金来源看，资产负债表可以提供商业银行某一期末时点的负债和所有者权益的金额及构成，反映商业银行资金来源中借入资金和自有资金的金额及比例；从资金运用看，资产负债表可以提供商业银行某一期末时点的资产总额及构成，反映商业银行拥有或控制的资源以及分布情况。

通过资产负债表，我们可以了解金融企业资产、负债、所有者权益的构成及其合理性；了解金融企业资产、负债的流动性；了解财务弹性，即金融企业应付意外情况，如意外灾害、意外机会的能力。

## 二、资产负债表的内容与格式

资产负债表的格式按照报表项目的排列方式不同,可以分为报告式和账户式两种。

报告式资产负债表又称为垂直式资产负债表,按照"资产－负债＝所有者权益"的等式垂直排列,先列式资产,然后是负债,最后是所有者权益的排列方式。

账户式资产负债表又称为水平式资产负债表,按照"资产＝负债＋所有者权益"等式分左右双方排列,左边列式资产,右边列式负债和所有者权益。我国商业银行资产负债表采用账户式,具体格式内容如表13-1所示。

表13-1　　资产负债表

会商银01表

编制单位：　　　　年　　月　　日　　单位:元

| 资　产 | 期末余额 | 上年年末余额 | 负债和所有者权益（或股东权益） | 期末余额 | 上年年末余额 |
|---|---|---|---|---|---|
| 资产： | | | 负债： | | |
| 现金及存放中央银行款项 | | | 向中央银行借款 | | |
| 存放同业款项 | | | 同业及其他金融机构存放款项 | | |
| 贵金属 | | | 拆入资金 | | |
| 拆出资金 | | | 交易性金融负债 | | |
| 交易性金融资产 | | | 衍生金融负债 | | |
| 衍生金融资产 | | | 卖出回购金融资产款 | | |
| 买入返售金融资产 | | | 吸收存款 | | |
| 应收利息 | | | 应付职工薪酬 | | |
| 发放贷款和垫款 | | | 应交税费 | | |
| 其他权益工具投资 | | | 应付利息 | | |
| 债权投资 | | | 预计负债 | | |
| 长期股权投资 | | | 应付债券 | | |
| 投资性房地产 | | | 递延所得税负债 | | |
| 固定资产 | | | 其他负债 | | |
| 无形资产 | | | 负债合计 | | |
| 递延所得税资产 | | | 所有者权益（或股东权益）： | | |
| 其他资产 | | | 实收资本 | | |
| | | | 资本公积 | | |
| | | | 减:库存股 | | |
| | | | 盈余公积 | | |
| | | | 一般风险准备 | | |
| | | | 未分配利润 | | |
| | | | 所有者权益（或股东权益）合计 | | |
| 资产总计 | | | 负债和所有者权益（或股东权益）总计 | | |

## 三、资产负债表的编制

资产负债表的编制是以日常会计核算记录的数据为基础进行归类、整理和汇总，加工成报表项目的过程。资产负债表各项目都列有“期末余额”和“上年年末余额”两个栏目，是一种比较资产负债表。会计信息使用者通过对不同时点的资产负债表的数据进行比较，可以了解商业银行财务状况的变动情况及发展趋势。

**1. “上年年末余额”的填列**

“上年年末余额”根据上年年末资产负债表“期末余额”栏内所列数字填列。若本年度项目的名称和内容与上年度不一致，在切实可行的情况下，应对上年年末项目的名称和数字按本年度的规定调整后填列。

**2. “期末余额”的填列**

资产负债表中“期末余额”栏内各项目数字，有的可以根据有关科目的期末余额直接填列，有的则需要根据相关科目的期末余额，经过分析、计算后填列。资产负债表各项目的内容及“期末余额”的填列方法如下：

（1）“现金及存放中央银行款项”项目，反映商业银行期末持有的库存现金和存放于中央银行的各种款项，根据“库存现金”“存放中央银行款项”等总账科目的期末余额的合计数填列。

（2）“存放同业款项”“贵金属”“拆出资金”“交易性金融资产”“买入返售金融资产”“应收利息”“递延所得税资产”项目，反映商业银行持有的相应资产的期末价值，根据相应总账科目的期末余额分别填列。

（3）“其他权益工具投资”“债权投资”“长期股权投资”项目，反映商业银行持有的相应资产的期末价值，根据相应总账科目的期末余额分别填列。已计提减值准备的，应以减去减值准备后的净额分别填列。

（4）“衍生金融资产”项目，反映商业银行期末持有的衍生工具、套期工具、被套期项目中属于衍生金融资产的金额。该项目应根据“衍生工具”“套期工具”“被套期项目”总账科目的期末借方余额的合计数填列。

（5）“发放贷款和垫款”项目，反映商业银行发放的各种客户贷款、银团贷款、贸易融资、协议透支、信用卡透支、转贷款、垫款及贴现资产等的期末价值。该项目应根据“贷款”“贴现资产”等总账科目的期末借方余额合计数，减去“贷款损失准备”科目所属明细科目期末余额后的金额分析计算填列。

（6）“固定资产”“无形资产”“投资性房地产”项目，反映商业银行相应资产的期末价值。根据相应总账科目的期末余额减去相关的累计折旧或摊销后的金额分别填列。已计提减值准备的，还应减去相应的减值准备。采用公允价值计量的投资性房地产，应根据相应总账科目的期末余额填列。

（7）“其他资产”项目，反映商业银行除上述各项资产的期末价值，如存出保证金、应收股利、其他应收款、长期应收款、未实现融资收益、抵债资产、长期待摊费用、商誉、代理兑付证券、坏账准备等。该项目应根据“存出保证金”“应收股利”“其他应收款”“长期应收款”“未实现融资收益”“抵债资产”“长期待摊费用”“商誉”“代理兑付证券”“坏账准备”等总账科目的期末余额分析计算后加总填列，如长期应收款账面余额减去累计减值准备和未实现融资收益后的净额、抵债资产账面余额减去累计跌价准备后的净额、“代理兑付证券”减去“代理兑付证券款”后的借方余额。

(8) “向中央银行借款”“同业及其他金融机构存放款项”“拆入资金”“交易性金融负债”“卖出回购金融资产款”“吸收存款”“应付职工薪酬”“应交税费”“应付利息”“预计负债”“应付债券”“递延所得税负债”项目，反映商业银行期末尚未偿还或偿付的相应债务金额，应根据相应总账科目的期末余额分别填列。

(9) “衍生金融负债”项目，反映商业银行期末持有的衍生工具、套期工具、被套期项目中属于衍生金融负债的金额。该项目应根据“衍生工具”“套期工具”“被套期项目”总账科目的期末贷方余额的合计数填列。

(10) “其他负债”项目，反映商业银行除上述各项负债的期末金额，如存入保证金、应付股利、其他应付款、长期应付款、递延收益、未确认融资费用、代理兑付证券款等。该项目应根据“存入保证金”“应付股利”“其他应付款”“长期应付款”“递延收益”“未确认融资费用”“代理兑付证券款”等总账科目的期末余额分析计算后加总填列。如长期应付款账面余额减去未确认融资费用后的净额、“代理兑付证券”减去“代理兑付证券款”后的贷方余额，在“其他负债”项目反映。

(11) “实收资本(股本)”“资本公积”“库存股”“盈余公积”“一般风险准备”项目，反映商业银行期末实际收到的实收资本(或股本)、资本(或股本)溢价及除了资本(或股本)溢价所形成的资本公积、从净利润中提取的盈余公积和一般风险准备的金额，应根据“实收资本(股本)”“资本公积”“库存股”“其他综合收益”“盈余公积”“一般风险准备”总账科目的期末余额分别填列。

(12) “未分配利润”项目，反映商业银行历年积累的未分配利润或为弥补的亏损。该项目应根据“利润分配”科目下“未分配利润”明细科目的期末余额填列。

## 第三节 利润表和所有者权益变动表

### 一、利润表的内容与格式

利润表是反映商业银行在某一会计期间经营成果的财务报表。某一会计期间，符合确认条件的各项收入、费用、利润均应按照规定的计量方式和格式，在利润表中列报。

利润表是按照“收入－成本＝利润(或亏损)”这一会计等式来编制的，由于不同国家和地区对会计报表的信息要求不完全相同，利润表的结构也不完全相同，目前我国商业银行利润表的格式为多步式利润表，格式如表 13-2 所示。

表 13-2 利 润 表 会商银 02 表

编制单位： ________年________月 单位:元

| 项　　目 | 本期金额 | 上期金额 |
|---|---|---|
| 一、营业收入 | | |
| 利息净收入 | | |
| 利息收入 | | |

（续表）

| 项　　目 | 本期金额 | 上期金额 |
|---|---|---|
| 利息支出 | | |
| 手续费及佣金净收入 | | |
| 手续费及佣金收入 | | |
| 手续费及佣金支出 | | |
| 投资收益（损失以“－”号填列） | | |
| 其中：对联营企业和合营企业的投资收益 | | |
| 公允价值变动收益（损失以“－”号填列） | | |
| 汇兑收益（损失以“－”号填列） | | |
| 其他业务收入 | | |
| 二、营业支出 | | |
| 税金及附加 | | |
| 业务及管理费 | | |
| 资产减值损失 | | |
| 其他业务成本 | | |
| 三、营业利润（损失以“－”号填列） | | |
| 加：营业外收入 | | |
| 减：营业外支出 | | |
| 四、利润总额（损失以“－”号填列） | | |
| 减：所得税费用 | | |
| 五、净利润（损失以“－”号填列） | | |
| 六、其他综合收益的税后净额 | | |
| （一）以后不能重分类进损益的其他综合收益 | | |
| （二）以后将重分类进损益的其他综合收益 | | |
| 七、综合收益总额 | | |
| 八、每股收益： | | |
| （一）基本每股收益 | | |
| （二）稀释每股收益 | | |

## 二、利润表的编制

利润表中各项目都列有“本期金额”和“上期金额”两个栏目，是一种比较利润表。会计信息使用者通过对不同期间利润的实现情况进行比较，可以判断商业银行经营成果的未来发展趋势。

**1.“上期金额”的填列**

“上期金额”根据上年该期利润表“本期金额”栏内所列数字填列。若上年该期利润表项目的名称和内容与本期不一致，在切实可行的情况下，应对上年该期利润表项目的名称和数字按本期的规定进行调整，按调整后的数字填入本期利润表“上期金额”栏内。

**2. “本期金额”的填列**

利润表中“本期金额”栏内各项目数字，有的根据各损益类科目的发生额分析填列，有的根据表中相关项目的数据计算填列。利润表各项目“本期金额”的填列方法如下：

(1)“营业收入”项目。该项目应根据“利息净收入”“手续费及佣金净收入”“投资收益”“公允价值变动收益”“汇兑收益”“其他业务收入”项目的合计数填列。

(2)“利息净收入”项目。该项目应根据“利息收入”项目金额，减去“利息支出”项目金额后的净额填列。

(3)“利息收入”“利息支出”项目，分别应根据“利息收入”“利息支出”科目发生额分析填列。

(4)“手续费及佣金净收入”项目。该项目应根据“手续费及佣金收入”项目金额，减去“手续费及佣金支出”项目金额后的净额填列。

(5)“手续费及佣金收入”“手续费及佣金支出”项目，分别应根据“手续费及佣金收入”“手续费及佣金支出”科目的发生额分析填列。

(6)“投资收益”“公允价值变动收益”“汇兑收益”项目，分别应根据“投资收益”“公允价值变动收益”“汇兑收益”科目的发生额分析填列。如为损失，以“-”号填列。

(7)“其他业务收入”项目。该项目应根据“其他业务收入”科目的发生额分析填列。

(8)“营业支出”项目。该项目应根据“税金及附加”“业务及管理费”“资产减值损失”“其他业务成本”项目的合计数填列。

(9)“税金及附加”“业务及管理费”“资产减值损失”“其他业务成本”项目，分别应根据“税金及附加”“业务及管理费”“资产减值损失”“其他业务成本”科目的发生额分析填列。

(10)“营业利润”项目。该项目应根据“营业收入”项目金额，减去“营业支出”项目金额后的数额填列。

(11)“营业外收入”“营业外支出”项目，分别应根据“营业外收入”“营业外支出”科目的发生额分析填列。

(12)“利润总额”项目。该项目应根据“营业利润”项目金额，加上“营业外收入”项目金额，减去“营业支出”项目金额后的数额填列。

(13)“所得税费用”项目。该项目应根据“所得税费用”科目的发生额分析填列。

(14)“营业利润”项目。该项目应根据“利润总额”项目金额，减去“所得税费用”项目金额后的数额填列。

(15)“其他综合收益的税后净额”项目及其各组成部分，根据“其他综合收益”科目及其所属明细科目的本期发生额分析填列。

(16)“综合收益总额”项目。该项目应根据“净利润”项目金额，加上“其他综合收益的税后净额”项目金额后的数额填列。

## 三、所有者权益变动表的编制

所有者权益变动表是反映构成商业银行所有者权益的各组成部分在某一会计期间

增减变动情况的报表。所有者权益变动表全面反映某一会计期间所有者权益变动的情况，不仅包括所有者权益总量的增减变动，还包括所有者权益增减变动的重要结构性信息，让会计信息使用者准确理解所有者权益增减变动的根源，评价商业银行保值增值的能力。

在所有者权益变动表中，综合收益和与所有者（或股东）的资本交易导致的所有者权益的变动，应当分别列示。

商业银行至少应当单独列示反映下列信息的项目：

（1）综合收益总额。

（2）会计政策变更和差错更正的累积影响金额。

（3）所有者投入资本和向所有者分配利润等。

（4）提取的盈余公积。

（5）所有者权益各组成部分的期初和期末余额及其调节情况。

**1. 所有者权益变动表的格式**

所有者权益变动表采用矩阵式的结构。一方面，列示导致所有者权益变动的交易或事项，如当年获得净利润、可供出售金融资产公允价值变动、增资等；另一方面，按照所有者权益各组成部分（包括实收资本或股本、资本公积、盈余公积、一般风险准备、未分配利润和库存股）及其总额列示各种交易或事项对所有者权益的影响。

**2. 所有者权益变动表的编制**

1）“上年年末金额”项目

“上年年末金额”项目，反映商业银行上年资产负债表中实收资本（股本）、资本公积、盈余公积、未分配利润的年末余额。

“会计政策变更”和“前期会计差错更正”项目，分别反映商业银行采取追溯调整法处理的会计政策变更的累计影响金额和采取追溯调整法处理的会计差错更正的累计影响金额。根据“盈余公积”“利润分配”“以前年度损益调整”等科目的发生额分析填列。

2）“本年增减变化额”项目

“本年增减变化额”项目的内容：

（1）“净利润”项目，对应填列在“未分配利润”一栏。

（2）“直接计入所有者权益的利得和损失”项目，反映商业银行当期直接计入所有者权益的利得和损失，其中：

“其他权益工具投资公允价值变动净额”项目，对应填列在“资本公积”一栏，其中转入当期损益的金额填入“未分配利润”栏。

“现金流量套期工具公允价值变动净额”项目，对应填列“资本公积”栏，其中转入当期损益的金额填入“未分配利润”栏。

“权益法下被投资单位其他所有者权益变动的影响”项目，对应填列“资本公积”栏。

“与计入所有者权益项目相关的所得税影响”项目，对应填列“资本公积”栏。

（3）“所有者投入和减少资本”项目反映所有者当年投入和（或）减少的资本，其中：

“所有者投入资本”项目，反映股本和股本溢价并对应填列在“实收资本（股本）”和“资本公积”栏。

“股份支付计入所有者权益的金额”，反映商业银行处于等待期内的权益结算的股份支付当年计入资本公积的金额，对应填列在“资本公积”栏。

(4)“利润分配”项目下的各项目反映商业银行当期对股东(投资者)分配的股利(利润)和按照规定提取的盈余公积，其中：

“提取盈余公积”项目，对应填列“盈余公积”栏。

“对股东(所有者)的分配”项目，对应填列“未分配利润”栏。

“提取的一般准备”项目，对应填列“一般风险准备”栏。

(5)“所有者权益内部结转”下的各项目，反映不影响当年所有者权益总额的所有者权益年度各项目的互相结转，包括资本公积的转增资本(股本)、盈余公积转增资本(股本)、盈余公积弥补亏损。

# 第四节 现金流量表

## 一、现金流量表的意义

金融企业现金流量表是综合反映金融企业在一定会计期间内现金及现金等价物流入和流出情况的会计报表。

现金流量表中的现金包括现金及现金等价物，以商业银行为例，现金包括库存现金、存入本行营业部的银行存款、存放中央银行存款、存放同业、存放系统内款项；现金等价物是指商业银行持有的期限在 3 个月内，且利率变动对其价值影响不大的短期证券。

现金流量表通过将权责发生制基础上的收入和费用，转换成收付实现制基础上的现金流入和流出，进而反映经营活动、投资活动、筹资活动所引起的现金变动和流动情况，并以此说明企业资产、负债、所有者权益变动对现金的影响，从现金角度来说明企业的财务状况、反映企业在一定期间内的偿债能力和获取现金的能力。

## 二、现金流量表的格式和内容

现金流量表内分类列报经营活动产生的现金流量、投资活动产生的现金流量和筹资活动产生的现金流量。其中，经营活动是指商业银行投资活动和筹资活动以外的所有交易和事项，包括吸收存款、发放贷款、同业存放、同业拆借、中间业务收费等；投资活动是指商业银行长期资产的购建和不包括在现金等价物范围内的投资及其处置活动；筹资活动是指导致商业银行资本及债务规模和构成发生变化的活动。

现金流量表要求按照不同的业务分别反映现金的流入、流出和净流量。一般分为经营业务、投资业务和筹资业务三大类业务来反映每一类业务的现金流量。根据各项目在表中排列方式的不同，现金流量表可分为直接法和间接法两种。两种方法主要区别在于对“经营活动产生的现金流量”的反映方式不同。直接法是指通过现金收入和支出的主要类别来反映银行经营的活动的现金流量，一般是以利润表的营业收入为起算点；调节与经营活动有关的项目的增减变动，然后计算出经营活动的现金流量。间接法是以本期净利润为起算点，调整不涉及现金的收入、费用、营业外收支以及有关项目的增减变动，据此计算出经营活动的现金流量。

我国商业银行现金流量表的格式如表 13-3 所示。

表 13-3　　　　　　　　　　　　**现金流量表**

会商银 03 表

编制单位:　　　　　　　　　　　　______年______月　　　　　　　　　　　　单位:元

| 项　目 | 本期金额 | 上期金额 |
|---|---|---|
| 一、经营活动产生的现金流量: | | |
| 客户存款和同业存放款项净增加额 | | |
| 向中央银行借款净增加额 | | |
| 向其他金融机构拆入资金净增加额 | | |
| 收取利息、手续费及佣金的现金 | | |
| 以公允价值计量且其变动计入当期损益的金融资产净减少额 | | |
| 以公允价值计量且其变动计入当期损益的金融资产净增加额 | | |
| 收到其他与经营活动有关的现金 | | |
| 经营活动现金流入小计 | | |
| 客户贷款及垫款净增加额 | | |
| 存放中央银行和同业款项净增加额 | | |
| 支付利息、手续费及佣金的现金 | | |
| 支付给职工以及为职工支付的现金 | | |
| 支付的各项税费 | | |
| 支付其他与经营活动有关的现金 | | |
| 经营活动现金流出小计 | | |
| 经营活动产生的现金流量净额 | | |
| 二、投资活动产生的现金流量: | | |
| 收回投资收到的现金 | | |
| 取得投资收益收到的现金 | | |
| 收到其他与投资活动有关的现金 | | |
| 投资活动现金流入小计 | | |
| 投资支付的现金 | | |
| 购建固定资产、无形资产和其他长期资产支付的现金 | | |
| 支付其他与投资活动有关的现金 | | |
| 投资活动现金流出小计 | | |
| 投资活动产生的现金流量净额 | | |
| 三、筹资活动产生的现金流量: | | |
| 吸收投资收到的现金 | | |
| 发行债券收到的现金 | | |
| 收到其他与筹资活动有关的现金 | | |
| 筹资活动现金流入小计 | | |
| 偿还债务支付的现金 | | |
| 分配股利、利润或偿付利息支付的现金 | | |
| 支付其他与筹资活动有关的现金 | | |
| 筹资活动现金流出小计 | | |

（续表）

| 项　目 | 本期金额 | 上期金额 |
| --- | --- | --- |
| 筹资活动产生的现金流量净额 | | |
| 四、汇率变动对现金及现金等价物的影响 | | |
| 五、现金及现金等价物净增加额 | | |
| 加：期初现金及现金等价物余额 | | |
| 六、期末现金及现金等价物余额 | | |

## 三、现金流量表的编制

现金流量表中，经营活动产生的现金流量净额、投资活动产生的现金流量净额和筹资活动产生的现金流量净额三项之和，加上或减去汇率变动对现金及现金等价物的影响金额之后的数额，即为现金及现金等价物净增加额；现金及现金等价物净增加额加上期初现金及现金等价物余额后的数额，即为期末现金及现金等价物余额。采用分析填列法编制现金流量表时，表中各项目“本期金额”的填列方法如下：

(1)“客户存款和同业存放款项净增加额”项目，反映商业银行本期吸收的客户存款及境内外金融机构存款所形成的现金流入，以吸收和支付款项的净额列示。本项目根据“吸收存款”“同业存放”等科目的记录分析填列。

(2)“向中央银行借款净增加额”项目，反映商业银行本期向中央银行借入款项所形成的现金流入，以借入和偿还的净额列示。本项目根据“向中央银行借款”科目的记录分析填列。

(3)“向其他金融机构拆入资金净增加额”项目，反映商业银行本期从除中央银行的境内外金融机构拆入资金所形成的现金流入，以拆入和拆出资金的净额列示。本项目根据“拆入资金”“拆出资金”等科目的记录分析填列。本项目如为负数，则在经营活动现金流出类中单独列示。

(4)“收取利息、手续费及佣金的现金”项目，反映商业银行由于发放各类贷款、进行债券投资、经营各项中间业务以及与其他金融机构往来而在本期收取利息、手续费及佣金所形成的现金流入。本项目根据“利息收入”“手续费及佣金收入”“应收利息”等科目的记录分析填列。

(5)“以公允价值计量且其变动计入当期损益的金融资产净减少额”项目，反映商业银行本期持有的以公允价值计量且其变动计入当期损益的金融资产净减少所形成的现金流入。本项目根据“交易性金融资产”等科目的记录分析填列。本项目如为净增加额，则在经营活动现金流出类中单独列示。

(6)“以公允价值计量且其变动计入当期损益的金融负债净增加额”项目，反映商业银行本期承担的以公允价值计量且其变动计入当期损益的金融负债净增加所形成的现金流入。本项目根据“交易性金融负债”等科目的记录分析填列。本项目如为净减少额，则在经营活动现金流出类中单独列示。

(7)“收到其他与经营活动有关的现金”项目，反映商业银行本期除了上述各项目的其他经营活动所形成的现金流入，主要包括融入资金、卖出回购金融资产、衍生工具买卖、委托代理业务、租赁业务等经营活动所形成的现金流入。本项目根据有关科目的记录分析填列。

(8)“客户贷款及垫款净增加额”项目，反映商业银行本期发放的各种客户贷款，办理商业票据贴现、转贴现融出及融入资金，代垫各类款项等所形成的现金流出，以贷款、垫款和收回的净额列示。本项目根据“贷款”“贴现资产”“贴现负债”等科目的记录分析填列。

(9)“存放中央银行和同业款项净增加额”项目，反映商业银行本期存放于中央银行及境内外金融机构的，以存放和支取的净额列示分析填列。除现金及现金等价物的款项的增加所形成的现金流出。本项目根据“存放中央银行款项”“存放同业”等科目的记录分析填列。

(10)“支付利息、手续费及佣金的现金”项目，反映商业银行由于吸收各类存款、接受中间业务服务以及与其他金融机构往来而在本期支付利息、手续费及佣金所形成的现金流出。本项目根据“利息支出”“手续费及佣金支出”“应付利息”等科目的记录分析填列。

(11)“支付给职工以及为职工支付的现金”项目，反映商业银行本期为职工支付的工资及各项福利费用所形成的现金流出，不包括为在建工程人员支付的工资及各项福利费用。商业银行为在建工程人员支付的工资及各项福利费用在“购建固定资产、无形资产和其他长期资产支付的现金”项目中反映。本项目根据“库存现金”“存放中央银行款项”“应付职工薪酬”等科目的记录分析填列。

(12)“支付的各项税费”项目，反映商业银行本期支付的所得税、城市维护建设税、教育费附加、印花税、房产税、车船使用税等所形成的现金流出，包括本期发生并支付的税费、本期支付以前各期发生的税费以及本期预交的税金。本项目根据“应交税费”“库存现金”“存放中央银行款项”等科目的记录分析填列。

(13)“支付其他与经营活动有关的现金”项目，反映商业银行本期除上述各项目的其他经营活动所形成的现金流出。本项目根据有关科目的记录分析填列。

(14)“收回投资收到的现金”项目，反映商业银行因出售、转让或到期收回除现金等价物的持有至到期投资、可供出售金融资产、长期股权投资等所形成的现金流入，不包括债权性投资收回的利息。债权性投资收回的本金在本项目反映，债权性投资收回的利息，在“取得投资收益收到的现金”项目中反映。本项目根据“持有至到期投资”“可供出售金融资产”“长期股权投资”“库存现金”“存放中央银行款项”等科目的记录分析填列。

(15)“取得投资收益收到的现金”项目，反映商业银行因股权性投资而分得的现金股利、因债权性投资而取得的利息收入所形成的现金流入。本项目根据“应收股利”“应收利息”“投资收益”“库存现金”“存放中央银行款项”等科目的记录分析填列。

(16)“收到其他与投资活动有关的现金”项目，反映商业银行本期除上述各项目的其他投资活动所形成的现金流入。本项目根据有关科目的记录分析填列。

(17)“投资支付的现金”项目，反映商业银行进行权益性投资和债权性投资所形成的现金流出，包括商业银行取得的除现金等价物的持有至到期投资、可供出售金融资产、长期股权投资而支付的现金，以及支付的佣金、手续费等交易费用。

商业银行购买股票和债券时，实际支付的价款中包含的已宣告但尚未领取的现金股利或已到付息期但尚未领取的债券利息，在“支付其他与投资活动有关的现金”项目反映；收回购买股票和债券时支付的已宣告但尚未领取的现金股利或已到付息期但尚未领取的债券利息，在“收到其他与投资活动有关的现金”项目反映。

本项目根据“持有至到期投资”“可供出售金融资产”“长期股权投资”“库存现金”“存放

中央银行款项”等科目的记录分析填列。

(18)“购建固定资产、无形资产和其他长期资产支付的现金”项目，反映商业银行因购建固定资产、无形资产和其他长期资产所形成的现金流出，不包括为购建固定资产、无形资产和其他长期资产而发生的借款利息资本化部分，以及融资租入固定资产所支付的租赁费。为购建固定资产、无形资产和其他长期资产而发生的借款利息资本化部分，在“分配股利、利润或偿付利息支付的现金”项目反映；融资租入固定资产所支付的租赁费，在“支付其他与筹资活动有关的现金”项目反映。本项目根据“固定资产”“在建工程”“工程物质”“无形资产”“库存现金”“存放中央银行款项”等科目的记录分析填列。

(19)“支付其他与投资活动有关的现金”项目，反映商业银行本期除上述各项目的其他投资活动所形成的现金流出。本项目根据有关科目的记录分析填列。

(20)“吸收投资收到的现金”项目，反映商业银行收到的投资者投入现金扣减由外部金融机构支付的手续费、宣传费、咨询费、印刷费等费用后所形成的现金流入。吸收投资过程中由商业银行直接支付的审计、咨询等费用，在“支付其他与筹资活动有关的现金”项目反映。本项目根据“实收资本(或股本)”“资本公积”“库存现金”“存放中央银行款项”等科目的记录分析填列。

(21)“发行债券收到的现金”项目，反映商业银行发行债券筹集资金所形成的现金流入，以发行收入减去直接支付的佣金等发行费用后的净额列示。发行债券过程中由商业银行直接支付的审计、咨询等费用，在“支付其他与筹资活动有关的现金”项目反映。本项目根据“应付债券”“库存现金”“存放中央银行款项”等科目的记录分析填列。

(22)“收到其他与筹资活动有关的现金”项目，反映商业银行本期除上述各项目的其他筹资活动所形成的现金流入。根据有关科目的记录分析填列。

(23)“偿还债务支付的现金”项目，反映商业银行以现金偿还其所发行的债券本金所形成的现金流出。商业银行偿还的债券利息，在“分配股利、利润或偿付利息支付的现金”项目反映。本项目根据“应付债券”“库存现金”“存放中央银行款项”等科目的记录分析填列。

(24)“分配股利、利润或偿付利息支付的现金”项目，反映商业银行实际支付的现金股利、支付给其他投资单位的利润，以及支付的债券利息、融资租赁利息等所形成的现金流出。根据“应付股利”“应付利息”“利润分配”“在建工程”“库存现金”“存放中央银行款项”等科目的记录分析填列。

(25)“支付其他与筹资活动有关的现金”项目，反映商业银行本期除上述各项目的其他筹资活动所形成的现金流出，包括以发行股票、债券等方式筹集资金而由商业银行直接支付的审计、咨询等费用，融资租赁各期支付的现金，以及以分期付款方式购建固定资产、无形资产等各期支付的现金等。本项目根据有关科目的记录分析填列。

(26)“汇率变动对现金及现金等价物的影响”项目，反映商业银行根据现金流量表准则的规定，将其外币现金流量及境外子公司的现金流量折算成人民币时，所采用的现金流量发生日的汇率或即期汇率的近似汇率，与现金流量表中“现金及现金等价物净增加额”间的差额。项目中外币现金净增加额按资产负债表日即期汇率折算的人民币金额之间的差额。

## 延伸阅读 13-1

### 金融企业财务报表分析

随着我国金融行业对外资的全面开放，金融企业之间的竞争变得越来越激烈，而作为企业核心竞争力的经营绩效和管理水平，可以通过对企业财务报表的分析加以反映，通过对财务报表的分析，可以及时发现企业的优势和不足，并为企业的发展和管理层的决策提供有效的帮助信息。

目前常用的财务报表分析有沃尔评分法、总和评分法、杜邦分析法等。

（一）沃尔评分法

沃尔评分法是由亚历山大·沃尔于1928年提出的。沃尔评分法使用了流动比率、产权比率、固定资产比率、存货周转率、应收账款周转率、固定资产周转率和自有资金周转率7个财务比率，并将选定的财务比率用线性关系结合起来，同时分别给定各自的分数比重，通过与标准比率进行比较，确定各项指标的得分及总体指标的累计分数，从而对企业的财务状况作出评价。

沃尔评分法的优点是将互不关联的财务指标按照权重予以综合联动，使综合评价成为可能。

（二）总和评分法

总和评分法首先按不同指标的评价标准对各评价指标进行评分，其次采用加权相加，最后求得总分。其优点是引入了权值的概念，使评价指标更具有科学性，但同时，其评价指标因素及权值确定起来比较复杂，难以合理界定。

（三）杜邦分析法

杜邦分析法最早由美国杜邦公司使用，故名杜邦分析法。其基本思想是将企业净资产收益率逐级分解为多项财务比率的乘积，通过逐层分解，使财务报表分析的层次更清晰、条理更清楚，有助于深入分析比较企业经营业绩。

在将杜邦分析法应用于金融企业的财务报表分析时，可以从以下几个方面对企业的经营绩效进行分析。

1. 盈利能力分析

盈利能力是指企业获取利润的能力。在杜邦分析法中，盈利能力主要通过每股收益和净资产收益率来反映，其中每股收益为每股净资产与净资产收益率的乘积，反映了股东投资于企业所能获得的收益。净资产收益率为总资产收益率与权益乘数的乘积，同样反映股东所能获得的投资收益。

2. 偿债能力分析

偿债能力是指用企业资产和经营过程创造的收益偿还债务的能力。在杜邦分析法中，偿债能力主要通过权益乘数反映，其中权益乘数为资产总额与净资产之比。

3. 经营效率分析

经营效率主要通过资产周转率进行反映，是企业核心竞争力的重要内容，其中资产周转率为销售收入与资产总额之比。

4. 现金流量分析

在杜邦分析中引入现金流量表后，可以更有效地对企业化经营绩效进行分析。在杜邦分析法中，现金流量分析主要考察每股现金流量，每股现金流量为经营产生的现金流量与普通股年末股数之比。

资料来源：李昱. Excel在金融企业财务报表分析中的应用[J]. 华南金融电脑，2008(08)：32-34.

13-1 扫一扫看课件

## 本章重要概念

资产负债表　利润表　现金流量表

# 本章练习

## 一、单项选择题

1. 下列关于财务报表编制要求不正确的是(　　)。

A. 真实性　　B. 完整性　　C. 可靠性　　D. 重要性

2. 下列关于资产负债表的描述错误的是(　　)。

A. 资产负债表是根据“资产＝负债＋所有者权益”的基本会计等式，按照一定的要求编制而成，反映金融企业资产、负债、所有者权益财务状况的会计报表

B. 报告式资产负债表又称为垂直式资产负债表，按照“资产－负债＝所有者权益”的等式垂直排列，先列式资产，然后是负债，最后是所有者权益的排列方式

C. 账户式资产负债表又称为水平式资产负债表，按照“资产＝负债＋所有者权益”等式分左右双方排列，左边列式资产，右边列式负债和所有者权益

D. “固定资产”“无形资产”“投资性房地产”项目，反映商业银行相应资产的期末价值。根据相应总账科目的期末余额分别填列

## 二、多项选择题

1. 下列关于财务报表分类正确的有(　　)。

A. 月度财务报表　　B. 季度财务报表

C. 中期财务报表　　D. 年度财务报表

2. 金融企业会计报表附注应包括(　　)。

A. 会计报表编制基准不符合会计核算基本前提的说明

B. 重要会计政策和会计估计的说明

C. 企业某一特定日期财务状况

D. 重要资产转让及其出售的说明

## 三、判断题

1. 商业银行应当以持续经营为基础编制财务报表。以持续经营为基础不再合理的，直接采用其他基础编制财务报表。(　　)

2. 利润表的编制中，“投资收益”“公允价值变动收益”“汇兑收益”项目，分别根据“投资收益”“公允价值变动收益”“汇兑收益”科目的发生额分析填列。如为收益，以“－”号填列。(　　)

3. 现金等价物是指商业银行持有的期限在6个月内，且利率变动对其价值影响不大的短期证券。(　　)

## 四、业务题

1. 练习金融企业资产负债表的编制。某商业银行2×22年各科目余额表如表13-4所示。

要求：根据资料，编制资产负债表。

表13-4　　科目余额表　　单位：元

| 科目名称 | 借方余额 | 科目名称 | 贷方余额 |
|---|---|---|---|
| 库存现金 | 18 200 000 | 坏账准备 | 80 000 |
| 银行存款 | 1 440 000 | 持有至到期投资减值准备 | 2 360 000 |

（续表）

| 科目名称 | 借方余额 | 科目名称 | 贷方余额 |
|---|---|---|---|
| 存放中央银行款项 | 78 650 000 | 贷款损失准备 | 35 750 000 |
| 存放同业 | 37 640 000 | 长期股权投资减值准备 | 2 120 000 |
| 存放系统内活期款项 | 194 060 000 | 累计折旧 | 7 600 000 |
| 存放系统内定期款项 | 94 530 000 | 固定资产减值准备 | 1 100 000 |
| 系统内借出资金 | 87 620 000 | 无形资产减值准备 | 3 000 000 |
| 折出资金 | 79 800 000 | 抵债资产减值准备 | 8 000 000 |
| 贷款——信用贷款 | 498 880 000 | 吸收存款 | 488 080 000 |
| ——抵押贷款 | 126 880 000 | ——活期存款 | 430 240 000 |
| ——非应计贷款 | 140 000 000 | ——定期存款 | 10 000 000 |
| 应收利息 | 9 100 000 | 向中央银行借款 | 40 060 000 |
| 其他应收款 | 1 485 000 | 同业存放 | 203 560 000 |
| 持有至到期投资 | 39 860 000 | 系统内存放活期款项 | 113 200 000 |
| 代理兑付证券 | 41 000 000 | 系统内存放定期款项 | 64 830 000 |
| 长期股权投资 | 42 120 000 | 系统内借入资金 | 22 720 000 |
| 固定资产 | 59 750 000 | 折入资金 | 58 000 000 |
| 无形资产 | 33 000 000 | 代理兑付证券款 | 8 100 000 |
| 抵债资产 | 108 000 000 | 应付利息 | 1 120 000 |
| 利润分配 | 7 400 000 | 其他应付款 | 3 750 000 |
| | | 应付职工薪酬 | 4 265 000 |
| | | 应交税费 | 2 000 000 |
| | | 应付股利 | 25 000 000 |
| | | 交易性金融负债 | 46 000 000 |
| | | 应付债券 | 60 000 000 |
| | | 股本 | 40 000 000 |
| | | 资本公积 | 2 772 400 |
| | | 盈余公积 | 7 657 600 |
| | | 一般风险准备 | 8 050 000 |
| | | 本年利润 | 488 080 000 |
| 合　　计 | 1 699 415 000 | 合　　计 | 1 699 415 000 |

2. 练习金融企业利润表的编制。某商业银行 2×22 年各损益类科目结账前发生额如表 13-5 所示。要求：根据资料，编制利润表。

表 13-5 **损益类科目结账前发生额** 单位:元

| 科目名称 | 借方发生额 | 科目名称 | 贷方发生额 |
|---|---|---|---|
| 利息支出 | 51 680 | 利息收入 | 127 300 |
| 手续费及佣金支出 | 5 200 | 手续费及佣金收入 | 6 400 |
| 业务及管理费 | 68 500 | 其他业务收入 | 4 700 |
| 税金及附加 | 5 544 | 汇兑损益 | +1 400 |
| 营业外支出 | 498 | 投资收益 | 2 750 |
| 资产减值损失 | 799 | 营业外收入 | 103 |
| 所得税费用 | 3 442 | | |

# 参 考 文 献


[1] 高杰英,王婉婷.金融企业会计[M].北京:清华大学出版社,2021.
[2] 唐丽华.金融企业会计学[M].大连:东北财经大学出版社,2019.
[3] 王晓枫,毕金玲.金融企业会计[M].2版.大连:东北财经大学出版社,2020.
[4] 王海霞,范淑芳.商业银行会计[M].北京:机械工业出版社,2019.
[5] 中华人民共和国财政部.企业会计准则(2022版)[M].上海:立信会计出版社,2022.
[6] 于小镭.新企业会计准则实务指南(金融企业类)[M].北京:机械工业出版社,2007.
[7] 王保平,金鑫,柳元首.商业银行会计实务[M].北京:中国财政经济出版社,2020.
[8] 王允平,关新红,李晓梅.金融企业会计[M].北京:经济科学出版社,2017.
[9] 彭珏,郭晓.金融企业会计[M].北京:科学出版社,2021.
[10] 亚春林.银行会计[M].大连:东北财经大学出版社,2021.
[11] 程婵娟.银行会计学[M]. 北京:科学出版社,2021.
[12] 周江银.银行会计[M].北京:中国人民大学出版社,2021.
[13] 财政部会计司编写组.《企业会计准则第25号——保险合同》应用指南[M].北京:中国财政经济出版社,2022.
[14] 赵小克,邹芮,李惠蓉.新保险合同准则下保险合同会计处理探讨[J].财会通讯,2022(13):91-94+110.
[15] 钱建伟,张佳怡,叶建芳.IFRS17对保险企业财务的影响研究[J].会计之友,2022(13):23-30.
[16] 郭振华.新保险会计准则实施后,保险公司的业务分类、产品归类和准则适用[J].上海保险,2022(08):13-16.
[17] 董越.新25号企业会计准则下分出再保与基础合同组错配问题研究[D].中国财政科学研究院,2022.
[18] 辛梓娇,陈旻,程亚楠.CAS25保险合同准则修订及其应对策略研究[J].北京城市学院学报,2021(05):68-73.
[19] 徐钰.新保险合同会计准则对我国保险公司会计核算的预期影响[D].上海财经大学,2021.